絢爛的世界帝國

隋唐時代

絢爛たる世界帝国 隋唐時代

氣賀澤保規—著
郭清華—譯

第四章　律令制下的民眾生活

第七章 隋唐國家的軍事與兵制

導讀

命運的對位：一個人如何在時代的五線譜上跳舞？

中央研究院歷史語言研究所助研究員　廖宜方

一

原書日文版出版於二〇〇五年，其後中國的廣西師範大學出版社取得翻譯成中文簡體並在中國銷售的版權。本書則由臺灣商務印書館另外翻譯成中文繁體在臺灣販售。商務印書館創立於一八九七年的上海，乃是近代中國最早、最成功與影響最大的新式出版事業之一。本篇導讀之撰寫者目前工作的中央研究院，成立於一九二八年的廣州，在動盪的時代環境中標舉追求真知的大旗。

這兩個機構，由於日中戰爭與共國內戰而流徙各地，個別成員更因思想取向而分裂成不同的陣線，最後在國民黨政權敗退遷臺之際，有些人決定留守家園、迎接新中國的成立，有些人遷移渡海，落腳臺灣。以上之所以介紹這兩個機構的背景，意在提醒讀者：一本書的誕生、一篇導讀的成形，其背後有無數人的用心，其牽涉的條件與因素實有長遠的淵源與複雜的牽連；一本日文書的中文譯本之所以區分成繁簡兩體，兩種譯本皆有導讀，而讀者眼下這份不同於另外一篇的思想形貌，正反映了東亞政治與文化交錯牽連又區隔差異的型態。遷臺後的臺灣商務印書館與中央研究院，在戰後臺灣的學術與出版、教育與文化中，扮演重要的角色。如果這兩個機構未遷臺，則臺灣戰後的社會與文化面貌必與今日大不同，讀者不一定能看到手中的這本書和導言。歷史研究的眾多目標之一，是希望讀者能從當下看似理所當然的表象，找出人事地物在過去時間中的蛛絲馬跡，從而對眼前的事象產生恍然大悟的理解，進而讓人能從散亂的蹄印中一眼看出敵軍的數量、動向與士氣，或清楚辨識、一手撥開糾纏的蜘蛛絲。

二

西元七世紀，來自關中的隋唐政權統一南北，重建廣土眾民的中華帝國，雄踞東亞大陸。此一新的形勢，引起週邊政治勢力的關注。朝鮮半島處於不同政權抗衡的格局已數百年，彼此混戰、交互結盟。在此情勢下，陸地相連的中國和一海之隔的日本（時稱「倭」國），成為高句麗、新羅和百濟既爭取支持、又擔憂介入過深的對象。然而，統一後的中國從東方虎視眈眈，從隋文帝、煬帝、唐太宗到高宗，皆曾派兵攻打高句麗；至於日本，對半島南方，若非曾經直接統治，至少也有強大的影響力。終於在六六三年，在半島西側的白村江（或稱白江，今稱錦江），終於爆發一場國際戰爭。三年前遭唐與新羅聯軍滅國的百濟，憑著各地遺民的游擊力量，加上日本派遣的援軍，向唐與新羅發起復國戰爭，但戰爭的結果讓這個希望徹底沉沒在白村江的浪花底下。

白村江之戰的結果，不只改變了東亞國際政治的版圖，同時也改變了許多個人的命運。在六六〇年百濟亡國之戰中，有位將領黑齒常之先降伏唐軍，但又叛逃加入遺民的反抗軍，直到復國戰爭完全失敗才徹底歸順唐國。他的軍事才華深受肯定，逐漸獲得唐帝國君臣的信任，從而在十餘年後，率領唐國的軍隊在青海成功反擊吐蕃。此後他轉戰東亞各地，不但在武則天奪權時平定在揚州舉起的叛旗，更擊敗東突厥的侵略。黑齒常之以一介降將，立下汗馬功勞、戰功卓著，成為唐高宗與武則天時代最常勝不敗的將軍之一。但在武則天即位後的恐怖統治中，被猜忌、誣告，最後以謀反的罪名下獄而死。此時離他身為亡國降將的屈辱處境，已經超過二十年。像黑齒常之這樣出身非漢民族的將領，稱為蕃將。唐朝蕃將的數量之多，介入內外局勢之深，乃其政治史與軍事史的一大特色，更與唐朝的崛起、中衰與結束相始終。

異族降將，獲得異國新君的重用，在之前與後來的歷史中並不多見。那個時代和近現代的「民族國家」不同：種族與政體並不強求一致的界限，「民族」與「國家」可以錯開，沒有後世強烈的愛國主義或種族歧視的意識型態。當時人並非不曾意識到人我出身的種族，但也沒有提倡民族融鑪、多元文化或多樣性這樣的觀念；雖不能說漢民族毫無文化優越感，但人們也沒有刻意獨尊漢民族及其文化至上。不同種族與文化的共存，彷彿是自然與歷史的常態。

黑齒常之的一生呈現出隋唐世界帝國中「軍事人」的軌跡之一：他從邊緣跨入核心，銜命四處征戰，足跡踏遍塞外與江南。如此際遇，恐非他當年在朝鮮半島所能預期。如果他在百濟復國戰中陣亡，唐國內外的戰爭是否還能長保勝利，亦屬未知。他在人生的行旅中走出自己的命運，也參與形塑了大歷史的面貌。

三

既然臺灣的繁體中文譯本與這篇導讀，並非理所當然，那麼追本溯源，日本學術界與出版業又為什麼固定合作，針對中國歷史，聯手策劃這樣一套書，總集日本中國史學界研究成果一時之大成？甚至，日本人為什麼要跨越現代民族國家的邊界去研究中國歷史？其實，臺灣商務印書館決定引入這套作品，並另外邀請臺灣的歷史學者執筆導讀，意在突顯「臺灣觀點」。不過在此之前，或許我們應先了解原書「日本觀點」的歷史。

日本與中國密切互動，正始於本書講述的隋唐時代。白村江一役敗戰後，日本逐步與唐修復外交關係，並派出遣唐使，學習唐的國家體制與先進文化，完成國家整合。這個時代常被視為「東亞文化圈」形成的開端：漢字、律令、佛教與儒學四個要素，從中國傳播到日本、韓國和越南等。由於日本的國家形成和隋唐時代的歷史直接相關，因此日本人了解隋唐時代，同時也意在探討自己的歷史。

日本派遣外交使節和留學生赴唐，前後一百多年。直到唐朝國勢衰頹與內亂，這種官方交流終止於十世紀的宋朝開始之前。停止派遣後，日本也邁入「國風文化」（こくふうぶんか）階段：即日本本土特質主導文化發展的走向。但日本仍透過民間貿易的往來，輸入中國的物質與文化，包括書籍、繪畫和器物等。即使到了江戶時代限制外來貿易與傳教，文化菁英多半具備閱讀漢字並以之創作的教養。總之，日本與中國有長久的交流，認識中國是了解自身文化的形成、不可或缺的一環。

到十九世紀中葉，日本在西化、現代化的道路上快速前進。此後一百五十年間，在鼎盛的國力下，學術研究蓬勃發展，伴隨軍事、政治與經濟的侵略、殖民與擴張，同時也進行深入而周密的學術調查與研究，將知識的視野，輻射到亞洲其他地域。這是現代帝國主義與經濟擴張對「他者」的探究：立足於地緣政治的前提，培養國民的知識力，思辨與探索「國族」未來的發展方向。

四

除了黑齒常之，還有不少人因緣際會在從東北亞到中亞的陸地、從東南亞到南亞的海域上，憑著族群秉賦的文化，加上個人的才華，穿梭在不同的政體，或經商逐利，或行政管理，或學習與傳播不同國度的語言、文化與宗教。這些奇材異能之士帶動了不同地域的物質與知識的流通。

六八四年，反對者在揚州起兵對抗武則天的統治，黑齒常之率兵討伐。數年後，當地的淳于家中誕生了一個男孩。他於十四歲在揚州大雲寺出家（這所寺院正是武則天下令設立），法號鑑真。四年後，他北上長安、洛陽求學，在唐國佛教學術的中心研究佛教的學問；後來他返回故鄉揚州主持僧尼的授戒事宜，逐漸在長江、淮河一帶，成為眾人景仰的高僧。七四二年，來自日本的遣唐僧拜訪鑑真，請求他赴日授戒，協助日本整頓僧團紀律，以便國家管理。此時鑑真已經五十餘歲，地位崇高。然而，他的弟子中竟然無人願意冒險乘船渡海前往日本。鑑真決定以身作則，放下已有的事業，親率弟子赴日。但他低估了此行的困難。由於這是鑑真個人的志願，官方並不支持，反而屢加干擾。造船和聘雇船員，途中所需的糧食，以及帶去日本的宗教與文化器物，各種開銷都由鑑真籌措。這趟旅程更是多災多難，前後耗費十二年，他不斷設法從東南沿海港口出航，但變故迭起，以致足跡所至之地從今日的江蘇、浙江，遠至海南島，直到第六次才成功抵達日本。這段期間，鑑真遭遇弟子的阻撓、死難、離棄和反叛，雙目也因病失明。鑑真終於在七五三年成功抵日，此時已六十餘歲。他獲得日本朝廷的重視，首先為天皇授戒。

對佛教徒而言，佛陀生於天竺（印度），乃是世界中心，中國則屬邊地，海外島嶼更是邊緣。如果說玄奘跋涉千萬里，前往佛教聖地追尋原典，鑑真則是逆向走上邊陲之路。而且，鑑真的大半生正當唐朝國力鼎盛，居住的揚州更是江南重鎮。他為何決定離開舒適的環境，遠離文明發達的地區，前往陌生異域的海外島國？唐國的強盛吸引了其他地方各大宗教的人士從海陸兩路前來中國，希望獲得皇帝的賞賜、認可，乃至信奉。但鑑真卻反其道而行。鑑真的堅定不移，反映出對佛教的信仰，如何賦予人強大的生命動力。此一動力驅使著一代又一代的僧人，奉獻於文化的空間傳播與世代傳遞，這正是中世「宗教人」身上最不凡的特質，否則有多少人能承受現實的殘酷打擊而不改本願初心？如果鑑真中途放棄，或死於海難，日本佛教史和文化史是否會有不同的走向？

五

在東亞海域諸島，臺灣最晚、直到十七世紀才進入文字記載的歷史。隨著漢人大量、長久定居，滿清政權的征服、統治，臺灣才納入中國的統治。清代臺灣是個快速「開發中」的新興農業區，基層農工的移民、對岸商業資本的投入、本地土豪的形成，形構了兩百年間臺灣社會的面貌。

在這個求生求富的地區，儘管逐漸有了學校教育、科舉考試和藝文活動，並與福建交流，但當時臺灣是個文化滯後之地，與數百年來社會經濟最發達的江蘇、浙江長久形成的菁英文化相距不可以道里計：在學術知識的條件上，不但缺乏大量而優質的藏書；知識社群的規模小、水平低，不足以形成同儕溝通討論的網絡。相形之下，對岸福建從十世紀起就在全國科舉的中舉人數中，占據越來越高的比例；在十二世紀更孕育了東亞近世最重要的學者與思想家：朱熹。

由於歷史短而基礎淺，廿世紀以前的臺灣無從自中國傳統學術中孕育本土的觀點。所謂「觀點」，必須具備主體性，並在自由的環境下思考本身所在的地理與歷史位置。但在廿世紀前半期，臺灣先從屬於日本的殖民統治，後半期又收受國民黨政權的意識型態。在種種不利的條件下，雖然臺灣人相當熟悉中國的歷史，但往往也十分陌生，很難說臺灣對中國歷史具有自主性的「臺灣觀點」。

當我們企圖摸索臺灣觀點之前，不妨先從反方向自問：看待中國歷史，是否有哪些角度是我們慣性地看不到？哪些事是過去、乃至現在往往容易忽略不見的？過去的殖民統治和威權體制，官方主流的意識型態如何左右我們對中國及其歷史的認識？

其中一個重要的誤區是「中華思想」（ちゅうかしそう）。這個日文的學術用語，意思是認為自己代表「中華」：自己的文明、文化比周邊的地域、民族與國家更優越，具有普遍的價值，輕視他人為落後和野蠻。世界各地都有熱愛鄉土、推崇邦國的心理，但不是每個地方都自認為是唯一的中心。在中國的冊封體制與東亞文化圈的時代，中國曾經是重要的樞紐、擁有先進的文明。但由此形成「中華思想」的世界觀，傳播到朝鮮、日本和臺灣後，在這些地方也出現了相似的變種，即「小中華」、「皇國」等，主張自己才能體現真正的「中華」。這種心態從近代以來遭遇歐美文明的挑戰，在重視文化多元性的全球化時代，更造成交流的障礙與彼此的隔閡。但這種心態並未消失，仍潛藏在許多人心中，不時浮現。身在臺灣，如果我們不能適切理解中國的邊緣和邊緣以外的民族和國家，那我們也很難對中國及其歷史有恰當的認識。

六

就在鑑真抵達日本的兩年之後，唐帝國爆發了安史之亂。這場叛亂嚴重損傷唐的國力。為因應新的局勢，帝國政府在財政和軍事上採取許多措施來維持中央的權威。然而，地方權力的上昇與基層民眾的活躍，已成為新的歷史動力。終於在八七五年，席捲半壁江山的黃巢，成為摧毀帝國權威及其結構的最後一擊。針對黃巢，唐帝國派出江南的駐軍，以揚州為基地進行征討，並發佈文告數落黃巢的罪狀。這篇文章是由一位來自新羅的文士崔致遠執筆。崔致遠年僅十二歲，就被挑選出來、派赴唐國學習，更在二十歲考上進士，後來成為江南方面大員的幕僚和文膽。但黃巢的勢力持續茁壯，攻陷唐的首都長安，在位皇帝再度像安史之亂的玄宗一樣，避難四川。崔致遠身在軍中，透過各種情報和訊息，明白唐帝國此時正分崩離析，於是他決定返回故國，離開即將崩頹的文明核心區，回到地處邊緣的家鄉。

然而，與唐關係密切而友好的新羅，此時同樣步向衰亡。黃巢之亂雖被平定，但從中崛起的新勢力也結束了唐帝國，新羅則面臨地方勢力崛起的分裂危機。崔致遠回到新羅，始知故國同樣處在巨大的世變中，最後他可能目睹唐與新羅的亡國，在哀嘆下離世。但他不曉得自己身後，朝鮮半島逐漸發展出更具獨立性格的文化，他教出來的學生在新統一的高麗王朝任官，他們推崇崔致遠開拓朝鮮文學與思想的先驅地位。從他身上，我們可以看到漢文化的流動，以及朝鮮文化的獨立發展。如果崔致遠死於黃巢之亂，或留在中國，那麼朝鮮文學史、思想史是否將因此改寫？

崔致遠是一位「文藝人」，他選擇離開中國，象徵唐帝國的衰落：東亞文明的單一核心，不論是長安或唐帝國，已經消失。新的時代格局逐漸形成：東亞各地的民族與國家，包括日本、朝鮮乃至東北亞與北亞的游牧民族，都發展出更明確的民族意識，對自身的獨特文化更有自覺。

七

就像在其他時空所見，關鍵性的大戰往往寫下舊歷史的句點，然後翻開時代的新一頁：戰爭往往是長期時勢的發展，因意外而爆發，其結果又成為新時代的契機。白村江之戰的勝敗，深刻影響了東亞的走向。中國介入朝鮮半島的地緣政治，引發與日本的國際戰爭，反而劃下擴張的句點，推進了朝鮮半島的政治統一、日本列島的國家形成。

自隋唐政權重建帝國，多次出兵東北亞，敗多勝少，徒耗國力，最終已乏實力將朝鮮半島納入間接或直接統治的領土中，從而退出半島、撤軍內縮。但朝鮮半島原本三強鼎立的均勢因隋唐政權的介入而失衡，作為區域強權的高句麗屢屢獨擋隋唐壓境侵略的兵鋒而國力大損，百濟則兩度遭唐與新羅聯手滅國告終，最後由新羅統一朝鮮，走向國家整合的新階段。對日本的大和政權來說，雖然戰敗，但在內外兩方面加快腳步：除了與唐國修好，同時也建構防禦工事，防範唐國跨海入侵。由於軍事動員，加速了國家權力的形成，強化了大和王權的控制力。

新羅與日本雖然一勝一敗，結果不同，但在國家統一的道路上穩定發展：一方面與唐國周旋，外交謀略與軍事抗衡雙管齊下，維持本國的政治獨立，建構國家權力；另一方面學習其制度與文化。可見如何師夏長技以制夏的和戰兩手策略，自古以來即考驗周邊國家領導者的智慧。

本書旨在介紹中國隋唐王朝的歷史，那個時代距今超過千年之遠，宛如遙遠的異邦。從異邦歸來的歷史學者，有時也能帶回來一些有趣或有益的消息，讓我們站在東亞海域與陸地的交界，眺望明日的晨光。

序章　波濤洶湧的東亞

八世紀初，在現今中國東北遼寧省的朝陽市附近，一座遊牧民族的帳棚裡，誕生了一名男嬰。男嬰是一名混血兒，父親是粟特人，母親是突厥（土耳其）人。數十年後，男嬰成為防衛邊界的掌權武將，並且在西元七五五年的年底舉兵叛變。這個人便是安祿山，歷史上著名的安史之亂的始作俑者，時間相當於日本奈良時代中期。

安史之亂揭開了一個大變化時代的序幕。安祿山的對手大唐帝國，因為安史之亂而失去為人稱頌的繁華，走向衰退之道，終於在一個半世紀後的十世紀初滅亡了。以安史之亂為中間點，前後加起來三百餘年的隋唐時代——準確來說，就是西元五八一年到唐朝滅亡的西元九〇七年，這三百二十七年，正是本書要敘述的時代。

西元八四〇年代的東亞局勢與「會昌廢佛」

本書主要從唐的後半期開始說起，因為這個時期除了集中了諸多引人關注的議題外，還有在唐後半的一個半世紀裡，我一直默默關注的某個時期。該時期約在這一個半世紀的中間，也就是西元九世紀的四〇年代。西元八四〇年，唐武宗繼承兄長文宗，成為唐朝的第十五代帝王[1]，開始了歷史上惡名

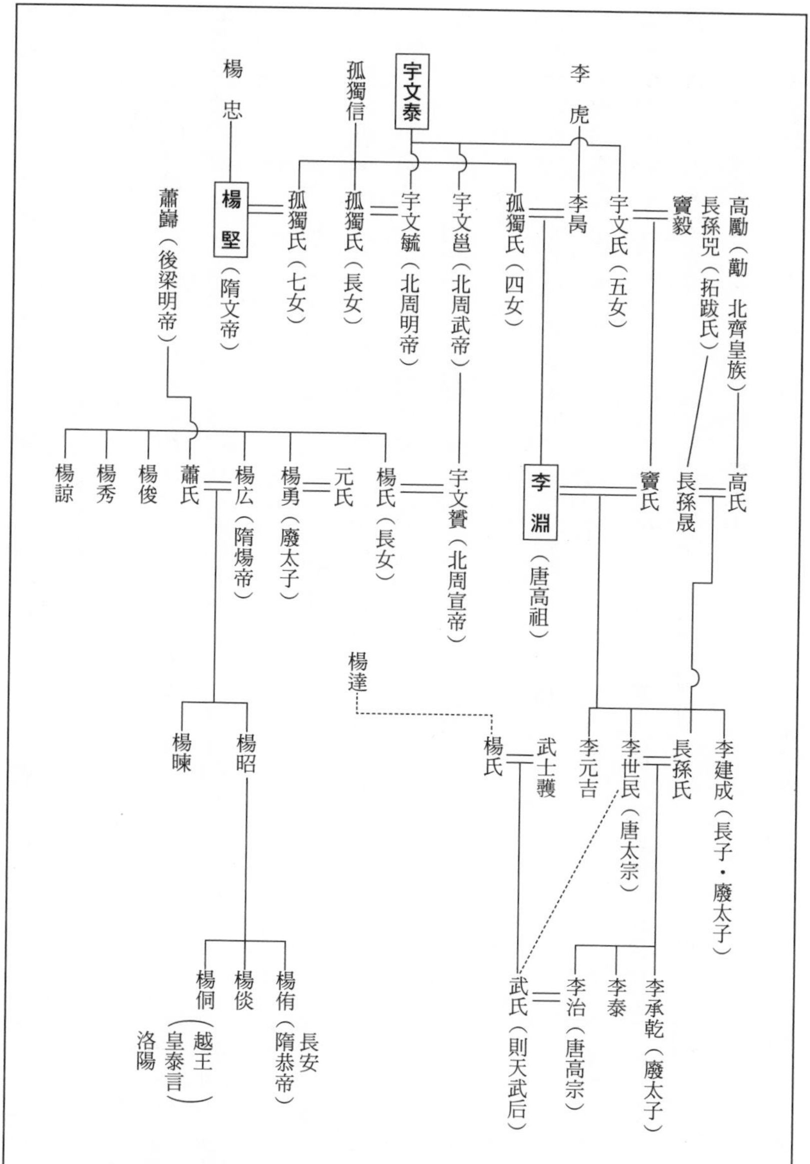
楊忠
孤獨信
宇文泰
李虎
楊堅（隋文帝）
孤獨氏（七女）
孤獨氏（長女）
宇文毓（北周明帝）
宇文邕（北周武帝）
孤獨氏（四女）
李昞
宇文氏（五女）
竇毅
長孫兕（拓跋氏）
高勵（勱　北齊皇族）
蕭巋（後梁明帝）
楊諒
楊秀
楊俊
蕭氏
楊広（隋煬帝）
楊勇（廢太子）
元氏
楊氏（長女）
宇文贇（北周宣帝）
李淵（唐高祖）
竇氏
長孫晟
高氏
楊達
楊暕
楊昭
楊氏
武士彠
李元吉
李世民（唐太宗）
長孫氏
李建成（長子・廢太子）
楊侗（越王　皇泰言）
洛陽
楊倓
楊侑（隋恭帝）
長安
武氏（則天武后）
李治（唐高宗）
李泰
李承乾（廢太子）

北周、隋、唐皇室關係圖

昭彰、彈壓佛教的「會昌廢佛」行動。西元八四五年，「會昌廢佛」行動達到高峰，寺廟佛塔一座座遭到破壞，佛教經典被焚燒，眾多僧尼也被迫還俗。

在那樣不尋常的氛圍下，一個待在長安的外國人，悄悄地記錄下人心動盪不安的日常生活。這個人是誰呢？就是日後成為日本比叡山的天台宗三祖慈覺大師，也就是日本僧人圓仁和尚。用今日的話來比喻圓仁當年所寫的《入唐求法巡禮行記》的話，這本書相當於媒體記者們在戰亂現場所寫的紀實報導。

然而，當唐朝處於內部動蕩之際，其外圍的環境，也出現了很大的變化。例如，在安史之亂時，幫唐朝解決了安史之亂，後來讓唐朝頭痛不已的北方蒙古高原的回鶻（回紇）[2]，後來因其國內的天災與內訌，被黠戛斯趁機攻擊，終於在西元八四〇年時分裂。另一個大變化發生在自唐初以來，就一直讓唐朝的西邊倍感壓力的西藏吐蕃境內。在吐蕃王朗達瑪[3]鎮壓佛教的舉措下，吐蕃境內發生嚴重的混亂，西元八四一年（也有說是西元八四二年），朗達瑪王去逝，吐蕃國分裂，從此自歷史上消失。唐朝因這兩大變化，一舉擺脫了兩大威脅。

再來看看當時東邊的變化。當時的朝鮮半島由新羅統一朝鮮，但是，主宰從唐到新羅、日本，甚至東中國海海上貿易的人，是被新羅王朝任命為清海鎮大使、並且擁立新羅神武王的弓福（唐名張保皐，日本名張寶高）。弓福於西元八四一年舉兵叛變，結果被暗殺，他的叛變很快就被平定了。不過，弓福的叛變突顯了新羅王權不彰，地方勢力強大現象。

至於日本這邊，在西元八四二年發生了承和之變。嵯峨上皇死後，伴健岑與橘逸勢密謀廢除仁

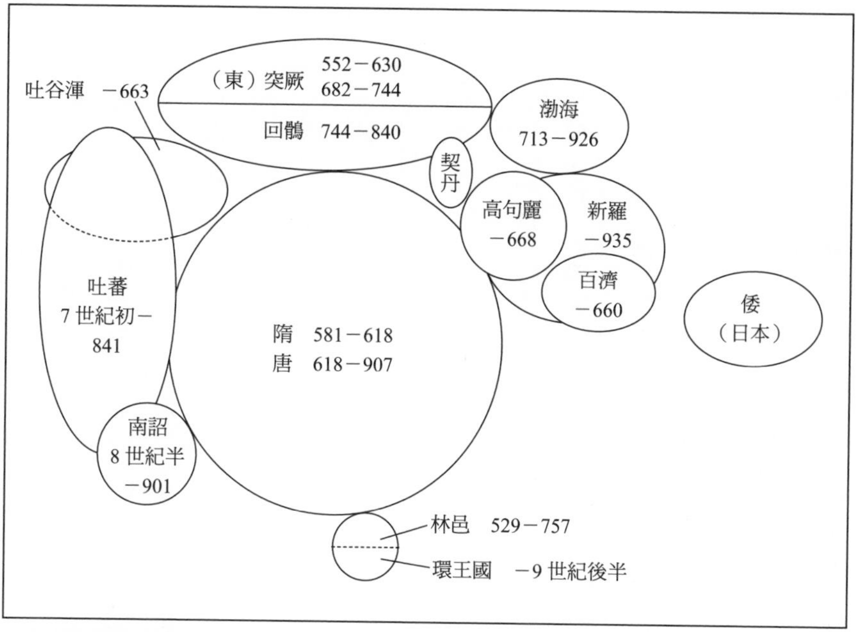

隋唐時代東亞關係圖

明天皇，擁立皇太子恒真親王。不過，後人對這個事變有新的解釋，認為承和之變的真相其實是仁明天皇為了剷除反對派的勢力，與藤原良房聯手製造出來的事件。但這個事件解除了之前天皇「兩統迭立」[4]的不穩定情況，並為後來與攝關政治息息相關的藤原氏，奠定了政治的基盤。

這一連串的變化，集中發生在西元八四〇年代前半。這些事件看起來都是各自發生，很難認為它們之間是有關連的。然而，深入探討時，會發現這些事件有著共通的傾向。那便是以唐朝為中心的文化、政治連結（東亞文化圈）潰散了，取代這個連結的，是各個地域或國家開始摸索獨自的新方向。這就是進入第十世紀後，開始鮮明起來的東亞各地民族意識的先驅、出發點。

而武宗的會昌廢佛，和發生在上述各地域

的事件，也擺脫不了關連。武宗發動會昌廢佛的背景，有人說是因為武宗崇信道教，或者說是因為佛教教團勢力擴張得太大，而且日益腐敗的關係。可是，在廢佛的同一個時段裡，景教（基督教聶斯托利教派）、祆教（拜火教）或摩尼教等外來宗教，也同樣遭受到壓迫而一時消聲匿跡。佛教也是外來宗教之一，所以，其實會昌廢佛可以說是唐朝排斥外來宗教，鞏固本國自有宗教的一種民族意識表現。

再加上佛教是連繫東亞世界重要文化、精神的連結點，所以強行廢佛的行為，其實就是強硬地消滅那個連接點，藉此宣告裡外都要脫離東亞文化圈的中心。武宗的滅佛行動，也可以解釋為唐朝想要擺脫背負在身上的重壓。出自武宗個人想法的行為，與東亞整體的大時代波濤巨浪，絕對不會沒有關係。

「絢爛的世界帝國
隋唐時代」的意義

唐朝因為安史之亂而產生巨大的變化，就像我們現在所看到的，西元八四〇年代的唐朝，不管是與外國的關係或國內的結構，都和之前有了很大的變化。到了西元九〇七年時，唐朝終於像朽木一般地倒下時，塵土揚起的前方，則是雖不夠榮耀，但仍能勉強維持命脈的渤海國與新羅，也早已不如當初和唐爭輝時的強盛。唐朝滅亡不久後，渤海國與新羅也相繼滅亡；日本則是擺脫了模仿唐律令制的階段，大步地跨向貴族制社會。

在東亞的歷史上，因為中國王朝的蛻變、崩壞而讓周圍諸國也產生整體性巨大改變的，可以說是只有這空前絕後的一次，就算放眼世界史，恐怕也沒有相同的例子。隋唐時代的中國擁有高度的文化、優秀的政治制度與豐富的物產，而其周圍的國家或地域，人民生活、文化水準都較中國低，政治體制也比中國落後，因此周圍國家自然會產生仿傚，甚至是掠奪、侵略之心。隋唐也因自己擁有雄厚的力量，而產生君臨東亞的強烈意識。隋唐透過絲路與西方進行往來的行為，也可以從同樣的觀點來解釋。

希望讀者們能理解，本書以「絢爛的世界帝國——隋唐時代」為標題，就是依據上述的時代特質而來的。而本書的一大目標，便是筆者基於對隋唐帝國的認識，將盡可能地貼近生活在該時代的人們，描繪出隋唐時代的真正內涵。

與此相關連的，是近年來受到相當大關注的隋唐女性問題。說到隋唐時代，一般人很快就會連想到武則天、楊貴妃，或是武韋之禍[5]，可見隋唐時代裡有一個競爭激烈的女性世界。女性一方面要面對來自於男性思考邏輯與舊習的障礙，一方面還勇敢地去爭取愛情、強調自己的主張、活出自己的個性。和宋代以後的女性被強制纏足、受到儒教道德束縛的境遇相比較，隋唐時代的女性確實看起來更加與眾不同。隋唐時代的女性為何能夠有如此活潑的表現？去探討能夠允許這種狀況的時代特質，也是本書的課題。

隋唐帝國與律令制、貴族制

若從時代的特質這一點來探討，該如何解讀隋唐朝的權力結構呢？如同我們一般所知的，隋唐前半期施行律令官制，但中途出現了被稱「使職」的「令外官」[6]。到了唐代的後半期，因為全國普遍設置藩鎮，所以使職（節度使）這個官職占了優勢。不過，即使到了唐代的後半期，能夠影響官場的基本軸心，仍然是律令官制。

但是，把貫穿隋唐的律令制，說成是以皇帝為中心、牢不可破的金字塔型等級制度，那就太輕率了。從唐朝以三省（中書、門下、尚書）六部（吏、戶、禮、兵、刑、工）為中樞的形態，和職務內容重複的官衙組織及由多人組成的宰相制度看來，唐朝的官制並非只是上意下達的縱向關係，還有著相當程度的橫向關係。而且，我們還可以從橫向關係中，看到魏晉以來的貴族制的影響。從重視門第（出身）的社會觀念，看重文化教養的質量與有文化教養的中堅人物，及體制本身注重儀禮的情況看來，隋唐時代確實彌漫著濃厚的貴族制氛圍。

從律令官制與貴族制的關係，可以想像當時權力統治的鬆弛，及制度不夠嚴謹，人們與對制度任意解釋的情形。若以上述情況為前提，就不難說明玄宗時代後期為何會發生因為權力者的恩寵造成大官橫行，及出身卑賤的安祿山得以坐大的原因了。該時代的女性為何特別活躍，其原因也一樣，絕對和當時的權力形態有關。權力的鬆弛也可以說是權力的寬鬆。或許，從權力寬鬆的王朝所釋放出來的氛圍，正是讓東亞世界凝聚為一體的重要因素。

以下要說的，和上述對律令制的解釋也有關連。我們經常會按照條文的字面意思，來想像一個時代與國家的面貌。然而，就像「均田制」一樣，「均田制」並沒有按照法規去分配土地（法規常常形同一紙空白文）。一定要看清楚規定（制度）與現實之間的差距。相對於古代日本執著於律令國家必須讓現實貼近法規這一點，做為律令國家本家的中國，卻沒有那麼堅持。

「軍事與兵制」向來在歷史中只被提及部分，但本書將以一整章的篇幅，專門討論隋唐國家的軍事與兵制。如何守衛擁有如此龐大疆域的王朝？要了解這一點是相當複雜的。不過，我在探討隋唐時代的前期，以律令制為支柱的府兵制時，特別注意到了府兵制士兵的來源與運用方式。根據律令的條文，一戶有三丁時，其中一人要當兵，這給人一種徵兵的印象，但這種均等的兵役制度，似乎並沒有在現實中實現。一般都認為府兵的士兵與農民的身份是被切割開的，因為府兵士兵的來源基本上是武士。然而，實際的情況到底如何呢？

宗教在本書中也占有極大的份量，因為宗教在這個時代有非常大的存在感，佛教的影響力尤其大。唐朝雖然以「道先佛後」（道教第一佛教第二）為國是，事實上卻更傾向於重視佛教，民眾對佛教的信仰尤其熱忱。佛教擁有多種面貌，本書直接以近年來出土了大量寶物的法門寺與佛教石經的雲居寺，及唐代新興佛教密宗為例，探討隋唐時代的特質，及佛教與民眾的關係。此外，本書也採用了日本來唐僧人圓仁的記述，說明當時的情況，這部分也占了本書相當大的篇幅。

在今日世界，因為宗教問題而引起血債血還的循環中，唯有佛教沒有參與其中，東亞佛教尤其是遠離了那樣的紛爭，成為和平的象徵。在感念佛教帶來的莫大恩惠時，我們是不是應該去理解，成為東亞共通精神基本面的隋唐佛教的意義？如果能讓讀者們在閱讀本書時能產生這樣的想法，這是身為作者的我，感到最大的榮幸。

註釋

1　【編註】若以唐高祖李淵為第一代唐朝帝王，不算入武周的則天大聖皇帝，武宗應為第十八代帝王。第四代中宗和第五代睿宗都曾一度被廢，後又復辟（分別為第六和第八代帝王）。

2　【譯註】唐代初期，稱回鶻為回紇。

3　【編註】吐蕃國的末代「贊普」（領導者），《舊唐書》、《新唐書》和《資治通鑑》中對他的稱呼為「達磨」。

4　【譯註】兩個家系系統交互做天皇。

5　【編註】「武韋之禍」是指中宗的皇后韋皇后和武則天的姪子武三思，兩人聯手在武后被逼禪讓、中宗復辟後專擅朝政一事。

6　【譯註】派遣、有目的性的官職，通常不在律令的令制規定下。例如原本的節度使。

第一章　新起的統一國家——隋王朝

隋的建立與隋文帝的開皇之治

隋王朝始於第一代的文帝開皇元年（五八一）消滅北周，終結於第二代的煬帝，於大業十四年（六一八）被部下所殺，前後兩代只有三十八年，是名符其實的短命王朝。西元五八九年，隋文帝結束了中國自漢末黃巾之亂以來長達四百年的分裂，重新讓中國成為一個統一的國家。隋朝統一中國後，緊接著進行了多項建設，包括開鑿貫穿南北的大運河，這些建設不僅為唐朝奠定三百年基業，也給後世留下難以計數的影響。隋朝存在時間雖然短暫，但它所進行的建設事業，卻是其他朝代的好幾倍。

隋朝與其時代

從歷史的觀點來看，隋朝有兩個面貌。第一個面貌是隋朝與南北朝時代相連，成為南北朝終結者的一面；另一個是成為唐朝的先驅者，隋唐一體化的一面。做為魏晉南北朝的終結者，與唐朝鋪路者，隋朝可以說是兩個時代之間的過渡者，也可以說是承先啟後者，所以站在隋朝的角度去看其前後的朝代時，能更中立地去評價這兩個朝代。不過，我覺得要探討隋王朝的獨特個性或在歷史上

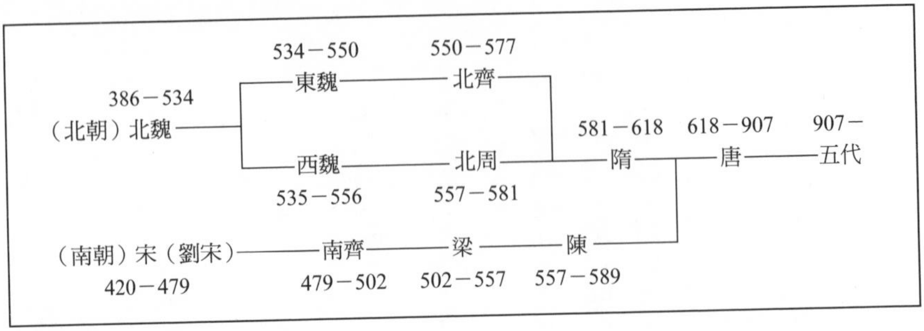

王朝交替圖　（南北朝、隋唐時代）

的意義時，有必要做更進一步的觀察。

透過隋朝楊氏的出身系譜，了解在其系譜上的文武官員的背景，與被約制的行動模式及思考方式，就能感受到隋朝確實是與魏晉南北朝相連接的，尤其是深受北朝的影響。不過，從另一方面，也能感覺到隋朝試圖走出南北朝的影響，並且以此為最大的政治課題，全力以赴地去進行。如果把隋朝與前一朝代南北朝的關連，視為社會性的面貌，那麼與下個朝代唐朝的關連，就是政治性的面貌。要了解隋朝和包圍隋朝的時代樣貌，可以從這兩個面貌相互糾纏的狀態來理解。隋朝企圖消除那樣的糾纏狀況，並且朝著新的國家建設前進。從這一點的意義來說，我還是認為應該把隋朝與唐朝並列，以隋唐的角度來看這個時代。

如同本系列書的前冊《中華的崩潰與擴大：魏晉南北朝》也討論過的一樣，給魏晉南北朝添加特色的，有兩大支柱。其一是從國家到社會的秩序原則，也就是代表文化存在的貴族制；其二是漢族世界裡出現了被（漢族世界）稱為「五胡」的非漢族（胡族、北族）。到了北朝的後期，原住的漢族與北來的胡族（非漢族），建立了融合、合作的關係，並且誕生了領導下一代的新勢力。站在隋、唐統治層中心的人物，就是從這裡躍上歷史舞台的。

但是，在支撐貴族制的門閥（家世、出身）觀念無孔不入的浸透下，反而讓貴族制安於現狀而失去了活力，整個社會因此陷入停滯不前與行政資源的浪費。長期分裂的結果，時代的鐘擺開始大力往統合的方向擺動，舊貴族無可避免地成為阻礙這個擺動的大包袱。就這樣，代表魏晉南北朝兩大支柱之一的貴族制，與來自北方民族所發展出來的新勢力碰撞後，失去了政治性的力量。而兩者碰撞的地方，就是隋朝。

本章將基於上述的認知，從政治史的角度去觀察隋代。這個異於其他王朝，只有短短三十八年的朝代，是怎麼樣的一個時代？現在我們就拉開序幕來看看吧！

隋朝楊氏的出身

隋文帝（廟號高祖）叫做楊堅，出身於關中（今陝西省）的漢族名門，自稱是弘農郡華陰楊氏。這個出身看起來好像很有來歷，其實存在著很大的問題。楊堅的先人在北魏時代居住在北方長城沿線的武川鎮（今內蒙古境內），負責戍守北方邊界，就算與弘農郡華陰楊氏有關，恐怕也是很久遠以前的事，而且先人早已融入北方民族世界中，說楊堅是來自曾與北方民族通婚的楊氏，或許更為恰當。

至於楊氏與北方民族的關連，一般認為與鮮卑系（後來的蒙古系？[1]）有關。史料記載，楊堅的父親楊忠身高七尺八寸，是身高超過兩公尺的大漢，而且是一位容貌輪廓宛如雕刻般深邃的美男子，他與猛獸格鬥時，會用左手抱緊猛獸的身體，右手拔去猛獸的舌頭，所以也是一位武藝超群的武士。從楊忠的體型看來，他應該不只有鮮卑系民族的血統，應該也有匈奴等多種民族的血統。

隋王室楊氏一族，在楊忠的時候就已經出現在歷史的舞台上（參見表格「北周、隋、唐皇室關係圖」）。西元五三四年，北魏分裂為以高歡為首的東魏，和以宇文泰為首的西魏，楊忠加入宇文泰的陣營，是宇文泰政權的重要支持者。宇文泰也是出身武川鎮的鮮卑系民族，在他帳下的還有唐室的先祖李虎[2]，及與他們結為姻親的獨孤信等人。這些人都出身自武川鎮，當西魏設置了八柱國十二大將軍的軍事兼政治的政權中心時，這些人全部進入這個政權中心，成為西魏（北周）宇文泰政權的中堅人物。

此時以武川鎮軍閥為核心的政治勢力，之後成為了隋朝到唐朝的統治層中心。中國的代表性歷史學家陳寅恪先生以「關隴集團」（集結於長安周邊的關中，至其西方隴山一帶的政治集團）來稱呼這個政治勢力，如今這個名詞已經成為一種共識。

楊堅與周隋革命

北周天和三年（五六八），六十二歲的楊忠離世，結束其戎馬一生。楊堅出生於西魏文帝（宇文泰）的大統七年（五四一）六月，當時父親楊忠還在戰場中奮戰，而西魏的前程也尚未明朗，隨時有可能被東魏併吞。從楊堅出生到隋朝成立的四十年間，楊堅以父親楊忠建立起來的功績為基礎，逐漸擴大了自己在政壇的影響力，不僅讓長女成為太子（後來的宣帝）妃，還得到了武帝的信任。

但正因為影響力太大，一部分的宇文氏人士反而對楊堅特別提高警戒，並且妒恨楊堅，其中最不喜歡楊堅的人，就是繼承武帝的宣帝。猜忌之心比一般人更嚴重的宣帝，隨時都想除去岳父楊堅。有一次他把楊堅叫到宮中問話，並吩咐左右，一旦發現楊堅面色有異，就立即殺掉楊堅。但楊堅從頭到尾表情如一，讓宣帝完全找不到動手的機會。

每天生活在戒慎恐懼之中，好像隨時都有喪命之危的楊堅，終於等到了獲得絕對權力寶座的機會。宣帝大象二年（五八〇）五月，楊堅自動請纓前往對抗南朝陳的前線——揚州（今江蘇省），擔任總管之職（地方的軍事、行政負責人）。但就在他要赴任之前，宣帝突然病倒，半個月左右後就駕崩了。史料記載他病倒時口不能言，症狀很可能是突發的腦溢血或中風。宣帝死的時候還很年輕，才二十二歲。宣帝的兒子（靜帝）繼承了帝位，雖然不是楊皇后之子，但楊堅仍然擁戴幼帝即位，並成為宣帝委託後事的顧命之臣，擁有對內外發號施令的職權。

深受宣帝信賴的近臣鄭譯與劉昉，立刻把宣帝病倒的消息傳給楊堅。這兩個人沒有扶持幼帝，陪伴幼帝渡過艱難時局的勇氣，而是把幼帝交給了重臣楊堅，藉此圖謀保全自己。鄭譯與劉昉皆是出身漢族的貴族，兩人都沒有面對之後時局的勇氣，他們的歷史地位因此被誓言協助楊堅的李德林與高熲所取代。另外，在這個時期裡加入楊堅陣營的，還有楊堅的遠房親屬楊惠（後來改名為楊雄）。

李德林在接到楊堅要求協助的時候，不僅馬上答應，還誓言願意為了楊堅而賭上生命；高熲更展現出即使幫助楊堅取得天下的行動失敗、全族因此被滅亡也在所不惜的氣慨。首先，李德林成立丞相府，掌握了全權，以此做為向心力的基礎，在新王朝建立起來之前，展示出明確的方向。至於高熲，他在決定楊堅政權成立的關鍵一役——與相州總管尉遲迥之戰時，指揮軍士一舉殺入敵營，

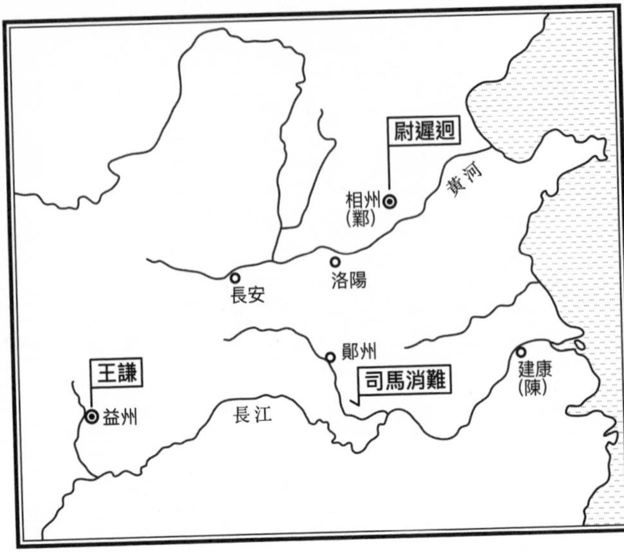

北周末年的局勢

獲得了勝利。

得知楊堅掌握了實權的消息後，尉遲迥於同年六月在舊北齊之都相州（今河北省內）率先起兵。鄖州（今湖北省內）總管司馬消難、益州（今四川省內）總管王謙，也相繼於七月和八月起兵。但是倉促舉兵與兵力的差距，再加上內部整合不順利，這三個人的下場是尉遲迥八月兵敗自殺，司馬消難逃到陳朝，王謙十月被殺，楊堅幾乎大獲全勝。

宣帝死後不到五個月，楊堅如預期的在幾乎沒有受到強力抵抗之下，就完全掌握了政權。楊堅能如此順利地掌握政權原因還有一個，那就是當時的北周人心疲憊，時代的氣氛處於人人思變，等待新領導者出現的局面。

隋朝的建立與新體制

翌年的西元五八一年二月，北周靜帝將帝位禪讓給楊堅，楊堅於是改國號為「隋」，成為隋朝的第一代皇帝，是為隋文帝，年號「開皇」，並且頒佈了新政權的最初基本方針。這個基本方針便是：「易周氏（北周）官儀，依漢魏之舊。」

北周的制度如其國號所示，是以上古的周代制度為根本，也就是以所謂的《周禮》中「六官之制」為骨幹。六官是指天官、地官、春官、夏官、秋官、冬官等六個橫排的行政組織，他們在皇帝的權力下分掌不同的職務。對來自北方少數民族的宇文氏政權來說，積極地拉攏漢民族，是政權之必要。被漢族視為理想的周代制度，又能保證北方民族與漢族對等性的六官之制，自然是最理想的制度。曾經弱小的西魏（北周）能夠併吞強盛的東魏（北齊），還能打敗了梁（南朝），其快速發展的原因，就在於這個六官制度，以及與六官之制互為表裡的軍事制度——府兵制，這兩個制度集結了北方民族與漢族的能量。

不過，這個政治體制持續的時間並不長。因為當時普遍都認為要統治領土龐大的國家時，需要一個以皇帝為頂點的金字塔型政治體制。於是楊堅（隋文帝）明確地做出決定，要恢復普遍性的國家體制，與北周的體制劃清界線。所謂的「漢魏之舊」，指的並非是漢代與魏（三國）之前的制度，而是指中國傳統的皇帝體制，簡單地說，就是從北魏到北齊的制度。重建國家體制時，採用了手下敗將北齊的制度，這可以說是歷史上的一大諷刺。

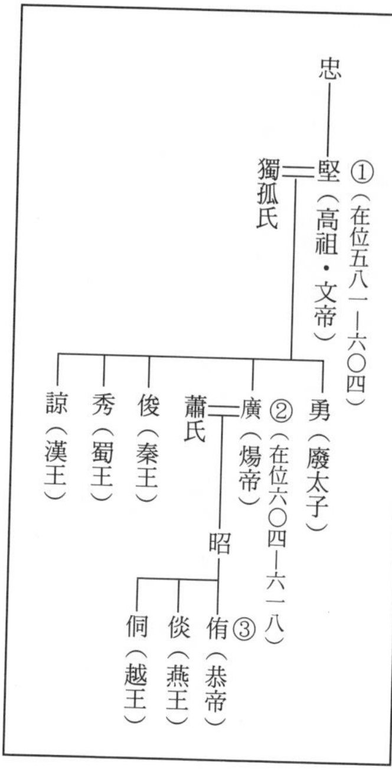

隋朝的皇室譜系

推動新政的重要職務負責人，當然是周

隋革命中的有功人物。高熲任尚書左僕射兼納言，是行政的中心；李德林是負責政策擬定的內史令；楊惠是左衛大將軍，是中央禁軍的負責人。此外，虞慶則、韋世康、元暉、元巖、長孫毗、楊尚希等人，也都分別成為各個行政部門的負責人。上述人等中，除了虞慶則以外，都是出身於關隴集團。還有，晚一步加入這個政權中心的蘇威，則被任命為納言兼吏部尚書；納言是檢驗全體政策的門下省的領導，原先由高熲兼任。

隋朝實施三省六部制，以這個制度取代六官之制。關於這一點，會在第四章再做敘述。三省六部制的中心是三省，三省的最高權力者分別是：尚書省高熲，內史省李德林，門下省蘇威。這三省再加上負責軍事面的楊惠，就是實施新體制的四大支柱。這個體制一直實施到全國統一的開皇九年（五八九）。

果斷的行政改革與貴族制

新政權開始時，當務之急就是制定體制骨幹的新律令。律是刑罰的法規，令是行政與官僚、稅制等等的非刑罰法令，律令制就是以這兩大支柱為基礎的國家體制。新律的制定幾經曲折，終於在開皇三年，誕生了總計十二卷、共五百條的法典。至於新令，則是在開皇二年的七月就已經頒佈了。[3]開皇律令是法體系統具有劃時代的意義，不僅被唐朝沿用，甚至還遠及東亞，成為律令制的原點。

這個新律令的最大特色，就是將刑罰基本的五刑做了改變，去掉了還留著刑罰本質的古代身體刑罰（黥＝刺青、劓＝割鼻子、剕＝砍腳趾、宮＝去勢，割除生殖器、大辟＝處死），定五刑為笞

（鞭打十至五十下）、杖（杖擊六十至一百下）、徒（徒刑）、流（流放）、死等所謂非肉刑的懲罰。以這五種刑罰為基本，再依個人犯下的罪行，從五種刑罰的條文中，選擇對應的條文進行懲罰。這種判定刑罰的方式，很接近現代的罪刑法定主義（條文主義），在當時的世界裡，可說是最先進的刑法體系。

至於新令，除了結合、完善前文所提，以三省六部為首的中央官制與地方行政、統治組織外，還要重視如何確保新的人才來源，和如何安排人才等問題。在隋朝之前，是一段相當長時間的貴族制時代，為了支撐九品官人法，貴族以家世為依憑，控制中央與地方的行政。文帝也針對這樣的關係，進行了改革。

首先，文帝將地方行政上的人事權收回到中央。中央任命的長官在赴任的轄區自行錄用人才，這種制度稱為辟召制。在魏晉南北朝的時代，在地的有力貴族利用辟召制，掌控了地方行政，使得辟召制形同支撐貴族制的溫床。文帝深感辟召制的弊端，於是採取長官以外的官吏也由中央派遣的政策，排除貴族與地方有力人士的介入。此外，文帝還定下了文官任期三年，武官任期四年，並且赴任之處不得為官員出身地的原則，確定了迴避制度。

配合這樣的措施，文帝又將之前的地方行政層級，由州、郡、縣三層改為州、縣兩層。在長期分裂的時代裡，地方行政單位的州逐漸細分，於是出現州、郡難以區別，與官多民少的弊端。文帝於是斷然實施廢郡的措施，此舉不僅簡化了行政組織，淘汰冗官，也削減國家的支出，進而壓抑了貴族。

那麼，在這樣的新體制下，要如何確保新人才的來源呢？這就是文帝的下一個課題。文帝想廣納人才，但卻摒棄了九品官人法的家世門第主義，嘗試以考試的形式來求才。開皇七年（五八七），文帝命令各州每年要向中央推薦三名人才。雖然不清楚當時選拔人才的具體方式為何，但猜測各州或許是藉由考試來尋找人才，而中央也一樣，或許是通過考試來測試人才。錄用人才的方式雖然沒有因為這個改變而全然一新，但這個改變卻成為後世科舉制的開端。

新都大興城的營造與宇文愷

隨著新王朝的開始而著手的事業中，有一件絕對不能遺漏的大事：興建新都大興城。這座在唐朝更名為長安的都城，其規模、結構與景觀，將會在後面（第六章）進行討論，在此僅敘述這個都城與隋相關的一、二事。

渭水由西向東，貫穿中國內陸陝西省的關中盆地，現在陝西省的省會西安，就位於關中盆地的渭水以南。隋文帝決定將新都設置於此，於開皇二年六月，命高熲為興建新都的總負責人，展開新都的建造。隔年正月，為了慶祝新都的建成，文帝大赦天下，三月遷入新宮殿大興宮（唐時稱太極宮）。自前漢以來歷史悠久的舊都，其實就在新都西北的不遠處，不過，就算新都與舊都的距離並不遠，遷都仍然是一樁大規模的行動。算起來，從新都開始興建到遷都完成，其實只有短短不到一年的時間。

大興城的大小與下一個朝代唐朝的長安幾乎相同，東西約九千七百公尺，南北約八千六百公尺，是橫向長方形的都城，其規模與構造在中國的都城史上，都是數一數二。這座都城從策劃到工

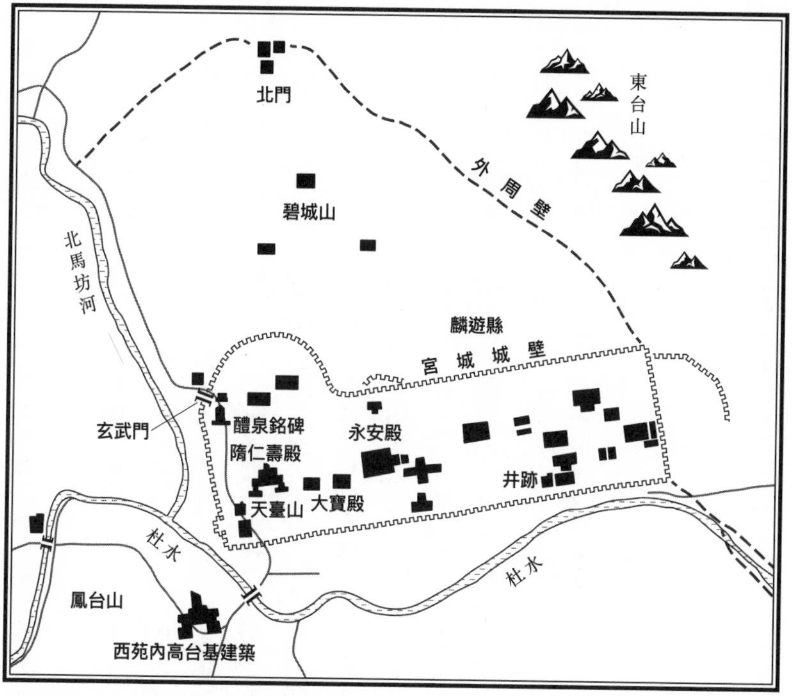

隋朝仁壽宮、唐朝九成宮的遺跡配置圖

程的進行，是超乎想像的艱鉅作業，而負責這項偉大工程的實際操作者，其實就是宇文愷，他是一位值得好好介紹的人物。

宇文愷是隋朝人，同時也是中國史上最具代表性的建築家、發明家，更是都市設計師，他為文帝建造了大興城，也為煬帝營造了洛陽城。此外，他還開鑿了通往大興城的運河廣通渠，及建造了文帝的行宮——壯麗的仁壽宮（唐代的九成宮。岐州＝陝西省，請參照本頁地圖）。煬帝北巡突厥的王庭時，宇文愷還為煬帝製作了可以組合的移動宮殿「觀風行殿」，以及一次可以容納數千人的超大型帳棚，並準備復原遠古時做為處理政事之處的「明堂」[4]，涉獵範圍超出想像。

隋朝被後繼唐代的光芒所掩蓋，一直以來總是被忽略。然而，就像秦朝和漢朝（前漢）的關係一樣，唐朝前期的體制根基，基本上來自隋朝。開皇年間實施的一連串政策，是在準確地預測了國家體制應有的形貌下，經過有系統的精密計算後，才推出的政策，是可以成為後世借鏡的行政改革與制定新國家形象的嘗試。從這一點來說，將隋朝視為歷史上的一大轉捩點，是十分可以理解的。

隋朝初期的政界——高熲、蘇威與李德林

隋朝在完成統一國家體制之前，就像現在所說的，必須做的事情非常多，很多人也在這個時候幹勁十足的投入國家的創建工程，中心人物就是前面提到過的高熲。高熲在開皇年間擔任了二十年的宰相，幾乎參與了所有的政策擬定，成功地推動了開皇之治。

高熲出身於渤海郡蓨（今河北省），父親高賓不知因何緣故從北齊逃到了北周，成為獨孤信的幕僚，且曾經改姓獨孤。後來獨孤信因為謀反罪而被處刑，高家當時受到牽連慘遭下放到地方。不過，也由此可知高家在北周的地位基本上無足輕重，不是政壇的主流，所以高熲本人的仕途自然是從基層小官吏做起。或許正因為這樣的歷練，養成了高熲在政治、軍事上的實務能力，並且能洞察事物本質的能力。另外，高熲也能體察民情，有著人性溫暖，這也與他的經歷有關。

而將一介中堅官員高熲與楊堅（文帝）連結起來的人，應該就是楊堅的妻子、也就是獨孤信的女兒（七女）獨孤氏（文獻皇后）。話說回來，隋朝建國後，在以關隴系人物為主流的政壇上，非主流出身的高熲，立場是很為難的。於是高熲便起用了正統的關隴系人馬，藉此尋求關隴系的支持，他所起用的人便是蘇威。

蘇威的父親蘇綽是西魏（北周）政策方針《六條詔書》的起草人，武功世家蘇氏是關中地方的漢族、關隴系的嫡流。蘇威當然想繼承父親的志業，並且加以發揚光大，但他本人個性過於謹慎，無能成為政壇的領導型人物。高熲正好可以補足蘇威的弱點，兩人合作的結果，高熲得到主流人物的支援，蘇威得到可以發揮影響力的空間。對後世有極大影響的開皇之治，便在這兩個人的合作下起動了。

這裡還有一個人必須一提，就是周隋革命時期相當出風頭的李德林。李德林原本出仕於北齊，出身於博陵安平（今河北省內）李氏，山東貴族的顯赫家世，再加上學識淵博、文采過人，讓他擁有高知名度。北齊滅亡後，他是舊北齊系人士的代表人物，楊堅把他吸收到自己的陣營來，就是看重他的學識與他對舊北齊人士的影響力。然而，在楊堅政變成功後，李德林並沒有獲得重要出頭的機會，原因在於他堅持貴族的身段，又自恃甚高，與已經集結成團的北周、關隴系集團官員格格不入。

曾有一說是，自北魏以來所實施的社會基層組織，是以百戶為一個單位的三長制[5]，但是到了隋朝初期，經過一連串地方行政改革後，蘇威提出了鄉里制，在原本的百戶（里）之上，設置了五百戶（五里）的鄉，管理者叫鄉正，以此強化村落的統治。但蘇威的這個提議，遭到李德林的強烈反對。因為這個政策恐怕會剝奪了舊北齊系貴族所擁有的權益與基礎。不過，隋朝滅了陳朝後的第二個月，也就是開皇九年（五八九）二月，還是推行了鄉里制。後來因為發生了鄉正瀆職的現象，於是廢除鄉里制的議題遂被提出來討論。此時李德林對文帝說：「我以前不是說過了嗎？那時不聽我的意見，現在再來討論廢除的問題，這是朝令夕改。」文帝聽了之後大怒，把李德林從中央官員下放為地方官，他從此離開了中央。

高熲、蘇威與李德林三人的經歷、資質各異，若三人能夠順利磨合的話，隋朝初期的政績應該會有獨特的表現，但現實卻非如此。李德林在建立隋朝的大業上有功，但卻忘了自己來自於被征服的那一邊；他孤芳自賞、難以融入高熲的團體中。因此之故，西魏（北周）以來的關隴系人物成為開皇之治的主導者，而北齊系的人物在開皇之治中幾乎沒有發揮的餘地。

隋朝中期的政治動向──日本遣隋使眼中的隋朝風景

隋文帝的統治時間，包括開皇的二十年與將近四年的仁壽年間，合計起來約二十四年。文帝統治的前期，君臣上下一心，為了實現統一中國與建立新國家而努力，國勢向上提升。

消滅陳朝──實現統一

有了國勢往上提升的背景，開皇八年（五八八）十月，文帝下令出兵討伐陳朝。擔任這次討伐行動的統帥，是文帝的次子晉王楊廣（即後來的隋煬帝），輔佐者是高熲。他們從六合（今江蘇省）出發，帶領大軍渡長江，正面攻向陳朝首都建康（今南京）。另外，在長江上游方面，晉王的弟弟秦王楊俊，從襄陽（今湖北省）沿漢水而下、楊素從永安（今四川省）一口氣經過三峽，沿江而下，他們各自率領水軍與楊廣會合。

隔年，開皇九年的大年初一，濃霧籠罩了建康一帶。隋軍趁機展開攻勢，先鋒部隊兵分二路渡江進擊建康。賀若弼所率領的部隊從下游的廣陵（今揚州）出發，另一支部隊則是韓擒虎和五百名士兵，他們在建康稍微上游的和州附近渡江。兩支部隊彼此競爭，誰都想搶得頭功。十二天後，賀若弼的部隊從東，韓擒虎的部隊從西南，兩支部隊幾乎同時攻入建康城內，韓擒虎僅以一步之差，贏得這場競爭，抓到了陳朝的皇帝（後主）陳叔寶。

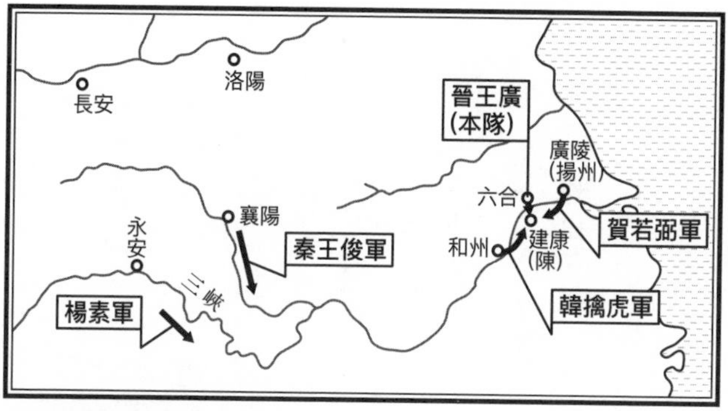

消滅陳朝的進軍圖

陳朝幾乎沒有抵抗就被滅亡了。相對於歷經四百年的分裂，其間發生了無數次激戰的南北對立戰爭，陳朝如此就被消滅，著實太輕易了。但是，對於在侯景之亂後，好不容易在江南保住命脈的陳朝來說，能延續到這個時候才被滅亡，說起來也很不容易。以陳叔寶為首的陳朝官員與眷屬們被送往長安，擁有「南朝四百八十寺」的南朝首都建康被徹底摧毀，無法重建。之後的數年裡，雖然江南豪族高智慧等人持續進行反抗，但大勢已去。長江中下游流域以南的三十州，大約五十到六十萬戶的人家（一戶以五口人計，約二百五十至三百萬人口），完全屬於隋朝了。

陳叔寶　即南陳最後一任國主陳後主。

隋朝消滅陳朝時，動員的兵力總數達到五十一萬八千人，其主力軍均為正規軍的府兵。然而，統一的大業既然已經完成，就不再需要大量的兵力。文帝於是在隔年的五月，開始著手改革府兵制。

關中本位政策

府兵制始於西元五三〇年代左右，是在西魏形成的軍事制度，到了隋朝已經有半個世紀的歷史。在這個制度下，士兵與其家族不同於被登錄在民籍中的一般納稅老百姓，而是被登錄在兵籍（軍籍）中，屬於被稱為軍府的統轄機關。無論是在戰時，或是平時，他們的生活、行動都受軍府管轄。因為隸屬於軍府，所以被稱為府兵（制）。在以軍事為重的時代裡，要確保專業士兵的來源，就必須保障專業士兵的生活基本；這種兵民分離的制度因為有極高的效率，所以被落實了。

但是，統一大業一旦完成，軍事為重的時代也就跟著結束了，接下來的問題便是該如何整頓和維持那麼龐大的兵力？開皇十年提出的改革重點是：（一）廢除兵籍，讓兵籍與民籍一體化，（二）但仍然保留舊有的軍府之制及其所屬士兵，（三）廢除對舊北齊地區與陳朝前線，為了鞏固北方而新設的軍府。

府兵制與士兵的問題在後文（第七章）會再做詳述，這裡要討論關於（三）的改革問題。（三）的目的就是要大幅削減軍府，但不在削減地區內、原有的舊軍府，並不是削減的對象。而沒有在削減範圍內的舊軍府，大都位於以長安為中心的關中地區，是西魏（北周）以來所設置的軍府。兵員最雄厚的關中地區被保留下來的軍府最多，但非關中地區的軍府，卻被大幅削減。這種地域差異，成為隋朝統治全國的基本。

隋文帝靠著高熲等關隴系人材所提出的政策，與集中在關中地區軍府（正規軍）的壓倒性兵力，在所謂的「關中本位」立場上，建構起統治全國的體制。開皇十年（五九〇），是確立這個體制的關鍵之年。

隋朝的治理路線就此確立，此後應該能夠踏上穩定的政治局面，然而實際卻不同於所預想的。現在，我們就從佛教這個特殊的切入點，來觀察為何預想與實際會有不同。

隋文帝的佛教政策與其展開

中國史上有不少皇帝非常推崇佛教，其中最常被提起的皇帝之一，便是南朝的梁武帝，而隋文帝可以與梁武帝相提並論。

關於文帝的出生傳說，有一個這樣的故事。據說文帝誕生於馮翊郡（同州。今陝西省）的般若寺，出生的時候來了一位來自東方的比丘尼智仙，她說這個孩子不能養在凡俗之世，楊堅的父母便把楊堅交給比丘尼，讓比丘尼在別的房子裡照顧楊堅；有一天楊堅的母親來看楊堅，抱起了楊堅，此時楊堅突然頭上長角，遍體長鱗。楊母一時驚嚇，鬆手讓他掉落在地。智仙尼見狀便感嘆地說：這孩子得天下的日子要往後延了。

上述這個奇妙的文帝誕生傳說，見於正史《隋書》的開篇記述中，這樣的內容暗示了文帝與佛教有著密不可切的關係。北周的武帝分別於西元五七四年在北周、西元五七七年征服北齊後在北齊，進行了對佛教的鎮壓。這是所謂「三武一宗法難」[6]的第二次滅佛事件。就在佛教界面對如此

白陶僧俑 於河南省安陽市張盛之墓出土，從這個陶俑的樣子，可以一窺隋代時佛教興盛的樣貌。

巨大打擊時，隋朝成立了。佛教界對新成立的王朝寄予佛教再興的厚望，而文帝也不負佛教界的冀望，積極回應，藉此表現自己與前朝不一樣王朝的正當性。像上述那樣的傳說，就可以看出佛教界與文帝之間既複雜又密切的關係。

現實上，文帝在即位後不久，便允許信徒出家，同意民間有抄經與鑄造佛像的自由，並且在首都或洛陽等地的重要佛寺和朝廷內，備置佛教經典全集的「一切經」[7]。受到文帝這些措施的激勵，被壓抑的佛教界活動一鼓作氣地復興了。根據佛教界的紀錄，文帝在位的時間裡，共「度僧二十三萬人，立寺三七九二所」。但是，文帝並不會將國家的財政用於興佛的事業上，他與前面的梁武帝不同，雖然崇尚佛教，卻與佛教保持著一定的距離。

到了開皇二十年（六〇〇），文帝對佛教政策出現了變化。這一年的年底，也就是十二月三日時，文帝突然下了一道奇怪的詔書，內容是凡對佛像與道教的天尊像或其他造像有損毀或竊盜之行為者，皆是犯罪之行。犯罪者如果是俗人，則是犯了不道罪；若犯罪者是僧侶、道士，就是犯了作惡、逆上之罪，等於是犯了顛覆國家的謀反罪，是會被處以極刑的大罪。這樣的刑罰，確實會讓人產生古怪的預感。另一方面，佛教教派之一的三階教，在同一年受到朝廷的打壓。

隔年（六〇一），文帝改年號為「仁壽」。這一年的六月十三日，文帝命令「頒送舍利於諸州」。這項命令在仁壽年間有過三次，全國共計有一百一十個寺院建立石塔，用來奉納由朝廷中央頒送的佛舍利。由此可見，原本屬於宗教性行為的佛教佈教、推廣活動，變成是帶著政治色彩，以國家為主體的政治性行為。

在發佈「頒送舍利於諸州」詔書的同一天，西元六〇一年六月十三日，文帝先頒佈了一道前所未聞的奇怪命令，那就是中央的最高學府「國子學」只留下七十名學生，其餘的學校全部廢除。當時的「國子學」光是中央就有將近一千名學生，若再加上地方的學生，人數相當可觀，但卻在一道命令下，銳減為七十名學員。大幅削減學生的理由是，鑑於儒學的重要，所以在中央、地方設置了學校，但學校的效果不彰，所以廢除了。這些學校原本是為了代替門第主義，為國家確保人材，如今卻遭到廢除。然而就在同一天，朝廷馬上就發佈「頒送舍利」的命令。從這樣的過程，應該可以看出文帝要把國家的主軸從儒教移轉到佛教的意圖。

文帝佛教政策的目的，便是要讓佛教成為國政的重心。然而，文帝為什麼要這麼做呢？要了解這一點，就必須重新來看開皇二十年前後的政治狀況。

開皇二十年的政變背景

開皇二十年（六〇〇）是重大政治事件之年。這一年的十月，太子楊勇被廢；十一月，文帝的次子——晉王楊廣被立為太子。前述可以稱之為反廢佛毀釋的命令，是在廢立太子之後不久，很快就發佈的命令。而前一年的開皇十九年，一直擔任宰相的高熲突然在政壇上消失，仁壽元年（六〇一），楊素被提拔為宰相。高熲與楊勇的失勢，和楊廣與楊素的崛起，應是相互關連。

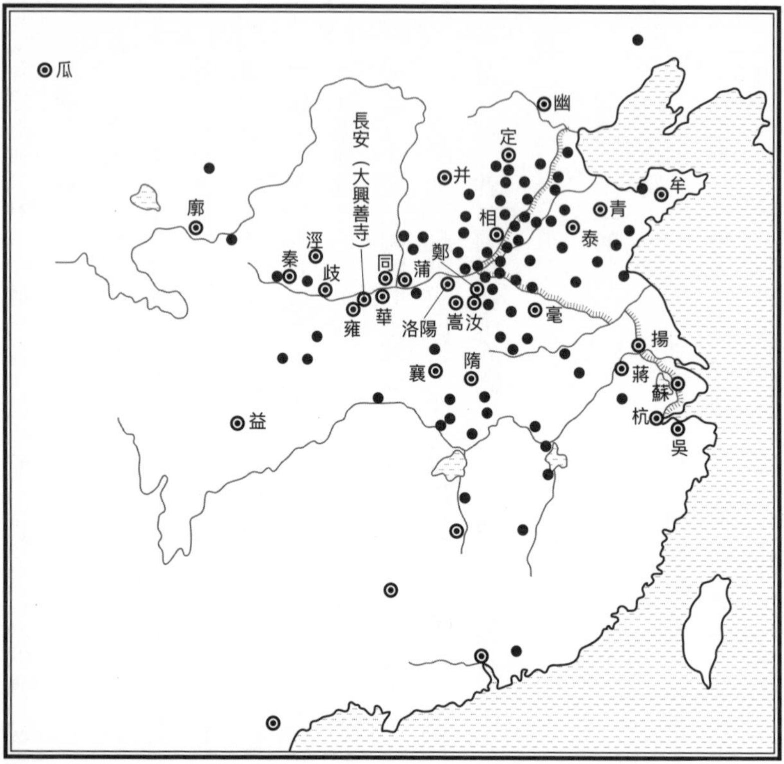

隋朝仁壽年間建立舍利塔的地點圖　仁壽年間三次，合計於一百一十一處寺院建立舍利塔。

造成高熲失勢的的直接原因，是更早一年——開皇十八年（五九八）的遠征高句麗之戰。遠征高句麗的統帥是文帝的五子——漢王楊諒，但高熲是實際的執行者。這場戰役以失敗收場，高熲為戰敗負責。事實上，高熲本人反對出兵遠征高句麗，他認為應該把國家的力量放在內政上，他的基本方針是充實內政比擴張疆域更重要。（請參閱〈第九章　遠征高句麗的背後〉）

高熲與楊勇是兒女親家，有著姻親的關係。不過，促成兩人關係密切的因素，並不止於此。高熲所推動的關中本位主義的路線，也被將來要成為皇帝的太子楊勇所認同，並且準備繼承此路線。高熲也是末法思想盛行的河北新佛教——三階教的忠實信徒，隋朝在首都大興城內設立的三階教真寂寺（唐朝時改名為化度寺），就是高熲捐獻自己的宅邸改建而成的。三階教這個佛教宗派因為聚集了信徒的醵金（布施），擁有豐厚的財力，信眾也相當團結，常是權力者們的目標，經常因此而被打壓，終於在八世紀中葉被消滅。對三階教的打壓，最早出現於前述的開皇二十年。高熲的失勢，與三階教擺脫不了關係。

再來說楊廣與楊素。相對於楊勇、高熲等的朝廷主流，楊廣與楊素不僅崛起得晚，而且還是從旁系擠入中央。楊素出身自弘農華陰（今陝西省）楊氏的嫡系，是文武雙全的人才；他很早就進入關隴系的組織中，並且得到應有的位置。但是，由於出身太好，能力又強，讓他有著比他人多一倍的自信心，這樣的自信心反而成為他融入時代局勢的阻礙。雖然在消滅陳朝，掃蕩了江南殘存勢力後，終於有機會踏入中央，但是地位總是排在高熲之後，只能位居第二；就算世人認為他的才能實力凌駕於高熲，但擔任宰相所必須具有的見識與格局，楊素卻不如高熲。

迦毗羅神王像　位於河南省寶山靈泉寺大住聖窟外壁右方。據說靈泉寺與三階教有關係。

同樣老是位居第二的人，還有楊廣。不過，比起楊素，楊廣的路比楊素更加難走。畢竟晉王與皇太子之間的距離，絕對是更遠的；再加上兄長當了皇帝後，當弟弟的人可能就會有生命危險。於是，對自己的才能自信滿滿，又有著強烈政治野心的楊廣，便悄悄地接近和自己的立場相似的楊素，準備出手扭轉總是位居第二的局面。為此，楊廣也把母親獨孤皇后拉入自己的陣營。

獨孤皇后

文帝的皇后獨孤氏，是西魏政權宇文泰的支持者——獨孤信的七女。獨孤信有好幾個女兒，除了這個七女外，長女是北周明帝的皇后，四女是唐高祖李淵的母親，因此可以說北周、隋、唐這三朝，都與獨孤信有著姻親的關係（參閱北周、隋、唐皇室關係圖）。獨孤氏雖然屬於匈奴系，但在以鮮卑系為主體的關隴集團中，似乎占有某種特別的位置。

獨孤氏十四歲時與楊堅結婚，並讓楊堅發誓，絕對不能有異腹的子女。也就是說，楊堅不能和其他女人有任何關係。較孤獨氏年長十二歲的楊堅接受了這個要求，即使在當上皇帝後，也謹守這個誓言，多年來只有一次例外。文帝與宮中奴隸尉遲迥的孫女發生關係，被獨孤氏發現。獨孤氏便趁著文帝處理政務繁忙之際，殺死了尉遲迥的孫女。

文帝知道這個消息後，盛怒之下也只是獨自騎馬跑出宮，懼內的他不敢面對面地指責獨孤氏。文帝單騎出宮後，對追上來的高熲與楊業發脾氣說：「吾貴為天子，而不得自由！」高熲於是勸說：「陛下豈以一婦人而輕天下！」文帝聞言，冷靜下來後，才回到宮中。但是獨孤皇后卻對高熲以「一婦人」來形容自己之事耿耿於懷。

獨孤皇后對男女關係有潔癖，這種個性也表現在對皇太子楊勇的要求上。楊勇素來喜歡接近女色，十分寵愛一位雲氏，再加上皇太子妃元氏離奇死亡，所以獨孤皇后對這位長子一直有所不滿。晉王楊廣察覺母親的心思，便不時明裡暗裡的表示皇兄不適任太子之位，而自己的潔身自好，成功地博取了母親獨孤皇后的信任。

此時高熲也在女性問題上犯了錯誤。高熲的妻子去逝後，文帝勸高熲續絃，但高熲邊掉淚，邊回答道：「臣今已老，退朝之後，唯齋居讀佛經而已。雖陛下垂哀之深，至於納室，非臣所願。」但後來高熲的愛妾卻為高熲生了一個兒子，獨孤皇后便以此為理由，認為高熲婉拒文帝的續絃之說，是輕視文帝善意的行為。這與高熲的失勢不無關係。

楊廣的江南興趣

楊廣得到母親獨孤氏的信任，除去了高熲，又趕走了兄長，終於成功地取代兄長，被立為皇太子。觀察楊廣崛起的軌跡時，會訝異地發現楊廣與江南、或者說是與南朝系統的人物，有著相當深的關連。

首先讓人注意到的，就是楊廣的妃子蕭氏，也就是後來的蕭皇后。蕭氏出身於梁（南朝）的系譜，是梁明帝的女兒，雖然因故成長於民間，但是性格賢淑，是一位教養良好的女性。蕭氏一族以崇佛而聞名，蕭皇后毫無例外地，是非常虔誠的佛教徒。楊堅的長子楊勇，其妃子是與北魏王室有關連的元氏，至於次子楊廣之妃，則出身南朝，兄弟二人因為各自的妃子出身，而有了不同的立場。

再來說楊廣與佛教的關係。楊廣與佛教天台宗的開宗始祖智顗關係密切。智顗出身於梁（南朝）的官宦世家，出家後拜光州大蘇山（今河南省）的慧思（南岳慧思）為師，後來前往陳朝的首都建康講經，並且受到陳朝皇帝與貴族們的推崇，是江南首屈一指的高僧。隋滅陳後，楊廣積極接近智顗，終於請到智顗到自己管理的揚州授戒說法，並且贈以「智者」（大師）的稱號。

不過，楊廣到底基於多虔誠的信仰而邀請智顗說法，這是個疑問。事實上，楊廣基於信佛而展現出來的舉止並不是很明顯，他延請智顗說法之舉，恐怕是站在統轄整個江南的揚州大總管的立場上，為了掌握南朝陳系的人心，而採行的政治性手段。

還有另一點同時值得關注的，便是對盛行於華北的三階教所採取的抗衡行為，楊勇、高熲可說是三階教的最大支持者。也就是說，為了凸顯自己的精神面立場，楊廣強烈地推崇智顗的天台宗。三階教與天台宗不管是在地區上，或是在建立的基盤上，都是具有時代代表性的新佛教，兩者經常被拿來對比，同時也都與政治有著密切的關連。

楊廣與高熲之間，還發生過這麼一件事。據說陳後主的寵妃張貴妃（張麗華）長得十分漂亮，就連北朝也聽聞她的美貌。開皇九年（五八九），隋軍要攻入陳朝的首都建康時，楊廣下令要生擒張貴妃，但在現場指揮的高熲卻不顧楊廣的命令，認為留下張貴妃勢必亂了隋朝政治，便殺了她。楊廣聽到屬下傳來的消息，得知張貴妃被殺，氣得咬牙切齒大叫，總有一天要報復高熲。從這件事上，可以明顯地看出楊廣與高熲在處理南方社會上，有著很大的歧見。

如此看來，開皇二十年（六〇〇）白熱化的皇太子廢立問題，不能簡單地以兄弟鬥爭來做解釋，而是有更深層的背景。簡單來說就是，楊勇、高熲的路線基軸，是繼承並發展關中本位政策；而楊廣、楊素想要的，卻是擺脫關中本位政策，企圖在江南等廣闊地域上建立權力，並且在這個基礎上，積極開拓東亞。

開皇二十年的政變意義——日本遣隋使眼中的隋朝風景

從關中本位路線轉變為非關中路線，是隋煬帝的政權成立以後才明確起來的，也就是說文帝與煬帝的想法截然不同。不過，話說回來，從楊廣被立為皇太子開始，文帝已經決定轉換路線。每當政治上出現新的動向時，佛教界也會出現與政治新動向有關連的現象。從這一點看來，這個時期的佛教扮演著重要的政治性角色。

前面提到的文帝開皇二十年，倭國派遣使者到隋都大興城。提到遣隋使，最常讓人想到的，就是隋朝的大業三年（六〇七），也就是倭國的推古十五年，多利思比孤派到中國的遣隋使。那一次遣隋使遞出了「日出處天子致書日沒處天子，無恙」的國書，曾經大大地觸怒了隋煬帝。當時的使節是小野妹子，而多利思比孤指的是聖德太子或倭王（推古天皇）。

不過，若只以使節的國書來看遣隋使的任務，那就太短淺了。其實，這一次倭國使節出使到隋的主要目的，是為了「聞海西菩薩天子重興佛法、故遣朝拜、兼沙門數十人來學佛法」。至於使節為何會有如此的發言呢？使節口中的菩薩天子，指的當然是當時隋朝的皇帝——煬帝，然而隋煬帝其實不是那麼虔誠的佛教信奉者。話說回來，倭國為何要派遣那麼多沙門僧侶，出使到隋呢？

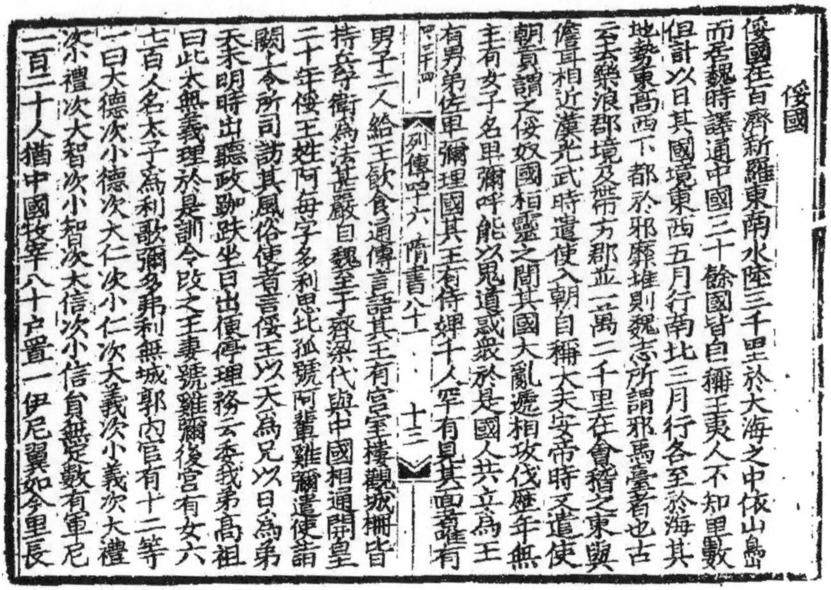

倭國

倭國在百濟新羅東南水陸三千里於大海之中依山島而居魏時譯通中國三十餘國皆自稱王夷人不知里數但計以日其國境東西五月行南北三月行各至於海其地勢東高西下都於邪靡堆則魏志所謂邪馬臺者也古云去樂浪郡境及帶方郡並一萬二千里在會稽之東與儋耳相近漢光武時遣使入朝自稱大夫安帝時又遣使朝貢謂之倭奴國桓靈之間其國大亂遞相攻伐歷年無主有女子名卑彌呼能以鬼道惑衆於是國人共立為王有男弟佐卑彌理國其王有侍婢千人罕有見其面者唯有

列傳四十六　隋書八十一　十三

男子二人給王飲食通傳言語其王有宮室樓觀城柵皆持兵守衛為法甚嚴自魏至于齊梁代與中國相通開皇二十年倭王姓阿每字多利思比孤號阿輩雞彌遣使詣闕上令所司訪其風俗使者言倭王以天為兄以日為弟天未明時出聽政跏趺坐日出便停理務云委我弟高祖曰此太無義理於是訓令改之王妻號雞彌後宮有女六七百人名太子為利歌彌多弗利無城郭內官有十二等一曰大德次小德次大仁次小仁次大義次小義次大禮次小禮次大智次小智次大信次小信員無定數有軍尼一百二十人猶中國牧宰八十戶置一伊尼翼如今里長

《隋書》倭國傳　留下了文帝開皇二十年（西元六〇〇年）倭國使者造訪大興城的記載。一般認為這是最早的遣隋使。

要了解這一點時，恐怕要先知道倭國在大業三年的遣隋使之前，多利思比孤也曾經於七年前——也就是文帝的開皇二十年（六〇〇）派遣使者來隋。雖然開皇二十年的遣隋使事蹟，僅見於《隋書》倭國傳的記述，但今日的學者們已經將這一次的遣隋使，視為第一波來自倭國的遣隋使，我個人也認同這樣的看法。

那麼，當時來隋的倭國使者們，從隋的各種先進文物或文化中所看到，最讓他們感到震撼的，除了佛教令人無法忽視的存在感外，應該就是隋朝政界的嚴峻氣氛。應是這些遣隋使將他們在隋的所見所聞帶回國，促成了倭國「冠位十二階」（六〇三）與「十七條憲法（六〇四）」等一連串體制的制定，這才有了七年後（大業三年）倭國大規模佛教使節團的出現。

煬帝的「暴政」與隋朝末期的大動亂

仁壽四年（六〇四）七月，六十四歲的文帝駕崩。文帝晚年在政治上的表現確實大不如前，但回顧他在位的二十四年間，完成了國家統一與確立了國家體制，的確給社會帶來安定，充實了人民的生活。文帝在位期間，隋朝時代的人口（戶數）從不滿四百萬戶，倍增到九百八十萬戶，徵收來的穀物更是滿到溢出倉庫，因此文帝應該也可以列入明君之列吧！

從文帝時代進入煬帝時代——隋朝後半期的政治與社會

文帝駕崩後，便是煬帝的時代。煬帝在位前後大約十五年，大致可分為兩個時期。煬帝即位到大業七年（六一一）的前半段，是意氣風發、國勢蓬勃發展的時期。但這股發展的氣勢在大業八年遠征高句麗受挫後，便陷入泥沼之中，當時叛亂的風暴席捲了隋朝境內，煬帝束手無策，只能頹廢度日，直到大業十四年慘遭被殺，結束了他當政的後半期。煬帝的形象與父親文帝截然不同，煬帝是「暴君」，行的是「暴政」。

前一節的末段說過了，煬帝的目標是擺脫「關中本位」的路線，然後奠定屬於他自己的政治基礎，並以此基礎建立國家體制。就在文帝廢皇太子楊勇，改立楊廣為皇太子開始，楊廣便逐步實行自己的路線，並在登基後正式執行屬於自己的政策路線，開鑿大運河或遠征高句麗，這一連串的對外行動，都可以說是從這個角度出發的。從文帝進入到煬帝時代，兩位君王的政治路線雖然不同，但時代並沒有因此中斷，這也是隋朝這個王朝的必然之路吧！

只是，文帝和煬帝的政治手法有很大的差別。相對於文帝集思廣益，穩健地強化體制的政治手法，煬帝則是以文帝時代累積下來的成果為後台，以自己為先鋒強行運作政策。煬帝急著要推動自己的政策，其原因除了基於對自己的能力感到信心滿滿外，再者也是因為自己的地位來自於拉下皇兄——原來的皇太子楊勇，為了杜絕弟弟們的嘲諷，他必須利用得自父親的權力，讓自己推動的政策儘快出現成果。

然而急於表現的結果，竟造成了數百個叛軍集團群起，形成中國歷史上前所未有的混亂局面。但是，煬帝的作為並沒有脫離隋朝的政治路線，若把叛軍四起的現象直接歸咎在煬帝的「暴政」上，或許有違事實，因為從南北朝到隋朝，在這麼長的時代裡，社會上的各個層面存在著各種矛盾，那些矛盾所累積起來的能量相當龐大。個人認為，若只以煬帝的作為來解釋叛軍四起的現象，那就太忽略了那些矛盾所隱藏的力量了。

皇位繼承的始末

文帝在大興城（長安）西方的岐山山巒北側，建築了豪華雄壯的離宮——仁壽宮（唐朝時的九成宮）。我們所見的文章是這樣描述的：文帝在仁壽宮與眾大臣一一握手道別後，安詳地嚥下最後一口氣。但事實上，文帝駕崩時，仁壽宮的氣氛可說是詭譎萬分。

獨孤皇后早文帝兩年離世，之後文帝有兩位寵妃，分別是陳氏（宣華夫人）與蔡氏（容華夫人）。這兩位妃子都是在文帝消滅陳朝後入宮的南朝人，其中陳氏還是陳宣帝的女兒。而皇太子楊廣也覬覦著這兩個女人，竟在文帝病重時，強迫陳氏與他發生關係。文帝知道這件事後，非常生氣，於是命人傳前皇太子楊勇前來，有意廢除楊廣，讓前太子楊勇復位。

當時的前太子楊勇處被幽禁在大興城內，楊素知道文帝要召回前太子的消息後，隨即和楊廣取得聯絡。楊廣立刻命東宮的衛士包圍文帝的寢宮，派遣心腹張衡入宮，驅走宮中所有侍女，只留張衡一人在內；不久之後，便傳來文帝駕崩的訊息。文帝駕崩的當晚，楊廣便強行召來陳夫人「烝」之，之後又強「烝」了蔡夫人。「烝」是指皇帝或相當於皇帝之人的亂倫行為。

從上面的敘述，不難想像楊廣會被兩位女性身上散發出的江南之美所迷惑。雖然對父親的女人下手，甚至奪走了父親的性命，這是絕對不容於儒家倫理觀，而楊廣的這種行為，與北方遊牧民族的收繼婚制習俗情況相同，也就是說父親死後由兒子納其妻子。這種兒子接收父親女人的事情，在隋朝之後的唐朝也屢有所見，楊廣可以說是這種事情的先驅。若從這一點來看，隋唐國家的本質裡，存在著北方民族的血脈。

煬帝　中間的人物。煬帝弒父殺兄，取得帝位。

文帝死後，皇太子楊廣繼承帝位，是為隋煬帝。楊廣的哥哥楊勇，在楊廣即帝位前就已經被殺。當時任并州（今山西省）總管的漢王楊諒是楊廣的弟弟，聽說楊廣繼承了帝位，便起兵造反，但是在很短的時間內便被平定。獨孤皇后生了五個兒子，三男秦王楊俊素行不良，被其妃子下毒，早已病死；四男蜀王楊秀在楊廣還是皇太子時因遭厭惡而被幽禁，最後也被煬帝所殺，獨孤皇后的五個兒子，都不得善終。

煬帝政治之始──開鑿大運河

煬帝平定了漢王楊諒之亂，當即位的一連串措施結束後，於當年的十一月遷居洛陽。隔年定年號為「大業」，是為大業元年（六〇五）。為了將政治基地安置在洛陽，煬帝命令宇文愷等人營造新都，新都於翌年正月完成。新都城在距離舊洛陽西邊二十公里的地方，橫跨洛水南北兩岸，占地寬廣。煬帝將新都城命名為東京，也稱做東都，並做為實際上的首都，是煬帝構思、描繪新政的基地。

煬帝在東都著手的新政策，首推開鑿大運河。中國的地理特徵是華北乾燥，華南濕潤，要如何結合這這個地域，自古以來一直是中國執政者的一大政治課題。對隋朝而言，在統一了長時間處於分裂狀態的中國之後，穩定中央集權的體制，將物資從生產力高的南方運送到北方，提供北方人口日增的都市，是非常重要的課題。而最能夠解決這個課題的方式，就是利用水運。然而黃河、淮水、長江等主要河川的水流，都是由西往東流的，無法被運用在南北物資的輸送上。於是煬帝決定以人工之力，開鑿一條可以輸通南北的運河。

關於大運河的開鑿過程，簡單地整理如下：

大業元年三月：開鑿通濟渠（連結接黃河與淮水）。動員了河南、淮北諸郡的男女百餘萬人。

同年同月：開鑿邗溝（又名山陽瀆，連結淮水與長江）。動員了淮南十餘萬民眾。

大業四年正月：開鑿永濟渠（連結黃河與幽州）。動員了河北諸郡男女百餘萬人。

大業六年十二月：開鑿江南河（連結長江與杭州）。動員人數不明。

大運河的工程雖然也利用了既存的河川和舊河道，卻仍然是一個為艱鉅的工程。不過，隨著大運河的竣工，中國的南北終於可以藉著大運河這條幹線連接起來。而煬帝也可以乘著他那艘有著四層樓雕梁的漂亮龍舟，巡幸到揚州了。

不過，對老百姓來說，煬帝即帝位其實是一大災難。以大業元年為例，為了新都洛陽的營建，每個月就要動員兩百萬人力，還在洛陽郊外興建豪華的離宮——顯仁宮，並且在接近新都的地方，建築有廣大庭園的西苑。此外，巡幸江都時，沿途的居民們也都被調動參與勞動。煬帝時代的氣氛與文帝時代大大不同，百姓們對此感到困惑不解。煬帝確實是一個喜歡大興土木又四處巡行出遊的皇帝。

煬帝乘龍舟巡行運河圖　形式上雖然是乘龍舟出遊，但似乎也藉出遊的活動，檢驗運河連結南北的功能。

內政與外交

煬帝的巡行出遊地點不僅在隋朝管理的領土境內，即位後，他首先巡行的境外之地，是北方的遊牧國家突厥。突厥於西元五五二年自柔然獨立出來，成為一個強盛的國家，但在西元五八三年時分裂為東突厥與西突厥，之後，在隋的離間政策下，東突厥的國力逐漸衰弱，文帝末期，隋的公主下嫁（先是安義公主，後有義成公主）東突厥的啟民可汗後，東突厥歸順於隋。在中國史上，下嫁到周邊民族的皇室女子（公主），被稱為「和蕃公主」（參見第九章中「和蕃政策的意義」）。

煬帝大業三年（六〇七），經過長達半年的長途之旅，煬帝來到啟民可汗的大本營——大利城（今內蒙古和林格爾）附近。前文曾經提過宇文愷的觀風行殿與大型帳棚，讓突厥人大為驚嘆的就是這個時候。當時的長城北側，是繁茂的草原之地，啟民可汗及其以下的諸部族首長，為了表達對隋的效忠之意，還領頭為煬帝的巡行之路除草開路。

隔年，煬帝又花了半年的時間，從西北的五原（今內蒙古）往北邊巡行，最後在恆山（河北省）舉行祭儀。接著又在大業五年（六〇九），為了兼討伐當時以伏俟城（位於今之青海省）為根據地而盛極一時的吐谷渾，煬帝向西前進，再從西寧附近北上，越過祁連山，抵達張掖（今甘肅省）。在這段西進的期間裡，煬帝的先遣部隊攻進伏俟城，把吐谷渾之主伏允趕往西方，同時也在張掖接見了高昌王麴伯雅等人，與西域方面建立了連繫關係。

大業六年（六一〇）正月，煬帝聚集了西域諸國的族長們，在洛陽召開盛大的國際慶典與交易大會。慶典會場的端門（南正門）前廣場上燈火通明，通宵達旦地上演著各種馬戲與音樂節目，據說這就是後世元宵節的起源。另外，交易會的會場在豐都市（東市，即唐代的南市），而堆得滿滿的各種珍品奇貨將店頭裝飾得美倫美奐，酒肆飯館的美酒、美食，更是任人取用。胡人們在驚嘆中國的豐饒之餘，並沒有忘記也在街頭看到了窮人衣不蔽體的諷刺景象。

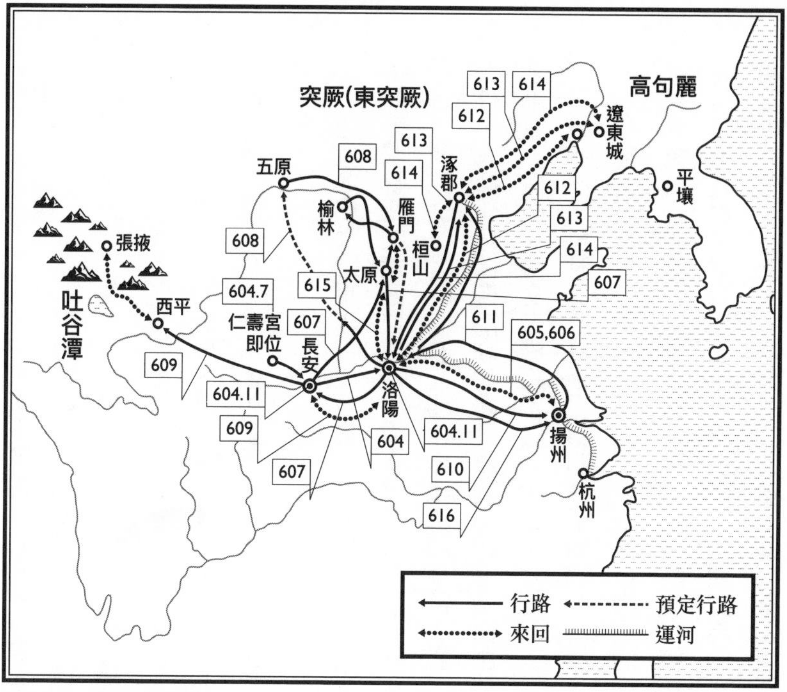

煬帝巡行各地的路線圖

一連串的邊境巡幸，不能單純視為煬帝個人好大喜功的行動。畢竟不管是強化邊境防備的體制，還是與各地域首長的連繫、整頓道路的工程，由皇帝直接出面的話，更能達到效果。前文所說利用運河航行到江都的巡遊，也屬於相同的情形，是以旅遊的形式，檢驗剛完成的運河，是否有效地達到交通大動脈功能的行動。在過度集中的專制權力下，若無最高權力者的巡行，各種政策的推動會流於虛應故事，這是不管什麼時代都相同的事。

在煬帝從北到西北、到西的多趟巡行之下，隋朝的體制更加穩固了。尚未穩固的只剩下東北，具體來說，東北指的就是高句麗。於是，永濟渠開通到了幽州（今北京）。

遠征高句麗

中國東北的遼河以東，便是朝鮮半島。在第六世紀的前半之前，朝鮮半島處於三國分立的局勢，北方是高句麗國，南方是百濟國與新羅國，其中最強大的國家，便是以平壤（舊樂浪郡治）為都的高句麗國。隋朝剛剛成立時，高句麗很快就派遣使者來朝貢，與隋朝建立了良好的關係。但是，在隋朝統一了中國全土後，高句麗擔心隋朝會把目標指向自己，便保持警戒的態度，疏遠與隋朝的關係。果然，到了隋文帝開皇十八年（西元五九八年），文帝以漢王楊諒為主帥，帶領水陸三十萬大軍，出兵攻打高句麗。（參見第九章中「隋的興起與朝鮮三國」）

這次的出兵隋軍以慘敗收場，其原因是出兵得太過突然，隋朝出兵的理由是高句麗在之前發動了為征服靺鞨的遼西之役。不過，高句麗的出兵行動，很快就被隋朝的營州（今遼寧省）總管韋沖擊退，所以文帝實在沒有必要再派大軍討伐高句麗。但文帝還是出兵了，原因除了低估高句麗的實力外，大概想藉此懲罰高句麗，讓高句麗完全臣服於隋朝！如同前一節所說的，高熲對討伐高句麗之事並不積極，但文帝排除眾議，決心出兵征討。

另外，高句麗這邊似乎也預測到了隋朝的心思，所以一方面接受隋「上開府儀同三司、遼東郡王、高麗王」的冊封，一方面又不與隋保持密切的朝貢關係。這應該是高句麗的國土與隋接壤，在感受到來自隋的壓力下，敏感地嗅出隋可能有直接統治高句麗的意圖。果然，開皇十八年文帝出兵高句麗，證實了這個預測，也增加了高句麗對隋的不信任感。「冊封」這個用語能夠說明隋唐時期的國際秩序，但是在「冊封」的背後，卻隱藏隋唐王朝隨時想要直接統治的意圖，這一點是不容忽視的。

煬帝三次討伐高句麗的行動，就在這種背景下展開。

大業八年（六一二）正月，隋朝大軍進駐幽州之地，人數達到一百一十三萬，但號稱兩百萬大軍。不過，若加上運送食糧、物資的部隊，動員的人數倍增，合計超過三百萬，是非常龐大的數字。據說每天出動一個部隊，連續出動了四十天，才完成全部的出兵行動。但在這麼長的戰線上，要維持相互間的互動真的非常不容易，再加上是皇帝的親征，所有行動都仰賴皇帝親自發號施令，而兵士們因為身穿盔甲，手執武器與盾牌，還要背著各自的糧食，要在行動如此不俐落的情況下打仗，確實很艱困。

至於高句麗這一邊，在守護國土的意念高漲下，加強了城牆的戒備，各個地方也安排了伏兵，做了萬全的準備。在頑強的高句麗全力抵抗下，雖然有一部分的隋軍攻打到平壤附近，但最後仍然在七月時不得不撤退了。原本渡過遼水，進入高句麗領土的隋軍第九部隊有三十萬五千人，但最後撤退時，卻是僅剩兩千七百人的慘烈結果，也讓隋軍主體的府兵制，陷入機能不全的狀態。

然而煬帝並沒有放棄，翌年（大業九年）重整兵力，組織了新兵種「驍果」，取代原有的府兵，於四月出兵攻進遼東。但是，就在久攻新城（今遼寧省）不下之際，六月時楊素的兒子楊玄感突然在黎陽（今河南省）舉兵叛亂。這是隋朝陷入全境動亂之前，首次出現的內部政權分裂，煬帝不得不立刻返回鎮壓。大業十年（六一四），煬帝第三次征討高句麗。關於這次的征討行動，據說朝議之時，數日間都無人提出異議。然而，出兵是出兵了，卻屢屢傳出兵士逃亡的消息。不過，高句麗這邊也因長期應付戰事而疲憊不堪，高句麗王高元終於求和請降，煬帝馬上同意，快速地撤軍離開。

三次遠征高句麗的失敗，縮短了隋朝的命脈，煬帝擴張隋朝東亞版圖的失策，完全暴露無遺。在隋朝全土陷於沸騰的叛亂局勢之時，煬帝只能束手無策地困守江都（揚州），迎接自己的末日。

沸騰般的叛亂與隋朝的滅亡

大業六年（六一〇）的正月初一早上，一群身穿白衣、自稱是彌勒佛的團體，手持線香與花出現在洛陽皇城的建國門（端門）前。這些人趁著守城的衛兵疏忽之際，突如其來地奪走了衛兵的武器，起事叛變。這是後世中國史上常見的、自稱彌勒佛降臨的彌勒教之亂的開端，也是隋末唐初各種謀反、叛亂的先驅。

隋朝時期的各種叛亂行動，在煬帝初次遠征高句麗時開始增加，並以楊玄感之亂為契機，迅速地發展起來，波及四川以外的隋朝全土。史書用「天下之人，十之八九舉為群盜」，來形容當時的狀況，被確定是叛亂組織的集團，就有兩百多個，而叛亂集團的中心地，便是受到政府嚴苛徵收與剝削的華北平原中央到長江下游流域的區域。開始的時候，叛亂者們逃竄於山中或沼澤，並且流傳「無向遼東（高句麗）戰死歌」，以此結合逃亡的農民，聚集與隋朝官府對抗的力量。

出現在各地的反政府叛亂集團，除了前面說的彌勒教外，還有自稱大乘教的集團、稱為奴賊的奴婢起義軍、叫做義子或養子的擬似血緣關係親衛部隊等，形形色色的反叛軍。兩百多個叛亂集團經過合作與淘汰，最後形成十五到二十個左右的主要叛亂集團。其中最具代表性的集團，是出自關

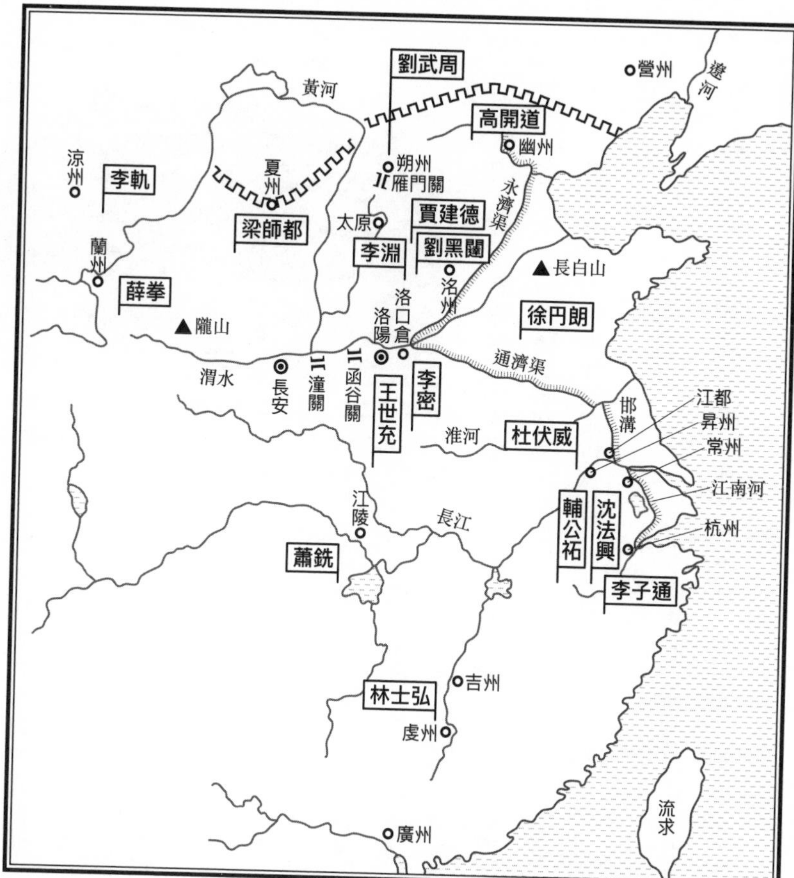

隋末群雄割據圖

隴系名門，後來投身群盜世界的李密集團；出身農民、卻能凝聚眾人的信任與希望，建立了禮儀之邦的竇建德集團，以及以長江下游流域為基地的杜伏威與輔公祏集團等等。另外，長江中游流域還有延續後梁（南朝）命脈的蕭銑集團勢力。

　這些集團大多與地方社會有著密切的連繫，雖然存有進取中央的企圖心，但最終都只能成為割據地方的群雄之一。在地方上擁有強大的勢力，是這個時期叛亂集團的特

隋煬帝陵寢（位於江蘇省揚州市郊外） 大業十四年（西元六一八年），因宇文化及之亂在江都慘遭殺害的煬帝，在唐初時被葬於此。

色。因為他們能夠符合當地人民的意向，所以能鼓動民眾對抗中央的集權化，也就是說反煬帝與反隋朝的意識合流在一起。不過，這些地方群雄中，並沒有誕生出足以取代隋朝的政治群體。關於最後建立唐朝，取代了隋朝，來自關隴系主流，曾經是太原（并州，今山西省內）留守的李淵，將在下一章再做敘述。

再回來說煬帝。三次遠征高句麗，可以說都以失敗告終，政權也因此露出難以維持的窘態。煬帝為了尋求再度振作的機會，在遠征高句麗失敗的翌年（六一五），巡行到北方突厥的根據地附近，不料卻反在雁門（代州，位於今日之山西省內）被突厥包圍，好不容易才脫離險境，撿回一命。此後，煬帝很快地失去對政治的熱情。翌年（六一六）煬帝移居到江都，開始對世事不聞不問，每天縱情於遊樂之中。那時圍繞在他身邊的，只有會巴結、奉承他的虞世基等人，能夠直接向他提出勸諫的人材，如高熲等人，早就被他趕出權力圈了。

大業十四年（六一八）三月，煬帝被尋求北歸不成的宇文化及殺害，享年五十。對於一直迷戀著江南世界的煬帝來說，或許可以說是死得其所吧！

註釋

1 【編註】在漢代，匈奴的冒頓單于擊敗了另一支草原部落「東胡」，東胡敗退後，分為烏桓和鮮卑二族。三國時代，烏桓遭曹操擊退後沒落，鮮卑崛起，後分為段部、慕容部、拓跋部、（拓跋部的別支）柔然部等數個部，其中柔然與北魏的拓跋氏多次交戰，後來被突厥系的民族擊敗，分為南北兩支。南支逃到遼河上游，成為一小部分契丹人的來源，北支則成為蒙兀室韋的祖先之一，「蒙兀」和「蒙古」為同名異譯。此處「後來的蒙古系？」想說明的是，和楊氏有關的北方民族鮮卑，很可能是後來成為蒙兀室韋祖先之一的柔然（鮮卑其中一部）北支。

2 【編註】唐朝開國皇帝李淵的祖父。

3 【編註】開皇元年時，隋文帝為了改革舊有律令，已先制定了一部《新律》，開皇三年的《開皇律》，則是又將《新律》重新更定而成。

4 【編註】是天子舉行朝會和祭祀的地方，形制不明，只知道建築整體下方上圓，分為五大區域。

5 【編註】三長制定五家為一鄰，設置一鄰長，五鄰為一里，設一里長，五里為一黨，設一黨長。鄰長、里長、黨長則為三長。也就是說在三長制下，每一百二十五家為一個管理單位。

6 【譯註】指北魏太「武」帝、北周「武」帝、唐「武」宗，以及五代十國時期後周世「宗」等人所進行的大規模滅佛行動。

7 【譯註】「一切經」是佛教聖典的總名，也稱為大藏經。

第二章　唐朝的再度統一與其政治

唐朝的政治世界

唐朝建國於西元六一八年五月，在第十世紀初的西元九〇七年，被後梁的朱全忠所滅，以此推算，唐朝有將近三百年的歷史。除了前漢與後漢加起來共四百年的漢代外，唐朝可以說是中國歷史上壽命最長的朝代。不過，剝除唐朝華麗的表皮，還是可以看到唐朝殘酷的政治糾葛旋渦，及反覆出現的權力鬥爭。繁華絢爛的大唐帝國一路走來，其實並非全是平坦的大道。

在幾經曲折起伏的唐朝年代裡，前半段必須特別一提的部分，首推武則天——武后的出現，她在自己的權力登到頂點之際，策劃了武周革命，唐朝的命脈因此暫時中斷。中國史上唯一女皇帝的出現，不但改變朝廷的權力構造，當然也給社會帶來相當大的影響。女性們不再束縛自己，也開始活躍於社會的舞台。

而對唐朝的影響更鉅、甚至動搖歷史的事件，就是發生於八世紀中葉之後的安史之亂（七五五至七六三），唐朝的樣貌因此不變。概括來說，唐朝從前期繼承了隋代所確立的律令體制、並以此做為中央管理國家的體制，轉變為因地方藩鎮（節度使）的勢力崛起與中央宦官專權，再加上牛李黨爭，其結果造成中央力量式微，國力大減。

這麼大的變化當然不會只影響到政治上的體制，對社會整體的樣貌與百姓的思想和想法，必定也有很大的影響。從這個觀點來看，安史之亂開始的種種改變，可視為唐朝帶給宋朝的時代動盪，也可以理解為是從中世（古代）轉換到近世（中世）[1]的過程。本系列第七冊在討論宋代時，之所以從安史之亂開始講起，原因就在於此。[2]

只是大家千萬別忘了，儘管唐朝的前期與後期的面貌有極大差異，也給人一種被不同權力體統治的感覺，但事實上，唐王朝仍然是持續存在的。地方節度史的權力雖然凌駕於中央，卻直到最後還是沒能切斷中央的命脈。氣若游絲，好像隨時要斷氣的唐朝並沒有快速倒台，仍然以統一王朝的面貌，揹負著歷史重擔走到最後。

唐朝歷經種種波瀾，因安史之亂由盛轉衰，但仍是一個擁有三百年歷史的偉大朝代；從這一點來看就知道，絕非是三言兩語能簡單說完的朝代，而是非常有趣，值得深入探討的時代。然而這樣的一個王朝，向心力在哪裡呢？與唐代史的本質息息相關的這個問題，將貫穿這個章節。我想在這一章探討的是，從唐朝立國到八世紀中葉安史之亂前，這一個半世紀的唐朝政治史，然後在第三章討論安史之亂的唐朝後半期。

從唐的興兵到玄武門之變

李淵崛起

隋末的動亂到達最高峰的時候，在混亂的漩渦中，有個地方一直置身事外，那裡就是今日山西省的省會太原（并州）一帶。當時鎮守該地的太原留守，便是李淵。太原是鞏固國都長安與洛陽北邊的要衝，也被稱為北都。留守一職是代替皇帝守護這個要衝，有權管理、統治該地。因此，被委以這個重任的，必定與隋朝的皇室有著特別的關係，並且深得煬帝信賴的重臣。李淵因為符合了這樣的條件，所以得到太原留守的職位。

李淵和建立隋朝的楊堅一樣，都出自關隴系的主流。李淵的祖父李虎出身於武川鎮（今內蒙古），與西魏的建國有關，是建國中樞的八柱國之一。歷史學家陳寅恪先生認為，唐室的根本可說是來自漢族名門的趙郡（今河北省境內），而唐室本身也自稱是隴西（今甘肅省）狄道的李氏；但是因為過去長期在武川鎮負責邊境的防衛工作，有一段時期還使用了胡姓——大野氏，由此看來，唐室似乎與隋室一樣，是北族系的鮮卑人，或是親近北族系的漢人。

因為有這樣的出身，再加上前面提到過的，李淵的母親是獨孤信的女兒（四女），和隋文帝的妻子獨孤氏（七女）是姊妹，所以說李淵與煬帝是表兄弟的關係（請參閱「北周、隋、唐皇室關係圖」）。可以說李家與隋室同門，因此，李家支持隋室是理所當然的事情。李淵因為父親早死，所以年紀輕輕就繼承了家業，給人少年老成的印象，再加上他行事不拘小節，為人大方，很有「大哥」的氣派，深得眾望。相對的，煬帝是一個獨裁者，凡事都要親力親為，不信任他人，疑心病特別嚴重。不消說，這樣的煬帝對於理當倚重的李淵懷抱戒心，當李淵生病時，他甚至希望李淵一病不起，最好是病死了。

然而，隋末嚴重的混亂局面，根本不允許煬帝因猜忌心而猶豫不決。煬帝不得不命李淵戍守太原，讓李淵做了太原留守，不過，他也派了心腹王威與高君雅暗中監視。煬帝如此忌憚李淵，除了家世好與受人敬重外，還有另一個原因。當時非常流行一首童謠，說「桃李子」是未來的統治者，暗喻未來的統治者姓李。如字面上所示，童謠的意思就是兒歌，中國歷史上經常可見假借兒歌來暗示未來的例子。煬帝也知道這一點，所以對姓李的人特別敏感。那個時代被認為擁有相當實力的李姓人物，主要是李密，但李淵也被認為是有實力的人。

李淵便在這樣的情況下，不僅收容逃亡的官兵或遭朝廷追殺的亡命者，還在自己管轄的區域廣納人才、祕密儲備實力，他的兩個兒子建成、世民則是從旁協助。不過，李淵究竟何時會與隋室切斷關係，只有他自己知道。於是李世民等人為了促使李淵舉兵反隋，便籌劃了一個計謀。

煬帝在各地廣置離宮，鄰近太原市區的晉陽宮便是其中之一。為了等待不知何時會來巡幸的皇帝，晉陽宮裡也安排了許多美貌的宮女。管理晉陽宮的宮監叫裴寂，是李淵的心腹。某一天的晚上，李淵與裴寂在晉陽宮中飲酒，並有宮女服侍。這是為人臣不可以有的行為。酒喝到一半，裴寂便勸說李淵，既然做了犯上的錯誤，已經無法回頭，不如就現在舉兵以求自保吧！這其實就是李淵的兒子李世民，與裴寂私下籌劃的計謀。

沒人知道這個故事到底可信與否，總之，優柔寡斷的李淵最後還是起兵反隋，殺死了煬帝派來監視他的王威與高君雅，從附近召集了三萬士兵，終於展開行動——時間點是大業十三年（六一七）七月。

唐朝政權的樹立

李淵的反政府軍從太原沿著汾水南下，目標直指長安。

隋煬帝即位之後，洛陽成為實質首都，各路反叛軍莫不以從洛陽周邊到貫穿南北的運河流域為目標，不斷地展開激烈的爭奪戰。相對於發生在洛陽周遭的戰爭，長安附近雖然也有叛軍引起的戰事，但都是小規模的戰爭，沒有出現勢力龐大的軍閥跋扈激戰的情況。如果從空中鳥瞰的話，呈現宛如真空一般的景觀。當時守護長安城的人是煬帝的孫子——才十三歲的代王楊侑，有本事的輔佐大臣都不在長安城中。

七月從太原出發的三萬李淵軍隊，一路突破以霍邑為據點的宋老生、和以河東為據點的屈突通（兩地皆位於今山西省）的隋朝軍隊，並且渡過黃河，進入關中，到了十月的時候，李淵的軍隊包圍了長安，兵力也從三萬增加到二十萬。

李淵從太原出發，到達長安之前，途中發生了一起影響到後來的事件。話說從太原出發不久後，在與隋將宋老生對陣之前，因為連續下了好久的雨，以致於大軍無法順利向前推進。就在李淵愁困之際，一位穿著白衣的老人自稱是霍山（霍太山）神的使者出現了。在這位老人的指點下，李淵終於脫困，之後便一路突破隋軍，抵達長安。所謂的霍山神，就是霍山當地的土地神、山岳神，

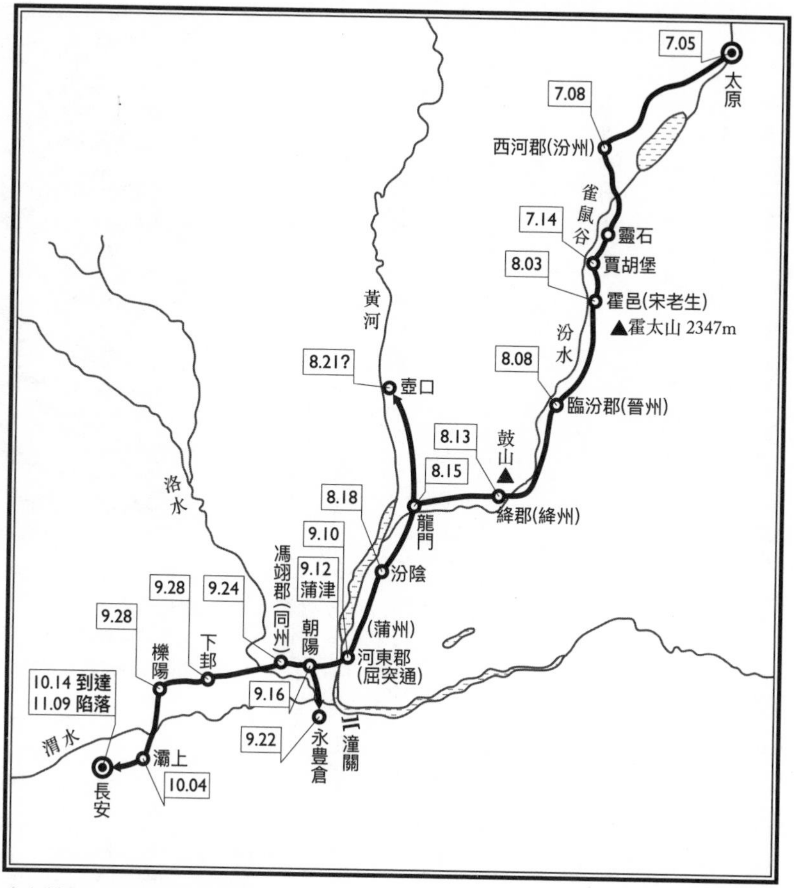

唐李淵進攻長安路線、日程圖

是屬於道教的神祇，這是唐朝與道教最初搭上線的地方。

到了當年的十一月九日，李淵的大軍蜂湧入城，隋朝的長安淪陷了，李淵占領了長安。相較於在東邊的李密久攻洛陽不下，李淵舉兵不到半年就攻克了長安。之後，李淵尊煬帝為太上皇，推舉代王為皇帝（恭王），自立為唐王。這是李淵邁向禪讓為帝的第一步。

此時的煬帝還在江都過著沈溺於女人與酒的生活中，完全不關心政務，

唐高祖（李淵） 李淵的母親是獨孤信的女兒，她的妹妹是隋煬帝的母親，所以李淵與煬帝是表兄弟的關係。

也只聽得進身邊虞世基等佞臣的話。皇帝親衛軍「驍果」眼見皇帝無能，軍心渙散之下，看到有機會回北方的故鄉，便乘機離開煬帝，而不滿煬帝作為的大臣們更以宇文化及為領導者，發動政變，絞殺了煬帝，與文帝合計僅有兩代帝王的隋朝便滅亡了。大業十四年（六一八）三月，長安這邊的年號是義寧二年，這一年煬帝五十歲。隋煬帝的陵寢就在今日揚州的北郊。

不久之後，李淵得到煬帝已死的消息，便取代恭帝即帝位，改年號為武德。唐王朝成立了，第一代皇帝便是唐高祖李淵。就這樣，唐以長安為基地，一開始便站在可以號令全國的地點上，在群雄鬥爭中取得領先的地位。雖然李淵站在有利的地點上，卻未能馬上取得各方勢力的認同。這場激烈的主導權爭奪戰，歷經數年之久，唐朝才明確地完成統一中國全土的事業。

全境的再次統一

新王朝成立後，首先頒佈的政治方針，就是否定煬帝時代的政策，最具體的便是廢除大業律令，恢復文帝時期的開皇律令。也就是說政策回歸「開皇故事」、「開皇舊制」。負責執行這項任務的人，就是李淵在太原時期的心腹——裴寂與劉文靜。不過，唐代在這個時期的狀態，還不是能夠專注於內政的時候。

唐高祖李淵與正室竇氏之間有四個兒子：長子建成，次子世民，三子玄霸，四子元吉。雖然三子玄霸早死，但其餘三個兒子都參與了李淵的建國行動。李淵舉旗反隋時，建成二十九歲，世民二十歲（另有一說是二十一歲），最小的元吉十五歲，建成與世民當時都已是可以獨當一面的武將。因為最後繼承李淵即帝位的人是次子李世民，所以後世的史書對建成與元吉多有貶抑之詞。其實，他們也都非平庸之輩，兄弟間的關係也不壞，而且，相對於並不出色的父親來說，三個兒子更有才能。李淵能夠統一中國、建立唐朝，要歸功於這三個兒子。

李淵即位後，立長子建成為太子，封世民為秦王，元吉為齊王。太子因為必須襄助皇帝處理政務，所以不能離開皇都，而元吉還年輕，所以對外的戰事必定都以世民為中心。李世民天生就是個有才能的勇猛武將，大業十一年（六一五），煬帝被突厥困於雁門關，此時立即趕去救援的人，正是才十八歲的李世民。從這個事件，就可以看出李世民勇猛過人的一面。在李淵的軍隊進入長安後，李世民首先擊敗了來自西北的薛舉、薛仁杲（果）父子，接著又打敗南下奪走唐朝發源地太原的劉武周、宋金剛軍隊，奪回包含太原在內的山西一帶。

武德四年（六二一），唐朝統一全國的最大障礙，除了在洛陽的王世充外，還有已經幾乎平定河北、有心趁勢攻向中央的竇建德，形成唐軍與這兩大勢力對峙的局面。王世充是煬帝任命的洛陽守備，煬帝死後，王世充自立為王，國號「鄭」。此時與王世充對立多時的李密已經兵敗而消聲匿跡；另外，殺死煬帝、帶軍北上的宇文化及軍隊，則早被竇建德擊潰了。竇建德聽說李世民率領唐軍要攻向洛陽時，便帶著十餘萬大軍，渡過黃河，在虎牢關附近迎戰唐軍。然而竇建德的部隊是農民組成的大軍，在唐軍的巧妙戰術與出其不意的攻擊下，很快就潰散，主帥竇建德被擄。局勢演變至此，王世充自知自己不可能保住洛陽了，不久後便投降李世民。

唐朝最大的兩個對手就這樣土崩瓦解，走向統一全國的步伐更加穩健。雖然後來竇建德的部下劉黑闥率軍，在河北與突厥聯合起來反唐，江南方面也有輔公祏的反對勢力，但在武德七年（六二四）時，這些反抗勢力也一一被平定。照理說，唐朝此時應可以全心整備內政，誰知此時竟然發生了玄武門之變。

三兄弟之爭

唐朝成立之後，李淵次子李世民的功績最受矚目，再加上一舉平定了王世充與竇建德，外界對他的評價更高了，兄弟之間因此產生了微妙的嫌隙。太子建成眼見弟弟的活躍，當然內心著急不已，便自動請纓征討劉黑闥。為太子出謀劃策的人，是他的部下——王珪與魏徵。他們認為平定了劉黑闥，不僅可以凸顯太子的存在感，也可以壓制李世民在東方擴大勢力的行動，確保太子的地位。

含括遼闊「山東」[3]的東方地域，被西方的唐朝勢力壓制著，但包括竇建德、劉黑闥，或李密等群雄的勢力所散發出來的能量，仍然能讓唐朝提心吊膽。而那些爆發力的中心，便是在地社會中有實力的豪族與老百姓，史料上稱這些人為「山東豪傑」。

穩定山東局勢，是唐朝的緊要課題，如何和山東豪傑們進行交流，就成為唐朝的問題，同時也考驗下一位當權者的智慧。不管太子還是李世民，雙方都很清楚這一點，也很認真地面對。以長安為中心的關中（關西），和洛陽以東的山東（關東）對立、或者說是對比的結構，始終存在於隋唐的時代背景中，有時也會浮現在表面。圍繞著唐初兄弟主導權之爭的山東問題，就是這個對立中的一環，也可以說是先浮上檯面的問題。

在建成與世民對立時，兄弟中的老么元吉還火上加油。元吉曾是世民的幫手，雖然在討伐王世充時建立軍功，但論武將的資質，他遠不如世民。元吉自知這一點，認為必須幫助長兄壓抑世民，否則自己難有出頭的日子。甚至，他還隱藏了「如果有機會，自己也能當上皇帝」的野心。元吉祕密召集壯士，意在兄長世民的性命。然而建成總是在關鍵的時刻猶豫不決，只會利用太子的立場，透過後宮的女性向高祖吹枕頭風，遊說高祖除去世民。

不知道高祖到底知不知道兒子們的行為，他只是維持著一貫的應付態度。高祖曾經說過要立世民為太子，但立了建成為太子後，也常常回應世民的好表現，逐步提高世民的地位，提拔世民為「天策上將」、「陝東道大行台尚書令」。前者的地位在王公之上，是等同於太子的新設職位，後者是擁有全權統轄陝東道的職位，也就是統轄山東（關東）一帶的民政、軍事。從這樣的晉升看來，太子不可能不擔心自己的地位，雙方的關係陷入一觸即發的狀態。

玄武門之變

某日，太子建成邀請世民飲酒，卻讓世民吐血數升，讓人懷疑太子可能在世民的酒中下毒。據說此時高祖便提出讓世民去洛陽，讓兄弟兩人一個在東一個在西。高祖的這個提議，或許是考慮到未來的策略，然而這個提議最後也不了了之。於是，建成與世民的勢力就以長安為舞台，不斷上演虛虛實實的嚴峻暗鬥，終於迎來了武德九年（六二六）的

唐太宗（李世民） 殺死兄建成與弟元吉，奪走父親高祖實權而即帝位，是完成貞觀盛世的帝王。

六月四日早晨。

前一日，世民決意密奏高祖，太子和元吉與後宮的女人們有淫亂的關係，並且企圖利用那樣的關係要置自己於死地。高祖則回答，如此大事！待明天問他們。李世民眼看事已至此，只有孤注一擲。第二天一大早，他便帶領手下，早一步來到宮城的北門（玄武門）等待，對晚一步到來的太子與元吉展開攻擊。一番激戰後，太子與元吉於樹林之中遭到殺害。之後，世民一邊攻擊太子與元吉的殘兵，一邊派遣心腹尉遲敬德趕往高祖處，強行控制了高祖的行動。

短短一日的時間，李世民翦除敵對的兄弟，奪走父親的實權，一口氣將所有權力握於自己的手中，這就是後世所說的玄武門之變。幾日後，世民就太子之位，兩個月後——同年八月，登基為皇帝，是為唐太宗，時年二十九歲。

後世如何看待玄武門之變？從結局看來，那是一場兄弟為爭奪皇位繼承權，而引發的權力鬥爭之戰，也是後來唐代屢屢發生帝位之爭的第一起換代衝突——這應該就是今日人們大致上的看法。可以理解的是，這個看法裡並不存在政治路線不同的大對立。但是，也有人認為六月四日這一天，與當時前來進犯唐朝的突厥有關，據說太子與元吉想以討伐突厥為藉口，奪取世民的軍隊，並且企圖殺害他。世民知道這件事後為了展開反擊，才促成了玄武門之變。有人主張玄武門之變不單只是因為兄弟內部鬥爭，就是從這一點推演出來的。

與此同時讓人聯想到的，是兩派人物都很在意的「山東豪傑」。在最後的階段裡，「山東豪傑」選擇與李世民合作，這更加強了太子對李世民的防備之心。就如同我們所知的、隋文帝後期的太子與晉王（煬帝）對立，其實就是要以關中為政權中心，還是要以洛陽為政權中心的路線之爭。思考太宗（世民）即位後的種種政策，就會發現在過去的事例中，有許多與玄武門之變重疊的部分。從這個情況看來，我認為玄武門之變既是兄弟爭奪皇位的鬥爭結果，同時也凸顯出今後唐朝政策的路線對立問題。

貞觀之治的光與影

被推舉為天可汗

玄武門之變後僅僅兩個月，李世民在當年的八月八日即帝位，成為唐朝的第二代皇帝，是為唐太宗。在所有權力集中在皇帝一人手中的中國王朝體制裡，不允許存在任何曖昧形態的中間地帶，在完成最後的權力交接後，才會看到安定的政情，所以即使面對血肉至親，也會毫不留情。只是，以李世民的例子來說，殺死兄弟、掌握實權之後，父親高祖還在，他大可當一段時間的太子，但他卻沒有那麼做。李世民為何要急著登上帝位？當然是有原因的。因為那個時候正好北方局勢緊急，突厥進犯中原，李世民不得不速做決定。

突厥（東突厥）自隋文帝在位的後半期，從啟民可汗開始，就附屬於隋朝，與隋朝保持著很好

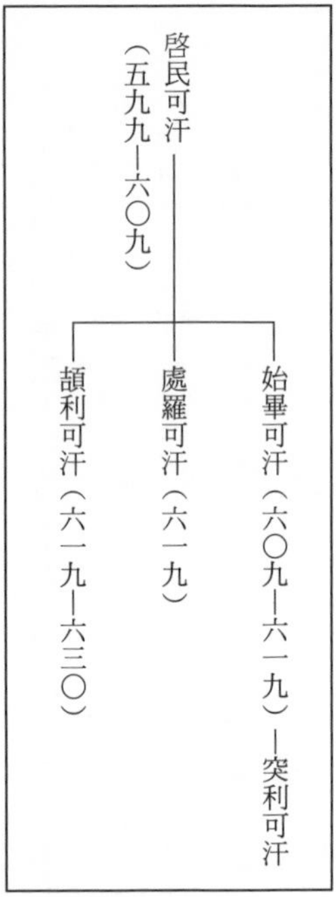

東突厥可汗系譜圖　（ ）內為在位年

的關係。但是，啟民可汗一死，兒子始畢可汗成為突厥君主，正好也是隋末動亂的時代，雙方的立場逆轉。前文曾經提到大業十一年（六一五），隋煬帝在雁門（今山西省內）被圍困，好不容易才逃脫，這個事件就是發生在該時期。另外要說的是，隋末時在華北各地各據一方的群雄，幾乎都與突厥保持著良好關係，或者是聽命於突厥，例如竇建德與其部下劉黑闥、高開道、劉武周、薛舉、李軌等人，都以不同的形式和突厥往來。突厥從北方遠距離操控他們，讓他們互相競爭又互相牽制，並且成為他們的主導者。這種情形宛如歷代中國王朝操控北方民族，只是現在相反過來了。

其實唐朝也和那些群雄一樣，置身於突厥的支配影響圈內。李淵在太原舉兵，就是在突厥的支持下進行的。當時突厥曾借給李淵一千匹馬與兩千騎兵（也有說是五百騎兵與兩千匹馬），名義上是補強唐的兵力，其實目的在於監視他的行動。唐軍占領長安之初，給予突厥土地並歲貢物品做為報酬，還容忍突厥的掠奪行為、強化從屬關係。從這些種種跡象看來，一般推測唐與突厥之間，或許有著祕密約定。但是，當唐朝完全控制了長安，雖然一邊還以低姿態處理突厥的問題，一邊卻已展開壓制群雄的統一中國行動，等到突厥發現情勢不對時，唐已經成為唯一能與突厥對峙的勢力了。

唐朝一旦穩固了實現統一中國的基礎，突厥的立場瞬間變得不利，不能再像以前一樣操控唐朝。從始畢可汗、處羅可汗，到其後繼者的頡利可汗的時代，頡利可汗從武德七年（六二四）開始，率領十萬騎兵嘗試南進，終於在武德九年（六二六），從西北逼近長安。這是看到唐朝因玄武門之變而動蕩不安，才採取的行動。然而李世民為了度過危機，決定親自站在最前線迎戰，所以才在八月初便倉促即位。

二十天後，突厥的大部隊出現在渭水的便橋（西渭橋）之北。太宗聞訊立刻率領六名重臣趕往便橋，隔著河水大聲斥責頡利。頡利驚訝於太宗親自前來，又見到太宗身後陸續趕來的壯大軍容，不禁感到恐慌，當下便在橋上與太宗言和，速速退兵了。

這是太宗即位後的第一樁工作，雖然表面上好像只是一席話就讓突厥退兵，其實背後也有諸多因素。太宗早就知道突厥有意來襲，所以已經準備好在其背後突襲的策略，而頡利也知道雖然可以對唐施壓，但是長期對峙的話，自己也會陷入危險之中。至於隔著渭水，只憑亮相就退敵的事蹟是否真實，雖然值得懷疑，但是新皇帝一登基就解除危機，確實讓太宗因此穩固國內的人心，同時也找到能夠反擊突厥的切入口。

所謂反擊的切入口，就是太宗發現突厥大軍有軍紀渙散的現象，原因出在頡利可汗與突利可汗，這兩位突厥領導人間的微妙關係。突利是始畢可汗的嫡子，是突厥的嫡系，也是叔父頡利可汗之下的小可汗，與秦王時代的太宗還是結義兄弟。於是，太宗計畫性的接近突利，孤立頡利，並且趁著連年大雪，家畜大量死亡，人民陷入飢荒之際，派遣李靖、李勣（李世勣）等主將攻打頡利。貞觀四年（六三〇）二月，頡利被擄。至此，君臨北亞的突厥帝國一下子瓦解，突厥第一帝國滅亡了，被帶到長安的頡利可汗後來抑鬱而終。

突厥的滅亡，帶給從屬於其下的各民族君長相當大的衝擊。他們對即位才三年半就消滅北方強國的太宗感到驚奇與佩服，預感唐朝將在未來成為（包含遊牧世界在內）世界的中心，經過商討之後，決議推舉太宗為位於諸族之上的「天可汗」。身兼中國皇帝與遊牧世界的天可汗，李世民可以說是中國史上的第一人。

理想的君主政治——貞觀之治

太宗的治世就在突破第一個難關之後開始了。貞觀二年（六二八），群雄中的最後一位——梁師都也被擊潰，唐太宗統一了中國。接下來太宗要做的事情，就是調整統治體制，讓經過長久戰亂，身心俱疲的老百姓有安定的生活，這就是後世所知的貞觀之治起點。

讓貞觀之治在歷史留名，膾炙人口的一大因素，是約一個世紀後由吳兢所寫的《貞觀政要》，內容是唐太宗與大臣之間的對答文集，以君臣之間的具體對答，來闡述君、臣應該有的態度和政治的要項。綜合來看本書的主旨，就是為君者應該傾聽臣下的意見（諫言），遵守節度，施行寬容的政治；而為臣者應該公正清廉，不畏權威地提出意見，為正確的政治服務。透過《貞觀政要》，後世從貞觀之治中，看到了君主政治的理想面貌。

事實上，在貞觀的時期裡，太宗與魏徵等諫臣坦誠以對，和房玄齡、杜如晦等大臣們專心政務的事蹟，史料上處處可見。太宗之所以如此在意諫臣的話，當然是因為有隋煬帝的前車之鑑。煬帝因為不聽臣下的意見，行事獨斷獨裁，所以成了亡國之君。不過，如果我們把太宗的所作所為，僅視為不想重蹈隋煬帝的覆轍，以及要將自己塑造為善政的實施者，那就太小看唐太宗了。

唐太宗與隋煬帝都是次子即帝位，也都有為奪權而謀害兄長的不名譽過去。客觀而冷靜地來比較兩人做為皇帝的資質，就會發現不管是在預測未來的思考能力與執行力，或學問、文學上的素養，煬帝都比太宗略勝一籌，做為一個施政者，太宗實在沒有能夠超越煬帝之處。太宗知道若只比較施政，自己只能是煬帝的跟隨者，所以他透過尊重諫臣的言論，藉此將煬帝徹底塑造成剛愎自用的昏君，凸顯自己是採納忠言的明君形象，想以此抹去發生在玄武門的黑暗過去。

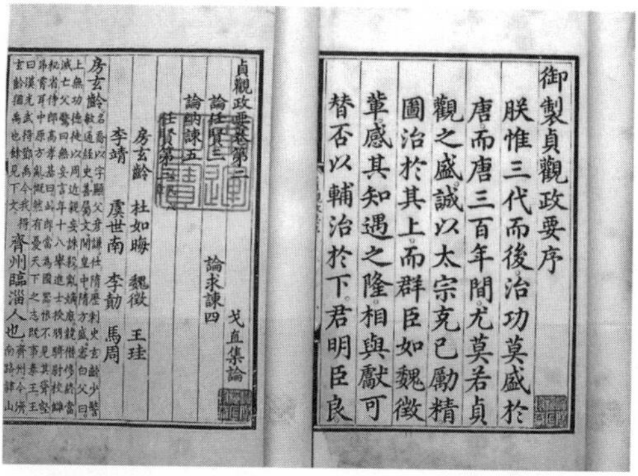

《貞觀政要》

太宗非常在意別人對自己政治的評價。從前君王每天的一言一行，都有隨侍左右的起居舍人和起居郎負責做記錄，就是所謂的「起居注」。然而，君王不可以閱覽自己的「起居注」，但唐太宗就是忍不住地想看自己的。有一次，太宗暗示自己想看「起居注」，結果卻被杜正倫拒絕了。他說記載天子言行的「起居注」是要流傳到後世的，請陛下安心政務就好。又有一次，太宗又忍不住向褚遂良求要看「起居注」，但被褚遂良以「史官書人君言動，備記善惡，庶幾人君不敢為非，未聞自取而觀之」為由拒絕。

話說回來，史官們能夠完全拒絕得了太宗的要求嗎？一般認為太宗極有可能看過強調明君色彩，而且淡化玄武門之變的「起居注」。另外，太宗也非常熱心於史書的編纂工作，他曾命令魏徵編

房玄齡

杜如晦

褚遂良

纂隋朝歷史的《隋書》（貞觀十年），詳細地記載了煬帝的暴政和隋末的動亂。（《隋書》完成為高宗顯慶元年，西元六五六年）

這樣的紀錄（史書）明顯反映出太宗個人的意向，但也確立了後世對太宗的評價。沒錯，太宗確實屬於有能力的皇帝，貞觀之治是在他的治理下達成的。然而，太宗真的如後世所推崇的那樣，是一個了不起的明君嗎？而煬帝又真的是那麼倒行逆施的暴君嗎？我個人認為，應該要更審慎地看待這件事。

貞觀之治的本質

前一節提到，李淵創建新王朝，最初宣告的政治方針是回歸「開皇舊制」。也就是說，李淵否定了煬帝時代的政治，讓政策、體制回歸到之前的文帝前半期。很明顯的，這是隋末群雄們的共識，以否定煬帝的政治來表明自己的立場，以求取當時百姓的支持，可以說開皇之治是隋朝後期的政治指標。

所謂的開皇之治，就是以開皇律令為基礎的政治體制，也就是將政治、軍事的主軸放在長安，以關中本位政策為支柱的政治體制。所以，最先抵達長安的李淵集團，光靠這一點就得到了可以號令全土的有利條件。高祖就這樣發佈了以開皇律令為本的武德律令，建立法制體系，然後再幾度修訂，成為唐代的第一號律令。

接著進入太宗的統治時期，他命房玄齡等人編纂的新律令格式，於貞觀十一年（六三七）正月完成。新的律令刪除了殘存在隋開皇到唐武德法令中的繁瑣部分，完成了足以成為後世模範的體制。不過，這個好不容易才完成的制度裡，有相當程度的部分與煬帝時代的制度重疊。

最典型的重疊內容，可以從軍事面上、也就是成為國家支柱的府兵制看到。唐朝的府兵制是從隋初「驃騎府」的軍府制度出發，在發佈貞觀律令的前一年，也就是貞觀十年，折衝府被定型為軍府。折衝府制其實就是煬帝時代確立的鷹揚府制再現，只是名稱不同而已。

雖然否定了煬帝的施政，但最終制定的新國家體制，卻還是採取了和煬帝相同的路線。由此可以看出太宗的為難之處，也讓人意識到煬帝的過人之處。不過，話雖如此，太宗的政策還是與煬帝有著根本上的不同，就是在對於關中本位政策的對應方法上。太宗在征戰的過程中，與東方（山東）取得了良好的關係，所以也有過以洛陽為基地，再君臨天下的想法。可是，太宗在繼承帝位的爭奪戰中獲勝後，卻開始重視關隴系的人才，疏遠山東系的貴族，軍府的軍事力也集中在關中，堅持關中本位政策。太宗這麼做的理由，應該是冷靜分析過煬帝偏離關中後的下場，才做出的決定。

魏徵　貞觀之治的名臣。

太宗治國二十三年，可以分為前期與後期。前十年的太宗因為勤於接受諫言，發揮政治機能，政治氛圍非常清新，但進入後期後，便開始出現怠惰，於是魏徵便上呈了有名的「諫太宗十思疏」，表示「陛下近來使役百姓過度」，太宗因而收斂，接受了魏徵的諫言。可是，貞觀十七年（六四三）魏徵一死，便沒有人能夠勸戒太宗，所以後期在出現繼嗣和出兵高句麗的問題時，太宗似乎也失去了冷靜的判斷，晚節不保。

遠征高句麗與繼位者問題

進入唐代後，武德七年（六二四）高句麗王受唐朝冊封為高麗王、遼東郡王的稱號，雙方維持著穩定的關係。但是到了西元六四二年（唐貞觀十六年），高句麗的權臣泉蓋蘇文發動政變，控制了高句麗的大權，並且聯合百濟，開始對新羅施壓。唐朝接受了新羅的請託，努力促成高句麗、百濟、新羅等三國的和解，但高句麗不為所動。太宗認定泉蓋蘇文是三國無法和解的元凶，便以消滅元凶解救百姓為理由，在貞觀十九年（六四五），以超過十萬的水陸大軍攻打高句麗，太宗親自帶隊涉過遼水，攻打安市城。

但是，太宗這次的遠征行動，因為受到高句麗的強力抵抗與寒冬而失利，最後不得不退兵。雖然動員與受損的情況與隋朝征高麗的時候不同，但是失敗的結果卻是相同的。太宗征高句麗失敗後曾懊悔地表示，倘若魏徵尚在，當不至於此。

還有一件事也讓太宗感到頭痛萬分，那就是關於繼嗣的問題。太宗以兄弟相殘的代價爬上帝位，一生都揹負著這個醜聞，所以才會那麼在乎「起居注」的記錄，也因而決定讓他的繼承者不要發生這樣的事情。太宗的正室長孫皇后是鮮卑族人，是眾所周知的賢德女子，兩人之間育有三個兒子，分別是長子李承乾，次子李泰，九子李治。太宗即位後，立刻立承乾為太子，清楚立下皇位由嫡長子繼承的形式。

然而承乾無太子之德，貞觀十七年（六四三）因企圖叛亂而被廢。承乾二十歲以後就行為脫序，不僅與年輕的僧侶有倒錯的性關係，有時還會穿上突厥人的服飾，把頭髮綁成辮子，在宮中搭帳篷過生活等等，出現了種種奇怪的行徑，最後甚至還出現想殺害弟弟魏王李泰或父皇的妄念。承乾會有這種舉動的理由之一，便是他認為父親寵愛魏王，而且顯露出可能將帝位傳給魏王的態度。魏王體胖，頗有長者之風，身邊總是圍繞著一群學者，深得太宗之心，也難怪承乾擔心自己的太子

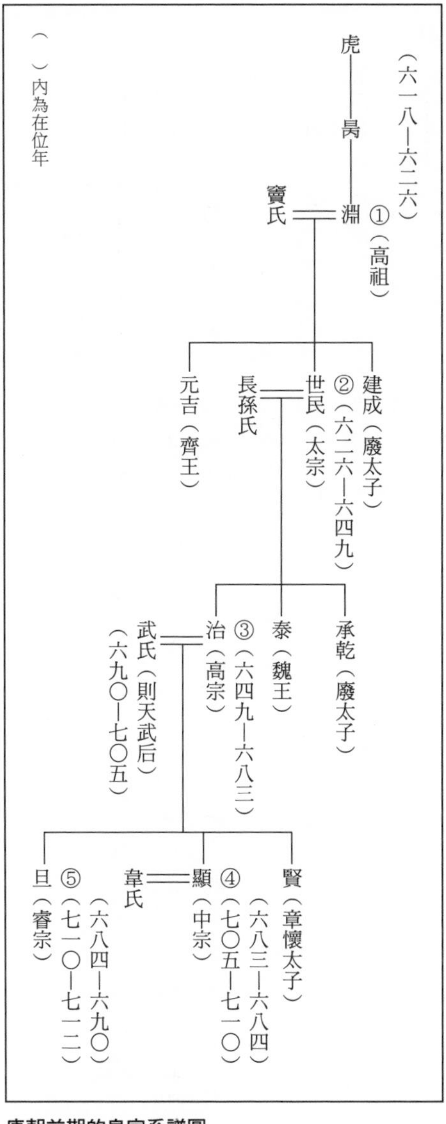

唐朝前期的皇室系譜圖

之位不保，心急之下鑄成大錯。

結果長子李承乾被廢，照理說魏王李泰應該會順理成章被立為太子，太宗也確實有意如此，誰知半途冒出一個說法，說事情演變至此，魏王也有責任，所以希望能讓與此事完全無關的晉王李治成為太子。而主張這個說法的人，正是長孫皇后的哥哥長孫無忌，而軟弱下來的太宗竟然接受了這個莫名其妙的論調。貞觀十七年四月，李治成為太子，時年才十六歲。長孫無忌提出這個論調的目的，無非是想讓自己成為年輕太子的監護人，在太宗之後仍然保有政界重要人士的地位。然而，唐朝的命運卻因此有了重大的改變，當時的長孫無忌還不知道，自己也將陷入悲慘的結局。

新政的熱情才剛剛開始燃燒的太宗治世，在貞觀二十三年（六四九）結束了。和隋朝的盛世相比，唐朝此時的經濟能力還不夠，需要解決的政治課題也還有多。後世對貞觀之治的印象，我認為與現實未必一致。

武后與武周革命

高宗與武曌

高宗李治是在讓人意想不到的情況下成為太子，並且即位做了皇帝。然而，這位皇帝並沒有特別的政治野心，也沒有什麼遠見。不過，這樣的高宗，卻正好符合大家對他的期待，無非就是希望他能照著太宗已經定下的方針去做，做一個守成的皇帝就好，其他的事情就讓長孫無忌處理。太宗就是這樣定位高宗的，還為高宗選了太原王氏為妻以後才離世。太原王氏出身於山東貴族，但娘家人卻是關隴系的政治人物。

但是，高宗即位後不久，就出現了麻煩，這是從後宮的女性問題開始。高宗與王皇后之間無子，又寵愛與蕭淑妃所出的素節，疏遠了王皇后。苦惱不已的王皇后為了破壞高宗與蕭淑妃，便獻了一個女子給高宗，她曾經是太宗的後宮才人，名為武曌。

高宗二十二歲即位時，武曌二十七歲，是女人風華正盛的時候。根據一般的說法是，太宗死後，原本後宮的女人們，都被送到長安城內的感業寺出家為尼，在寺裡為太宗祈福。據說高宗是去感業寺為父親太宗做法事時，與武曌發生關係。

可是，這種說法存在著許多可疑之處。首先，並不清楚感業寺的實際位置，其次，太宗的牌位被放在寺廟中，還在寺廟中舉行法事，這兩點也不合理。皇帝的牌位理應在太廟之中。況且當時崇尚道教，是道先佛後的時代。恐怕兩人是在太宗臥病之時就已認識，而且早有曖昧之情。當太宗死後，知道高宗與武曌有私情的王皇后，才把武曌再引入宮的吧？

武則天畫像　中國歷史上唯一一位女性皇帝。

再度回到宮中的武曌，完成了讓高宗離開蕭氏的任務後，反砍王皇后一刀，王皇后也嚐到苦果，皇后之位最後還被武曌所奪。武曌被立為后的過程中，高宗與接受太宗委託的顧命之臣長孫無忌、褚遂良等人僵持不下，但最後重臣李勣以「此乃殿下家務事」為藉口，藉此逃避責任，事情終於獲得解決。永徽六年（六五五），武曌被立為后。侍二朝（二夫）仍然被立為后，此乃中國歷史上史無前例的事情。在中國的傳統觀念裡，這是無法想像的事，由此可見唐朝的社會裡，確實充斥著北方民族的色彩。

但是，武后並不因此感到滿足，她經常在高宗處理政務時，隔著簾子指點高宗。這就是後世所說的的垂簾聽政，而人們也把她和高宗俗稱為「二聖」。高宗治世有三十餘年，但除了最初的幾年外，實際處理政事的人，其實是武后。武后處理政事的時期裡，甚至壓制了曾經讓隋、唐兩朝挫敗的高句麗。

唐顯慶五年（六六〇）時，與新羅聯手滅了百濟，並且在白江（白村江）殲滅了前來救援的日本（倭）軍隊（六六三）。接著在總章元年（六六八），唐朝以南北夾擊的方式攻打高句麗，以李勣為統帥的唐軍攻陷平壤，高句麗就此滅亡。隋、唐時代中國多次征伐高句麗，隋朝的時候有四次，唐太宗的時候有三次，而高宗時代更經歷超過十年的漫長攻防戰，才好不容易鎮壓了高句麗。不過，成功征服高句麗給人的印象是武后政治的勝利。

武后的奪權之路

武后武則天的「則天」，是武后死後的稱號（謚號）。因此，她後來登上了帝位，可用則天皇帝來稱呼她，就算不承認她是皇帝，稱她為則天皇后也很恰當。本書以「則天武后」或單純以「武后」做為她的稱呼。雖然陳寅恪先生之後的學者，多以「武則天」三字來稱呼她，但我認為對於曾經是皇后、也是皇帝的武瞾來說，那樣的稱謂太過曖昧不明，所以我沒有採用。

武后於西元六九〇年稱帝，但是她的新政權並不是一朝一夕就成就起來的，而是當上皇后之

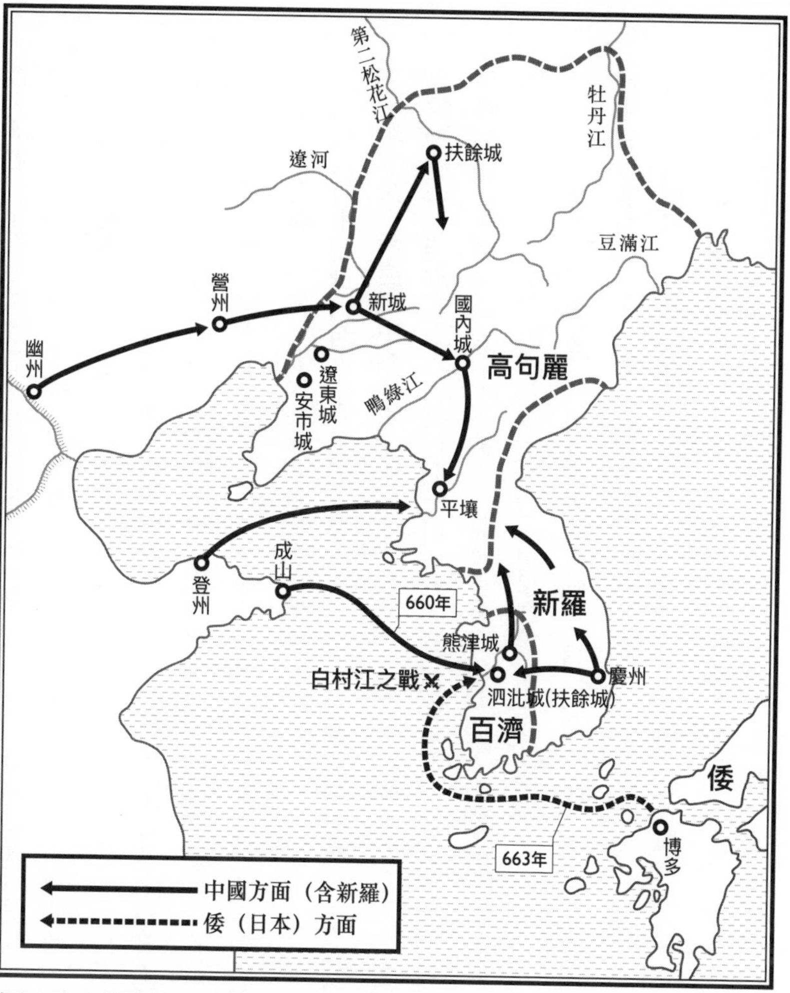

高宗、武后時期征伐高句麗的路線圖　唐朝在顯慶五年（六六〇）滅了百濟，並且在白村江（白江）殲滅了趕來救援百濟的倭國士兵，又在總章元年（六六八）消滅高句麗。

後，經過三十五年的經營才有的結果。她必須在三十五年的時間裡，排除男人對女人站在政治舞台的抗拒感，並傾全力確立自己的政治基礎。為此，她必須建立起自己的政治勢力，並選擇了洛陽做為據點。洛陽後來也在武后時代改名為神都。

貞觀時代，握有政治實權的關隴系集團為了確立自己的優越性，編纂了家世序列表。但是，完成的家世序列表裡，把山東貴族的博陵崔氏排在第一位，唐室的隴西李氏排在第三位。這樣的排序讓太宗勃然大怒，命人把唐室排在首位，重新編纂。重新編纂後的序列表，就是《貞觀氏族志》。不過，由此軼話可知，當時山東貴族潛藏的實力是非常龐大的。

武后的本籍是山西太原管內的文水縣，父親武士彠是木材商人，李淵起兵時才加入李淵的旗下，與上述貴族序列中兩大貴族不同，屬於寒門出身（非世家門第）。於是武后召集了同樣寒門出身的許敬宗、李義府等人，讓他們做自己的先鋒，編纂名為《姓氏錄》的新氏族志。《姓氏錄》以現職的官位與爵位為中心，不納入只靠家世來自誇的門第系統。有別於關隴或山東門第、也就是非門第系統的第三勢力出現在政治舞台，這是在武后出現才有的。

武后為了確保不是門第出身的人才，強化自己的政治基本盤，特別重視始於隋朝的科舉制度。科舉制度的科目中，首先是考驗闡述儒教的明經科，其次是考驗文學能力的進士科，開始有國家意識的人增加了。武后不拘門第與出身，只要是人才，便會提攜到身邊，而這些人才也被稱為「北門學士」。北門學士被武后期待著，為即將到來、屬於她的時代定出方向。

女皇的王朝——武周政權的建立

一步步強化自己權力的武后，一路走來遭遇到許許多多的反對力量。她最初所面對的是來自長孫無忌與一群太宗時代以來的舊臣，之後還有光宅元年（六八四）、李勣之孫——徐敬業的叛亂，及唐室成員的一些舉兵行動或逼使下台等等。不過，儘管有層出不窮的對抗與反對，但都屬於零星的個別行動，最後都被武后擊退而告終。面對武后一個接一個的策略，反對者們根本招架不住，唐朝體制的缺陷，也因此被暴露出來。

唐高宗死於弘道元年（六八三）的年底，武后並沒有馬上登基為帝，而是以皇太后自居，讓兒子繼承帝位，不過，她並沒有放手不管政事，而是正式開始準備自己登基的事宜。首先，她設置了名為「銅匭」的銅製意見箱，鼓勵下面的人告密；又利用稱為「酷吏」的無賴之徒來對付反對派，進行恐怖政治。另外，她還特意安排讓記載著「天意」的寶圖（天授聖圖）出現在洛陽的洛水、修復上古時周朝的政事堂「明堂」，又完成二十個被稱為則天文字的奇特文字，嚴格要求使用。除此以外，她還在全國各地的大雲（經）寺內放置大雲經，祈求和平的佛土早日來到。以上種種都是武后在這個階段進行的措施。

昇仙太子碑　武后手寫的碑文拓本，足見她的一手好字。

經過以上的精心準備與安排，武后終於在天授元年（六九〇）登基為帝，成立新的王朝，國號為「周」，史書上稱這次短暫中斷唐室命脈的政權交替為「武周革命」。武后當時年約六十七、八歲，身體和精神都不見老態，中國歷史在這一年邁入唯一一位女皇帝的時代。

把當皇后和女皇的時間加起來，則天武后的時代有半個世紀之久，其中的後半期，是全力傾注於內政的時代。為了穩固權力而花了一半以上的精神來處理，可以想見要持續地站在政治中心並非易事。結果導致長期被控制在陰山山脈一帶的突厥，首先在永淳元年（六八二）獨立，脫離了唐朝的控制，並且擁戴骨咄祿成立第二可汗國（後突厥汗國）。似乎是受到了這件事的刺激，萬歲通天元年（六九六），營州（今遼寧省）附近的契丹族舉兵叛亂，被遷徙到營州的高句麗、靺鞨系的遺民藉此機會逃出營州，為後來的渤海國打下建國的基礎（見第九章「新疆與渤海」一節中的後段）。

周邊民族急遽變動，加上內部統治的鬆動，支撐統治體系末端的府兵制、均田制與租庸調制，也開始產生動搖，社會體質逐漸改變。受到這種改變影響最大的人，就是生活在社會底層的民眾。從這個時期起，很多人開始逃離原本生活的土地。因女皇帝的出現而閃耀光芒的瞬間，律令統治體制的根基也在不斷地腐蝕中。

武韋之禍的時代

神龍元年（七〇五）正月，擁戴皇太子的政變軍突破北門（玄武門）的防衛，衝進宮中，包圍了武后的宮殿。此次政變的名義，就是要翦除被視為奸人、深受武后寵信的張易之兄弟。武后一旦被幽禁，武周王朝也就告終，唐朝復活了。發動這次政變的中心人物是宰相張柬之等科舉系官僚，他們也是武后為了強化自己的政權，所培養的科舉系官僚；諷刺的是，武后的政權便斷絕在這批科舉系官僚的手中。

政變之後登基即位的皇帝是唐中宗，他是一個軟弱的男人，或許該說是他周圍的女人們都太強了，所以顯得軟弱。中宗的妻子韋后，也和她的婆婆武后一樣，是權力慾極強的女人，她的女兒安樂公主無法成為皇太子，所以想以皇太女之姿成為女皇帝，同樣是野心勃勃的女人。活躍於這個期間的女性中，上官婉兒也非常值得注意，她深深影響了中宗的妹妹太平公主。上述的女性中，韋后母女為了滿足私慾與擴張權勢，不僅做出賣官的行為，甚至任意給予官位。她們的行徑被稱為是「墨敕斜封官」[4]。韋后母女決定走上和武后相同的路——做女皇帝，後來終於在景龍四年（七一〇）六月毒殺了阻擋她們目標的中宗[5]。

雖然決定仿傚武后做女皇帝，但韋后的行為卻不同於武后的精心經營與準備，眾人對她任性與草率的行為越來越感不滿，最後是中宗的侄子李隆基殺死了韋后等人。李隆基擁立中宗的弟弟，也就是自己的父親為皇帝（睿宗李旦）為皇帝，自己為皇太子；不過，此時的女性依然強勢。太平公主控制了哥哥睿宗，掌握實權，進而開始削弱李隆基的權力。在危機感的壓迫下，李隆基於先天二年（七一三）七月，出動軍隊，逼迫太平公主自盡。至此，女人左右政治的時代終於結束，男性再度成

持統天皇畫像　日本的持統天皇與武后、韋后出現在相同的時代，韓國的新羅也在稍早之前出現女王政權。當時的東亞瀰漫著把女性推上政治舞台的氣氛。

為政治舞台的主角，而李隆基正是促成這個轉變的中心人物，他就是後來的唐玄宗。

從武后到韋后接連著女人當家的時代，為後世所忌諱，她們的出現也被稱做是「武韋之禍」。不過，認真想來，歷史上女性能夠如此活躍於政治舞台，好像也只有這個時期了。要問為什麼這個時期的女性能夠如此活躍，答案很難用幾句話就說明清楚，簡單來說，在唐朝的時代，有容忍女性可以如此作為的環境與養分，應該是無庸置疑的。從女性即使左右權力，也不會引起社會的強烈反彈這一點，就可以看出來。在武后登上歷史政治舞台的同時，好像與武后相呼應般，日本的持統天皇即位[6]，在位期間為西元六九〇至六九七年；而新羅則在稍早之前的七世紀中葉左右，出現了善德女王、真德女王的政權。當時東亞地區的時代氣氛，似乎是控制在女性的手中。

盛唐時代的光與影——玄宗的治世

開元新政

玄宗從擊敗姑姑太平公主、掌握了全權半年後，同年（七一三）十二月改年號為「開元」，開啟了玄宗治世的開元時代。玄宗在位長達四十四年，是唐朝皇帝中在位時間最久的一位，其中開元直到西元七四一年，合計二十九年，其後改年號為天寶，至十五載（七五六。天寶三載〈七四七〉到至德三載〈七五八〉為止，以「載」來表記「年」）結束，玄宗在安史之亂的混亂之中，將帝位讓給兒子肅宗。

玄宗名字是隆基，為睿宗的三子，垂拱元年（六八五）出生於武后掌握實權時的洛陽，他發動政變剷除韋后等人時才二十六歲，並且因此超越兄長，成為太子，開啟開元新政時，時年二十九歲。李隆基即帝位的情形和曾祖父唐太宗非常相似，他們都不是以嫡長子的身份繼承的，同時也一樣經歷架空父親的權力後，才登基為皇帝。李隆基在成為太子之前，是有地方行政經驗的臨淄王，經常騎馬到郊外與老百姓接觸，相當通曉民情；再加上他個性豪邁又有正義感，所以在皇族之中顯得特別與眾不同。

對於以這樣的方式登基的年輕皇帝，老百姓們莫不寄予希望，期待新皇帝能克服「武韋之亂」所造成的體制鬆弛問題，及新興地主們興起所產生的社會矛盾問題。玄宗首先把政治委託給宰相姚崇（本名元崇，字元之）處理，後來又加上宋璟。如同唐太宗時的宰相房玄齡與杜如晦被合稱為「房杜」一樣，代表開元之治的宰相姚崇與宋璟，也被合稱為「姚宋」。

姚崇（左）與宋璟 玄宗開元之治的宰相代表。

姚崇與宋璟的政治手法常被拿來做比較，姚崇擅長臨機應變，行事當機立斷，不會拖泥帶水；而宋璟則擅長運用法制，讓法制能確實行使在政務上。他們二人的行政方法雖然不同，卻有互補的作用，社會因此相對地和平穩定。

姚崇雖然是因為父親為官而進入官場的，屬於「恩蔭系」（靠父、祖輩的官位或家世、影響力進入官場的系統），但卻有過人的政務能力，所以受到武后的賞識，被提拔到宰相之位，而宋璟則是科舉體系出身的官僚。在姚崇與宋璟之後成為唐朝宰相的張說、張九齡、源乾曜等，也都是科舉出身進入官場。其中張九齡來自以前沒有出過人才的嶺南韶州（今廣東省），是地方官的子弟；源乾曜則來自北方民族的系統，出身接近關隴系。從武后開始，不問出身的人才培育方式，到了開元時期可以說是全面開花結果了。

話雖如此，科舉體系的官僚對於眼下正在發生的財政等各種問題，通常提不出從根本解決問題的方法，與缺少推測未來的企圖心。即使是宋璟，雖然長期在朝為官，對財政問題卻沒有明確的處理方針。原因應是科舉系的官僚大多來自重視文學的進士科，他們對財務方面原本就不甚清楚，再加上與在地的新興地主階層有著層層牽扯，很容易就站在與國家利害相對的立場上。因此，想要重新整理唐朝的統治體制，就必須使用與他們不同的人才。在這樣的背景下出現的人才，就是宇文融與李林甫。

宇文融與張說

追溯宇文融的出身，就知道他的先祖與北周王室宇文氏有關連，到唐代則是代代為朝中大官的關隴系主流，由此可知他是屬於「恩蔭系」的官場人物。宇文融的仕途從都城附近的富平縣小吏開始，後來躍升成為政壇的中心人物。開元九年（七二一），由於天下逃戶（流民）大增，造成國家稅收大減，嚴重影響到國家的內政，玄宗於是徵求應對此一問題之道。其實早在則天武后的時代，就已有逃戶的問題了，但一直無人提出解決的對策。宇文融在這個時候，提出了首先必須徹底清查逃戶實際情況的主張，獲得了玄宗的認同。

清查逃戶的實際狀況，將隱漏不報和逃亡人口搜括出來的調查戶口方式，稱之為「括戶」。以有正式登記戶籍的良民為主戶，逃離原有的戶籍登記，寄居於其他主戶之下的人稱為客戶。宇文融被任命為勸農使後，派遣部屬「勸農判官」到全國各地調查，掌握沒有戶籍登記的客戶情形。最後調查出在開元十二年（七二四）年底前，全國的客戶有八十萬戶，而從這些新依附的客戶徵收到的稅款，高達數百萬錢。八十萬戶這個數目或許誇大了，但是，就算減去了誇大的部分，仍然是一個龐大的數目，已經超過當時全國總戶數的一成了（根據開元十四年的統計，全國的總戶數是七〇七萬戶）。

宇文融一開始採取的方針，是讓客戶回到本籍地，重新做回主戶，但後來又讓客戶正式登記在依附的主戶下。但是不管是回到本籍地，還是正式登記為客戶，其目的都是讓逃離原籍地的客戶，重新回歸到國家的管理之下。然而接受逃離原籍地的農民為客戶的主戶，主要都是新興的在地地主階層，因此括戶政策必定會受到與地主層有緊密關係的科舉系官吏的強烈反對。

反對括戶政策的急先鋒就是張說，他是繼姚崇、宋璟之後，深受玄宗信賴的宰相之一，也是一位有能力的現實主義者官吏。張說所主張的現實主義，是指承認現狀，只要在現狀上提出適合的策略即可，不需要把問題拉到原點去處理。讓募兵性質的新兵制「彍騎」，取代了因防衛都城而陷入機能不全困境的府兵制，正是張說的主張。張說堅決反對宇文融所提出、要改變現狀的括戶政策，而且毫不掩飾心中的不滿。

雙方的對立終於在開元十四年（七二六）起，發展成將許多人捲入其中的激烈政治鬥爭，直到開元十七年（七二九）左右，雙方互鬥的情況才落幕。在這段期間裡，宇文融與山東貴族的後裔、

《萬賢迎駕圖》（部分） 位於上方右邊執杖的白衣老人，就是玄宗，這是玄宗在四川蒙塵後回京的情形。在他左邊的人，應該是肅宗。

同樣來自恩蔭系的崔隱甫合作，讓張說一度失勢，但是，後來他與崔隱甫的合作，被指責為朋黨組織，因此遭到貶謫，不過，宇文融很快又回朝當宰相。然而這次就任宰相只有一百天，就又被下放到地方為官，最後也死在地方上，而張說也幾乎在差不多的時間去世了。

在開元中期的這場政爭夾縫中，幾位宰相各有自己的立場，宋璟選擇遠離是非之圈，源乾曜選擇接近宇文融，張九齡則是支持了張說，玄宗的立場則是同時採納了兩邊的主張。然而財政不足的現況仍然沒有獲得改善。後來玄宗讓宇文融下台後，曾生氣地說：「讓宇文融下台了，但是國用不足的重大問題，到底該如何解決呢？」玄宗也有玄宗的煩惱，他感受到了隱藏在繁華表面下的律令統治體制的變質，體認到支持自己奢華生活的財政即將面臨崩盤的現實問題。在問題得不到解決的壓力下，他也明白科舉系官僚的肯定現狀路線（現實主義）是不足的，所以逐漸疏遠了科舉系的官僚。此時能夠明白玄宗轉換方針的人，就是李林甫。

李林甫與楊貴妃

把李林甫推上政治中心的人，是源乾曜與宇文融。李林甫出身於關隴系的名門，是唐室李氏的旁支，屬於恩蔭系的官僚，這一點的立場與宇文融相同，對張說提出的主張，他也和宇文融一樣，採取反對的立場。不過，在理財方面，他沒有宇文融那樣的改革計畫，也不那麼積極。李林甫能夠在眾多官員口獲得玄宗注意的原因，在於他擅長揣測玄宗的心意，以及用「口蜜腹劍」的方式威嚇壓制旁人。

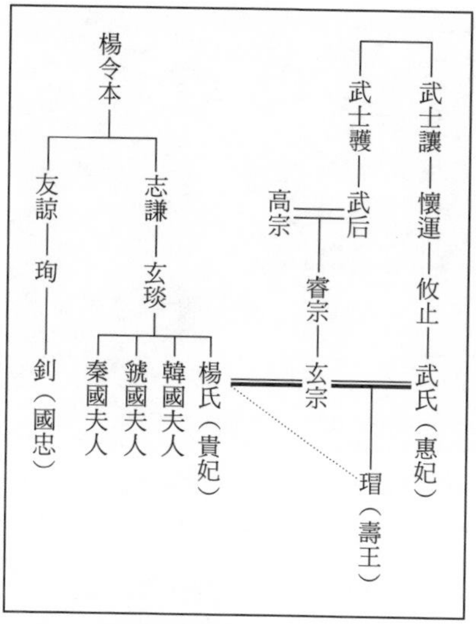

武惠妃、楊貴妃系譜圖

而讓李林甫獲得玄宗信賴的契機，與玄宗的愛妃武惠妃有關。玄宗本有皇后王氏，但王皇后因為出了問題被廢，此後皇后之位便一直空懸。玄宗原本有意立武惠妃為后，但因為她出身則天武后一族，所以遭到大臣們的強烈反對，玄宗也只能作罷。當不了皇后的武惠妃只好轉念，計畫讓自己的兒子壽王李瑁被立為太子。但要實現這個計畫，就必須先讓當時的太子李瑛下台。李林甫參與了武惠妃的計畫，在他的策畫下，太子李瑛被

華清池（今陝西省臨潼縣） 玄宗與楊貴妃的尋夢之地，現在是觀光勝地。

廢，達到了武惠妃的期待。然而沒有想到的是玄宗沒有立壽王李瑁為太子，而是立了皇子中最年長的忠王李璵為太子。武惠妃因為這個打擊，失意而死。

對李林甫來說，這是一大誤算，這個新立的太子萬一將來做了皇帝，會不會對他不利？而讓李林甫可以脫離這個困境的，就是楊貴妃。武惠妃死後，玄宗的內心空虛，為了填補這個空虛，李林甫將壽王李瑁的妃子楊氏推薦給玄宗。楊氏是位絕世美女，玄宗一見到她便驚為天人、一見鍾情，從此無心政治，沈溺於兩人世界，政務全部交給李林甫。

天寶三載（七四四），這年玄宗六十歲，楊貴妃二十六歲。玄宗與楊貴妃的結合，可以說是奪媳為妻的行為，通常是不被允許的，和武后仕二夫的情形，可以說是一樣。

李林甫就這樣掌握了實權，而且獨占權勢直到天寶十一載（七五二）去世為止。為了維持獨占實權的政治基盤，在對手還未成氣候之前，李林甫就會下手消滅，他尤其厭惡科舉系官僚，不會給予任何機會。科舉系統出身的張九齡最後也被李林甫擊敗，從政壇的中樞消失。此外，把受到期待的文官先外派去邊關當節度使，之後再調回朝廷擔任宰相的人才培育管道，也被李林甫蓄意摧毀。李林甫讓外族（非漢人系）出身的武將擔任節度使，而武將很多是目不識丁的莽夫，根本無法扛起宰相之責，如此一來，他就不必擔心自己的地位會被取代了。

雖然圍繞在李林甫周圍的，盡是拜倒其權勢之下的唯唯諾諾之輩，但還是出現了讓李林甫防不勝防的漏洞。這個漏洞就是戍守邊境幽州（今北京）節度使而嶄露頭角的雜胡（混血胡人）——安祿山，與楊貴妃一族的楊國忠。這兩人以玄宗與楊貴妃的恩寵為靠山，發展出相當的勢力，成為李林甫的威脅者，讓李林甫在聽著威脅者的腳步聲逐漸逼近的情況下去世。

安祿山與楊國忠——恩寵政治與義父子關係的意義

安祿山與楊國忠出現在唐朝政治舞台上的時間，是玄宗治世的後半期，也就是天寶年間。這兩個人與之前爭奪主導權的科舉系統或關隴世家的恩蔭系統完全無關。

安祿山是混血兒，母親是突厥人，父親是粟特人，後來他的母親帶著他嫁給突厥的安延偃，他於是改姓安。關於他的出生地點，或出人頭地之前的記載大多不明確，史書也只記載他是「營州柳城的雜種胡人」，因此我們確切能知道的，便是他成長於營州（今遼寧省）附近。營州一帶是舊高句麗與契丹、突厥等多民族部落的交流地，開元年間的某個時期裡，唐朝曾在此設置安東都護府，藉此牽制朝鮮的新羅與滿州的渤海。成長在這個國際色彩濃厚環境裡的安祿山精通六種語言，因此得到了「互市牙郎」這個低層小官的職位，幫助各民族進行交易或調停。

安祿山後來投入幽州節度使張守珪的麾下，並且立了功勳，被張守珪收為義子（養子），從此之後平步青雲，在經歷了以營州為據點的平盧兵馬使、營州都督等職之後，天寶元年被封為平盧節

胡騰舞圖（西安市東郊蘇思勗墓壁畫）　畫的是充滿異族風趣的胡人舞姿。

度使。安祿山藉此機會入朝，和玄宗、楊貴妃建立了關係，而且為了鞏固關係，還懇請楊貴妃收他為義子。

這是經常被人提到的逸事，據說安祿山拜見玄宗與楊貴妃時，先拜貴妃後拜玄宗，感到訝異的玄宗問他為什麼，他回答胡人先母而後父。這個回答獲得了玄宗的歡心。安祿山利用自己是胡人的身份，以及自己與玄宗是義父子的關係來取悅玄宗，取得了玄宗的信賴，在玄宗恩寵的背景下，官拜范陽（幽州）節度使兼河東節度使。

再說楊國忠，他是蒲州永樂（今山西省內）人，沒有值得一提的家世，年輕的時候原本是一個吃喝嫖賭樣樣來的無賴漢，卻在一夕之間轉念，投入蜀軍（四川），開始認真工作。楊貴妃受到玄宗的寵愛也正好是這個時候，楊國忠因此受到提拔，進入中央政壇。楊國忠精於算帳，在財務方面很有一套，再加上有楊貴妃這個後台，確實受到玄宗的特別提拔。天寶十載（七五一），楊國忠被封為劍南節度使（今四川省），征討雲南的南詔，卻慘敗收場。不過，因為有楊貴妃這個後台，他不僅沒有受到處罰或下台，反而因為李林甫在這個時候死了，而掌握中央的全權。

新出場人物的意義

安祿山與楊國忠以前所未有的出身與晉升的過程，成為權力中樞要員，讓他們有機會往上爬的契機，是虛擬的義父子關係與皇帝的恩寵。義父子關係與皇帝的恩寵是互為表裡的關係，在公共的秩序中，存在著屬於私人關係的上下結構。這種情形可以理解為，在不穩定的權力狀態下，以父系家長式的秩序方式，重編了舊的身份關係。

不過，別忘了這個時期的狀況，當律令統治體制無法應付社會的變化，「使職」這個以前所沒有的職位，開始以令外官的形式設置。負責防衛邊境的節度使，就是這種令外官的代表。此外，還有隨時可能設置、負責廣域行政的經略使（按撫使）；進入玄宗期以後，「使職」的增設與正規化都在持續進行中，而最初的律令官制也在此時接收了舊門閥貴族層的影響與貴族理念。因此，律令體制的不穩定，意味著在律令體制下受到保護的舊門閥貴族階層的影響力會被剝奪。這樣的情形會產生什麼樣的結果呢？恐怕是原本受到舊門閥貴族階層制約的皇帝權力，因此提高了！

如此看來，與其從負面角度來理解義父子關係與皇帝的恩寵關係，認為那是一種私下的個別結合，還不如視為那是積極的以皇帝為中心、摸索新權力形態的第一步。況且，由於「使職」的出現，有必要確保新的人力資源，在尚未確立可以把握新人力資源的體制時，那些私下的個別關係，根本是無法避免的。不管是李林甫，還是楊國忠、安祿山等人物的出現，其實就是在預告大變化的時代即將來臨。

註釋

1 【譯註】目前日本史學界的主要代表性觀點有兩種，一種認為唐到宋是「中世」走向「近世」的轉變；另一種則認為是「古代」邁入「中世」的轉變。

2 【編註】見本系列第七冊《中國思想與宗教的奔流：宋朝》，小島毅著，游韻馨譯，臺灣商務印書館出版。

3 【編註】此處並非指今日的中國山東省，而是一個區域性的名稱。唐宋年間，「山東」的區域一般是指太行山以東的廣大黃河流域。

4 【譯註】意指非正式任命的官員。

5 【編註】對於中宗的死因目前尚有爭議，中宗有可能是心血管疾病突發而死，下毒一說乃是後來政變軍隊出兵討伐韋后與安樂公主、為中宗報仇的名目。

6 【譯註】日本第四十一代天皇，是位女性。

第三章　安史之亂後的唐代後期時代局勢

安史之亂的始末

安祿山興兵

天寶十四載（七五五）的農曆十一月甲子（九日），新曆的話是十二月十六日，在寒氣刺骨的隆冬夜裡，相當於現在北京的范陽（幽州），有十五萬士兵的大部隊，急急忙忙地出動了。這是安祿山利用自己節度使的身分，出動長年培養的軍隊。大部隊的中心是曳落河部隊，也是安祿山栽培的親兵，其餘的部隊除了漢族士兵外，還有同羅、奚、契丹、室韋等屬於北方通古斯系的少數民族士兵。大部隊出動後的第二天早上，人馬集結在城南郊，安祿山對著大軍宣告，此次的行動目的，是為了征討在君王身邊把持朝政的奸賊楊國忠。之後，安祿山讓心腹史思明留守范陽，命令全軍開始出擊。動搖歷史的安祿山之亂，就此拉開了序幕。

叛軍一口氣從河北南下，於十二月十三日輕鬆攻陷唐的副都洛陽，隔年（七五六）正月，安祿山在此稱帝，為大燕皇帝，年號聖武。這一年的六月擊潰負責防守長安最後防線——潼關的老將哥舒翰，不久後就占領了長安。從興兵叛變到此時，只有短短半年的時間。

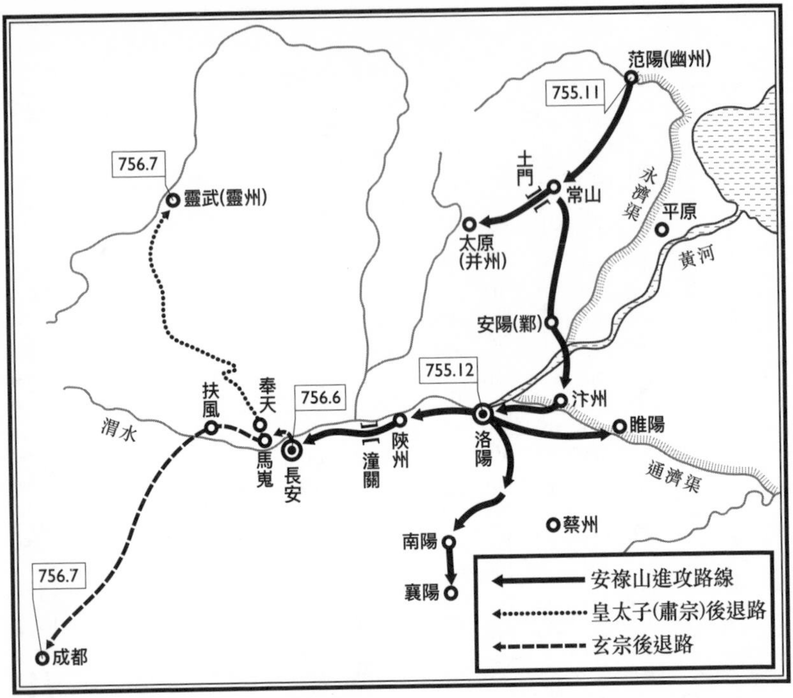

安史之亂的叛軍進攻路線與唐朝撤退路線。

安祿山興兵之事，在六天後就傳進了人在華清宮的玄宗耳中。安祿山一直以來的勁敵楊國忠得知消息後，暗自竊笑地想：果然不出所料呀！但是，他所帶領要剿滅叛軍的朝廷軍隊，根本不是擅長實戰的叛軍的對手。朝廷的軍隊軟弱無力，一路被叛軍追打到潼關，才好不容易穩下陣腳。不幸的是，在楊國忠等人一再急促的催逼下，駐守潼關的哥舒翰只得出潼關應戰，結果哥舒翰敗北。二十萬大軍的朝廷部隊，是急就章組成的，根本沒有朝廷部隊應有的功用與應戰能力。

然而，還是出現了讓安祿山意想不到的伏兵。安祿山遭遇到了來自顏杲卿的反抗。顏杲卿是位於河北中央部位的常山郡太守，而常山郡是連接幽州和洛陽，往西經過土門（井陘關）通往太原的交通要衝。顏杲卿在安祿山要進入洛陽時，殺死了安祿山安排在土門的守將，反叛安祿山。這是河北反安祿山行動的第一槍。可惜顏杲卿的反安祿山行動沒有等到唐朝朝廷軍隊的支援，不到二十天就被史思明擊敗，顏家一門全被帶到安祿山的面前，在公眾面前行刑。顏杲卿即使手、腳被砍斷了，在一息尚存之際，仍然痛罵安祿山不止。

顏杲卿的行動具有強大的意義，他的行為直接點燃了整個河北的反安祿山行動。顏杲卿的堂兄弟顏真卿是當時的平原太守，他擔負起反安祿山行動組織者的工作。好像呼應河北反安祿山行動般，河南的睢陽郡張巡等人，也與安祿山的軍隊展開激戰。受到這些牽制後的安祿山軍隊，在攻擊唐的朝廷軍隊時，不再那麼順利，在進攻唐的經濟基礎地——江南的時候，受到了阻礙。不只如此，為了反抗安祿山而聚集起來的力量，是原來潛藏於暗處的新興地方地主階層力量與民眾們的力量，現在紛紛浮出檯面，這些力量在唐朝後期的河朔三鎮等地方勢力與中央勢力相互鬥爭時，起了很大的作用。

潼關　位於長安東方約一百二十公里的防衛長安重地。天寶十五載（西元七五六年）六月，安祿山叛軍攻破潼關，長安淪陷。

玄宗蒙塵與唐的反擊

哥舒翰鎮守的潼關淪陷，消息很快地就傳到京城。潼關與長安之間的直線距離大約一百二十公里，大軍一旦開始移動，不數日即可到達。玄宗表面上做出要親自征討的模樣，卻早做好安

郭子儀

排，帶著楊貴妃一族，在部分禁軍陪同下，悄悄離開長安往西逃。但是逃了七十公里左右，一群人來到馬嵬坡時，禁軍士兵們的態度突然變得詭異，主要原因是對楊氏一族的不滿，終於在此時爆發了。楊國忠首先被殺，但這樣還不夠，兵士們的憤怒並沒有因此平息，他們認為楊貴妃與楊國忠同罪。至此，玄宗不得不命令高力士把楊貴妃帶到附近的佛堂，勒死楊貴妃，她死時才三十八歲。這位絕世美女曾經令一代明君迷戀，為之瘋狂，因而改變唐代歷史，她的最後結局，說起來也太可悲了。

當時玄宗已經七十二歲，抱持著對於活下來的執念離開都城、殺死了心愛的女人，然後慌慌張張地逃到四川的成都。這樣的玄宗，實在缺少了做為最高責任者應有的勇氣，把對抗安祿山的重擔丟給太子李亨，由他去指揮軍隊。太子李亨原計畫要返回都城，卻沒有成功，便於七月時把根據地移到朔方節度使的所在地靈武（今寧夏回族自治區），並且立刻尊玄宗為太上皇，自己在沒有授受傳國國璽（承認即位的先皇印璽）的情況下登上帝位，是為唐肅宗。雖然說這是在緊急情況下為了凝聚人心而不得不為的措施，但也可以說是發生在唐代，為了取得帝位而出現的一種政變。肅宗是玄宗的三子，並不是嫡長子，他是先即位後，再派遣使者到成都，取得玄宗的事後承認。

玄宗出逃後，長安約十天左右就落入叛軍手中。當時安祿山停留在洛陽，讓部下管理長安的事宜。另外，肅宗也開始展開反攻，他調回在河北作戰的郭子儀部隊，把力量集中在收復長安上，但是只靠郭子儀等人的部隊，還是不足以打敗勇猛的安祿山部隊，於是便與回紇商量借兵之事。這一年的年底，數千回紇士兵成為朝廷的兵力會合了。

隔年（七五七）正月，安祿山被兒子安慶緒殺害，叛軍內部動搖。安祿山患有眼疾，因視物不清而脾氣暴躁、經常打人，還有繼承權的爭奪問題，以上交織成他被殺的理由。雖然如此，唐軍這邊的態勢還是遲遲沒有進展，一直到了這年九月，終於集結了二十萬大軍的唐軍，才成功收復了長安。長安從淪陷到收復，前後長達十五個月。

唐軍收復長安後，氣勢轉強，於次月攻入洛陽，進一步準備一舉掃蕩叛軍，平定亂事，然而唐軍的勝利氣勢並沒有持續下去。回紇是唐軍先鋒，在收復洛陽後，盡情地在城內掠奪財物三天三夜，這是事前唐軍答應回紇的條件，唐軍就這樣按兵不動。安慶緒趁著唐軍沒有進一步行動之際，逃離洛陽，在黃河以北的鄴城（安陽）重整軍勢。等唐軍再一次整頓好二十萬大軍，重新發動攻勢時，已是一年之後，而在范陽的史思明也南下趕來支援安慶緒，所以直到隔年（七五九）的三月，雙方在鄴城一帶展開拉鋸戰。最後的結果是唐軍吃了敗仗。原因是二十萬大軍雖然以郭子儀為總帥，卻是來自各地的不同部隊，因此指揮系統無法統一。在這種情況下，唐軍吃敗仗並不奇怪。

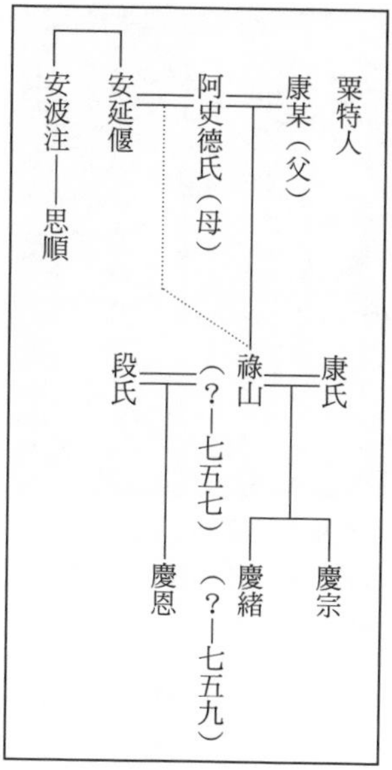

安祿山家族譜

平息動亂與河北情勢

安陽敗北的結果，導致唐軍解體，於是史思明結合了安慶緒的部隊，再次攻陷洛

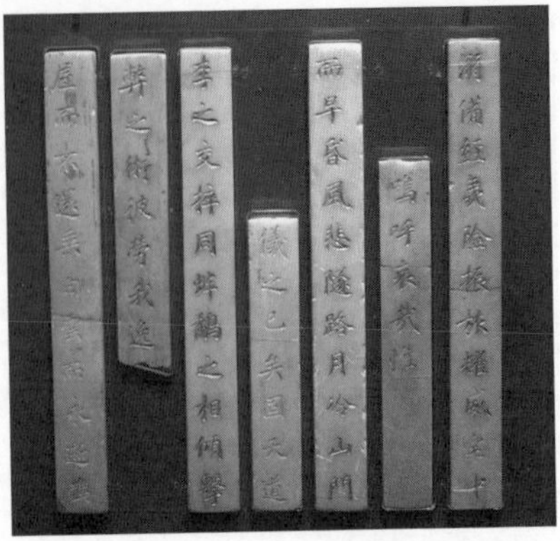

史思明哀冊（北京史思明墓出土）　哀冊是指寫在玉片上的墓誌。史思明哀冊的內容為哀悼史思明之死。

陽，並和安祿山一樣，在洛陽登基成為大燕皇帝。洛陽連連遭受戰禍的破壞，此時已無值得掠奪的東西了。受到上一次長安淪陷的教訓，唐軍強化了從洛陽到西邊陝州（潼關）的防備，阻擋史思明繼續西進。兩年後（七六一）的三月，史思明遭遇到和安祿山相同的命運，死在自己的兒子史朝義的手中，原因也與繼承人的問題有關。安祿山與史思明不管是在位的時間還是被殺的地點都一樣，連被兒子殺死的人生結局也如出一轍，彷彿是出生於同一星宿般。同時，從他們二人死亡的方式，可以預見到他們之後的藩鎮將繼承問題，將是一大難題。

之後，唐朝的軍隊與安、史的軍隊僵持了一年左右，終於在寶應元年（七六二）四月時，肅宗過世、代宗即位後，唐朝的反攻氣勢上升了。十月，唐軍收復洛陽，這次唐軍不再停下攻擊的步伐，很快就往北追擊敗逃中的史朝義。此時唐軍的先鋒是一位叫僕固懷恩的鐵勒系武將，他以懷柔的方式對待史朝義旗下的來降武將，卻對史朝義窮追猛打，逼得史朝義終於在范陽的東方自殺，時為寶應二年（七六三）正月（關於史朝義死亡的地點與時間有諸多說法，本書採用《資治通鑑》的記述）。

就這樣，前後長達九年的安史之亂結束了。然而，因為唐朝處理投降的安史部將的方法，便是就地安置他們，保留了他們原來勢力，所以在曾經支持安史之亂的河北，從北到南設置了多位節度使：盧龍（幽州）的李懷仙、成德（恆冀）的李寶臣（舊名張忠志）的、天雄（魏博）的田承嗣、昭義（相衛）的薛嵩等，並沒有達到實質上的全國再度統一。從唐朝的觀點來看，經過了長期的戰爭後，朝廷已經疲憊不堪，那種處理方式也是不得已的作法，但這方式卻給唐朝留下了非常大的後患。上述的四個節度使中，除了昭義節度使外，其餘三個節度使根本不服從朝廷的命令，並且還相互串連，給唐朝後半期的統治帶來極大的壓力。這三個節度使，就是史稱的河朔（河北）三鎮。

曾經引領時代風雲的安祿山與其盟友史思明，兩人從一介無名胡人，慢慢的壯大實力，甚至威脅到以繁華自傲的大唐帝國，並且相當程度地蹂躪了這個帝國，並開創了自己的國家——「大燕」。唐朝的統治體制因為他們而衰敗，帝國的威嚴被踩在腳底下。不過，儘管國家的基礎樑柱動搖了，唐朝並未因此而瓦解或淪為地方政權，而是再度崛起。儘管走得跌跌撞撞，但唐朝又持續了一個半世紀左右，保有維持全領土完整的向心力。在這種驚人的復甦能力中，隱藏著唐朝這個王朝的柔性構造，這是我們不能忘記的。

亂局之後的餘燼與影響

唐朝把首都設立在長安的最大理由，便是此地位於擁有天然屏障的關中盆地，這是不言自明的事。唐朝的前半期，在這一帶設有很多軍府（折衝府），朝廷靠著軍府的軍事力，統治著全國。後來府兵制逐漸瓦解，朝廷為了防衛邊界，便設置了擁有專門軍隊的節度使，但如此一來，內、外軍事上的平衡便開始鬆動。安史之亂便是在軍事平衡鬆動之後出現的叛亂，最後潼關被破，唐朝自開國以來，從來沒有被外敵入

胡人俑（唐三彩）　為了鎮壓安祿山、史思明等胡人的叛亂，唐朝以回紇兵或阿拉伯兵與之對抗。安史之亂出現外族間能量相互碰撞的面相。

侵的長安，被捲入戰禍之中。

露出弱點之後的長安，無可避免地常常成為被直接攻擊的目標，可以說這是安史之亂留下的後遺症。首先，安史之亂被平定的那一年十月，吐蕃從西方朝長安前進，僅十餘日便占領了長安。這是因為原本配置在西方的軍力，在討伐安史之亂時，大部分被調走了，所以留下來的兵力不足，難以封鎖防線。長安淪陷，代宗在宦官魚朝恩所率領的神策軍保護下，逃到陝州避難。

廣德二年（七六四）到永泰元年（七六五），發生了僕固懷恩叛亂的事件。僕固懷恩是平定安史之亂的最大功臣之一，是朝廷派去回紇商借兵力的使者，更是平定安史之亂的最後終結者。可是，在僕固懷恩平定亂事後，並沒有得到應有的對待。他把女兒嫁給回紇的可汗，在追擊史朝義的過程中，安撫向唐朝投降的史朝義部將的作法，讓朝廷對他產生疑慮。失去朝廷信任的僕固懷恩只好在靈州（寧夏）糾合部眾，並與回紇、吐蕃聯手，舉兵反叛唐朝。就在要進攻長安的時候，僕固懷恩病沒，他的抗唐行動因此受挫。不過，吐蕃還是趁此機會，再度攻打到長安附近，讓長安城中的人陷入極度的恐慌之中。

從安史之亂到這個階段的過程裡，到底有多少外族（非漢族）登上了中國歷史的舞台呢？比起舉兵叛亂的胡人安祿山、史思明，及他們旗下的曳落河等以北方民族為主體的兵力，唐室這邊也用了不少外族人士，部隊中有來自回紇或大食（阿拉伯）等西方的兵士，而指揮兵士的將領例如哥舒翰（突騎施系）、高仙芝（高句麗系），或前面提及的僕固懷恩等人，也都是非漢人的外族。

唐朝的做法接近以夷制夷的策略，藉著安史之亂，讓外族們的能量相互碰撞。吐蕃則晚一步加入了這場能量碰撞的戰爭。但是，僕固懷恩最後被唐朝排擠，讓漢族的郭子儀成為軍事統帥。從這個過程，可以看出唐朝有意識地壓制外族的過度活躍，並且想重新建立以漢民族為主軸的體制方向。

之後，德宗建中四年（七八三），淮西節度使（轄區為蔡州，今河南省）李希烈叛變，為了平息這場叛變，朝廷調動長安西北的涇原節度使的兵力來鎮壓。但是涇原節度使的兵士在通過長安時，向朝廷要求改善待遇，卻不被朝廷接受，憤怒的士兵便入城鬧事，最後還擁戴了朱泚，演變成政變。長安陷入混亂之中，德宗不得已只好在部分兵士的保護下，逃到奉天（今陝西省乾縣），在外流浪了一年左右。

這是發生在長安的最後一次動亂事件，之後的一個世紀裡，儘管中國境內的局勢或有動蕩不安的情況，但卻沒有再發生外族占領長安，以致皇帝蒙塵（意指天子離開皇宮避難）的事件。原因是西元七八〇年唐朝實施了新稅制（兩稅法），國家財政因此穩定了。配合新稅制的實施，中央禁軍也整合為神策軍，並且進行擴充與強化。改變形態的關中本位體制復活了。至於唐的中興，又是怎麼樣的情形呢？我們在下一節進一步會討論。

兩稅法與藩政體制——邁向財政國家之路

安史之亂改變了唐朝的面相，深刻地影響了唐朝統治下的社會。叛亂雖然被平息了，但是，成為亂事根源的河北道（今河北省），卻留下了河朔三鎮、還把周圍的藩鎮牽扯進來，因為這些藩鎮並不會乖乖地服從唐中央的指示。

此外，由於社會基盤瓦解，眾多民眾流離失所，戶政崩盤，徵稅體系陷入功能痲痺的狀態。在這種內外包夾的嚴酷狀況下，唐朝是如何走上復興乃至中興之途的呢？

河朔三鎮與平盧節度使

如前一節所說的，河北曾經反覆激烈地反抗安祿山勢力，但一年左右就被安祿山鎮壓，並且從此以後成為反唐的基地，支持著河朔三鎮的成長。河北原本就存有與西邊的關中對抗的意識，物產與經濟力也遠勝關中。安史之亂平息後，幽州等地區的人民還奉安祿山、史思明為神，舉行儀式祭祀他們。河朔三鎮的存在，可以說是這種反中央意識造成的。

三鎮當中的盧龍（幽州）節度使李懷仙曾經效命於契丹，是柳城（營州）的胡人（粟特人）。安史之亂時李懷仙加入安祿山旗下，後來以燕京留守的身份投降唐朝。一般認為李姓是唐朝賜給他的，至於他的原姓為何，並無這方面的資料。

成德（恆冀）節度使李寶臣，是住在范陽的奚族，原名張忠志，有一段時間姓安，最後得到唐朝賜李姓。曾經姓安的原因，當然與他是安祿山的養子有關。他在安史之亂時，占據了河北中部的

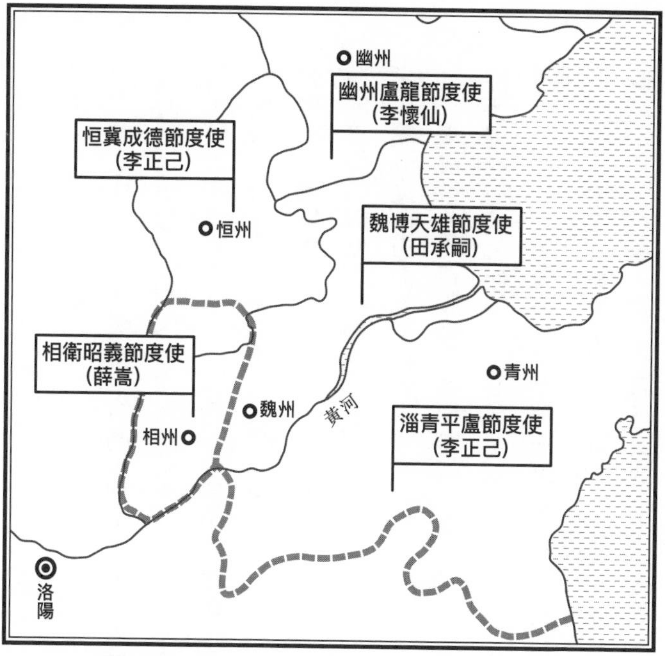

河朔、平盧等藩鎮的分佈圖

恆州一帶，降唐以後被任命為節度使。李懷仙與李寶臣都不是漢人，權力基礎與繼承問題上都不穩定，與河朔三鎮的另外一人——天雄（魏博）節度使田承嗣的情形不一樣。

田承嗣原本是平州（今河北省）盧龍軍中的軍官，後來成為安祿山的左右手，安史之亂被平定後，又從叛軍一方的魏州刺史轉身成為唐朝的魏博節度使。他和上述二人不同之處在於他是漢人，任魏博節度使的時間很長，立下了穩固的基礎，所以西元七七九年田承嗣死後，田氏家族得以世襲魏博節度使一職，直到元和十五年（八二〇）。田承嗣首先控制了轄區內的戶口，擁有十萬壯丁兵士，再從這些壯丁中選出體格出眾兵士，組織一支稱為衙兵的親兵部隊。田承嗣的衙兵也稱為牙兵；此外，他也自行任命轄區內的官員，確保稅收的來源，表面上臣屬於唐朝，實際上在轄區內大肆擴張自己的權力，培養足以與唐朝對抗的實力。唐朝在無能壓制的情況下，只好一邊授予更高的官位，一邊以聯姻的方式來攏絡田承嗣。

就這樣，安史之亂結束後的半個世紀裡，魏博節度使握有華北東部的動向之鑰。不過，當時能與河朔三鎮勢力並列的，還有此時勢力大增的平盧節度使。平盧節度使原本設置在東北邊的營州一帶，曾經由安祿山兼任、管轄。安祿山叛變後，在唐朝的策動下，復歸於唐朝廷的轄下。之後，侯希逸被任命為平盧節度使，於寶應元年（七六二）帶兵移往山東的青州，新任的平盧節度使開始擴張勢力。繼任此位的李正己，在他的時代，平盧節度使的發展更為犀利，在配合唐朝的政令下，平盧節度使的管轄領域擴大到整個山東地區。大曆十年（七七五）左右，平盧節度使的實力已經大到足以壓制從南方而來的田承嗣了。

來自東北的這股勢力進而割據山東的過程，是非常有意思的，其中李正己被唐朝任命為「海運押新羅渤海兩蕃使」，尤其令人矚目。李正己是高句麗人，唐朝於總章元年（六六八）滅了高句麗，一部分高句麗人被強制移居到營州，根據推測，李正己應該就是那些人的後代。從李正己的官銜看來，最初他應是負責與渤海國、新羅進行外交、貿易的官員，並從這個時期開始，他也以海路聯結山東、朝鮮半島、中國東北部，負起提高貿易利潤，強化權力基礎的任務。如後面會提及的，山東半島的沿海住著很多新羅人，形成一個聚落（請見第八章「圓仁與山東新羅人的邂逅」一節），李正己的時代就從這裡開始了。

安史之亂雖然結束了，卻留下了華北東部一帶的河朔三鎮加平盧節度使等後患，他們與襄陽（今河北省）的山南東道節度使梁崇義、汴宋（今河南省）的淮西節度使李忠臣等人互有關係，並相互影響，都不服從於唐的統治。另外，在安史之亂的契機下，唐朝在全國各地設置節度使或觀察使。節度使是握有轄區的軍事全權，觀察使則有廣域的行政權；節度使一般也兼任觀察使，但當以觀察使的頭銜為主時，則觀察使兼任與軍事有關的經略使。節度使或觀察使擁有地方的軍事與行政權，無視中央的指令，他們所據之地，稱為藩鎮。而這種控制地方來制約中央的狀況，就是藩鎮體制。

藩鎮體制的體質與歷史性

到了唐朝末期，像這樣的節度使或觀察使就有四、五十個之多，唐中央直接統治管理的地方，大約只限於京城一帶了。不過，藩鎮體制雖然成形了，卻不是所有的藩鎮都反抗中央而獨立，也有不少被稱為「順地」，順從唐朝統治的藩鎮。例如九世紀初期，以財務系統的文官而知名的杜佑與李吉甫。他們都曾擔任過淮南節度使，後來進入中央政壇，官至宰相。沒有放棄生產力高的淮南、江南，是唐朝能夠繼續生存一個半世紀的重大理由。

那麼，在藩鎮體制下既然還存在著「順地」，中央為何不直接統治「順地」的轄區，還要設置節度使或觀察使呢？

很明顯的原因之一就是，在中央權力弱化的情況下，有必要讓治理地方的節度使或觀察使同時握有民政與軍事權，才能臨機應變處理突發的各種事務。還有一件事必須同時注意，之前的魏晉南北朝時代，被賦予地方統治權的人，是領有將軍頭銜（有軍事權）的地方長官（刺史等官）；到了隋朝和唐朝的前半期，則有兼任廣域的軍事權與行政權的總管府或都督府，代表著各個時代的一個面貌。節度使（藩鎮）也一樣，被認為與上述的刺史、總管府、總督府有著共通的本質。在思考節度使出現的這個問題時，除了要注意使職進入律令官制的新層面外，同時也要把自魏晉以來這麼長的時間距離納入思考的範圍裡。

從魏晉到隋唐的這段時間，由於國家統治系統還不夠嚴謹，體制尚未達到健全一元化，為了補強統治系統，總管府或都督府這樣的機關有其存在的必要。而節度使出現在該時代的最後階段，其本質並不具有反中央的個性。安祿山以平盧、范陽、河東三節度使的立場發起叛變之事，也可以解釋為為了打破節度使的局限。安史之亂後，河朔三鎮的節度使威勢雖然一度凌駕於唐朝的中央政府之上，但三鎮仍舊被框在唐朝的體制之中，直到唐末，因為節度使的本質就是那樣，是必然的結果。

在「順地」也設置節度使的理由，當然也在於節度使的本質問題。因為採用了節度使（藩鎮）的形式後，就可以杜絕產生要取代唐朝的視野與想法。話雖如此，以河朔三鎮為代表的節度使，還是累積出能夠與唐中央對抗的力量，約制唐中央的統治，這是無法忽視的事實。而那些節度使之所以能夠對抗唐中央，主要還是趁著安史之亂之際，獨占了轄區內稅收的緣故。不過，唐中央對此也採取新的政策來對抗，那就是兩稅法。

前面的章節已經說過，在玄宗治世的時期裡，百姓逃戶、戶口流動的傾向已經很明顯。宇文融雖然想藉著括戶的政策來改善逃戶、戶口流動的情形，最後卻沒有獲得成功。面對不斷增加的邊防軍事費，與日漸龐大的官僚機關，中央雖然努力確保現有的租庸調制與戶稅、地稅，並擴大稅目，但仍然改變不了逐漸惡化的財政赤字。於是，在裴耀卿的提案下，唐朝中央開始認真將滯留在江淮地方的租稅運送到京城，並且靠著整頓運河漕運與倉庫，讓原本只有二十萬石左右的漕運量，在開元二十二年（七三四）以後，上升到兩百萬石。這些利用漕運輸送到京城的租稅稱為江淮上供米，是唐朝中央的重大經濟依靠。

然而安史之亂就在這個時期發生了，原本還可以勉強維持唐朝經濟的課稅體系因此分崩離析，主要稅收的租庸調制失去功能。在這個時候取代主要稅收的，是在混亂的乾元元年（七五八），由鹽鐵使第五琦開始的鹽專賣制，後來在劉晏的擴充下，成為當時占有全年稅收一半的稅目。安史之亂後，本來已經破產的唐朝財政，靠著從江南來的上供米和鹽稅，終於起死回生。但是，若要應付龐大的軍事費用，還是需要能夠取代租庸調制的土地稅制，所以才會有兩稅法的出現。

實行兩稅法及其意義

兩稅法的實施是中國稅制史上的劃時代轉折點。自古以來，課稅制度的理論基點便是，土地是公家（國家）的，百姓必須把部分得利於土地的收穫物（作物）及其勞動力繳納給公家。均田制（土地制度）與租庸調制（稅制）便是上述理論基礎下的產物，而被課稅的對象，則是登錄在戶籍上的百姓及其一家。

安史之亂後，國家能掌握到的戶口大幅減少，變成逃戶的百姓被大土地的所有者（莊園）所吸

顏真卿　顏真卿不僅是傑出的書法家，更是勇敢剛直之士，在面對叛亂者李希烈時，不畏李希烈的威嚇，選擇了慷慨赴義之路。

收，變成了客戶。情勢至此，要求回復到以前的課稅情況，已經不可能。體認到這一點的唐朝中央，改變徵稅的方法，以現有土地的大小決定納稅的多寡，並分夏、秋兩季課稅。課稅的基準由人轉換到土地（資產）上的兩稅法，是建中元年（七八〇），在楊炎的建議下成立的。

原則上兩稅法上繳的是銅錢，與從前上繳物資為基準的稅制有很大的不同，這種變化與唐代中期以後發展出來的貨幣經濟有關。之前的鹽專賣稅也是用錢幣來代替物資，再加上兩稅制的錢幣收入，大大豐富了中央的財政，中央也就有錢負擔士兵與官僚的開銷。後來江淮上供米減少的時候，首都和邊防軍所需的穀物，便是購入現地的和糴（購買民間的穀物）來應付的。這種以金錢來營運國政的體制單位，稱為財政國家。中國的財政國家最終確立於宋代，而唐代兩稅法的實施，可以說是邁向正式財政國家的第一步。

隨著中央財政的重新建立，兩稅法也達到壓制藩鎮的效果。兩稅法從唐朝的直轄地開始施行，逐漸推廣到順地的藩鎮及其周圍，而且就在這樣的推廣之中，因為徵收的對象（稅目）與稅額，是早已訂定的，所以藩鎮很難擅自擴充徵稅框架。此外，由於藩鎮不願意總攬轄區內的上供分（上繳中央的稅），所以將上供的形式改由轄區內的州、縣各別繳納。藩鎮不想獨自承擔上供之責，是因為藩鎮的影響力被限制在其直轄的州、縣之故。透過兩稅法的實施，到了憲宗的時代，唐中央的優勢終於大於藩鎮了。

憲宗中興

德宗（在位期間為西元七七九至八〇五）實施了兩稅法，並且想趁勢解決藩鎮所帶來的沉痾，於是展開抑制藩鎮勢力的行動。他首先要求魏博節度使削減兵力，並且拒絕了成德節度使的世襲，於是這兩股勢力便結合了周邊的盧龍、平盧、淮西節度使，發動叛變。就在這個叛變的亂局之中，涇原節度使的士兵與朱泚聯合，占據了長安，德宗只好逃出長安，無法實現抑制藩鎮氣燄的初衷。

著名的書法家顏真卿曾奉德宗的命令去招撫淮西節度使李希烈，最後招撫不成，反被李希烈所殺。顏真卿在招撫的過程中被李希烈所囚，並且不管任何威脅利誘都不為所動，盡了做為唐朝臣子的忠義，在歷史上留下剛直之士的美名。

兩稅法開始真正發揮效果，是在德宗的孫子憲宗（在位期間為西元八〇五至八二〇）治世時，當時國家的財政得到了大幅的改善。憲宗即位初期，根據宰相李吉甫收集當時的財務狀況而成的《元和國計簿》，在納稅戶不到唐朝全盛時期天寶年間一半的情況下，確保了國家收入的百分之六十到七十，是德宗初期國家收入的二．七倍，這是鹽專賣稅與兩稅法的收入所帶來的成果。有了這樣的國家收入後，憲宗開始擴充禁軍（神策軍），然後以十五萬朝廷中央軍為後盾，開始進行祖父未完成的志業——壓制藩鎮。

憲宗的第一個動作，是在元和元年（八〇六）平定了不服從中央命令的西川節度使（今四川省）劉闢，殺死了夏綏銀留後（今陝西省）的楊惠琳，從箝制首都長安的西南與西北的勢力開始著手。接著，元和二年（八〇七）征討浙西（鎮海），元和四年（八〇九）征討昭義（澤潞），元和

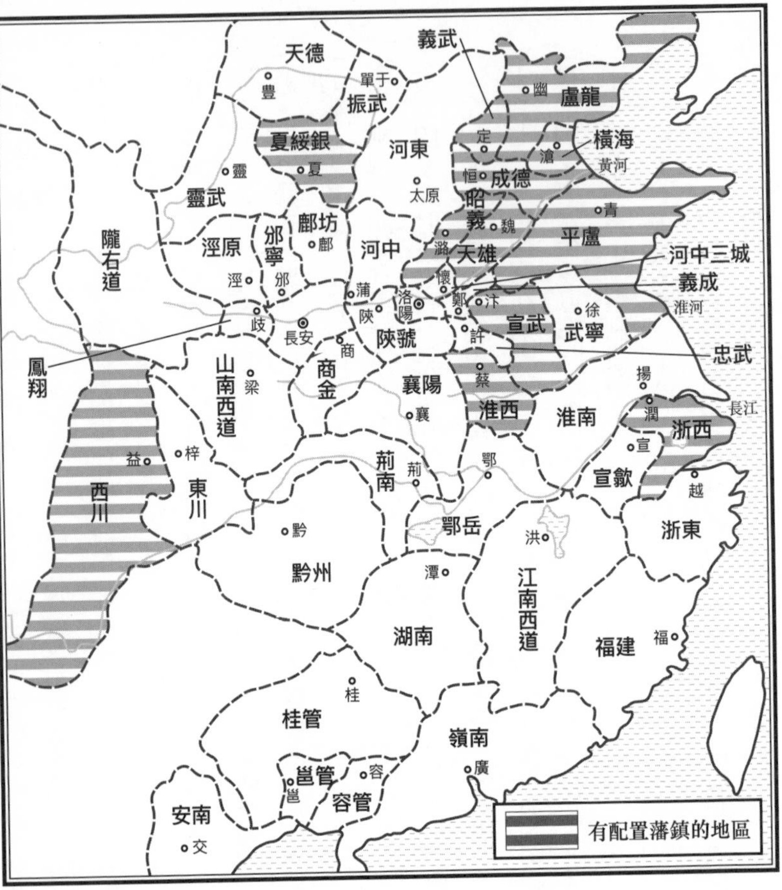

藩鎮分佈圖

五年（八一〇）征討義武（易定）之後，元和十三年（八一八）又制伏了義武旁邊的橫海（滄景）。此外，雖然在此期間最令朝廷頭痛的淮西節度使（蔡州）頑強抵抗，但最後也在元和十二年（八一七）成功地控制了淮西。憲宗趁勢於元和十四年（八一九）將與淮西有密切關係的平盧（青州）一分為三。接下來，憲宗終於把矛頭轉向河朔三鎮，同年首先降服了宣武（汴宋），隔年終結了河朔三鎮的中心——長期讓唐朝中央頭痛的天雄（魏博）田氏的統治，之後憲宗便過世了。不過，繼位的穆宗也繼承了打壓藩鎮的事業，元和十五年（八二〇）讓成德（恆冀）歸順，長慶元年（八二一）成功降服了盧龍（幽州）。

就這樣，唐朝中央終於解決了多年來的心腹之患，同時在人事與稅收等方面其實力也優於藩鎮。不過，雖說如此，朝廷中央並沒有正式撤銷節度使，或改編藩鎮兵力，因此有人批評唐朝中央在重要的節骨眼上糊塗了，犯下了姑息養奸的錯誤。然而，仔細判斷唐中央的現實政治實力，就會發現或許那也是不得已而為之的做法。尤其是在對藩鎮兵力的處理上，如果強行處理藩鎮的兵力，就會增加國家的財政支出，所以只好放任藩鎮自行處理。冷靜地考量到國家財政的負擔與社會的安定性，在處理藩政的問題時，自然就會猶豫不決了。而且，唐朝中央政府與藩鎮之間，本來就存在著互補的可能性。

憲宗銳意革新，在位期間壓制了藩鎮的氣燄，給唐朝帶來中興的氣象，可以說是中興的英主。可是，憲宗著迷於使用水銀的練丹之術，想求得長生不老藥，結果適得其反地搞垮了身體，脾氣也變得十分火爆，最後死於宦官之手。憲宗之死，充分預告了唐憲宗之後宦官掌控朝政的未來。唐朝後半期的政治，終於迎來了宦官專權與支撐宦官專權的官僚政治階段。

唐朝政治與宦官

宦官專橫與官僚黨派之爭——門生天子的時代

宦官是切除了生殖器的去勢男性，世界史上處處可見他們的身影。在西方，古埃及、美索不達米亞、古希臘、羅馬帝國到伊斯蘭諸國有宦官；在南方，印度、越南有宦官；在北方，俄國也有宦官；在東方，不用多說，中國有宦官，朝鮮也有宦官；連近世的歐洲也可以看到宦官的身影。沒有受到宦官洗禮的，可說只有日本。宦官存在的因素有很多，既有權力構造上的需要，也有其他種種不同性質的需要，但宦官基本上就是一種異質性的存在。筆者身為日本人，對先人們拒絕宦官這種異質性的存在感到驕傲。

在上述那些地區與國家中，中國的宦官可說紮根最深、最廣，對歷史、政治的影響也最大。宦官在中國出現的時間很早，從殷商的甲骨文字中，就可以知道當時已經有宦官了，他們的存在一直到二十世紀初，清朝被推翻，帝政自中國舞台消失，宦官的身影才隨之不見，其間完全沒有斷絕過。在中國，伴隨著權力的出現，宦官就是一種必要之惡。中國自古以來就非常重視父傳子、子傳孫的血統關係，並且以「姓」的繼承，來代言這種綿延不絕的血統。把「姓」（血統）延續下去，才是子孫對先人最大的孝養，而負起這個孝養責任

宦官　（唐太宗陵墓昭陵出土的唐三彩人俑）宦官在中國史上從未消失，並持續存在的必要之惡。

的是家族中的男性，家族中的女性因嫁到他「姓」的家族，所以被排除於嫡系之外。

站在這種關係頂點的皇帝家族，為了延續血統，許多女性被召入皇帝的後宮，如同隔離一般，不能接近皇帝以外的男性。於是既是男性又不是男性的中性人，便成為必要的存在。宦官平日生活在後宮中，是供皇帝與后妃差遣的僕人，得到皇帝信賴的宦官，經常就是皇帝與朝廷官員間的傳話人，有時甚至參與朝政，成為權力的中樞。

在中國歷史中，宦官執政治之牛耳、手握大權的時期共有三次，分別是東漢、唐朝與明朝，而

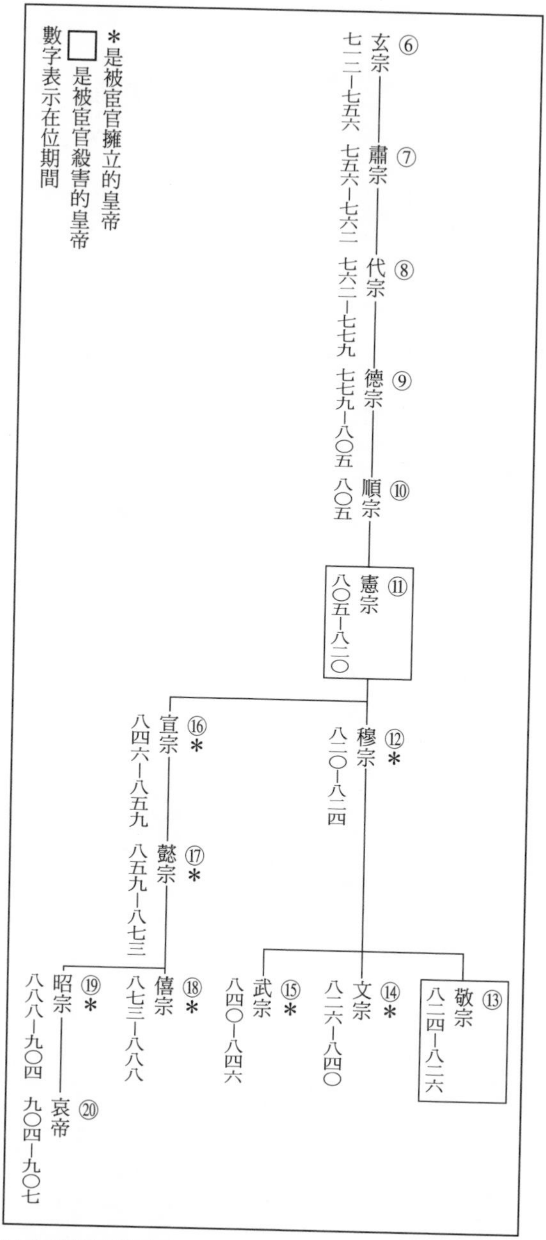

唐朝後期的歷任皇帝

且都發生在這三個朝代的後期。這三個時期中，唐朝時期的宦官尤其強悍，他們甚至能決定皇帝的生死，影響政治決策。唐朝的宦官炫耀自己的權勢，自稱是「定策國老」（可以廢立天子的國家元老），嘲蔑皇帝為「門生天子」（門生的意思就是學生，意指天子是必須向老師學習的無知學生）。

但這樣的狀況，並非開唐以來就如此。統轄宦官的機關叫做內侍府，裡面的宦官也有官品與位階。不過，自太宗以來就有個不成文的規定，就是宦官的位階不可等於或大於宰相位階的三品官。然而到了玄宗的時候，這條不成文的規定，被高力士等人的右監衛門將軍（從三品）打破了。高力士在玄宗發起的奪權政變中立下功績，一直是玄宗政治的背後支持者。從玄宗封高力士為三品的右監衛門將軍開始，宦官干預政治之門從此大開，一直延續到唐的後半期。不過，容許宦官正式踏上政治舞台的因素，與前文所述的義父子關係和個別的恩寵關係所形成的時代氛圍，應該也有相當的關連。

魚朝恩與神策軍

宦官干預政治始於高力士，在安史之亂的亂局中，將肅宗推上皇位的是李輔國，到了代宗時期有程元振，他們都是足以影響國政的大宦官；在他們之後的魚朝恩更成為神策軍的統帥，直接成為中央官員。

神策軍原本不屬於中央，是對吐蕃的第一線，位於河源九曲（今甘肅、青海省一帶）的邊境防衛軍。安史之亂開始以後，唐朝廷中央下達了對邊境軍的動員指令，於是衛伯玉率領了一部分的神策軍，參與了可能決定叛軍未來動向的安陽（今河南省）之戰。然而這一戰，唐軍被從北方趕來救援叛軍的史思明軍隊擊敗了。撤退到陝州（今河南省）的神策軍頓失去處，因為他們在河源九曲的總部隊，已經被吐蕃征服。就在這個時候，部分神策軍遇到了從安陽逃出來的魚朝恩。（請參閱第七章「神策軍的擴大與皇權」一節）

魚朝恩是觀軍容宣慰處置使，負責監督全軍，無法逃避戰敗之責。於是魚朝恩當下把神策軍編列為自己所屬，以神策軍使的身份，自稱是神策軍節度使，尋找機會再出頭。廣德元年（七六三）十月，吐蕃進軍攻打長安，魚朝恩帶領的神策軍成功地迎接避難中的代宗，並且進一步護送他回到朝廷中央。不久之後，僕固懷恩叛變，國都再度面臨危急，魚朝恩此時率領神策軍，固守都城內，穩定戰局。原本是邊境防衛軍的神策軍，在遇到魚朝恩後，竟然轉身成為中央禁軍的中心。

一直以來，相對於以府兵制為基礎的國家正規軍，叫做南衙禁軍，而在皇帝身邊，負責皇帝安危的皇帝親軍、也就是皇帝的個人兵力，叫做北衙禁軍。南、北衙禁軍兩個系統的兵力中，前者逐漸衰滅，後者卻不斷在發展擴充，在這樣的過程裡，神策軍理所當然地越來越重要。只是，神策軍與其他北衙禁軍不一樣，他們是宦官魚朝恩的私人部隊，與魚朝恩個人的野心結合在一起，所受的待遇優渥，與其他禁軍不同。尤其是因為神策軍在畿內各地擁有自己的領地，所以也被稱為外鎮神策軍。這是其他北衙禁軍所沒有的待遇。

大曆五年（七七〇），魚朝恩因為過度專橫而被皇帝厭惡、遭到誅殺，神策軍的兵權也因此一度脫離宦官的掌控。之後，朝廷開始鎮壓藩鎮，神策軍也參與了這些戰事，並在建中四年（七八三）時，救回了因擁戴朱泚的涇源兵士之亂而流亡於外的德宗。獲救的德宗重新重視神策軍，並且擴充為左右神策軍，把神策軍的軍權交給他所信賴的兩名宦官竇文場與王希遷。貞元十二年（七九六），德宗設立了掌握神策軍全權的護軍中尉一職，並且由宦官擔任，從此確定了宦官在制度上的位置。在這一連串的過程中，其他的北衙禁軍被廢，神策軍等同於禁軍，而左右神策軍的人，是掌權的宦官。

對宦官政治的抗拒——永貞革新與甘露之變

就這樣，在德宗時代結束的九世紀初之前，唐後期特色的宦官專權體制被建立起來了。不過，在這個體制完全確立前，中間還是經歷了幾段波折。

德宗於貞元二十一年（八〇五）正月病歿，皇太子李誦繼位，是為順宗。順宗年輕時很有革新的銳意，周圍也投以熱誠的期待，然而他卻突然中風，不僅行動不便，甚至不能出聲，無法執行政務。此時代替順宗成為政治中心的，是受到順宗信賴的翰林學士王叔文。翰林學士是皇帝的智囊，但政治性的基礎卻不夠強大。王叔文提拔了柳宗元、劉禹錫等代表性的文人們，想要清除德宗時代長期累積的亂象。

當時，因為地方官與節度使在兩稅法上增加了種種稅目，強徵百姓之財，並把多出來的地方財源稱之為「羨餘」，將「羨餘」進奉中央。王叔文等人批判這種做法，認為必須回歸兩稅法的徵稅，停止進奉的行為。王叔文等人努力於綱紀的整頓，按照他們的想法，首先要做的，就是破除宦官政治，必須將宦官勢力從神策軍剪除。於是，王叔文派親近自己的軍人在神策軍中擔任要職，計畫奪取神策軍的管理權。但是，這個計畫遭受宦官與節度使的內外夾擊，再加上王叔文的後台順宗在同年八月讓位，新政只好以失敗告終。由於新政開始於永貞年間，所以王叔文的新政被稱為「永貞革新」。不過，假使順宗身體健康，沒有讓出帝位，那麼，「永貞革新」是否會有不一樣的結果？宦官們的地位還能穩如磐石嗎？

下一個將奪取宦官權勢搬上台面的事件，發生在三十年後的文宗大和九年（八三五）。文宗一直很厭惡宦官，宰相李訓察覺到文宗的意思，便與鳳翔節度使鄭注等人聯合，暗中讓節度使的士兵悄悄進入都城，計畫誘出宮中的宦官，好將他們一網打盡。當時位於長安東北的大明宮是皇帝居住與處理朝政的地方，其中的含元殿與宣政殿是處理政務的中心。大明宮的四周有高聳的城牆圍繞，宦官們簇擁皇帝生活在宮中，而城牆外有金吾左杖等兵士們的營區。

十一月二十一日那天，文宗正在宣政殿處理政務時，有人來報，說是金吾左杖營區中庭的石榴樹有天降甘露。甘露是吉祥之物，天降甘露自是瑞兆。文宗決定親自前去觀看，便派遣宦官仇士良先去探路。仇士良一到那裡，發現帷幕之後有潛伏的武裝士兵，察覺有異，便立刻逃回宮中。因為皇帝在宦官們的手中，李訓等人也無可奈何。最後李訓等人被歸為謀反，在短時間內被宦官所指揮神策軍掃蕩，史上稱這個事件為「甘露之變」。

至此，唐朝中央反宦官的行動便結束了。唐朝宦官干政的問題，要到唐末朱全忠進入都城，一口氣把宦官全都殺光後才算解決，不過這也意味唐朝的結束，宦官已經深深地侵蝕了唐朝的體制。

牛李黨爭

在中國歷史上，官員同僚之間為了相同的目的而聯手合作的情形，被稱為「黨」，或「朋黨」，並被認為是不好的事情。「黨」被視為是不好的，其原因是為官者必須是君子，不可以結黨營私；為了自己的利益而結黨結派，是小人的行徑，是不走正道的政治行為。然而，實際上朋黨的情形屢屢出現在不同的朝代，說朋黨不好，其實是壓抑朋黨發展的一種藉口。早在東漢末期時，因為不滿宦官掌控政權而聯合起來反宦官的有心官員與知識階層，當時便被視為「黨人」，而宦官打壓「黨人」的作為，則被稱為「黨錮」。像這樣的歷史事件，是大家所熟知的。

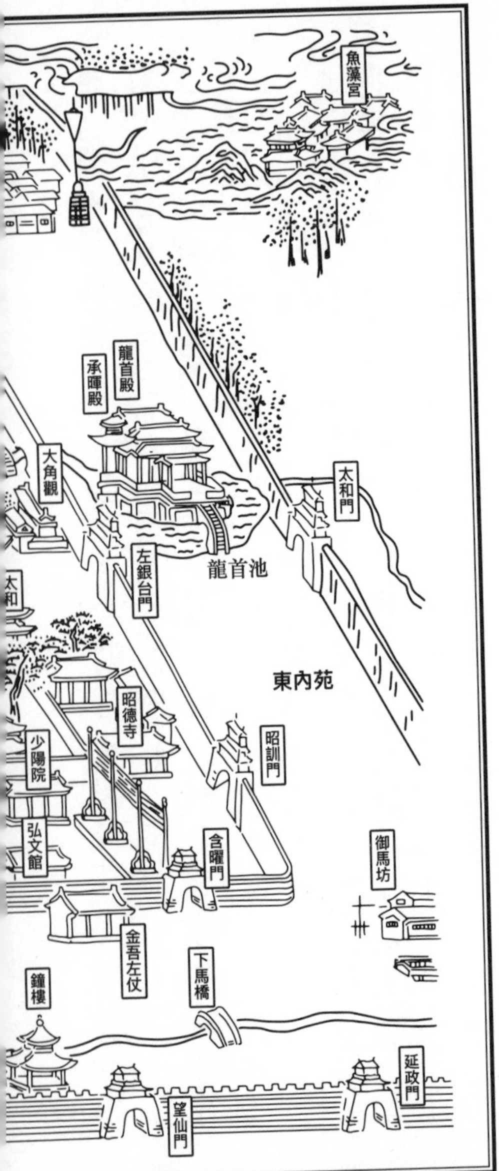

八三五年）十一月二十一日，大明宮城牆外的金吾左杖
守在北門（元〔玄〕武門外側的是北衙禁軍，在其兩端的

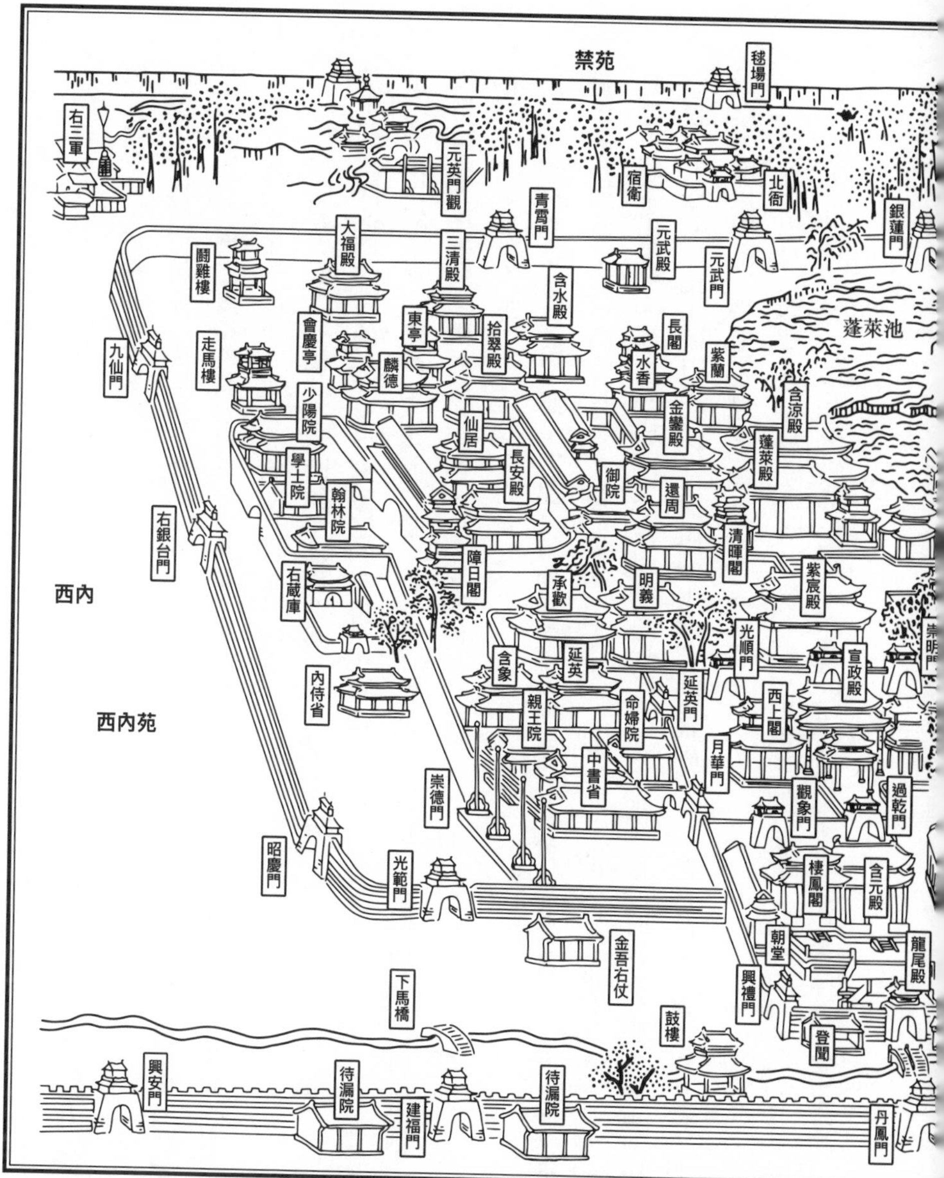

大明宮圖　（《陝西通志》，採自平岡武夫編《唐代研究指南第七　唐代的長安與洛陽》地圖篇）　大和
（右下方）中庭的石榴樹上天降甘露。李訓等人計畫以此消息誘殺宦官，但事跡敗露，反被宦官以叛逆之罪
是左三軍與右三軍，這些都是神策軍的駐紮營區。

到了唐代，也常見到官員之間為了爭奪主導權，而與同僚結盟的情形，只不過到了宦官專權的唐代後半期，這種同僚結盟的情況更趨明顯。前面提到的，主導永貞革新的王叔文等人的集團，可以說是唐代同僚結盟的先驅者，不久之後，真正的朋黨時代就來到了。憲宗元和三年（八〇八）四月的制舉（科舉制度中的特別考試），牛僧儒與李宗閔等人嚴厲地批評了當時的政局，引發了兩派人物長達四十年的鬥爭，這就是後世所說的牛李黨爭。

牛僧儒等人嚴厲地批評了當時鎮壓藩鎮政策魯莽，認為李吉甫的路線有嚴重的缺失。李吉甫自然不能認同他們的言論，並且得到憲宗的支持，牛僧儒等人於是長期被中央冷落。李吉甫死後，其子李德裕以繼承父親的政治路線為目標，但隨著憲宗治世的結束，牛僧儒竟一躍而為宰相，變成李德裕這派人馬失勢。兩派政治相爭，以牛僧儒與李宗閔為代表的這一派，稱為牛黨；以李德裕為中心的這一派稱為李黨。

兩黨的主要對立點，便是處理藩鎮的問題，到底是該鎮壓（主戰派）？還是該妥協（主和派）？而兩黨立場不同的背景，也與他們的出身不同有關，牛黨的人物主要是科舉系出身的，而李黨是恩蔭系出身的。恩蔭系出身的李黨自李吉甫以下的人，都熟稔於財政，是傾力於重建唐朝的當權派；牛黨則是長期被中央冷落，對體制不滿的在野批評派。因為批評派並無可以代替李派的行政方案，所以對藩鎮採取妥協的路線。

另外，出身自科舉系的牛黨人士並不熟稔政治的實務面，例如牛僧儒就發生過以下的事件。在牛僧儒任宰相的文宗大和五年（八三一），吐蕃的一位將領將唐與吐蕃邊境的要塞維州（今四川省）獻給唐朝，投降於唐。但牛僧儒卻以不明狀況為由，為了不惹怒吐蕃，而將維州城與該名大將送還。牛僧儒這麼做的原因，其實只是因為促成這個投降事件的人，是自己的對手——西川節度使李德裕。從這個事件可以看出牛僧儒氣量狹窄，以致於白白斷送了唐朝可以凌駕於吐蕃的大好機會。

牛僧儒與李德裕所代表的科舉系與恩蔭系的鬥爭，讓人聯想起玄宗時期宇文融的恩蔭系與張說的科舉系兩方人馬之爭。當時張說等人失敗，科舉系因此退出政治的主要舞台。但這一次牛黨的科舉系與李黨的恩蔭系再度交手，卻是科舉系占了上風。由此可見科舉系在這一個世紀的時間裡，有了很大的成長。

到了西元八四〇年代，牛李黨爭因為兩派的領導人物相繼去逝，而各自失去實力。可是，這兩黨之間為何會有那麼激烈的競爭呢？筆者認為最大的原因還是在於宦官把持政治，阻礙了政壇的訊息流通之故。被按著腦袋的官員們看不清現實面，無處可以發洩本身的能量，演變成互以對方為敵，藉此消耗自己能量的情況。對宦官來說，官員們對立正是他們所希望的。然而，歷經了四十年的政界對立後，無法培養國家人才，國力也因此消耗掉。牛李之爭畫上休止符時，唐朝已經沒有力量從內部改變，只能等待外來的力量開啟改變時代的序幕。

流寇黃巢之禍

安史之亂一百年後，唐朝終於走到最後的階段。在這一百年間，地方被藩鎮割據，中央有跋扈的宦官把持政權和牛李黨爭，持續巨大的震盪。雖然除了河朔三鎮外，藩鎮大半都歸順於唐朝中央，可是，中央政界卻沒有善加利用這個有利的狀況，反倒讓彼此的衝突更加劇烈化到失控的地步。

九世紀後半的社會狀況

很明顯地，不管是藩鎮還是唐中央，都已經無法成為推動時代前進的主角。那麼，能代替他們，突破這種時代狀況的主體在哪裡？被藩鎮和朝廷中央冷落，老是處於嚴酷的爭奪戰爭中，卻只能承受矛盾政策的苦果，累積了對現狀種種不滿的人，除了他們之外應該不做他想，這群人就是藩鎮體制下的士兵，與飽受兩稅法與專賣制雙層剝削的農民們。

順地化的藩鎮節度使，被任命為中央文武大官的情形，已經成了慣例。也就是說，做了一段時間的節度使後，就會榮升到中央，或其他要職。這種做法有兩大好處，其一是提升了節度使在其轄區內的威望，其二是防止節度使在轄區內紮根及擴張自己的實力。不過，這種做法也帶來了新問題，以下便是張潛所做的現狀分析。

——節度使更換時，要報告倉庫裡有多少現存的積蓄，被稱為「羨餘」的剩餘財物，是節度使的業績，也是節度使被評價的指標。然而，藩鎮財政的支出是固定的，只有增加向人民徵收錢財的稅目、辭去將士或降低給予將士的經費，才能有「羨餘」。最近「南方」頻頻出現不祥的事件，這與上述的情形有關。一旦發生舉兵叛亂的事件，不僅累積下來的財物會被搶奪，而且征討叛軍更是需要龐大的軍費，所以，對朝廷來說，「羨餘」真的是好東西嗎？不減少對百姓與軍士的照顧，節度使自己勤儉而獲得的「羨餘」，才是值得褒獎的事情。

當時的節度使除了要繳納正規的稅錢給國庫外，還被要求定期上納「羨餘」。這些「羨餘」會進入皇帝私人的金庫「內藏庫」，是維持神策軍的財源。進奉「羨餘」越多的節度使，就能升到越高的職位，這等於獎勵節度使不顧其轄區內的實情，只要創造「羨餘」就好。結果，受不了節度使努力創造「羨餘」而被剝削、壓迫的兵士率先反彈（叛亂），進而引起百姓舉兵響應。這些舉兵反抗「暴政」的地點，雖然位於離中央較遠的「南方」，但不久之後就會往北移動了。

黃巢之禍前史——從「南方」的兵變到裘甫、龐勛之亂

上述所說的「南方」叛亂，是指始於西元八五〇年代中期的兵亂事件。第一起兵亂事件發生於宣宗的大中九年（八五五）七月，浙東藩鎮（轄區為越州，今浙江省）的軍士，反抗觀察使（與節度使同等的藩鎮長官）李訥的作為，起兵趕走了李訥。接著便是大中十二年（八五八）五月，湖南藩鎮（轄區為潭州，今湖南省）的都將石載順等人，趕走觀察使韓悰。同年六月，江西藩鎮（轄區為洪州，

今江西省）的都將毛鶴放逐了觀察使鄭憲。同年七月，宣州藩鎮（宣歙，轄區為宣州，今安徽省）的都將康全泰趕走了觀察使鄭薰，並且率領四百軍士持續與鎮壓的唐朝部隊對抗三個月，但最後被唐平定了。

這些發生兵亂的藩鎮，都位於長江的南側一帶，而康全泰所引發的兵亂，則具有強烈的反唐色彩。引發兵亂的中心人物——都將，是藩鎮內的軍事負責人，相當於是部隊的隊長。很多士兵都與當地新崛起的富豪階層有關連，因此，一個都將的行動，很可能反映了某個新興富豪階層的意向。兵亂一起，隨之而來的，便是以富豪階層為中心的百姓武裝暴動，兩者私下串連在一起。裘甫之亂便是百姓的武裝暴動。

裘甫（亦寫成仇甫）是浙東一帶農民起義的頭目，說他是草寇也可以，是象山一帶的在地強人。大中十三年（八五九）十二月，裘甫帶領了一百名左右的農民在象山起義後，隔年正月攻陷剡縣（今浙江省），勢力大增，變成擁有數千兵士的部隊，震撼了浙東藩鎮的轄區。這場動亂在裘甫隔年六月被抓之前，以浙東藩鎮轄區內的東部為中心，迅速地發展勢力，人數達到數萬人之多，他旗下的兵士大多是遭受苛捐雜稅剝削的地方農民，或失去土地的流民、亡命之徒。裘甫的聲勢讓朝廷大為震驚，便派遣了深具威名的安南都護（統理越南一帶的長官）王式去征討，好不容易才平息了亂事。

浙東占有江南的一部分，是唐朝的重要財賦之地。前所未有的大規模且長期性的農民武裝暴動，竟然發生在這麼重要的地方。這超出兵亂的框架，以在地農民為主軸，不僅暴露出唐朝統治力量的不足與缺點，還反映出老百姓普遍反唐的氛圍。這次的反唐行動，是為了給唐朝更大的壓力，下一次的反唐行動，勢必會以兵亂與民變結合的形態出現。接下來的龐勛之亂就是如此，起於江南，一路北上到徐州，並且逐步壯大。

龐勛之亂開始於距離徐州遙遠的南方桂州（今廣西壯族自治區），就是今日以風光明媚聞名的觀光勝地桂林。當時有八百名徐州出身的士兵被派到桂州成為守衛兵。他們來到桂州，原本的戍守期限是一期三年，但三年過了，六年也過去了，他們仍舊無法還鄉，還被命令再延長戍守一年。這些來自徐州的士兵終於爆發怒氣，於咸通九年（八六八）七月擁戴龐勛為領導，拿起武器開始往故鄉的方向移動。徐州的士兵以性格急躁聞名，在遭受不公平的對待下，就更不受控制了。他們在路上並

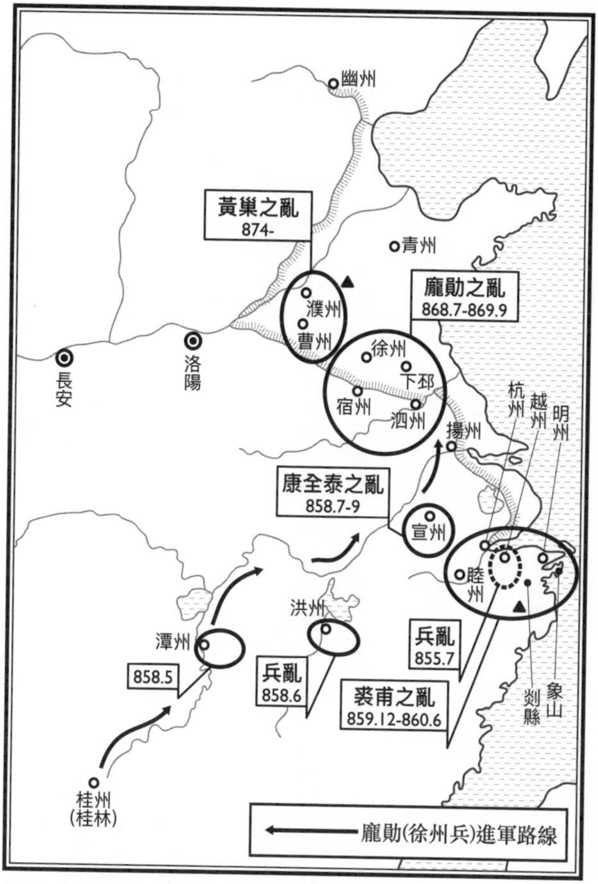

各地兵亂及裘甫、龐勛、黃巢之亂的關係地圖

沒有遇到太大的抵抗，於九月接近徐州，十月攻陷了徐泗觀察使的轄區彭城。

攻陷彭城是龐勛之亂的契機。從這個時候開始，逐漸有附近的農民主動加入龐勛的隊伍，甚至有從遠方來參軍的，也有淪為盜賊而前來投奔龐勛的旗下。下邳的富豪鄭鎰還帶領手下三千人，並準備了糧食、武器，加入龐勛的陣容。開始時是兵亂的龐勛之亂，至此已經擴大為結合了不同階層群眾的人民武裝革命，並且占領了唐朝命脈大運河區域，擁有相當的優勢。然而龐勛想要的，只是想成為唐朝的節度使官職，並沒有想要取代唐朝的野心及企圖。唐中央看透了這一點，於是南北夾攻龐勛。在勇猛的沙陀族部隊強攻下，龐勛最後戰死，亂事結束，時間是咸通十年（八六九）九月。

黃巢之亂

康全泰的兵亂為期三個月，接下來的裘甫之亂有六到七個月之久，龐勛之亂則從西元八六八年七月開始，到隔年的九月結束，前後長達十五個月；但若從龐勛回到徐州後才開始算起，那麼是十三個月。由此可見這幾波亂事的時間一次比一次長，戰事的規模也越來越大。更重要的是，亂事起兵的地點一次比一次更往北，幾乎已經來到了唐朝國都的腳下。高漲的反唐氣勢，讓人覺得要與唐朝正面對決的階段，似乎就要來臨，黃巢之亂就在這樣的氣勢下爆發了。

乾符元年（八七年），濮州（今山東省）人王仙芝帶領數千部下，率先點燃戰火。隔年（乾符二年），王仙芝的軍勢膨脹為數萬之眾，開始在山東的濮州、曹州一帶展開軍事行動。同年六月，

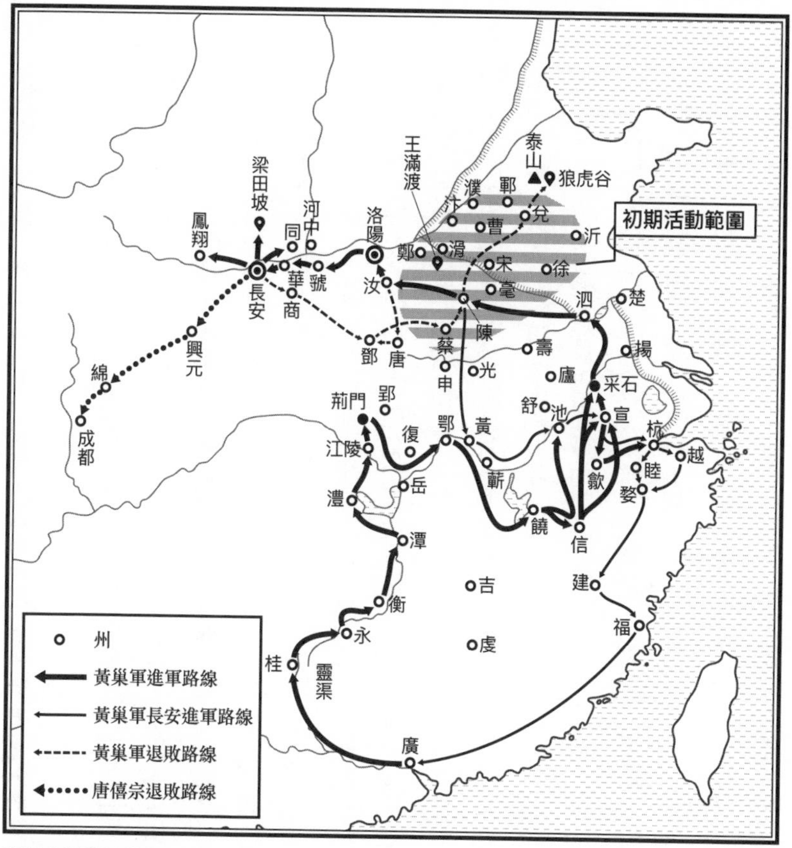

黃巢之亂關係地圖

王仙芝與擁有數千人馬的曹州冤句縣人黃巢匯合。兩人匯合後，反政府軍的勢力更加龐大了。但是，這個合作關係在乾符三年（八七六），反政府軍進入蘄州（今湖北省）後破裂了，王仙芝想接受唐朝朝廷的招安、做唐朝的官。之後，黃巢繼續帶兵渡長江，南下到江南、福建，甚至到了廣州。這是乾符六年（八七九）秋天的事。從這個時候開始，黃巢軍開始轉而北上。翌年的廣明二年（八八〇）十一月，黃巢軍攻陷洛陽，十二月突破潼關，接著便長驅直入到長安。當時的皇帝僖宗在宦官田令孜與五百名神策軍的保護下，祕密地從長安逃往四川。

王仙芝與黃巢原本都是販賣私鹽的商人，是朝廷口中的鹽賊。當時鹽的買賣屬於專賣制，其稅收是國家財政的重要支柱。然而官鹽品質不好又貴，所以才會出現私下售鹽的集團和通路，販售品質較好又便宜的鹽。國家雖然嚴厲取締販賣私鹽，但私鹽販者卻會強化組織，與國家對抗。王仙芝與黃巢早在舉旗反唐前，就私下擁有數千人馬，他們舉旗反唐的背景，除了私下的聯絡網絡外，主要還是因為官府嚴苛的徵稅與飢餓，讓疲憊不堪的山東老百姓終於跳出來，再加上龐勛之亂的鼓舞。中國社會存在著傳統的地下組織（祕密結社），其起點可以說是源自於唐末的「鹽賊」。

在黃巢等人的行動中，還有一項值得注意的事，那就是流寇主義。這場始於山東西部的叛亂，最南是從廣州，最北到黃河沿線，然後再流向長安。這條不斷在移動的亂流，曾經以廣州為占領目標，但卻在占領廣州不到兩個月，便又開始一邊移動，一邊補給糧食與人員，同時也避開了唐軍的集中攻擊。近代的紅軍（中國共產黨軍）有長征一萬兩千五百公里的壯舉，但黃巢軍的行程遠遠超過紅軍長征的距離。就是這樣長距離的征戰，瓦解了支持唐朝的最後基盤與統治系統。

黃巢進入長安後，便以「大齊」為國號，並以「金統」為年號，任命了文武百官。看起來他似乎創建了一個受到民眾歡迎的新王朝。然而，在民眾的歡呼下進入長安的黃巢軍，卻改不掉長年的盜賊習性，露出掠奪燒殺的行徑，很快就失去人心。這時，先是黃巢的部下朱溫倒戈唐朝，接著又大敗給唐朝請來的李克用沙陀軍，黃巢只得退出長安。中和三年（八八三）四月，黃巢占據長安兩年四個月的時間終於結束了。

之後，黃巢軍從藍田關經過商州（今陝西省），來到河南的平野部，重新做回了以前的流寇。在二十萬大軍部隊被沙陀軍擊潰後，黃巢軍已無之前的氣勢。中和四年（八八四）五月，黃巢軍又在中牟（今河南省）大敗給李克用，只剩下逃亡一途的黃巢，於同年六月在泰山（今山東省）東南的狼虎谷自殺，黃巢之亂終於畫下句點。

鳳凰寺(杭州市內)　唐代創建的伊斯蘭寺院。唐代時期已經有伊斯蘭教徒居住在各地。

黃巢曾經數次參加科舉的進士考試，雖然都落榜，但由此可知黃巢應該是讀過書，並且擁有一定程度知識的人。但是，若僅以這一點便認為他是個知書達禮的讀書人，就有欠妥當了。從黃巢的作為一貫是徹底的暴力與破壞看來，根本看不到知性與教養。舉例來說，黃巢進入廣州時，以掠奪為目的，殺害了十幾萬的蕃坊（伊斯蘭教徒的居住區）居民，實質地摧毀了繁華的源泉。圍繞在黃巢周圍的人中，幾乎沒有一個人可以被稱為建國的人才。而他又不能放棄那些不管他走到哪裡，都追隨著他的群眾。黃巢是重義氣，喜好打抱不平的人，也是一個反知識份子。正因為他是這樣的人，所以黃巢之亂可以禍延唐朝半壁江山，時間長達十年，清算了行將就木的唐朝體制，完成了歷史性的任務。

黃巢之亂動搖中國全土時，當時的皇帝是唐僖宗。僖宗是個昏庸的皇帝，不知道他是否明白自家的根基即將崩塌之事，只知一味地沈溺在鬥雞的賭博與打毬的遊戲中，還稱宦官田令孜為父，把政治的事情全權委託給他。當時的朝廷中央無能人，中央政權早已解體了。

唐的滅亡

平定黃巢之亂的功臣，首推曾經是黃巢部將的朱全忠（原名朱溫，後改名為朱全忠），及與西突厥有淵源的沙陀族族長李克用。朱全忠在被唐朝封為宣武節度使後，以汴州（今河南省）據點，在河南中部擴充勢力；李克用率領令人聞風喪膽的黑衣騎兵部隊鴉軍（鵶軍，烏鴉軍團）將黃巢逼到死路，受封河東節度使，在太原（今山西省）築起自己的根據地。話說回來，這兩個人能夠正式地踏上政治的舞台，實在是拜黃巢之賜。

就在黃巢之亂的前後，南方有幾個人在唐朝滅亡後，陸續地嶄露頭角了。他們是在杭州（今山西省）的吳越建國者錢鏐、占有揚州（今江蘇省）的吳國楊行密、擁有四川之地的前蜀建立者王建等等。可以說這些人都是因為黃巢之亂，才被推上歷史與政治舞台。朱全忠就是後梁的創建者，李克用的兒子李存勗繼承父親之志，建立了後唐。黃巢之亂後，歷史走上五代十國的趨勢已不可免。

僖宗的弟弟昭宗繼承帝位，他與兄長僖宗不一樣，是一個有志氣的皇帝，一心想力挽狂瀾，拯救即將崩塌的唐室。昭宗與宰相崔胤計劃，從河南召來朱全忠，於天復三年（九〇三）正月，殺死了數百名宦官。就這樣，左右唐朝後半期的宦官專權政治結束了。然而，沒有了宦官之後，宮中就只剩下一無所有的皇帝。於是朱全忠把孤身一人的皇帝昭宗移到洛陽，放棄了多年的國都長安。

接著，朱全忠又把獨孤損、裴樞、崔遠等三十餘名朝臣帶到黃河河岸的白馬驛。此時，朱全忠的心腹李振說：「他們都是自詡為清流的人，將他們投入黃河，讓他們與濁流和在一起吧！」朱全忠笑著同意了。裴樞等人都擁有深具代表性的家世，同時也是科舉出身的官員，殺死他們所象徵的意義，便是結束唐代的貴族制社會。天祐四年（九〇七）四月，朱全忠在新建的都城汴州即位，是為後梁太祖。持續了將近三百年命脈的唐朝，就這樣安靜地結束了。

第四章　律令制下的民眾生活

律令體制的構造與貴族制

要表現隋唐王朝與其時代的特色時，通常會用到律令體制或律令國家這樣的字眼。嚴格說起來，這樣的文字適用於安史之亂以前的唐朝前半時期，因為到了後半期時，律令體制已經潰散，變成藩鎮體制的時代了。所謂律令，如同第一章所述，就是成為體制根本的法體系；簡單來說，律是刑罰法，令是非刑罰法。以律與令為支柱，並以此來凸顯權力的普遍性與統治的正當性，所以稱為律令制的時代。

律令制與貴族制

不過，恐怕一般人會誤解，以為律令這個法體系因為安史之亂而功能消失，其實不然。即使到了唐的後半期，國家在運作上還是有律令的規範，在刑罰上或官場的秩序上，仍然依照律令上的規定，這些並沒有改變。當然，原本支撐唐朝前半期律令制的均田制（土地制度）與租庸調制（稅制）解體，改成兩稅法；而成為軍事支柱的府兵制也無奈地變質了。另外，在官僚制方面，令外官的使職受到重用，律令官制的影響力大不如前。不過，當現實上國家發生大變動時，不論是國家還是社會，都會向律令制求助，回歸律令制的傾向十分強烈。

要了解當時的時代，得從貴族制與官僚制兩個方向，來探討國家本質的問題，在概念上，這兩種制度是對立的。從重視貴族制的立場來看，貴族制有優於官僚制的自立性，並且能夠約束皇帝的權力。相反來說，從重視官僚的立場來看，穩固的律令官制下官僚秩序嚴謹，可以建立起擁有優勢的皇權，把貴族制放在寄生官僚的位置上。然而，這兩種官制確實是絕對對立的嗎？

仔細想想，就算出身名門的貴族，也很難在斷絕了官場上的所有關係後繼續立足。這些名門就算在婚姻關係或文化性、財政基礎等層面上保持了貴族的體面，一旦失去了與政界的關係，就會被時代淘汰出局。以前的六朝貴族，就是靠著九品官人法，確保自己與官界有所關連的貴族。還有，唐朝初期因為《貞觀氏族志》而引人注意的山東貴族博陵崔氏的家族序列排位問題（請參閱第二章「武后的奪權之路」一節），凸顯了實力堅強的山東系貴族，在政治面前也不得不低頭的現實。唐代的貴族們經過這個事件後，不僅加強了與政界的關係，還積極地參與了科舉的考試。

不過，若從博陵崔氏的家族序列排位事件，就認為官僚制占了優勢，那也言之過早。就像唐朝本身也很在意《氏族志》般，重視家世出身與貴族教養的風氣，在唐這一代並沒有什麼太大的變化。在律令官制中，被稱為三省六部制的中樞

律名（內容）		條數
1	名例律（總則）	57
2	衛禁律（警衛守固）	33
3	職制律（服務規定）	59
4	戶婚律（戶籍婚姻）	46
5	廄庫律（牛馬倉庫）	28
6	擅興律（專興賦役）	24
7	賊盜律（反逆殺人）	54
8	鬥訟律（鬥毆告訟）	60
9	詐偽律（詐偽）	27
10	雜律（補則）	62
11	捕亡律（逮捕罪人）	18
12	斷獄律（裁判）	34
合計		502

唐律一覽

官制構造，自南北朝以來就深受貴族制的影響，並非皇帝的絕對優勢可以統治得了的系統。也就是說，貴族制與官僚制其實有著相輔相成的關係，融和了這兩種制度的官制，就是唐的律令官制，也是唐朝的特質——這是筆者的看法。

唐律的構造與特色

藉由流傳至今的《唐律疏議》等法律書，我們幾乎可以完全了解成為刑罰法典的唐律全貌。唐高祖武德七年（六二四），制定出最早的律，以此為開頭，直到玄宗開元二十五年（七三七）為止的一個世紀多裡，前後經歷了七次律文的修訂，其中第二次的修訂時間為貞觀十一年（六三七），在太宗的指示下做了大幅度的修訂，其餘都只做部分的修正。開元二十五年，律（法令）完成了，並且一直沿襲應用到唐的後半期。

唐律的構成與條文共有十二篇、五〇二條，是沿襲隋朝開皇三年（五八三）發佈的《開皇律》而成。唐律的開篇是相當於總則的名例律，內容說明了五刑（笞、杖、徒、流、死）、十惡（謀反以下的十種極惡罪）、八議（對皇族、高官等的減刑特例）等全部刑罰的原理。此外，就是關係到國家統治的衛禁律與職制，與關係到民眾生活的戶婚律、賊盜律、鬥訟律等等的具體性刑罰規則。

根據桑原隲藏先生[1]的看法，關於唐律所代表的中國法有三點特色，第一點是為了維持家族制度的家族主義；第二點是以道德維護社會秩序，並以法為輔助手段的道德主義；第三點是以地位或身份的高低為區別的差別主義。不過，如果深入探討的話，會發現三點可以歸納為一點，那就是家族主義。首先，孝悌這樣的家庭倫理，其實就是道德的原點；而刑罰的差別，則始於父子的關係。

家族是構成社會的根本，社會穩定時國家就安定，這在中國是根深蒂固的想法。例如打人，一般如果雙方是平輩，那麼出手的人會被處以笞刑四十下，但如果是長輩打晚輩，那就不論罪（不處罰），反之，則會處以嚴厲的懲罰。毆打父母或祖父母的人，還可以被判死刑，而且是死刑中最重的斬刑。

拿長期支持皇帝統治的中國法與歐洲的近代法做比較，一般的印象是中國法體系相當落後。然而，這份中國法（律）的完成時間，是七、八世紀時，當時歐洲的法律又是什麼樣子的呢？那時的

唐令（33篇）		日本令（30篇）	
1	宮品令	1	官位令
2	三師三公台省職員令	2	職員令
3	寺監職員令	2	職員令
4	衞府職員令	2	職員令
5	東宮王府職員令	4	東宮職員令
		5	家令職員令
6	州縣鎮戍獄瀆關津職員令	2	職員令
7	內外命婦職員令	3	後宮職員令
8	祠令	6	神祇令
	道僧格	7	僧尼令
9	戶令	8	戶令
10	學令	11	學令
11	選舉令	12	選敘令
12	封爵令	13	繼嗣令
13	祿令	15	祿令
14	考課令	14	考課令
15	宮衞令	16	宮衞令
16	軍防令	17	軍防令
17	衣服令	19	衣服令
18	儀制令	18	儀制令
19	鹵簿令		——
20	樂令		——
21	公式令	21	公式令
22	田令	9	田令
23	賦役令	10	賦役令
24	倉庫令	22	倉庫令
25	廏牧令	23	廏牧令
26	關市令	27	關市令
27	捕亡令	28	捕亡令
28	醫疾令	24	醫疾令
29	假寧令	25	假寧令
30	獄官令	29	獄令
31	營繕令	20	營繕令
32	喪葬令	26	喪葬令
33	雜令	30	雜令

唐令的結構　唐令與日本令的比較。

歐洲雖然有領主制裁領民的習慣法，卻還沒有一套可以治理廣大領土的成文法。而且，根據律的條文，皇帝也並非完全不受法律控制的，當皇帝的行為超越法規或無視法規任意獨裁時，還是會遭受到臣下的反對。官僚想對律的條文進行擴大解釋或裁決，也一樣不被允許。死刑等重罪的宣判，是必須經過好幾個階段審核。以法的規制為重，是唐朝政權可以延續長達三百年的重要原因。

唐令裡的統治體系

相對於幾乎完整被保存下來的唐律，唐令的保存狀況卻令人憂心。「令」是用於因應現實政治與社會的東西，需要「令」存在的時代一旦結束，「令」很自然地就會被拋棄了。對此，日本的仁井田陞先生以殘存在九世紀日本的《令義解》、《令集解》中的令文（養老令）為線索，收集中國典籍中的逸文，整理出《唐令拾遺》一書，為唐令的研究者開出一條路。之後，在池田溫先生等人加入補充逸文，及再一次整理後，《唐令拾遺補》也完成了。至此，關於唐令的內容與構造，終於比較清楚了。

唐代總共修改唐令十四次，但唐令是以隋朝開皇令的三十卷二十七篇為框架，經過增添而成的。《唐令拾遺》便是以玄宗時期增添、修訂後的三十三篇為基礎，嘗試復原唐令。如同一覽唐令三十三篇的篇目就可以明白一樣，與唐朝的制度、行政相關的各個方面，都涵蓋在其中。與唐律相同的是，唐令所規範的制度與其中的統治理念，及支援上述制度與理念的執行文書，都有著很高的水準，是當時世界上獨一無二的。這對從古墳時代就以政治起飛為目標的日本大和政權來說，與唐朝的文物一起被帶進日本、近代化唐朝（古代國家）的形成，都非常先進，如此就很容易理解大和政權為何要將唐的文化與政治移植到日本了。

至於唐令的內容，首先是做為唐令中心的「官品令」，以下是一連串的「職員令」，和「封爵令」、「祿令」等等，這些令規定了從中央到地方的官僚機構及其位階。另外，與國家祭祀、儀禮有關的令有「祠令」、「儀制令」、「樂令」，規定文書行政的令是「公式令」，與位階、服裝相關的是「衣服令」等等。所謂的律令官制，就是被歸納在這些令裡的官吏制度，而沒有被包含在這裡的官吏，便是「令外官」。

另外，在管理民眾方面的令，是與末端的鄉村組織或戶籍有關的「戶令」、與均田制有關的「田令」，與租庸調等稅制有關的「賦役令」等等。而和府兵制與其他邊境防衛體制有關的，則是「軍防令」。

文官圖　從這個壁畫可以看到唐代官吏的模樣。

制度國家的隋唐，所有的制度都明白地標示在令文之中了。這也是當時世界上的其他地方所沒有的特色。不過，雖然事事都有明文規定，但實際上是否能夠完全按照明文規定的去進行，就必須用更謹慎的態度來思考。原則與事實，制度與現實，法令與運用之間，都存在著差距，這是理所當然的，為了治理如此遼闊的領土與龐大的人口，依狀況與地域性的不同，進行有彈性的處理，是必須有的柔軟態度。正因如此，唐代顯得豐富多彩、更具魅力。

律令制下的官僚生活

在這個時代裡，若想要與政治中樞有所關連，首先就必須在一到九品的九品制、甚至是在九品中分為三十個階級的官僚金字塔中，給自己找一個位置。

官僚制的系統

能夠進入這個官僚金字塔的人叫「流內」，在這個官僚金字塔以外的下級官吏叫「流外」。不過，最上級的一品、二品官，是皇族和政界元老的專屬官品，實際操作政務的官多為二品以下，宰相大多是三品官的階級。此外，五品官與六品官之間的差距很大，五品以上的官是由宰相薦舉的敕任官，六品以下是由負責人事的吏部決定的認証官。官員通常會在中央官（京官）與地方官（外官）之間來回歷練，得到晉升的機會，所以地方官當然也包含在九品之內。

把上述的官吏放在官僚金字塔時，則可分為散官與職事官，封爵與勳官等四個體系，但到了唐中葉以後，又加了「使職」這個令外官。其中散官做為頭銜，表示的是品階與序列。屬於九品官中的文官與武官，都有這個頭銜，所以散官有兩個系列，分別是文官的文散官，武官的武散官。不過，散官與實際的職務無關，負責實際行政工作的是職事官，也包含在九品之中，所以也會出現同一個人的職事官與散官的品階不一致的情形。這種時候，若職事官的品階較低時，官名之前會冠以「行」字，反之，則冠以「守」字，以此做為區別。

「封爵」，是指授與爵位和封地，例如王、公、侯、伯、子、男等爵位，和以戶數為單位的封

品階	散官		勳	爵	職事官（各部門的最高階主管）
	文散官	武散官			
正一品					（三師三公）
從一品	開府儀同三司	驃騎大將軍		嗣開 郡王 國公	太子三師
正二品	特進	輔國大將軍	上柱國	開國郡公	（尚書令）
從二品	光祿大夫	鎮國大將軍	柱國	開國縣公	尚書僕射　都督（上）
正三品	金紫光祿大夫	冠軍大將軍	上護軍		尚書 門下侍中 中書令 卿 大將軍（禁軍）
從三品	銀青光祿大夫	雲麾將軍	護軍	開國縣侯	散騎常侍 監 御史大夫 傅（親王） 國子祭酒 刺史（上）
正四品上	正議大夫	忠武將軍	上輕車都尉	開國縣伯	折衝都衛（上）
正四品下	通議大夫	狀武將軍			
從四品上	太中大夫	宣威將軍	輕車都尉	內侍	
從四品下	中大夫	明威將軍			
正五品上	中散大夫	定遠將軍	上騎都尉	開國縣子	縣令（上）
正五品下	朝議大夫	寧遠將軍			
從五品上	朝請大夫	遊騎將軍	騎都尉	開國縣男	
從五品下	朝散大夫	遊擊將軍			
正六品上	朝議郎	昭武校尉	驍騎尉		
正六品下	承議郎	昭武副尉			
從六品上	奉議郎	振威校尉	飛騎尉		
從六品下	通直郎	振威副尉			
正七品上	朝請郎	致果校尉	雲騎尉		
正七品下	宣德郎	致果副尉			
從七品上	朝散郎	翊麾校尉	武騎尉		
從七品下	宣義郎	翊麾副尉			
正八品上	給事郎	宣節校尉			
正八品下	徵事郎	宣節副尉			
從八品上	承奉郎	禦侮校尉			
從八品下	承務郎	禦侮副尉			
正九品上	儒林郎	仁勇校尉			
正九品下	登仕郎	仁勇副尉			
從九品上	文林郎	陪戎校尉			
從九品下	將仕郎	陪戎副尉			
					流外官（胥吏）

九品制官僚金字塔　唐代的官僚系統採取一品到九品的九品制，一品、二品，是皇族和政界元老的專屬官品，宰相是三品官的階級，五品官以上是敕任官，六品官以下是認証官，五品與六品官之間有很大的差距。另外，全體官僚又分為散官與職事官，封爵與勳官等四個體系，各就其位，形成一座巨大的官僚金字塔。

地（也就是食邑，實際上大多是虛封。不過，其中也有能實際得到封地稅收者，這叫食實封），只授給皇族或一部分的功臣。此外，勳官是表彰在軍事上有功者的官名。就舉前面所提到的顏真卿晚年（享年七十二歲，卒於西元七八〇年）的例子，來稍微闡述一下這些官職、頭銜間的關係。

——顏真卿：光祿大夫（文散官、從二品），行吏部尚書（職事官、正三品），充禮儀使（使職），上柱國（勳官、正二品），魯郡開國公（爵位、正二品），食邑三千戶（虛封）。

因為職事官的吏部尚書是比散官低，所以冠了「行」字，而（充）禮儀使是令外官，所以沒有品階。顏真卿的身上有如此長長的一串頭銜，其中最受重視的，當然是職事官，及唐朝後半段才有的使職。官員們根據自己的職位，得到應有的俸祿和職務津貼，及其他的任務所得，藉此維持貴族或官僚的體面，並且養活眾多家人與親族。

主要機構介紹

唐朝的行政中樞，就是隋初就已經確立的三省六部（參閱第一章「隋朝的建立與新體制」一節）。三省六部的中心是中書省，是提供皇帝諮詢、負責起草議案與詔書的單位，其最高長官是中書令。負責審議中書省策定的案件，並且有權將審議的案件封駁、退回的單位，叫做門下省，最高長官是侍中。負責提供政治上意見的人（諫官）是諫議大

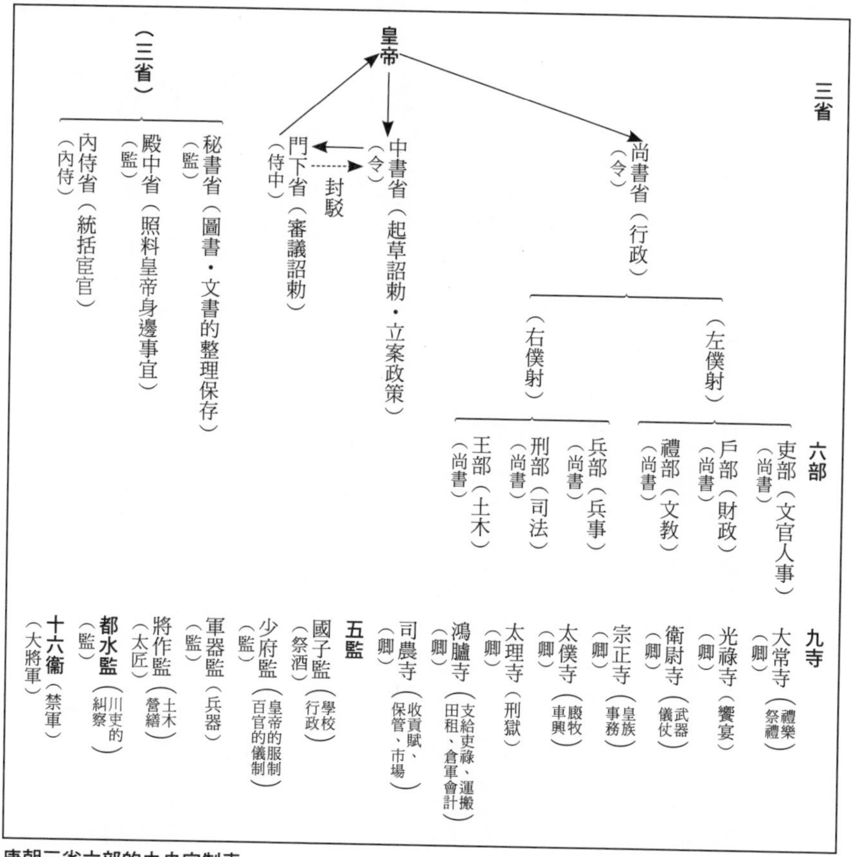

唐朝三省六部的中央官制表

夫，也屬於門下省。門下省的背後暗藏著貴族的立場，所以門下省也扮演著貴族代言人的角色。然而，當貴族的意向與皇帝的意向發生衝突時，門下省要發動封駁的行動來反對皇帝，也不是那麼容易的事，所以後來門下省便失去了存在的意義；玄宗時期門下省的地位便被排在中書之下。這種現象除了表示貴族的立場是被皇帝控制的之外，別無其他了。

除了中書、門下外，三省中還有一個尚書省。尚書省的長官是尚書令。因為唐朝初期時還是秦王的太宗曾經任尚書令一職，所以尚書令以後就成為空位，在尚書令下的左僕射與右僕射則成為尚書省的實際長官。尚書省相當於日本的內閣，其下的省廳有六個部門，分別是吏、戶、禮、兵、刑、工，這六部各有所司。三省六部是上面各個單位的總稱。另外，與行政相關的單位還有九寺（太常寺、光祿寺、衛尉寺、宗正寺、太僕寺、大理寺、鴻臚寺、司農寺、太府寺。寺是官廳的意思）與五監（國子監、少府監、軍器監、將作監、都水監），它們與六部有合作、互補的關係。至於地方的統治管理體系，則是設定了州（或郡）、縣等行政單位，這是隋初就有的管理體系。

除了上述單位外，還有一個必須提到的機關——御史台。御史台負責彈劾官員的不正行為，無論是京官或外官，地位高或低，以及指出政治上的謬誤，這個機關和門下省合稱為「台諫」。官僚們的平日言行受到「台諫」的監督，工作勤務的情況則由各部門評定。至於地方官方面，則是每年正月配合朝賀上京時，由朝集使向中央報告地方官的工作情形與言行，然後由吏部匯集這些報告，反映在人事考核上。

唐朝時統轄政治的宰相採取複數制，避免一人獨裁。原本宰相群是由三省的長官組成，但為了求得更多人才來當宰相，所以給宰相「同中書門下三品」或「同中書門下平章事」等頭銜。而宰相開會的地方叫做「政事堂」，一開始的時候政事堂設置在宮城內的門下省，後來移到中書省，於是「中書門下」就變成政事堂的代名詞。這也如前面所說的，這是中書省凌駕門下省，握有實權的寫照。

仕途之路

根據《唐六典》與《通典》等當時的史料，唐朝的全盛時期是在八世紀前半的開元年間，當時文武官員合起來的九品官（職事官）人數，超過一萬八千人，而其中百分之八十是文官。文官中的京官有兩千六百多人，五品以上的有三百九十名。進入有限的九品官流內，稱為「入流」，但是怎麼樣才能「入流」呢？

先說唐朝前半期，當時的「入流」之道的主流是恩蔭系統，也就是由於父祖擁有地位（散官），子孫輩也會因此得到相應的官位。例如父親是正四品官時，兒子中的一人就可以擔任正八品以上的官職，這也叫做任子制。這是承襲前代門閥主義的做法，反映出當時顯著的貴族觀念。除了恩蔭系統外，另一個就是隋文帝之後，為了廣求人才而舉行的科舉考試。科舉考試最初重視秀才科，但因為合格的條件太嚴格而不被歡迎，到了唐朝後，科舉考試的重心便轉移到考儒教經典的明經科，和考文學素養的進士科。到後來說到科舉，即意味著進士科。

參加科舉考試的管道有二，一是成為中央設置的高官子弟學校——所謂的國子學、太學的學生，或是設置在地方的州縣學的學生，得以獲得考試資格。另一條管道就是參加縣試、州試的考試，取得合格的成績，稱為「鄉貢」。集合學生與鄉貢舉行考試，是尚書省禮部的工作，負責這項工作人叫做知貢舉。每年參加考試的人數在一千到兩千人之間，而能夠通過考試的合格者，則只有十到二十人左右，是競爭非常激烈的考試。因此，公佈合格者名單那天，都會出現有人歡天喜地，有人痛不欲生的場面，而合格者更會在位於長安東南的遊樂之地曲江池，舉辦盛大的謝師感恩宴。那時的曲江池比平常更加熱鬧，有人來道賀，有人來看熱鬧，仕女們也會為了這些家國未來的官場人物怦然心動。

話雖如此，這些合格者也未必馬上就能夠取得官職，因為後面還有吏部的嚴格考試在等著他們。在通過吏部的身（舉止）、言（談吐）、書（書法）、判（文章）的四項考試後，才會開啟仕宦之途的大門，時間再快也要一、兩年。考文學的進士科人數最多，通過禮部的考試之後，還要再接受吏部舉止與文章能力的審核過程，可以看出科舉考試也與貴族主義時代的風潮不無關係。因此，從唐的後半期開始，貴族的子弟們也積極地參加科舉考試，科舉考試逐漸成為進入官界的趨勢。

恩蔭與科舉考試是入流成為九品官員的兩大主流，位居高位的官員通常也是依此管道來的，不過，也有從流外成為九品官中堅以下職位的途徑；老實說，從數目看來，這樣的官員更多。靠著流外成為九品官，從武后時期開始變得明顯。前面曾經提到玄宗時期，就有官員是因為與皇帝有私人關係，靠著皇帝的恩寵而被拔擢為官的。唐朝在人才的錄用上，與以貴族制為主的六朝時代不同，也不同於主要靠科舉來舉才的宋代，可以說是處於這兩個時代的過渡期，呈現出多種風貌和寬鬆態度，徹底地展現出唐朝的性格。

村落的日常生活

村落組織

前一節介紹過，地方的行政單位有州和縣，但更正確來說的話，當時的國土還分為十個道（後來變成十五個）。「道」接近於監察單位，不算是行政區

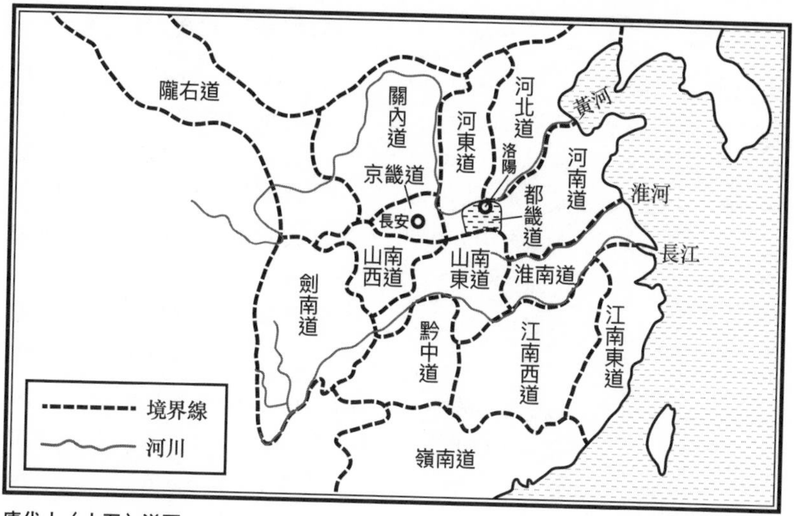

唐代十（十五）道圖

域。另外，如同國都（上都）長安一帶稱做京兆府，副都（東都）洛陽一帶稱做河南府一樣，若有重要性如國都般的城市其周圍，也被視為「府」；若是兼具軍事要地之地，就叫做都督府。不過，府屬於特別行政單位，州縣制才是主要的行政單位。州的最高長官叫刺史，縣的最高長官叫縣令，當州改成郡的時候，最高長官就叫做太守。而在這些從中央派遣來的長官下面的官僚，主要工作就是執行戶口管理、徵稅、管理治安和司法等，負責所有的地方行政工作。

如上面所述，國家的權力或許可以藉著這樣的系統，延伸到全國的每個角落，但事實卻不然。不管是中國的哪一個王朝都一樣，國家的權力總是只伸展到縣，就停止了，縣以下的地方便交由農民自治。不過，隋初的時候，為了對應廢郡的行政改革，在傳統以一百戶為一單位（里）的上面，設置了以五百戶（五里）為基準的鄉，並且安排了鄉的負責人——鄉正，施行鄉里制，由鄉正執行統治者的意志（參閱第一章「隋朝初期的政

年號		戶數（萬）	口數（萬）	1 戶平均口數
隋	大業 5（609）	890.7	4,601.9	5.17
唐	武德 2（619）	200 餘		
	貞觀 13（639）	312.0	1,325.2	4.25
	永徽 3（652）	380		
	神龍元（705）	615.6	3,714	6.03
	開元 20（732）	786.1	4,543.1	5.78
	天寶元（742）	834.8	4,531.1	5.43
	天寶 14（755）	891.4	5,291.9	5.94
	広德 2（764）	293.3	1,692.0	5.79
	元和 2（807）	310.3	2,055.5	6.62
	長慶元（821）	237.5	1,576.2	6.64
	寶曆年間（825-826）	397.8		
	會昌 5（845）	495.5		

隋唐間戶口變遷表

界」一節）。隋朝想藉著鄉里制來加強對農村的統治，但遭受到反彈，結果引發了隋末的大動亂。唐朝檢討此一政策的失誤後，雖然仍維持鄉里，但廢除了鄉正，將鄉里的營運工作委給里正（村正）。唐朝的這一修正，讓中央與末端社會的鄉里有了比較安定的關係，這也是唐朝的統治可以長達三百年左右的要因。

管理農民的首要工作，就是掌握戶口的情形。因為農民會盡可能地避開戶口登記，如果無法避開，也會盡量隱瞞年齡與性別。對此情形，統治者當然站在相反的立場。在隋朝努力進行戶口調查的情況下，隋煬帝大業五年（六〇九），調查得到當時全國的戶數為八九〇萬，戶口數為四六〇一萬，這是隋朝盛時引以為傲的數字，但不久之後，隋朝就走上衰微之路。二十年後，唐太宗即位時，能掌握到的戶口數，竟然只有三百萬戶。再怎麼大的時代動亂，人口也不至於以千萬為單位地縮減，所以出現這樣的數字變化，只能說是掌握戶口的能力變差了。之後，唐朝的戶口數逐漸增加，經過一個世紀後，在安史之亂發生前的天寶十四載（七五五）時，戶口數終於超過了隋朝。由此可以看出，唐朝對於農民採取了相當慎重的態度。

如前述，唐朝施行以里為核心的鄉里制，不過，在鄉里以外的分散部落叫做村，人口多的城市裡畫分區域叫做坊，村有村正，坊有坊正，規格與里正幾乎相同。里下面還有個組織叫做鄰保，四戶為一鄰，五戶為一保，保有保長。在這裡，鄰與保可以視為實質相同的同義字。以五人組互相扶持、相互監視來解釋鄰與保的存在，或許更容易理解。

根據「戶令」的內容，里正被規定的職務是「（一）按比戶口、（二）課植農桑、（三）檢察非違、（四）催驅賦役」。換一個說法就是，里正的工作包含（一）調查戶籍，（二）獎勵農業，（三）檢舉不法，（四）催繳稅役等。這些工作與人們的日常生活息息相關，所以，若不是在地有一定影響的人物，恐怕很難勝任里正的職務。在唐的後半期開始活躍起來的在地富豪階層，他們的活動不是正好與上述所說的里正之職有著相似之處嗎？

戶籍與家族

唐代每三年編造一次戶籍，分是丑年、辰年、未年、戌年。每次造戶籍的時間從當年的正月到三月，首先由每戶提交登記著家族成員與所有土地的「手實」（申報單），然後經由里正的整理，造成「鄉帳」，以鄉為單位，上呈給縣。其間，里正要對有疑問的「手實」，進行家族調查，這叫做「貌閱」。里正提交給縣的鄉帳必須騰抄三份，一份留在縣內，一份交給州，另外的一份必須上呈到負責中央財務的戶部。此外，為了課稅，每年都要造一份與戶籍相同形式的計帳帳簿。縣以這些簿冊為基礎，整理、編造出人口動向的「鄉戶口帳」與承擔賦役者名單的「差科簿」，以此做為課稅的資料。

今日，我們在離中央遙遠的敦煌，甚至更遠的絲路上的吐魯番，發現唐代遺留下來的文書，並在那些文書中，看到當時的戶籍實物資料。那些戶籍資料中，記載了各戶家族成員的名字與年齡，並且根據年齡區分丁中[2]，再依家中有無成年男子（原則上是二十歲到六十歲之間），分成課戶（必須承擔稅賦之戶）或免課戶。另外，雖然是課戶，但若成年男子有公職在身，戶籍上就會註記「見不輸」（現在不承擔稅賦）。因應每一戶的家族成員人數與資產多寡分為九個等級（戶等）。那些文書資料中所記載的戶，全都是最下層的九等戶或八等戶。記載在戶籍中的內容並不是只有上述的那些資料，還記載了每戶土地的所在地和面積，及與均田法規的關係。

雖然只有戶籍類的內容，卻包含了如此豐富的訊息，更令人驚訝的是，當時的文書行政竟然可以貫徹到邊境的末端社會，說個題外話，一個可能的主因便是紙張的普及，另外就是使用了共通的文字體（楷書），及能夠看書、寫字的人口增加了。「佐」、「史」等下級小吏，就是官方僱來專門書寫文字的人員。當時的地方官府用紙，是由中央定期用車運送發配的，有一部分也流入民間。中國的造紙技術在西元七五一年的怛羅斯戰役時，傳入阿拉伯世界，經過幾個世紀後才在西方世界擴散開來。所以，與唐朝同一個時期的歐洲，還未出現這樣的文書行政能力。

當我們把目光投向登錄在戶籍中的家族成員部分時，會發現很多戶的家族成員大約在三到五人之間，也就是說，很多戶都是由一對夫妻，兩名子女，再加上一位老人組成的。這與根據當時的全體戶口統計算出來的數值幾乎一致，由此就能推測當時基層家庭的形態。不過，從那些敦煌的戶籍資料裡，還能看出另一個現象。當時戶籍中出現「逃亡」或「沒落」的注記，與年輕男子「死亡」的紀錄非常多，而且女性特別多。從這個現象不難想像將男子登記為女子，及在男子成年前謊報死亡，或者逃離家鄉、搬遷到他處去求生路的情形。這是農民們為了逃避嚴苛的稅捐，而不得不頑強地與權力對峙。

家族也有幾代同堂的大家族，從儒家的思想來看，大家族是被推崇的，律的條文裡也有關於大家族的規定內容。敦煌戶籍裡也可以看到父母與幾位兒子們的家庭共同設籍為一戶的情形。對國家的統治來說，小家庭更好管理，所以國家或許會有推廣小家庭的想法，然而事實上果真如此嗎？還不如說要維持一個大家庭絕非易事。據說唐高宗年間有一個九代同居的張公藝家族，高宗為了表揚這個家族，在麟德二年（六六五）時特地去了張公藝家，還詢問張公藝如何維持這樣的大家庭。張公藝請人拿來紙、筆，默默地寫了一個「忍」字來回答皇帝，由此可見，家族關係的複雜度是古今皆然的。

均田制與租庸調制

在中國廣大的土地上，有無數的人建立起家庭，這些家庭形成了區域社會，過著日常生活。他們平常都是沈默而順從的民眾，但一旦被逼急了，也會變成一團火焰，狂暴地燒毀周圍的一切。中國歷代的王朝便是君臨於這樣的民眾之上，並且想建構出一元性的統治體系。為此，如何找到統治民眾的正當性，就成為自古以來為政者的最大課題。

	對象	口分田	永業田	租	調	役（庸）	雜徭
良人	丁男	80畝	20畝	粟2石	絹2丈・綿3面（布2.5丈・麻3斤）	20日	*40日
	中男18歲以上	80畝	20畝				50日
	老男・篤疾・廢疾	40畝					
	寡妻妾	30畝					
	丁男・中男18歲以上的戶主	30畝	20畝				
	工商人	40畝	10畝				
	僧侶・道士 男	30畝					
	僧侶・道士 女	20畝					
賤人	雜戶	80畝	20畝				
	官戶	40畝	20畝				

唐代的均田制與租庸調制 除了上述的圖表所示外，三個「良人」授予一畝園宅地，五個「賤人」授予一畝園宅地。另外，勞役一日可以換算成絹三尺或布三・七五尺。

以武力壓制只能控制民眾於一時，無法讓民眾長久順服，於是誕生了執行權力的公家之責，便是保障民眾生活（再生產）的政治思想。根據儒家思想的提示，上古周代所實施的土地制度——每一家分配一百畝私田的井田制，便是上述政治思想的理想型。周代以後，繼承了井田制的理念與系譜，成形於五世紀末北魏的均田制，到了隋唐時可以說制度非常完善。

那麼，均田制到底是怎麼樣的制度？實施的情況又是如何呢？這個問題的回答非常複雜，我們就先從法規面來看均田制的特徵。相對於北魏授予一床（一對夫婦）百畝田的基準，隋煬帝以後，授田的對象從一對夫婦改成一丁（成年男子）及滿十八歲的中男，同樣授田百畝，排除了給女性的授田及賦役。一百畝就是一頃，相當於現在的五・八公頃。日本的一町步（十反）[3]是一公頃左右，所以一百畝是相當大的。這百畝的授田中，八十畝是口分田，受田者死後必須歸還給國家，另外的二十畝為永業田，農民可以代代相傳。

隋唐均田制的一丁百畝的授田基準，將授田的對象從夫婦改為丁（個人）的同時，也突顯出土地的收受者就是稅賦承擔者的原則。這個改變讓稅賦制度簡單化與體系化。不過，話雖如此，今日的學界卻有一個共識，那就是大多認為法規上的均田制與事實上的均田制是不一樣的。因為無法確認應該要實施均田制的中國本土，有實施均田制的痕跡。在敦煌與吐魯番發現的唐代戶籍資料與土地文書，與有均田制相關的土地授受記載，可是，那些記載與法規上的條文紀錄有很大的差異；這與位處邊境的特殊條件有關。於是，關於均田制便有了「雖然有法規，但是實行性有待商榷」的具文說，與「限制超越百畝的大土地」的限田說。

均田制的實施確實存在著很多疑問，不過，不管怎麼說，當時的隋唐王朝都打著均田制為國是的口號，在律令的「戶令」裡，對均田制也有很詳細的規定。均田制的背後，原本就帶有井田制以來的平均土地、均分土地的思想，而實施的前提，就是土地國有（公有）的想法，只要以實施均田制為旗號，就能確保自己是有正當性的支配者，最重要的是，這樣就有要求民眾納稅的合理性。既然土地是公（國）有的，向農民徵收稅賦的代價，就是要把土地給人民。這樣看的話，不管是確實實施均田制，還是形式上地採取均田制，都同樣具有重大意義，不能單純認為均田制只是表面上的形式。至少在唐的前半期，是重視「均」的觀念。

接著，再來說與均田制相對應的租、庸（力役）、調的稅制。唐代以「丁」為稅賦的對象，租是納粟（帶殼的穀物）兩石，調是繳納絹兩丈與棉三兩（或布二・五丈與麻三斤），庸是力役（歲役）二十天，或一日以三尺絹（或布三・七五尺）代替。這些稅目原來都是單獨實施的，但是到了隋初時就合在一起，成為正稅，租可以換算成十五天的力役，調也一樣能換算為十五天的力役，也就是說租、調都可以用力役來取代，租庸調合起來，等於一年五十天的力役。

除了上述提到的之外，還有一個稅目是做為地方性的預備力役、以中男為對象的雜徭，是正稅力役的一半，也就是說，一天的力役等於兩天的雜徭。但雜徭的義務是幾天呢？雖然目前還沒有定論，但學者一般認為四十天是上限。如此說來，正稅五十天加上雜徭的四十天，合計九十天，正好是一年的四分之一，也就是一季的日數。在保証人民能夠持續生產的情況下課稅，那樣的力役天數應該是恰當的。

話雖如此，律令制度下的稅並非只有上述這些。隋初的時候，為了預防農作欠收而設立了義倉（也叫做社倉），存放以戶等為基準徵收而來的義倉米，但到了唐代，義倉米變成與土地（資產）有關的正規稅，成為固定的地稅。此外，還出現與戶等對應的戶稅，以此做為官吏俸祿或是被稱為「公廨錢」的官府經費。這種以資產與戶等為對象的非人頭稅，就是後來兩稅法的先驅。

敦煌文書與吐魯番文書

想要了解律令下人們的生活狀況時，一定會提到在敦煌與吐魯番發現的戶籍與土地帳簿。本章已經數次提到那些文書，但那到底是什麼樣的東西呢？就在此稍微說明一下。

根據公開的說法，敦煌文書是西元一九〇〇年（清光緒二十六年）農曆五月二十六日，一位叫做王圓籙的道士發現的。地點是敦煌莫高窟第十六窟入口通道的隱藏式洞窟。這間隱藏式的洞窟後來被標上第十七窟的窟號，也被稱為藏經洞。

發現文書的消息傳出去後，先有反應的是外國的探險家。英國的奧萊爾．史坦因（Marc Aurel Stein）首先前往莫高窟進行調查，接著是法國的伯希和（Paul Pelliot），稍晚一點還有日本的大谷探險隊，和俄國的奧爾登堡（Sergei Oldenburg）等人。這些人去了莫高窟調查後，還把那裡出土的文物帶離中國。至此，清朝政府終於看不過去了，也把部分的文物帶到北京。結果，莫高窟內超過五萬件的文書資料，現在被分散收藏於世界各地，在英國（大英博物館／史坦因文書）約一萬三千件以上；被收藏在法國（法國國立圖書館／伯希和文書）的約七千件；在北京國家圖書館（舊北京圖書館）約一萬六千件；在日本的約一千件（卷）；在俄國（俄羅斯科學院東方學研究所聖彼得堡分所）約一萬二千件。因為莫高窟唐代文書的發現，敦煌學成了二十世紀的新學問。

敦煌文書　發現文書時的莫高窟十六窟的內部。右手邊的門是隱密小室藏經洞的入口。堆積在門口前面的，就是被發現的經卷、古文書。

這批龐大文書的年代下限，一般推定為十一世紀的前半。不過，這批文書到底是什麼時候、為了什麼原因而被封藏在那裡的呢？有人說那裡是附近一所名為三界寺寺廟的書庫，或者是放置廢棄物的地方；也有人認為是為了預防西方伊斯蘭系的喀喇汗國入侵、或是西夏党項族的占領，而把文書藏在那裡等等，眾說紛紜。總之，其中的文書有百分之九十是佛教的佛典，剩餘的百分之十中，大約有一千件公私文書，與本章有關

高昌故城（新疆維吾爾自治區吐魯番市） 大約一千三百年前，因為做為絲路要衝而繁華一時的高昌（西州）的遺蹟。

的唐代戶籍文書，便包含在其中，而紙張在當時是貴重物品，因此，那些文書是在完成官府使用的任務後，被送到寺廟，做為裝裱補強經卷之用的再利用紙。幸虧如此，今日我們才有幸能看到當時所留下來的文書。

再來說出土於吐魯番的文書。位於新疆維吾爾自治區吐魯番市中心東邊四十公里的高昌，曾經是絲路上的要衝，是繁華一時的城市。高昌很早就因漢民族的移民，而成為繁華的移民城市，並且在隋代時建立了麴氏高昌國，唐代曾在此設置直轄地西州，但今日我們只能從城牆遺跡與寺院遺址，來緬懷舊時的繁華。在吐魯番所發現的文書，有一大半來自高昌城附近的阿斯塔那鄉與哈拉和卓鄉的漢族系居民墓地。

吐魯番是低於海拔一百五十公尺的乾燥地區，住在這裡的人以橫穴式的墓室（土壙墓）來埋葬先人，他們會在先人過世時，為先人穿戴紙做的鞋、帽，有時還將先人放在紙製的棺中。雖然不知道原因，但可能是那裡的人對紙有特殊的觀念，或基於某種宗教原因；或因為那裡的土地少有樹木，所以以紙製棺來代替木製棺。如前面所述，紙在當時是貴重的物品，所以官府用過的紙或契約書等紙張，也被這裡的人拿來再利用了。不過，這裡的紙張再利用不同與敦煌的紙張再利用。伴隨著墓中的木乃伊一起出土的紙張，是與當時社會、行政有關的文書殘卷，就是所謂的吐魯番文書。

讓吐魯番文書被世人知曉的，是二十世紀初日本西本願寺的法主大谷光瑞所派遣的大谷探險隊。大谷探險隊在高昌一帶的墓地進行挖掘調查，把挖掘出來的木乃伊帶回日本時，殘卷的文書也一起被帶到了日本。第二次世界大戰後，這批殘卷的文書以大谷文書之名，被移送到日本龍谷大學保管。經過正式的解讀後，發現這批文書是與土地還受有關的貴重資料。日本的西嶋定生先生以這批文書，為唐代均田制的研究點燃了新火苗。

已經建國的新中國受到這件事的刺激，也開始在這個地區認真地展開調查與發掘，從一九五七年到一九七五年，發掘調查了四百五十六座古墓，獲得龐大的文書與文物。包括大谷文書在內的這一大批資料，被認為有可能發展出足以與敦煌學分庭抗禮的吐魯番學。

民眾的歲時活動

中國曆的特徵

人類自古以來出於對神的敬畏、對生命的感謝之情，以及為了調節每天嚴苛的勞動與單調的生活，獲得迎向明日的活力，便在自己生活的土地上，催生出各種儀式與祭祀活動，並固定在曆書上。中國的農業生產力，普遍地比西方社會更高，這和中國擁有豐富而多采多姿的歲時活動有關。到了隋唐時代，中國的各種歲時活動幾乎都已齊全，並且推廣到東亞各地，滋潤了後來人們的日常生活，這是大家都知道的事。

在敘述隋唐時代的歲時活動前，我們先簡單地了解一下當時中國的曆法。

歐洲自儒略曆以來，便採用太陽曆法，而伊斯蘭曆則是使用太陰曆法，相對於上述的兩種曆法，中國自古以來所採用的曆法，是以太陽的運行為基準的太陰太陽曆法（陰陽曆）。也就是說，以月亮的盈虧（朔望）來決定月日的太陰曆，是將平均一個月二十九·五天的日子做調整，讓月份有大月三十天，小月二十九天之分，並輪流交替。只是，這樣的話，一年十二個月只有三五四天，與繞行太陽一圈的一年三六五天有差異，也不吻合季節。於是，古代中國人除了依照月齡決定日期之外，還以太陽為基準，在一整年的周期裡，以日照最短的冬至那一天做為起點，區分一年的四季，每一季各有六個節氣，全年共有二十四個節氣。

節氣帶來季節感，農民依據節氣來進行農事，安排每天的生活。話雖如此，太陰曆和太陽曆一年就有十一天的誤差。若暫且不管這十一天的誤差，仍然以三個月為單位來輪替四季，一月到三月是春天，四月到六月是夏天，就會出現以三個月為單位設定的季節，與節氣不能吻合的情形。於是古代中國人便每隔兩年或三年設定一個閏月，並將閏月適當地插入正規的月份之間，以此調整日期與季節，又盡量讓正月初一成為二十四節氣中的第一個節氣——立春。日本人在明治維新後放棄了舊曆的曆法，也放棄了曆法與季節感的關係，個人覺得這是忘了與季節同步的歲時活動的做法。這樣真的好嗎？在每天被時間追趕的現代，倘若偶而來個閏月，或許會讓人有難以言喻、占到便宜的奇妙感受。

隋唐時期的歲時行事

簡述完中國曆，現在就來看看隋唐時代的主要歲時活動吧（括弧內為換算成新曆後的平均日期）！

正月初一（立春，新曆二月四日）：元旦（春節）
正月初七（二月十一日）：人日
正月十五（二月十八日）：上元節（元宵節）、燃燈會（觀燈會）
二月十五（三月二十一日）：社日（春社）、春分
三月初一（四月五日）：清明節、兩天前的二月最後一天為寒食節、改火
三月初三（四月七日）：上巳節、祓禊、曲水之宴
四月初八（五月十三日）：佛誕日、浴沸、龍華會
五月初五（六月十日）：端午節
七月初七（八月十三日）：七夕、乞巧節
七月十五（八月二十一日）：盂蘭盆會、中元
八月初五（九月十一）：千秋節（天長節）
八月十五（九月二十三日）：中秋節、社日（秋社）、秋分
九月初九（十月十五日）：重陽節
十月初一（十一月七日）：立冬
十一月十五（十二月二十二日）：冬至

十二月初八（一月十三日）：臘日
十二月二十九（二月三日）：除夕

看上述歲時活動的主要日程，會發現活動日期好像集中在每個月初一與十五的朔望日，還有就是，例如三月初三、五月初五、七月初七、九月初九這種奇數（陽數）重疊的節日（正月初一也是奇數重疊的重日）。上面所提出的活動日期中，除了八月五日的千秋節外，其餘都是長期與人們的生活和國家的祭祀相關的節日。

那麼，八月五日是什麼日子呢？八月五日是玄宗的生日。中國人原本沒有慶祝個人生日的習慣，但是，開元十七年（七二九）的八月五日，玄宗在長安城內的興慶宮花萼樓舉辦酒宴，宴請群臣。於是眾臣提議以這一天為千秋節（後來改稱為天長節），將這一天固定為節日。另外，千秋樂就是那一天所演奏的樂曲名。以玄宗的誕辰為契機，祝賀生日之風在臣子之間擴散開來，漸漸也在民間形成風潮，千秋節可以說是中國人祝賀生日之風的濫觴。

唐王朝尤其重視冬至與元旦這兩天。冬至這一天，朝廷會在南城外的圜丘上舉行祭天的儀式；正月初一（元旦）這一天，則是文武百官與皇族、朝集使們群集於早朝的太極殿（含元殿），舉行朝賀之儀。當然，朝廷也會在其他節日舉行祭天的儀式，而且似乎還很熱衷於早已在民間生根的固定歲時活動。從給官僚們特別休假這一點看來，就可以看出唐朝廷對民間歲時節日的重視。例如官員們在元旦和冬至的時候，各有七天的休假；還有，從寒食節到清明節有四天休假，中秋、夏至、臘日也各有三天休假，其他的歲時節日也都至少休假一天。官員們因為歲時節日而得到的休假，一年合計有五十天之多。此外，官員們除了有上述的休假外，每工作十天，還可以固定休假一天。總之，從歲時節日有特休假的情形看來，可以知道民間的歲時活動也是國家的重要節日活動。對朝廷來說，藉著歲時活動強化國家與民間的互動，產生兩者一體的感情，是具有重要意義的事。

重日[4]的傳統節日——歲時活動的重心

國家和民間都很重視的節日中，有不少是重日的傳統節日，就從民間習俗的角度，來看看這些傳統節日。正月初一是元旦，要先鳴放爆竹聲來驅趕邪氣，然後全家互賀新年，一起喝屠蘇酒，吃固齒用的麥芽糖（膠牙餳），祈求全家健康和一年豐收。在門口貼桃板是為了驅逐惡鬼，而桃板就是後世的春聯（在紅色的紙上寫吉祥話貼在門口，做為正月的裝飾）。還有，唐時還沒有火藥，當時的爆竹是把有節的青竹放入火內燃燒，青竹就會發出爆裂聲，進而爆裂，這就是「爆竹」的由來。

三月初三是上巳節，是水變得溫暖、春天的最好時節。這一天原本是人們到水邊清淨身體的祓禊之日，但從六朝時代開始，除了到水邊清淨身體外，人們也會在水邊遊樂、舉辦活動「曲水宴」，這個活動也被帶入唐朝。唐朝時在上巳節這天，人們會陸續前往位於長安東南的曲江池，或到城外行樂。而這一天對農民們來說，也是提醒他們開始農耕的日子。

五月五日端午節，說到這個傳統的節日，我們的腦海裡好像馬上就浮起了薰風微拂的新綠時節。其實，農曆五月經常被說是不好的月份，因為雨季來了，食物容易腐敗，人也容易生病；為此，把氣味強烈的艾草做成人偶的形狀掛在門口，或做成老虎的模樣戴在頭上，以此預防惡氣的干擾。而使用菖蒲的葉子來避邪，是在唐朝之後才有的事。

另外，大家都知道這一天還有吃粽子和划船比賽（賽龍舟）的習俗。不過，這兩種起源於南方的習俗，到了唐朝以後才擴及全國的。不管是吃粽子還是賽龍舟，據說都是為了祭祀戰國時期投湖南汨羅江而死的楚國愛國詩人屈原之靈。其實，這兩種習俗應該都是為了祭祀河神、水神吧？祭祀水神的目的，在北方是為了祈雨，在南方是為了避開水害，都是為了祈求豐收的祭儀。

宴飲圖　陝西省長安南里王村唐墓壁畫，從這幅壁畫，可以看到唐代的人舉辦宴席，人們圍著食物歡宴的模樣。

關於七月七日的故事，大家都知道這一天是牛郎和織女渡過銀河，在天上相會的日子，也就是所謂的七夕。以天琴座的織女星與天鷹座的牽牛星，假托織女與牛郎，而牛郎與織女所象徵的，便是農耕與養蠶（織布）。根據中村喬先生的研究，七夕原本應該是祭祀地上河神的日子，織女是人們獻給河神的妻子，而織女牽著的牛，便是獻給河神的供品，但河神的存在漸漸從這個祭祀活動淡化，最後還消失了，只剩下膾炙人口的、牛郎與織女一年一會的故事。祭祀河神的活動，當然也是為了祈求秋天的豐收。另外，這一天也稱為七巧節，是女子祈求自己穿針乞巧（擅長穿針引線），手藝精良，能夠精於縫紉的日子。

九月九日是陽數最強的九重疊在一起的節日，所以稱為重陽節。九月是秋天的最後一個月份，九日這一天，人們會準備許多好吃的食物，登上高處或較高的小山丘，在秋高氣爽的天氣下，感恩這一年來的大自然恩惠。相對於春天快結束的三月在水邊清淨身體的「禊」（清除不祥），秋天快結束時，則以登高的方式來清除不祥（禊）。在唐朝，人們會在這一天喝用菊花浸泡的菊酒，因為菊花被認為有延年益壽的功效，所以這一天也被稱為是菊花節。

我們可以注意到，以上所說的重日傳統節日，都是在強烈的期待豐收和感謝大自然的觀念下，所舉行的農耕祭祀活動日。這些節日的存在，除了是要告訴人們：被嚴苛的環境與氣候條件所左右的農業生產是非常不容易的事，而大地能帶給人們豐碩的收成。所以人們要祈求健康與長壽，在不斷地尋求樂趣的生活中堅強地活下去。

上元節與寒食節——特殊的節日

歲時行事中，也有日本人並不熟悉的節日，例如正月十五日的上元節和二月底的寒食節。

上元節在今日也稱為元宵節。這一天從白天起就非常熱鬧，街頭上會有穿著各種裝扮的人群和敲鑼打鼓的樂隊；入夜以後，以動物為模型所做的燈籠紛紛點亮，處處裝飾著彩燈，供人們欣賞、享樂，是重要的正月活動。在南方，這一天原本是養蠶和祭祀養蠶的紫姑女神的日子，而紫姑神也是司廁之神，所以這一天也是祭祀廁神的日子。至於北方，從北朝的後期開始，習俗上這一天在街上會點燈裝飾，而且人們也會在滿月的月光下通宵歡樂嬉戲。到了隋朝，隨著南北的統一，北方點燈、賞燈的習俗占了上風，祭祀養蠶的活動便逐漸消失了。

隋唐時期上元節盛行賞燈，是有其背景因素的。在這個時期建成的長安與洛陽，人們必須住在被稱為「坊」（或里）的規畫區內，天黑以後坊門就會關閉，不允許住在坊內的人外出，如果違反這個規定，就叫做「犯夜」，會被嚴懲。不過，一年有一天是例外的，那一天夜行解禁，人們因此得到重要的喘息機會，成為下一個年度生活的活力來源。隋煬帝也會在這一天，邀請來自遠近不同的外族族長們到洛陽，並在輝煌燦爛的燈火下，共同欣賞各種表演，與一萬八千人的樂隊演奏，華麗的場面讓外族族長們驚嘆不已（參閱第一章中「內政與外交」一節）。

到了唐朝時，上元節的活動更加熱鬧，尤其是中宗、睿宗、玄宗的時期，據說被允許夜行的日子，竟然有三天之多，連皇帝和宮女們都會從宮中偷偷地跑出來賞燈看熱鬧。人們要看的，就是有許多燈籠掛在一起的燈樹。例如睿宗的時候，曾經出現一支高達二十丈（六十公尺）的燈樹，這支燈樹上掛滿了五萬個燈籠，被形容宛如花樹一般璀燦美麗。想想日本秋田夏祭的竿燈，或許可以幫助我們想像「花樹」的模樣。有人認為點燈的習俗是從西方傳來的，但事實如何，恐怕無人能證實。在日本，也有人認為點燈與爆竹節的習俗有關，但同樣不可考。

日本幾乎完全接收了唐朝時期的所有歲時活動及其風俗，但也有例外的，例如寒食節的習俗。唐代時，從冬至那日算起的第一〇七天，就是農曆三月初的清明節，而清明節的前兩天，是寒食節。包括寒食節在內，到清明節之前的三天，是禁止使用火的，所以人們只能吃事先準備好的乾糧類食物，而必需要吃熱食的老人或病人，也只能靠日光或堆肥散發出來的熱來加溫。過了這辛苦的三天之後，就是清明節了，此時就可以使用薪火煮食，並且去上墳（祭拜祖先的墳墓）兼郊遊。接下來的上巳節，則是可以去水邊享受戲水的日子。

關於寒食節的由來有很多種說法，最被眾人所知的，便是春秋時代介子推的故事，他輔佐晉文公重耳，因不受重用而隱居山林不願再出仕，結果卻被燒死在山上，人們為了告慰介子推之靈，所以斷火三日。[5]介子推的故事和端午節的屈原故事，有異曲同工之處，他們的故事是否真實，當然有待商榷。有人認為禁火的習俗，與長期存在於山西地區的參星（獵戶座）信仰有關。因為在冬天的星座——獵戶座（參星）出來的期間，是看不見火星（天蠍座的大火星，並不是指行星中的火星），所以有了顧慮參星的存在而不使用火的信仰。另外，這個地區還有一個習俗，認為用過的火會變髒，力量也會減弱，因此隔一段時間要斷舊火，起新火，謂之改火。對參星的信仰與改火的習俗，再加上介子推的故事，寒食節便在整個中國流行起來了。

寒食節雖然在中國流行起來了，但卻沒有傳入日本……不，或許還是傳到日本了，這一點很難下定論。改火與京都除夕日的「白朮火」[6]很接近。然而「白朮火」與寒食完全無關，也和參星的信仰一點關係也沒有，所以實在不能說日本「白朮火」的習俗，與寒食節的歲時活動有關。一邊是有寒食習俗的中國，一邊是沒有接受這個習俗的日本，讓人覺得這兩者對火的觀念及其衍生的文化，似乎有著根本上的差異。

註釋

1 【編註】日本的東洋史學者，京都帝國大學教授（一八七一～一九三一）。曾到滿清留學，與內藤湖南和狩野直喜一起確立了京都派東洋史學。是宮崎市定的老師。

2 【譯註】丁指成年男子，中指未成年男子。

3 【譯註】「反」是日本土地面的單位，是基本單位「步」的倍量。

4 【編註】即月日數字相同的傳統節日，如一月一日、三月三日、五月五日等。

5 【編註】此故事應該是介子推輔佐公子重耳返回晉國，最後成為春秋五霸之一的晉文公，但他淡泊名利、帶著母親隱居山林，晉文公為逼介子推下山、放火燒林，但介子推被燒死在山上。晉文公懊悔莫及，因此規定每年此時不得生火，是寒食節的由來。

6 【譯註】「白朮」是一種藥草，據說可以驅除一年的邪氣，延年益壽。八坂神社每年除夕都會用白朮的根燃起篝火，信徒可利用吉兆繩點上「白朮火」，並將火苗帶回家，做為新年的火種。

第五章　武后與唐朝的女人們

不穩定的皇后與皇太子地位——武后崛起的背景

武后出現於唐朝的前半期，是中國歷史上唯一一位女皇帝。關於她是如何奪得權力寶座，及她在政治上的作為與成績，我們已於前面的第二章討論過了，但關於她是怎麼樣的一位女性這一點，我們還未觸及。本章將以武后為首，進一步探討唐代的女性。

武后的出身與權力寶座

武后名曌，父親武士彠，母親楊氏，武曌是他們的第二個女兒，生於唐武德六年（六二三）左右（關於武曌的出生日期有多種說法，本書採用此說），正是中國境內戰亂剛剛平息，唐朝統一中國的時候。楊氏的祖父曾經是隋朝的大臣，和隋朝的王室有親戚關係，但與此相對的，武曌的父親一族，卻代代是山西太原管轄區內文水縣的農民，因此在以前來說，武氏與楊氏的婚姻，基本上是無法想像，而讓這種事情成真的，正是因為當時是隋唐改朝換代的時代。

武士彠因為經營木材生意而致富，並以財富為後盾，接近時任太原留守的李淵，得到了「鷹揚府隊正」這個府兵制下級將校的職銜，這也是當時一般無名老百姓的求官、翻身的做法。李淵舉兵反隋時，武士彠投入李淵旗下，進入長安，一躍成為唐朝的開國功臣之一。另一方面，隋朝倒了以後，楊氏頓失後盾，她是一個錯過適婚期的女性，正好武士彠的前妻死了，便嫁給了武士彠。武后遺傳了楊氏的美貌，也繼承了父親的農民堅強精神。

十四歲那年，武后被徵召入宮，被封為才人（五品），擁有嬪妃的地位，這是太宗貞觀十年（六三六）的事。這一年，陪伴太宗多年，有賢夫人之譽的長孫皇后去逝了，在尋找彌補後宮空缺的情況下，許多年輕、貌美的官家女子被選入宮，武后便是這些女子中的一年，當時的結婚平均年齡是十四歲。

武后入宮後，直到太宗去世的十三年間，一直默默地生活在太宗的後宮中，並不引人注意。後宮有太多佳麗，年紀輕輕，地位也低的她，確實很難讓太宗注意她。如果一直那樣下去，那她將在二十七歲，女人最成熟、美好的年紀時，以未亡人的身份無聲無息地度過以後的人生。但武后不是甘心那樣過一生的女性，她決定尋找別的人生可能性。於是，她去接近小自己五歲的太子李治，和李治產生關係，並且在李治登基為皇帝後，登上了歷史的舞台。

但這是一件非常冒險的賭注，因為她犯下儒家道德所不允許的忌諱「一女不事二夫」，這是失德的行為。況且，她與李治的結合，發生在太宗還生病之時，這是更加不可原諒的失德、不義之舉，後來武后還被批評是「牝雞司晨」。然而，她不怕世人甚囂塵上的批評，所以在高宗時期再度入宮，甚至成為高宗的皇后，最後坐上帝位，成為一代女皇。武后之所以能夠有此前所未有的成就，當然是因為她有鋼鐵般的堅強意志。但這樣還不夠，如果當時的時代完全排斥她那樣的女性，那麼，就算她再厲害，恐怕成就不了她的帝業。

唐王朝擁有允許武后這樣的女性存在的條件，促成的可能要素之一，便是整個唐朝充滿了濃濃的北方遊牧民族風氣，北方遊牧民族女性的強大、有力，在唐朝時代也備受稱許，並且體現在武后的身上。還有，別忘了唐朝也是個重視文學性素養更勝於儒教倫理觀的時代，是個開放、自由，比較不受束縛的時代。武后受惠於女性被允許可以有各種活動的時代，所以成功地坐上帝位。

唐朝的皇后與後宮

武后以昭儀（二品）之位再度進入後宮，正式成為高宗的女人。從這一刻到她走到人生的頂點，中間最大的難關就是得到皇后之位。高宗本來就有皇后，那是父親太宗為他決定、同時有重臣長孫無忌為後盾的王皇后。王皇后雖然沒有子嗣，但有這樣的背景，皇后的地位應該穩如泰山才是。而且，就算高宗與其他的嬪妃生了太子，她仍然可以皇太后之尊，左右未來的皇帝。這就是王皇后對未來的計畫。然而武后強勢地奪取高宗的所有信任，並且達到自己的目的。由此可見，就算有再強硬的後台，皇后之位也未必真如磐石般不可奪。

在此簡單說明唐的後宮制度。後宮的地位以皇后為頂點，排列在皇后以下的，是各個等級的嬪妃，這些就是所謂的內官、內命婦、內職。此外，專門照顧、服侍後宮皇后、嬪妃等人生活起居的女

龍門奉先寺　本尊毗盧舍那佛高十七公尺。是武后發願並以個人的私房錢所建，於上元二年落成。據說佛像的臉是依照武后的面貌完成的。這尊大佛也是日本東大寺佛像的原形。

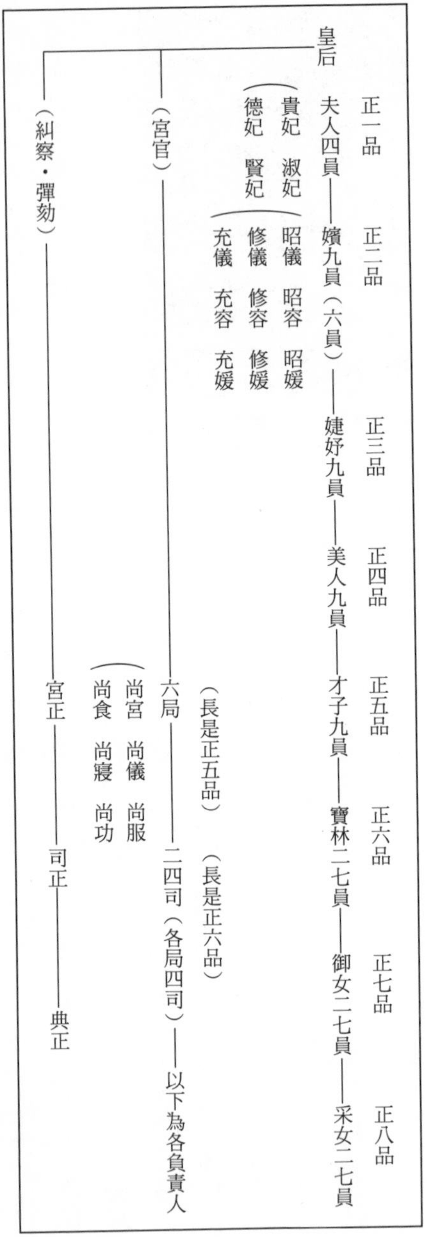

後宮機構圖

性，據說人數眾多。根據玄宗時的記錄，與後宮有關的女性，竟有四萬人之多。這個數字並非誇張之言。為了管理後宮裡的這麼多人，後宮也有類似朝廷的官僚組織，設置了被稱為宮人、宮女的後宮行政官。

唐前半期與後半期的後宮體制有所不同，有很多地方也模糊不清，現在就前半期為基準，來看看後宮的體制（參閱本頁表格）。

根據本頁表格的後宮機構圖，共有嬪妃一百二十一人，宮官的職位超過兩百人，而做為後宮代表的皇后，自然便是後宮的統轄者。然而，事實卻與這一點有所出入。後宮裡到處都是善解皇帝心意的宦官，嬪妃們也能直接接觸到皇帝，而皇后被給予的內部懲罰權限其實有限，威令也不足以震懾整個後宮。這樣的後宮體制，正是武后得到出頭機會的原因之一。不過，武后一旦當上皇后，態度一轉，立刻暴露出擔心被人取代心態。皇帝對嬪妃們的寵愛反覆無常，要牢牢捉住皇帝的心，可不是容易的事。這時武后展現出不服輸的意志，藉著垂簾聽政來控制住高宗，穩定了自己的立足點，這就是她走向一代女皇的道路。

生活在後宮中的女性經常有數千名之多，皇后、嬪妃只占其中的一小部分，所謂的宮官人數也有限，因此絕大多數是以侍女的身份，圍繞在皇帝與后、妃身邊，侍候皇帝與后、妃的女性。而侍女之下，還有地位更低、為數也不少的奴隸（官婢）。

除了奴隸以外，後宮中的女性大多選自高官或良家的女子，也有選自民間，容貌姣好的女子。這些女子入宮後，除了每年可以見一次親人外，平常不能自由地與外面接觸。雖然在新舊皇帝換代之際，偶而會有讓後宮女子離去的情形，但這種心情通常只是一時善意的表現，並沒有制度化。所以進入後宮的女子除了冀望有朝一日能獲得君恩外，只能抱著在後宮平靜度過一生的念頭，必須放棄過著自由而普通的家庭生活。

皇后之位長期空缺的情況

唐朝大約三百年的歷史裡，有正規皇后的時間僅僅七十二年，所以說唐朝的整個歷史中，有四分之三的時間裡，後宮中沒有正規的皇后在位，而有正規皇后在位的七十二年裡，武后一人便占了三分之一，達二十三年之久，而其他人做皇后的時間都不及她的二分之一。不過，這件事說明了一個事實，那就是皇后時代的長短，

皇帝	皇后	皇后在位期間	在位年數
太宗	文德皇后長孫氏	626（武德9）8月－636（貞觀10）6月	9年10月
高宗	廢皇后王氏	650（永徽元）1月－655（永徽6）10月	5年9月
高宗	則天皇后武氏	655（永徽6）10月－683（弘道元）12月	28年2月
	（武氏：皇太后）	（683〈弘道元〉12月－690〈永昌2〉9月）	（6年9月）
中宗	順天皇后韋氏	（684〈嗣聖元〉1－2月）	（1月）
		705（神龍元）2月－710（景龍4）6月	5年4月
睿宗	肅明皇后劉氏	（684〈嗣聖元〉2月－690〈天授元〉9月）	（6年7月）
玄宗	皇后王氏	712（先天元）8月－724（開元12）7月	11年11月
肅宗	皇后張氏	758（乾元元）4月－762（寶応元）4月	4年
昭宗	積善皇后何氏	897（乾寧4）11月－904（開祐元）9月	6年10月
		正規皇后在位年月総計	71年10月
		（參考）正規・非正規皇后在位総計	78年6月

唐代正規皇后在位年數一覽

對武后的奪權有很大的作用。

到了唐的後半期，後宮幾乎不存在著正規皇后。憲宗時期的郭妃，其祖父是唐代重臣郭子儀，母親是代宗的長女，出身非常好，又為憲宗生了兒子（穆宗），完全具備了可以封為皇后的條件。憲宗身旁的大臣紛紛勸憲宗立后，但憲宗不為所動，並沒有同意立郭妃為后。

看起來，唐朝不立后的情況，在當時似乎並沒有引起太多的爭議，尤其到了唐朝的半後期，不立后變成了常態，皇帝一點也不積極尋找人選來填補皇后的空缺。情況為何會變成這樣呢？還不是因為讓一個女人當了皇后後，就等於給這個女人干涉政治、掌握權力的機會。武后就是一個最明顯的例子。在皇后、後宮的制度上沒有可以阻止皇后干政的機制下，皇帝和朝廷當局有「不立皇后還比較好」的想法，也不足為奇。再加上這個時期或許是受了北方民族的影響，整體而言唐代人的家族關係比較鬆散，所以「應該立后」的主張聲浪，老實說並不高。

總而言之，在唐代的制度裡，皇后的地位始終沒有被完整的確立，後宮嬪妃一旦被立為皇后，便會因為一下子拉近與政治的距離，出現干政的現象；也會一下子陷入可能失勢的恐懼中，而開始爭權。原本皇后應該與皇帝並存，同時在位，成為天下萬民父母，做為人民的表率，但就算沒有皇后，竟然也沒有引起什麼特別的議論，而且到了唐的後半期，沒有皇后更成了理所當然的情況。這就是當時的現象。總之，沒有為皇后建立起穩定權威，應該是後宮體制不完備之故吧！皇后與後宮體制的不健全，與唐朝體制的不夠嚴謹與鬆散，是有關係的。

不過，不管在什麼時代，後宮都存在著微妙的問題。後宮最接近理想的狀態，就是有一個以皇后為中心的穩固等級制度。但是，在所有女人圍繞一個男人的空間裡時，女人們會隨著皇帝的心思變化與子嗣的誕生，一再產生強烈的嫉妒心與相互厭惡之情。可以說在唐朝，因自我意識強烈的女性們，讓潛藏在皇后、後宮的問題更加明顯了。

不穩定的皇太子地位

儘管唐的後半期，皇后的位置幾乎是個空位，但在整個唐代裡，坐上后位的人，下場經常都不好。這一點倒是挺令人在意的。唐代的皇后中，能夠壽終正寢的，只有長孫皇后一人。就算後來當了皇帝的武后，也是被趕下帝位，死於幽禁之中。接下來的中宗的韋后，因為想當皇帝而被殺死。而協助玄宗粉碎太平公主政變的王皇后，和在安史之亂中幫助肅宗的張皇后，她們的結局不是被廢后，就是遭受處死，都很悲慘。看到這樣的現象，很自然地會讓人想到一個問題，那就是皇子（皇太子）的問題。

之前已經提過了，從隋到唐，一直都沒有確立起由長子（嫡長子）繼承帝位的制度。包含隋朝的煬帝，唐朝更是自太宗起，高宗、玄宗等人，他們都是在原本被立為太子的長子被廢之後，才被立為太子，登上皇位。在玄武門之變中殺死自己兄弟的太宗，為了不讓兒子們踏上自己走的路，很早就立長子為太子，但最後他自己又推翻了這個決定。看看這個時期的皇帝，就會發現長子↓太子↓皇帝的順序，完全沒有出現過。

這一點代表著什麼呢？也就是說，只要是皇子，誰都有機會成為太子；反過來說，就算現在是太子，但在登上帝位之前，不允許有絲毫鬆懈之心。所以被立為皇后的人，如果有兒子，就要想盡辦法讓兒子成為太子；如果沒有兒子，更要想盡辦法，即使施咒、作法，也要讓自己有兒子。當兒子成為太子後，還要傾盡全力保護他的太子地位。在這樣的過程中，各種問題接踵而來，有可能成功，也有可能失敗。在那種一刻也鬆懈不得的巨大壓力下，即使是皇后也難以承受。

要貫徹皇后（正妻）生的嫡長子繼承帝位的原則，就要避免發生不幸事件，才能順利而容易地繼承帝位，不會失勢。就算阻擋不了發生爭奪繼承權的情形，也要盡量控制住局勢，皇后才能保持威嚴，繼續統領後宮。但是唐朝雖然有嫡長子繼承帝位的制度，卻缺少穩固而共通的道德觀，因此發生了被稱為武韋之禍的奇妙政治狀況。韋后在殺害了丈夫中宗後，立女兒安樂公主為「皇太女」，以「皇太女」取代「皇太子」，企圖開創前所未有的帝位女性世襲制。

昂首闊步的女性生態——家庭與社會與日常風景

筆者想從一幅畫來開始本節的主題。張萱是開元、天寶時代的畫家，他有一件名為「虢國夫人遊春圖」的作品，這幅畫現存僅有北宋時代的摹畫之作，但也確實地保留了原畫的風貌。這幅畫的構圖妙趣橫生，人物的描繪、細膩的色彩運用、流暢的筆觸等等，都在美術史上獲得很高的評價。此外，這幅畫也充分地表現出盛唐時期的氛圍，尤其是當時女性的風姿，這點尤其令人側目。

女性的日常生活

虢國夫人是楊貴妃三個姊姊中的一個，也是一個絕色美人，姣好的容貌不亞於楊貴妃。這幅畫的主題是虢國夫人應玄宗的召喚而出遊的場面呢？還是與家人一起外出遊山時的畫面？假使是春日遊山時的畫面，那麼這幅畫會讓人聯想到三月三日上巳節，人們穿著整齊地遊曲江池的情景。還有八匹座騎中，其中有兩匹馬的鬃毛修剪成三絡，馬鞍的配備最為華麗，是地位崇高者的座騎。那是領頭者的座騎，和駝著小孩的那一匹馬。

加彩騎馬女子泥俑（吐魯番市阿斯塔那一八七號墓出土） 唐代貴婦騎馬出遊的姿態。武后的時候，非常流行這種帶著裙邊（帽簷下附著絲絹）的帷帽。

運用一下想像力，從這幅圖可以推測出，領頭的騎馬者是一位穿著男裝的麗人，應該就是這幅畫的主人翁虢國夫人。與她中間隔著一個人的第三位騎馬者，或許就是虢國夫人的丈夫裴氏，

虢國夫人遊春圖　（唐張萱繪，北宋徽宗趙佶摹寫）走在春遊行列最前面的，就是楊貴妃三個姊姊之一的虢國夫人，據說美貌不亞於楊貴妃。虢國夫人遊春圖的原作者是唐朝的張萱，本圖雖是後世的臨摹之作，卻表現出原畫的風貌，傳達出盛唐時期的氣氛與風俗。從八匹馬的鬃毛修剪與馬鞍的裝飾來看，鬃毛修剪成三絡、馬鞍裝飾格外華麗的第一匹馬與上面坐著小孩的倒數第二匹馬，是地位高者的坐騎。

而最後面被奶媽抱著騎馬的小孩，是他們的孩子。這個小孩或許就是安祿山的軍隊攻進長安後，和玄宗圖一行一起逃出長安，當楊貴妃在馬嵬坡被殺時，與虢國夫人一起死去的裴徽。畫中小孩前面的兩位女性是侍女，還有兩個像是侍從與宦官的年輕人，而在最後的，應該就是侍從。

我們還可以從這幅畫看出當時的女性形象。首先是騎馬的風氣，女人騎馬是理所當然的事，並且長於騎術。唐朝女人騎馬是很自然的事情，但別的朝代卻幾乎看不到這種情形。還有，當時女人騎馬、騎駱駝時，都會戴著被稱為「帷帽」，帽簷下垂著布簾的帽子。「帷帽」是從可以避風沙和遮掩臉部的冪籬（頭巾）演變而來的。唐朝的女人戴著「帷帽」，露出臉來，在街上昂首闊步的模樣，是別的時代看不到的景象。

這個時代崇尚女子的體型豐滿，像楊貴妃、武則天那樣，從畫中也可以看出這一點。至於髮型方面，中等階級以上的女子，或是服侍她們的女子，都蓄著長髮，然後在頭上梳起高高的髮髻。梳高的髮髻是唐代的特色，畫中的女子也是如此，只是侍女的髮髻會往旁邊傾斜。

打毬圖　（部分　陝西省乾縣章懷太子墓出土）　所謂的「打毬」，就是打馬球的比賽。傳說「打毬」是從波斯傳入中國的運動，在唐代的貴族之間非常流行。本圖生動地表現出一手持韁繩，一手持杖擊球的比賽者的英姿，及馬奔馳時的飛躍模樣。

虢國夫人對自己的容貌深具信心，也不喜歡當時流行的化妝技巧，即使在玄宗召喚時，也只是薄施脂粉、淡掃娥眉。當時流行的化妝講求華麗，會在塗白粉的臉上塗胭紅和口紅，並且清楚地畫出種種粗的眉形，還會在額頭上塗黃粉，稱作額黃；用金箔剪成花瓣模樣，貼在額頭上的叫花鈿或花子。此外，還會在眼尾到臉頰一帶，畫上點狀或月牙狀的形狀，這個叫「妝靨」（靨子）。

畫中最前方的騎馬者，一般認為是穿著男裝的女性，或許有人會覺得那樣很奇怪，但事實上那樣的胡服裝扮，在當時的宮中或上流社會裡，是非常普遍的穿著，並不是虢國夫人個人的特別興趣。在此說個題外話，唐代非常流行的娛樂之一，便是騎馬打球（打毬）。參與這項娛樂的人，通常以男性為主，但在女性之間好像頗為受歡迎，而適合打毬的服裝是男裝。女人們發出嬌喝，在競技場中騎著馬互相碰撞、追擊，而男人們圍繞著競技場，為女性們歡呼的模樣，是很容易想像的畫面。

額黃、花鈿、妝靨等化妝技巧，應該是從西方傳到唐

加彩舞女木胎俑（吐魯番市阿斯塔那二〇六號墓出土）　唐代女性的化妝。用金箔剪成花瓣模樣，貼在額頭上的叫花鈿，也會在兩頰或嘴唇兩側塗上紅色，這叫妝靨。

朝的，從冪籬發展出來的帷帽，也是從西域或北方傳入的，胡服和打毬當然也是外來的娛樂。到了唐朝的後半期，嘴唇上塗著叫做烏膏的黑色口紅，臉頰塗著紅褐色的胭紅，畫著細細的八字眉，和梳著蓬鬆的頭髮，變成了新的流行風潮。據說這是受到西藏（吐番）影響的流行。感覺上好像從前半期的「健全風」，突然轉變成「不健全風」，這是唐朝的國勢也走在下坡道上的投影吧！

不管怎麼說，這樣的時尚流行，是女性們自主的結果。而成為這些流行根源的東西，並不是中國固有的傳統，而是外來的事物。想改變自己的女性，與外來的文化交織在一起了。透過這種交織的現象，我們了解到唐朝這個時代的開放性，與即使跨越時代也不變的女性生態。

女人們的感情生活

在唐律中，要與妻子離婚需要七個條件，這就是「七出」的規定：無子（不能傳宗接代）、淫佚（淫亂）、不事舅姑（不侍奉公婆）、口舌（多嘴、搬弄是非）、盜竊（偷東西）、嫉妒、惡疾（生病）。這些條件原本就可以從禮教的舊典籍中看到，唐朝直接採用在法令，成為離婚的條件。除了七出之外，還加上「義絕」之條，也就是妻子對夫家有暴力或誹謗的行為時（包含丈夫對妻子家有上述行為時），也是正式離婚的要件。

在上述之中，無子、淫佚或盜竊成為離婚要件，是可以理解的，有趣的是，就連口舌與嫉妒也在七出的要件中。關於中國女性的愛說話與善嫉傳聞不少，也能從漫長的中國歷史中得到見證。儒教以道德的力量來進行這方面的教化，但是在儒教的力量較為薄弱的隋唐時代，只好以「律」做為正規的手段來進行約束。於是，我們的眼前彷彿浮現出以對等的語氣與男人說話，直接表達自己感情的女性身影，有關悍妻或妒婦，或懼內的故事，就被搬上了歷史的舞台。

接著來看看有關悍妻、妒婦，或懼內的故事。隋文帝的皇后獨孤氏，就是有名的妒婦，不允許別的女人進入文帝的臥室。同樣的，武后也在成為皇后後，不許其他女人接近高宗的身邊。而隋文帝和唐高宗，也都是懼內的代表性人物，這是可笑又讓人笑不出來的事情。

唐朝初年有一位名叫任瓌的武將，在外面是一位猛將，回到家中卻在善嫉的妻子面前抬不起頭來。有一次，太宗為了獎勵任瓌的功勳，便將兩名宮女賞賜給他，卻被他謝恩婉拒了。[1]於是，太宗便召來任瓌的妻子，放一壺酒在她面前，命令她：「這是毒酒。今後，妳若願意改掉善嫉的脾氣就好，如若不能，現在就把這酒喝了。」太宗預料任瓌的妻子會道歉、答應悔改，誰知她竟說：「我不改。」然後拿起酒便一飲而盡。因為那並不是真的毒酒，所以任瓌的妻子並沒有因此而死。後來太宗說到此事時，還很感嘆地說道：「這個女人太可怕了。」

這個故事還有後續。在某一次的酒宴上，毒酒事件成為話題，任瓌開玩笑地說：「老婆有三個最可怕的時候。第一個是結婚時端坐之姿如菩薩般令人生畏，第二個是生孩子後，教養孩子的模樣如母老虎般可怕，第三個是老婆老了以後滿臉皺紋，像山裡的巫婆令人不敢靠近。這一點大家都有同感吧！」任瓌的這一席話，讓在座的所有人都哈哈大笑。

關於任瓌妒妻的故事，或許說得有點長了，但這個妒婦的具體例子，似乎讓我們看到生活在妒婦旁邊惶惶不安的男子們，與那些被籠統稱為妒婦的當代女性縮影。在唐代，比任瓌的妻子更善嫉的女人可不少。例如唐中期房孺復的妻子崔氏，就是眾所周知的妒婦。她不許侍女有漂亮的打扮，看到有化妝的侍女時，就會嫉妒得瘋狂在侍女的眉頭上刺字，或用火箸燙侍女的額頭，有時還會暴怒地狂打侍女，將侍女埋在雪中……崔氏實在太可怕了。

說女人與嫉妒是一體的兩面，這句話或許有語病。但在中國史中公然地以女人的嫉妒為話題之事，應該是始於魏晉之時。東漢開始以後，禮教的束縛漸漸鬆懈，而老莊等各式各樣的思想反而逐步擴散到人們心中，女人便開始走向勇於表達自己的路上。與儒教的中國倫理思想沒有瓜葛的北方民族世界的習俗，也在這個時候傳入，於是女人表達嫉妒的方法，理所當然地變得直接了。但別忘了，她們之所以被認為是妒婦或悍妻，乃因為她們是家庭中的主婦（女主人）。那麼，當時民眾的家庭生活情況，是什麼樣子呢？

婚姻與家庭生活

唐朝法律的規定是一夫一妻制，正式的結婚程序以一個家庭對一個家庭為單位，有六個步驟，依序是納采（男方向女方提親）、問名（詢問姓名與生辰，及家世、祖先的情況）、納吉（向女方報告合姓名與生辰八字的結果）、納徵（確定婚約，送聘禮）、請期（決定婚期）、親迎（新郎前往新娘家鄉迎娶），這六個步驟也稱為六禮。其中第四個步驟納徵，是指男方送出去的聘禮，與親迎時女人出嫁的嫁妝，是婚姻中的大問題。

首先是助長了「賣婚」的風氣。唐代初期時，重視門閥影響力的風氣尚存，政壇的新貴為了抬高自己的家世門第，便積極地想與山東貴族聯姻。而一步步變窮的山東貴族為了得到豐厚的聘禮，也接受了接近於買賣的聯婚。太宗雖然曾經禁止這樣婚姻，但他所親近的大臣，如魏徵、房玄齡，卻破壞了他的禁令，繼位的高宗無可奈何，只好下達規定三品以上人家的聘禮不得高於絹三百匹。不知道高宗的這項規定有沒有被遵守，總之，帶有買賣成分的婚姻風潮擴散下，沒有錢的貧窮階層變得難以結婚了。

相較於結婚變難，離婚與再婚則比較容易。前面提到的「七出」，是讓丈夫可以提出離婚的理由，而讓妻子也可以提出離婚要求的條件，便是「義絕」。此外，雙方個性不合或丈夫長期不在的協議離婚（和離），也被承認是正式的離婚。據說有這樣一則故事：在唐後半期，一位叫呼延冀的人帶著妻子前往外地赴任時，途中遇到了盜賊，財物被洗劫一空，呼延冀只好將妻子暫寄在附近的人家中，表示到達赴任的地方後，就會立刻派人來迎接妻子。臨別時，妻子對呼延冀說：「如果你沒有派人來接，我很快就會出走，不管如何，總是會有別的男人接受我的。」事實也確實那樣。呼延冀抵達赴任地後，不久就接到妻子因為有了新的男人，所以要求分手的信。

說到最常離婚又再婚的人，應該就是唐朝的公主（皇女）們了。根據正史《新唐書》的記載，唐的前半期總共大約有一百名公主，其中有再婚經歷的人數，竟然高達三十人。這些三十人中有四位公主有兩次以上的再婚經歷，包括前面提到的太平公主與安樂公主。還有，像太宗的女兒高陽公主那樣，除了丈夫以外還與僧人辯機有染；明明已經結婚了，卻和丈夫以外的男人私通的例子，也屢見不鮮。只是，到了唐朝後半期，卻不再見到這種公主離婚、再婚的記載了。或許是因為唐室的權威開始式微，公主們的氣燄盡失，同時社會對倫理道德的要求變高的關係。

總之整體來說的印象，唐代女性對男女關係與婚姻觀並不是太嚴謹。用另一種說法來說的話，就是「開放的」。那個時候的貞操觀念並不被重視，人們也輕忽這個問題，所以家人之間的關係也不是那麼密切。

話說回來，把問題的責任完全歸在女性的身上，又太片面了。為了正當化武后取得后位的行為，許敬宗大發謬論說：「即使是鄉下人，假如有了錢，也會想換老婆。」像這種沒有責任感的發言，是男人的潛在毛病。擁有高位的男人，被允許有多名妻妾，有了一點功勳，會獲得皇帝賞賜小妾或婢女。這種情形意味著唐代的婚姻，其實是一夫一妻再加多妾的一夫多妻制。

女人因為結婚而開始定下自己的立場，並且去實現自己的立場。自古以來，女人都渴望過著和平而幸福的生活。然而男人卻是不可靠的，而且又受到體制的保護。女人生活在這種情況下，只好以各種方式來維護自己的主張，於是在某些時候便變成了所謂的妒婦。在家庭裡，妻子們總是生活在一夫多妻制的壓力下。要對抗那樣的壓力與維護家庭的秩序，是誕生妒婦的背景之一，也是讓妒婦出現的溫床，請別忘了這一點。

楚館秦樓的世界與男人們

當很多人聚集生活在一起，形成一個社會時，就會出現讓人尋歡作樂的場所，會有玩樂與性的交易。這是因為有些男人想要尋花問柳，而有些女人期待藉此得到報酬，這樣的情形當然也存在於唐代。我們能推斷當時的全國各地都有花街柳巷，現在就來看看長安城的情況。中和四年（八八四）黃巢之亂結束了，一位老官人孫棨站在因戰亂而荒廢的長安街頭，一邊回憶曾經繁榮的遊樂街北里，一邊寫下了那個時候的光輝歲月《北里志》。

長安的歡場與《北里志》

長安城內東側的商業中心區叫做東市，北里位於緊鄰東市平康坊的一角，附近是達官貴人的住宅。在唐朝的後半期裡，平康坊與其北側的崇仁坊，是地方藩鎮設於長安的辦事處（進奏院）的集中地點。位於平康坊北側有一條貫穿東西的道路，是連結東邊的正門——春明門與西邊金光門的主要幹道，這裡人來人往，非常熱鬧。從面對這條大道的北門進入，左側（東側）有一塊約兩百平方公尺的四方形區塊，就是北里的所在地。根據玄宗天寶年間的記錄，這裡是年輕人出入的熱鬧地方。由此看來，在整個唐朝的歷史裡，北里都是遊樂的花街。

北里的內部以道路為基準，分為三個部分，從北起，分別是北曲、中曲、南曲，級別則是依序上升。「曲」的由來或許可以想像是等同於「局」（被區分的地點）、複雜的胡同或通道等場所。

樂舞圖　畫面中有九名正在演奏樂器的妓女，描繪的是歌舞正在進行的樣子。

不過，這裡的「曲」是否也像日本的「曲輪」（郭＝花街柳巷）那樣，有著與外界做區隔的圍牆呢？其實，淪落到風塵的女子，在被嚴密的監視下，想要逃離花街柳巷，原本就很不容易了。

北曲在坊的最北側，沿著坊牆林立的妓院，是從小地方來京城打工的人，或窮得結不了婚的庶民們解決性需求的地方。到了中曲與南曲，漆著大紅色的外牆，裡面種植著各種植物，庭中佈置著假山假水，供在包廂中舉行酒宴的客人們欣賞。此外，這裡也有妓女們接客的房間。妓樓所擁有的妓女人數從數名到數十名都有，接客的方式則融合了日本置屋與茶屋[2]的形式。中曲與南曲各有數十家妓樓，可以想像得到大約有一千名左右的妓女生活在花街之中。

來中曲或南曲尋樂的人，都是有錢階級的人物，但高級的大官不太會出入這種地方，因為他們有自己的妾和妓女（稱為家妓），沒有必要出入花街柳巷。所以中曲與南曲的主要客人中，大多是中下階級的官僚、進奏院裡的地方官、一些騷人墨客和部分的商人們。這裡也常擠滿了為科舉合格者祝賀的人，或是上京準備科舉考試的考生也會前來此地。若有詩文素養，或精通歌舞音樂的妓女出現，她的住處就會成為有教養的上流人士附庸風雅的玩樂沙龍。

今日我們把在妓院中的女性稱為「妓女」，其實這是一個統稱，指通曉音樂、舞蹈，提供娛樂服務的女人，她們依所屬的機關不同，而種類不同。其中，最早訓練女性舞、樂的地方是內教坊，後來玄宗新設了外教坊與梨園，讓她們學習當時流行的俗樂。因為她們是直屬於皇帝管轄的機關，及提供皇帝宴樂所需的女子，所以稱為「宮妓」。其他還有屬於個人所有的「家妓」、屬於地方官廳的「官妓」（屬於節度使軍營的則是「營妓」）等等。相對於上述的妓女，在北里那樣的歡場裡的妓女，就是「民妓」。只是，這些民妓也受教坊的管束，登錄在教坊管理的樂戶戶籍之中，若宮中的宴會有需要時，她們也可能被動員。從這一點看來，民妓也有半個宮妓的成分。

妓女的世界

隱藏在繁華的花街歡場背後的，永遠是一個充滿慾望漩渦的世界。妓女們可能是貧窮的農家之女，也有可能是被騙的良家婦女，或被逼得走投無路而賣身的女子，她們經買賣女人的人口販子之手，來到北里。妓院的主人為了讓買來的女人成為合格的妓女，在買下她們後，便與她們母女相稱（義母與義女），嚴格的訓練她們。讀書與能做詩文，也包括在訓練的項目之中。為了教育、訓練妓女，有一些義母的文化教養是相當高的。不過，義母通常會嚴格監視義女們的行動，靠著義女們從客人那裡榨取錢財，所以有「爆炭」這樣的外號。此外，義母們的丈夫常是進奏院的高官或大商人，甚至是蠻橫的地痞流氓，目的無非是保護妓院的生存。

至於做為義女的妓女，在義母的控制與剝削下，能夠稍微鬆口氣的時間，只有每個月逢八的三次廟會日，前往同樣位於平康坊內、南側的保唐寺參拜，聽聽寺內僧人講經說法。據說為了爭看那些漂亮的妓女們，當天寺門前特別熱鬧，而妓女們若在此遇到熟識的客人，有時也會帶回妓院。不過，即使是廟會的日子，妓女們若想去寺院參拜聽經，還得給義母一千文銅錢才能去。另外，妓女們不想接客的日子，同樣也要給義母一千文銅錢。由此看來每個妓女一天的收入，大概就是一千文銅錢。假設當時一斗米（成人五天份）的價錢是一百文銅錢，那麼一千文銅錢就相當於五十天的伙食費。從這樣的換算看來，在花街歡場的中、南曲遊樂，開銷相當龐大。

從《李娃傳》看懦弱的男人與堅強的女人

當時的娛樂很少，對男人們來說，最痛快的娛樂場所便是花街柳巷那樣的歡場。但相對的，對妓女來說，男人的歡場卻是自己在短暫的花樣歲月中忍耐義母的壓榨，並和義母一起從男人身上得到報酬，累積了積蓄後摸索著如何擺脫的苦海。對她們來說，正常的婚姻是遙不可及的夢，幸運的話，或許能得到官僚或商人的青睞，離開花街歡場，成為家妓。但是，一旦曾經墜入花街，就很難翻身；而且隨著年歲日增，姿色漸衰，未來越是渺茫。

說到這裡，就讓人想起以唐代妓女為主角的小說《李娃傳》，故事是這樣的：玄宗天寶年間，一位年輕人為了參加科舉考試而來到長安，這個年輕人是名門之後，家境富裕，但他愛上了平康坊的妓女李娃，於是住進了李娃家的妓樓，與李娃同居。然而，大約過了兩年，當這位年輕人的盤纏用盡時，他與李娃也就緣盡了。年輕人被趕出妓樓，再也見不到李娃。變得一文不名的年輕人流落街頭、生病了，幸好被殯儀館的朋友所救，成為出色的唱輓歌歌郎。但在一次唱輓歌的比賽時，被

盛唐婚嫁圖（敦煌莫高窟第四四五窟北壁壁畫） 描繪唐代時結婚宴客的情形。

正好上京的父親看到。年輕人被失望的父親一頓痛打，並棄於街頭，差點就死了。所幸年輕人沒被打死，但好不容易撿回一條命的年輕人，卻淪為乞丐。在一個下雪的日子裡，年輕人偶然間到了李娃家門前行乞。

看到年輕人變得如此悲慘，李娃心痛了。於是她拿出自己的錢給義母，為自己贖身，搬離了妓樓，決心幫助、照顧年輕人。她先花了一年的時間讓年輕人恢復健康，然後買齊了準備科考的書籍給他。年輕人也埋頭苦讀，終於在幾年後以第一名的成績通過科舉考試。年輕人的人品也獲好評，於是被任命到四川成都做官，當他要去成都赴任時，李娃告訴他，自己的任務已經完成，是該功成身退的時候。但是年輕人懇請李娃留下，李娃於是送他到達要進入四川的劍門，他們在這裡與已經成為四川長官的年輕人父親相遇了。父親原諒了重新振作的兒子，並且同意兒子與李娃的婚事。從此李娃協助丈夫、孝順父母，全家和樂，傳為美談——這是一個結局圓滿，可喜可賀的故事。

這是個讀書人與妓女跨越身份的純愛勵志故事，但我們從這個故事看到的，並非單純的才子佳人的愛情，我們還看到了當時的時代面貌。《李娃傳》的作者是白居易的弟弟白行簡（七七六至八二六），是刻意以八世紀後半到九世紀初的時代狀況為背景所寫的故事。故事中以承擔時代未來的科舉系年輕人為主角，而他的挫折、振作，終於走上成功之路，其所暗示的不正是安史之亂後停滯的社會，對未來光明的期待嗎？而

薛濤圖　有唐代第一女詩人之稱的薛濤，出自清末明初的《美人百態畫譜》。

與下層女性的愛情，或與得到社會最下層階級的殯葬業朋友的幫助，不是意味著來自下層階級的都市住民與新興庶民從下往上的力量嗎？

現在再以女主角李娃為焦點，來看這個故事。李娃勇敢而堅強，為愛犧牲自我，美麗又聰明，實在令人敬佩。這樣的李娃與唐朝前半期昂首闊步的女人形象，正好形成對比。這樣的李娃，可以說是男性心目中理想型的一個代表，同時也是時代開始傾向男性優位的一個產物，我們應該可以做這樣的理解。

這個故事裡還有一個引人注意的地方，就是結婚的形式。李娃是妓女，登記在教坊管理下的樂籍中。唐代是有良賤制的，法律上嚴格禁止良民與賤民結婚。登記在樂籍裡的人的身份雖然高於奴婢，但仍然是賤民，就算能夠脫離妓樓，成為官員或商人的妾，也只能說是家妓。賤民要改變身份成良民，並不是容易的事情。在李娃的故事裡，這一點被無視了，作者讓男女主角正式結婚，有了美好的結局。超越了不可逾越的界線，這個故事為下層階級的女性帶來夢想，這當然是十分有意義的事。

在此，我想再提出兩個與婚姻有關的著名女詩人的事蹟。一位是薛濤（西元七六八至八三一年），另一位是唐末的魚玄機（西元八四四年左右至八七一年左右）。薛濤出身於良家，父親在蜀地（四川）任職，卻不幸歿於該地，因此家道衰落，薛濤也就成為西川節度使的營妓。薛濤因為寫得一手好詩而受到節度使韋皐的賞識，鼓勵她進入節度使的幕府寫詩，並與當代的一流詩人如與白居易、元稹、劉禹錫等人詩文往來。但因為她是營妓的關係，一直無法回到故鄉長安，也沒有結婚，最後以女道士的身份，終老於當地的浣花溪畔。

日本的名作家森鷗外寫過魚玄機的同名小說。魚玄機是長安人，從小就有詩名，後受教於代表唐末的詩人溫庭筠（七六八至八三一），十五歲左右便成為補闕（官名）李億的妾，但不容於李億之妻，被趕出李億家，便在咸宜觀這個道觀當女道士。魚玄機以其富有個性的詩作和複雜的異性關係而有名，但後來因殺害侍婢而犯罪，被處以死刑。魚玄機的出身來歷不明，但有一說法，說她來自妓樓。如果她出身自一般家庭，當不致於一開始就給人做妾。不過，就算她不是妓女，如果她的娘家是妓樓的人，那麼她的身份還是會被登錄在樂籍之中。如此說來，魚玄機不也是深受唐代良賤身份制之苦的人嗎？

《女則》與《女論語》

傳統禮制與唐代女性的女戒之書

就像大家所知的，中國自古就以禮教來要求女人。禮教中的三從，就是「在家從父，出嫁從夫，夫死從子」。而且為了束縛夫妻關係，還提出「妻以夫為天」、「夫婦一體」的論調。另外，做為女人還必須擁有以下的修養，也就是所謂的「婦德（德行）、婦容（容貌）、婦言（言詞）、婦工（技藝）」等四德。此外，已婚婦女如果犯了「七出」的過錯，就會被休妻（離婚）。關於「七出」是什麼，已經在前面提過了。

然而，這些壓制女性的理論存在的原因，到底是什麼呢？或者說：有什麼理由非如此壓制女性不可呢？關於這個問題，到目前為止還沒有很明確的答案。雖然，女性在儒家思想體系下是如何遭到虐待的論調經常被提及，但是唐代的女性是強悍的，她們可以跨馬奔馳的行動力與對男女關係的隨意，再加上主婦在家庭中的地位崇高，並以妒婦的形象來維護自我的意見。從上述的情形看來，實在看不出唐代女性有被男性欺壓的痕跡。更何況唐代還出了一個女皇帝。由此看來，在漫長的中國歷史中，唐代的女性是活得最幸福的一代。

然而，在女性生活得如此有行動力的時代裡，卻出現了與上述的行動力相反的論調，告訴女人們應該以什麼樣的姿態生活在男人們的身邊。而且，這些論調竟然多出自女人之手。這些論調的起源，可以追溯到東漢班昭（曹大家）的《女誡》七篇。《女誡》主張「女人要卑弱」，並且生活中應該遵守三從四德。不過，《女誡》成立的背景，是以儒家的禮教規律人們生活的東漢時代，與唐代的環境有很大的差別。

唐朝最早出現的女性教養法則，是太宗的皇后長孫氏的《女則》十卷。長孫皇后可以說是太宗的賢內助，而且極力迴避與政治有關的事務，是一個非常謹慎的女性。她收集了古今女子的優良事跡與犯過的錯誤、不好的行為，完成了《女則》十卷，並以《女則》做為自己行為的方針。太宗在長孫皇后死後，看了《女則》一書，才了解長孫皇后思慮之深，為人生失去重要的伴侶而痛哭。現在雖然無法得知《女則》的詳細內容，但一般認為其基調應該來自班昭的《女誡》。

以此為濫觴，唐朝關於女性的教養書籍還有侯莫陳邈的妻子鄭氏所著《女孝經》一卷、王摶之妻楊氏的《女誡》一卷、薛蒙之妻韋氏（韋溫之女）的《續曹大家女訓》十二章，及尚宮宋氏的《女論語》十篇、王琳之妻韋氏的《女訓》等等。另外，在這些著作裡還有武后編纂的《列女傳》一百卷、《孝女傳》（孝子列女傳）二十卷，都是在武后還是皇后的時代完成的，一般認為是武后背後的智囊團——北門學士為武后整理完成的。明明是大女人的武后為什麼也要規範女人的舉止？大概是她也想得到不輸給長孫皇后的賢后之名，並且也要隱藏自己的政治野心之故吧！《列女傳》、《孝女傳》完成於唐的前半期，與武后的皇后之位有關，所以這兩本書事實上還是充滿了政治意味。

那麼，安史之亂後的唐朝後半期，又是什麼樣的情況呢？前面列舉的書中，《女孝經》以後的作品，大多出現於唐的後半期。這種情況令人意外。進入唐的後半期後，這類女性寫的女性教養書突然大增，並且很難讓人認為她們寫那些書的目的與政治或權力有關。然而，在那樣的一個時代裡，她們為什麼會突然關心起女性教養的問題呢？我們藉由《女論語》一書來探討。

《女論語》的內容

《女論語》的編纂者是貝州（今河北境內）儒者宋庭芬的五個女兒。安史之亂結束後，到了德宗的時期，宋庭芬的五個女兒受了父親的影響，從小就對儒學感興趣，她們不喜浮華之風，發誓不婚，願終身追求學問。於是展開《女論語》的編纂事業，長女若莘負責匯集資料，次女若昭負責資料的注解。唐貞元四年（七八八），她們被迎入德宗的後宮。不過，她們不是去後宮當德宗的嬪妃，而是在後宮當學問與文學方面的顧問，或在後宮擔任尚宮之職，負責後宮的事務。後來更被委以後宮與皇族的教育責任。或許《女論語》就是因為她們特殊的地位，才會由宮廷進而擴散到社會各個階層。

根據唐的記錄，《女論語》有十篇，但是後世流傳的《女論語》版本卻有十二章。有一種說法是，由於《女論語》的原版早已逸散、失傳，今人所見到的《女論語》，其實是參考《續曹大家女訓》，再整理出來的。不過，就算如此，應該還是反映出了當時的想法。

今日我們見到的《女論語》內容，由三個方面組成。第一：女人要貞淑、溫和，遵守節義。第二：女人的基本任務就是照顧父母、公婆、丈夫，並且要訓導子女。第三：女人必須有手藝，懂得待人接物，每天操持家務，安排家計等等。另外，《女論語》的文章體裁採用四字一句，二句一文的格式，全部都要押韻，方便讀者按照音韻朗讀、背誦。

《女論語》的基本論調與東漢的《女誡》相同，是在同一個方向的延長線上、同一屬性的書。一直以來人們對《女論語》的理解就是如此。但是，《女論語》真的是那樣的書嗎？《女誡》原是為了待嫁女子所編寫的書，內容以告誡待嫁女子應該如何應對為主；而《女論語》則全面性地提到了女人應有的態度，尤其強調當女人身為母親時的應盡義務，要求女性必須貞淑、勤勉、服從要求，婚後要成為丈夫的賢內，努力持家，教養孩子。因此，可以說《女論語》擴展了《女誡》所要求的女性德行，並且對女性的要求推向一個新的高度。

安史之亂大大動搖了容許女性可以率性行動的唐朝根本，既然時代已經失去允許女性可以任性而為的氣氛，女人們也只好被迫面對現實而活。從前的繁華已逝，回歸家庭，依靠男人，實實在在地重新穩固自己的基地。但是，我們也不能一味把《女論語》視為單純要求女性服從男子的書。因為從另一個角度看時，不也可以說幾乎同一時期的《女論語》、《女孝經》、《續曹大家女訓》，其實是提供女性在面對時代轉變時的指南書嗎？這些書其實也預告了儒教時代的即將來臨。

女子的教育

《女論語》的主要訴求對象，是勤奮、努力勞動的女性們。她們一早起床，便開始俐落地做家事，家事之餘，還要養蠶、織布、裁縫等，做各種女紅。養蠶是為織布，織布是為了替家人做衣服，還要把織出來的布拿一部分去賣，賺取現金。這樣的家庭主婦有時還得幫丈夫下田、照顧牲畜。此外，她們還必須懂得勤儉持家，儲蓄家產，讓家中的男孩子讀書求學，在客人來時待客以禮，絲毫不能忘了女人該有的禮節。

推測《女論語》訴求的對象階層，一般認為應該不是每天忙於農耕作業的下層農民階層，當然也不是擁有眾多傭人、奴婢的上層達官顯貴階層，而是位於這兩者中間的、中下層官僚到地主之間的階層。唐代後半期起，有錢的地主階層崛起，其中不少有錢地主家庭，就符合《女論語》中女性描述。與下一個朝代的統治階層——宋代的科舉官僚接軌的，就是這個新興的階層。

既然《女論語》是以那個階層的女性為主要訴求的對象，就表示那個階層的女性有足以了解《女論語》中的文字與內容的能力。由此可知當時能夠閱讀的女性人口相當普遍。前面提過的，對

工作中的加彩女子泥俑群　（吐魯番市阿斯塔那二〇一號墓出土）　展現女性操持家務的女子泥俑。從左到右分別是婦女杵穀物、篩穀物、磨穀物成粉、用麵棍擀麵的情景。

生活在花街歡場中的女子們來說，寫詩做文章也是她們的素養之一。唐代的著作中，有許多是由女性寫給女性閱讀的書，換個角度來說的話，正因為女性能夠閱讀文章，所以寫給女性閱讀的書才會多了。

那麼，女性是在哪裡受教育的呢？當時並沒有為女性設立的公開教育機構，平民社會裡也沒有像「寺子屋」[3]這種女子也可以去的私塾，所以能讓她們學習文字與閱讀的地方，只有家裡了。而她們的老師，就是家中的母親。

舉書法家顏真卿（七〇九至七八五）的例子來說，當時的顏家算不上名門貴族，而支撐一家的父親又早逝，留下了眾多子女，家庭的經濟情況只能用貧窮二字來形容。於是顏真卿的母親殷氏只好求助於娘家，並更加辛勤地教育孩子們，這才讓顏真卿後來有出人頭地的機會。還有，唐宋八大家之一的大文豪韓愈（七六八至八二四）三歲喪父，十一歲時如父親一樣地照顧著他的長兄過世了，此後，他便在長嫂鄭氏的教育下日日苦讀，八年後才離開地方，出發前往長安尋求功名。

許多像那樣的家庭中都有能夠識字、閱讀的女性，並且透過她們的教育，文字與閱讀得以在家庭中代代傳遞。從這一點看來，唐代女性們的知識水準之高，恐怕是我們必須重新去體認的。

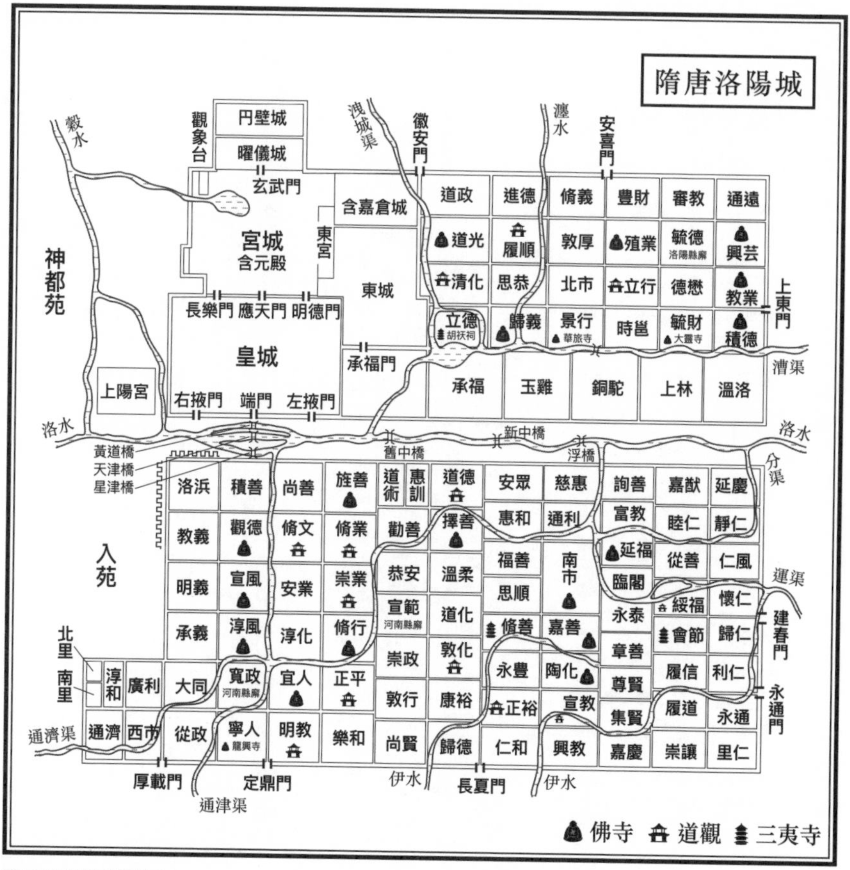
隋唐洛陽城
円壁城
曜儀城
觀象台
玄武門
宮城
含元殿
東宮
含嘉倉城
東城
長樂門
應天門
明德門
皇城
承福門
右掖門
端門
左掖門
上陽宮
神都苑
入苑
穀水
洩城渠
徽安門
瀍水
安喜門
上東門
永通門
建春門
漕渠
洛水
分渠
運渠
通濟渠
通津渠
伊水
黃道橋
天津橋
星津橋
舊中橋
新中橋
浮橋
厚載門
定鼎門
長夏門
北里
南里
道政
進德
脩義
豐財
審教
通遠
道光
履順
敦厚
殖業
毓德
洛陽縣廨
興芸
清化
思恭
北市
立行
德懋
教業
立德
胡祆祠
歸義
景行
華旅寺
時邕
毓財
大靈寺
積德
承福
玉雞
銅駝
上林
溫洛
洛浜
積善
尚善
旌善
道術
惠訓
道德
安眾
慈惠
詢善
嘉猷
延慶
教義
觀德
脩文
脩業
勸善
擇善
惠和
通利
富教
睦仁
靜仁
明義
宣風
安業
崇業
恭安
溫柔
福善
南市
延福
從善
仁風
承義
淳風
淳化
脩行
宣範
河南縣廨
道化
思順
臨闤
綏福
懷仁
崇政
敦化
脩善
嘉善
永泰
會節
歸仁
淳和
廣利
大同
寬政
河南縣廨
宜人
正平
永豐
陶化
章善
尊賢
履信
利仁
通濟
西市
從政
寧人
龍興寺
明教
樂和
敦行
康裕
正裕
宣教
集賢
履道
永通
尚賢
歸德
仁和
興教
嘉慶
崇讓
里仁
佛寺
道觀
三夷寺

隋唐時代的洛陽城

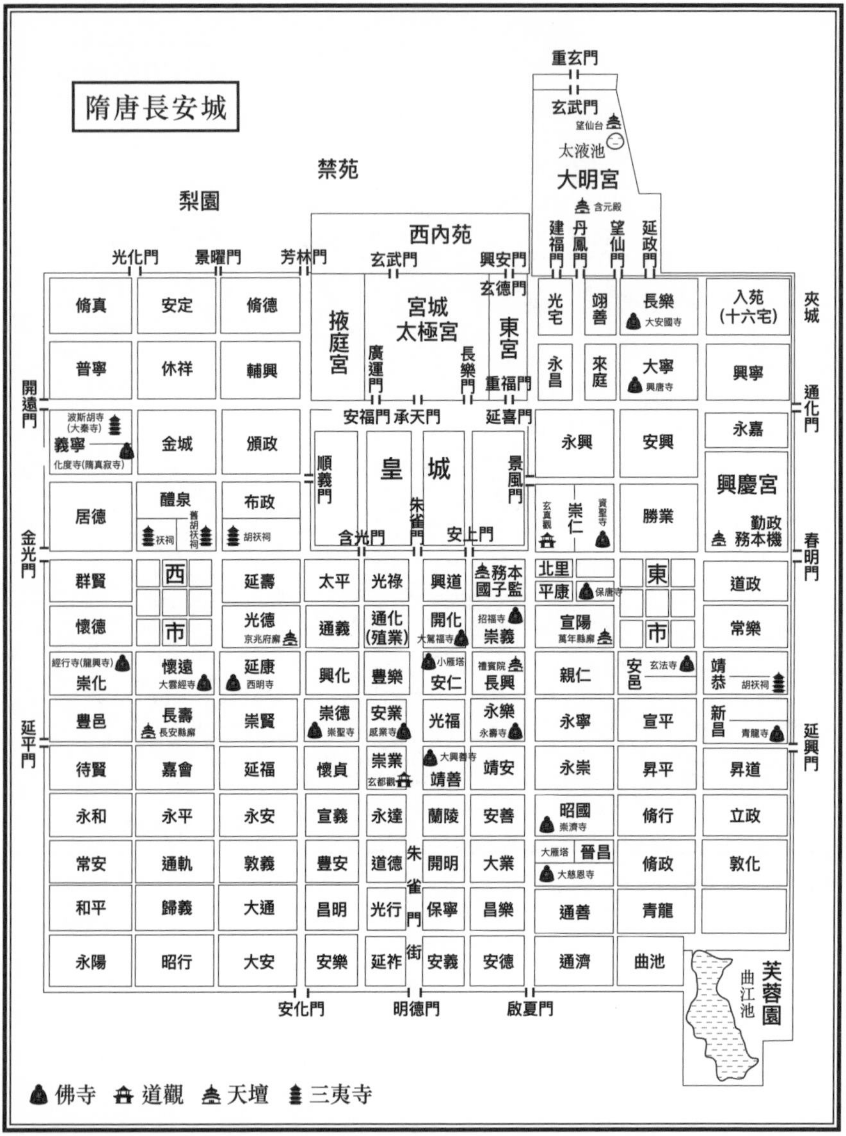
隋唐長安城
禁苑
梨園
重玄門
玄武門
望仙台
太液池
大明宮
含元殿
西內苑
建福門
丹鳳門
望仙門
延政門
光化門
景曜門
芳林門
玄武門
興安門
玄德門
脩真
安定
脩德
掖庭宮
宮城
太極宮
東宮
光宅
翊善
長樂
大安國寺
入苑(十六宅)
夾城
普寧
休祥
輔興
廣運門
長樂門
重福門
永昌
來庭
大寧
興唐寺
興寧
開遠門
安福門
承天門
延喜門
通化門
波斯胡寺(大秦寺)
義寧
化度寺(隋真寂寺)
金城
頒政
皇
城
順義門
景風門
永興
安興
永嘉
興慶宮
居德
醴泉
舊胡祆祠
祆祠
布政
胡祆祠
朱雀門
玄真觀
崇仁
資聖寺
勝業
勤政務本機
金光門
含光門
安上門
春明門
群賢
西
市
延壽
太平
光祿
興道
務本
國子監
北里
平康
保唐寺
東
市
道政
懷德
光德
京兆府廨
通義
通化(殖業)
開化
大薦福寺
招福寺
崇義
宣陽
萬年縣廨
常樂
經行寺(龍興寺)
崇化
懷遠
大雲經寺
延康
西明寺
興化
豐樂
小雁塔
安仁
禮賓院
長興
親仁
安邑
玄法寺
靖恭
胡祆祠
延平門
豐邑
長壽
長安縣廨
崇賢
崇德
崇聖寺
安業
咸業寺
光福
永樂
永壽寺
永寧
宣平
新昌
青龍寺
延興門
待賢
嘉會
延福
懷貞
崇業
玄都觀
大興善寺
靖善
靖安
永崇
昇平
昇道
永和
永平
永安
宣義
永達
蘭陵
安善
昭國
崇濟寺
脩行
立政
常安
通軌
敦義
豐安
道德
朱雀門街
開明
大業
大雁塔
晉昌
大慈恩寺
脩政
敦化
和平
歸義
大通
昌明
光行
保寧
昌樂
通善
青龍
永陽
昭行
大安
安樂
延祚
安義
安德
通濟
曲池
曲江池
芙蓉園
安化門
明德門
啟夏門
佛寺
道觀
天壇
三夷寺

隋唐時代的長安城

註釋

1 還有一個說法是，任瓌收下了太宗的賞賜，但回家後，善嫉的妻子卻燒掉了兩名宮女的頭髮。

2 【譯註】置屋是提供藝妓或妓女住宿、接待客人的地方，茶屋是替客人召喚藝妓，提供飲食的店。

3 【譯註】日本江戶時代寺院所設的私塾。

第六章　都市的發展與絲路

長安、洛陽的景觀及當地的生活

長安與洛陽的位置

隋唐三百年的首都長安，位處相當內陸的關中盆地（參照下頁圖）。關中的「關」，是指往東方行走時必須經過幹線上的函谷關到潼關。在這條幹線內側的關中，南有以海拔三七六七公尺的太白山為主峰、東西走向的秦嶺山脈，北邊有往西橫行、起伏劇烈的廣闊黃土高原，在高原前方的則是自古以來以隴山而聞名、盤據於西方的六盤山；東邊是奔騰南下，然後往東蜿蜒而去的黃河。

關中是個如上述般有著天然屏障的盆地，其中還有著可以養活一定人口的平原地區。這個區域裡還有一個不大為人所提及的地方，那就是位於西邊的隴山南麓一帶，有片廣大的國營牧場（監牧地）。在長安的近郊，也有一塊類似的國營牧場，是供給國家大量軍馬的重要場所。因為有著以上的種種背景，所以自上古的周朝（商周）起，一直到隋唐時代，這裡就是政治權力的中心。

關中位處內陸的要害，這是它存在的優點，但是相對的也有缺點，那就是對外交通與物資運送的問題。既然是首都，就擁有龐大的消費人口，但關中本身的生產力其實滿足不了那麼多的人口。函谷關到潼關的路線可以彌補這個缺點，卻處處艱難，物資的輸送上有很多不便，經常停擺。所以每當關中發生飢荒的時候，首都就會陷入嚴重的糧荒之中。

這時，皇帝就會暫時離開長安，前往洛陽避難。洛陽位於華北平原的西端，從江南或華北運送上來的稅米集中到這裡後，再靠陸上運輸送到關中。對長安而言，洛陽是東方的橋頭堡，是連接東、西的連接點。因此，不管是隋朝的煬帝還是唐朝的武后，在想斬斷既存的障礙，施行新的政策時，洛陽就成為改變時的絕佳據點。

可是，洛陽不如長安一般有堅固的防衛，也不是位於東方的中心或交通要衝上，是因為長安，它才有存在的意義。在歷史上，這兩個城市相互依存，像車子的兩輪一樣，誰也少不了誰。不過，兩個城市的存在仍然以長安為主，洛陽為輔，這一點是改變不了的。

關於長安的位置，有一點非常重要的是，中國通過絲路與西方世界連結時，位於西北的長安，是最適合的起點。自從紀元前二世紀後半，西漢武帝開闢絲路以來，絲路就擔負起交流東西物資、文化，及溝通彼此資訊的重任，是一條倍受重視的幹線。隋唐時，不管付出多大的代價，都不會停止西域的經營，長安成為絲路東方地點的地位，是不可動搖的事實。

話雖如此，到了唐朝的後半期，當物資的運送與人們的往來變得更加活絡時，重點便開始轉移到經濟先進地帶的東方華北平原與長江下游流域，及連絡這兩個區域的大運河沿岸城市。從這個時期開始，連廣州或揚州，也成為大食（阿拉伯）系商人們到訪的城市，並且靠著船隻的水路運輸，

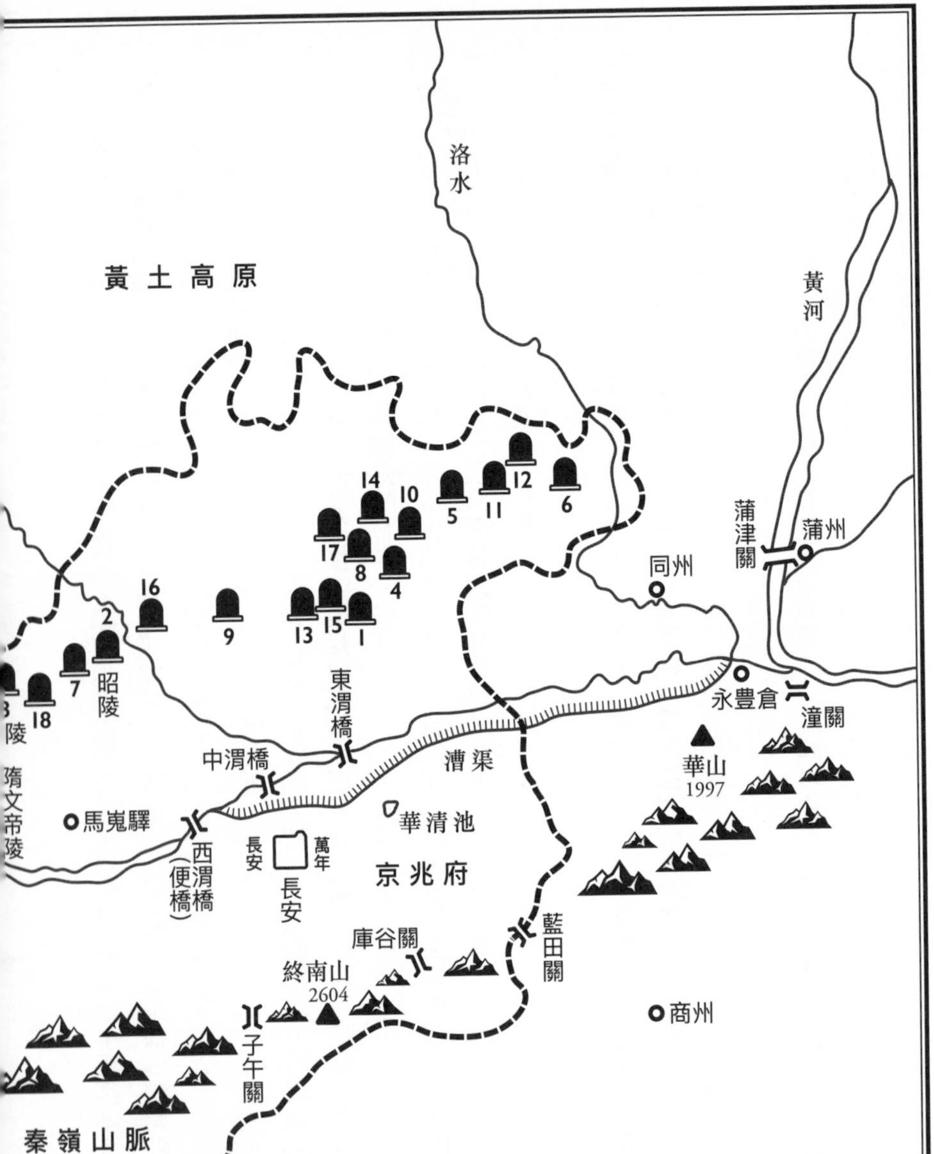
洛水
黃土高原
黃河
蒲津關
蒲州
同州
14
10
12
5
11
6
17
8
4
16
2
9
13
15
1
7
昭陵
18
陵
隋文帝陵
東渭橋
中渭橋
西渭(便橋)
馬嵬驛
永豐倉
潼關
華山
1997
漕渠
華清池
長安
萬年
長安
京兆府
藍田關
庫谷關
終南山
2604
子午關
商州
秦嶺山脈

代	陵名	帝名	埋葬年
1	獻陵	高祖	貞觀 9（635）
2	昭陵	太宗	貞觀 23（649）
3	乾陵	高宗	文明 元（684）
		武后	神龍 2（706）
4	定陵	中宗	景雲 元（710）
5	橋陵	睿宗	開元 4（716）
6	泰陵	玄宗	広德 元（763）
7	建陵	肅宗	広德 元（763）
8	元陵	代宗	大曆 14（779）
9	崇陵	德宗	永貞 元（805）
10	豐陵	順宗	元和 元（806）
11	景陵	憲宗	元和 15（820）
12	光陵	穆宗	長慶 4（824）
13	莊陵	敬宗	太和 元（827）
14	章陵	文宗	開成 5（840）
15	端陵	武宗	會昌 6（846）
16	貞陵	宣宗	咸通 元（860）
17	簡陵	懿宗	乾符 元（874）
18	靖陵	僖宗	文德 元（888）

關中唐十八陵一覽表

隋唐關中地域圖　關中的「關」，是指往東方時必須經過幹線上的函谷關到潼關。被這條幹線守護的「關中」，有著天然地形的屏障，自西周以來到隋唐時代，都是中國政治權力的中心。

進行大量交易，搶走了陸地上絲路的存在意義。長安的地位與重要性因此逐漸降低，且隨著唐朝的滅亡，從歷史的中心消失，洛陽也因此結束了歷史性的功能。唐朝的滅亡，是中國政治、經濟及文化重心由西往東大幅移動的劃時代性轉折點。

唐代都市的構造與特色——以長安為中心

如前面說過的，長安城（參閱第五章地圖「隋唐長安城」）的建造始於隋初宇文愷所設計並完成的隋朝首都大興城。長安城的規模大小為南北長八六五一・七公尺，東西長九七二一公尺，是東西向較長的長方形，外圍有用夯土塊築起的城牆，外側有濠溝。另外，城牆的周長相當於日本東京山手線電車一圈的距離，裡面的面積則是平安京（位於京都盆地）的三・五倍。這樣的城市規模在當時是相當大的。

一般推測長安城的城牆厚度是九至十二公尺，高度約五公尺，而今日我們所見的西安城城牆厚度超過十公尺，是由非常堅固的石塊組建而成，並且擁有高聳雄偉的城門樓，相比之下當時的長安城確實顯得寒酸。而且，從城牆的構造與長度來看，恐怕也很難長期對抗兵臨城下的敵軍。唐朝的李淵（唐高祖）幾乎是讓長安兵不血刃地開城，還有，安祿山攻破潼關的消息一傳來，玄宗就棄城而逃，這都說明了長安城的城牆不是什麼銅牆鐵壁。

再來看看城內，皇帝居住、處理政務的空間——也就是宮城，位於長安城內的北邊，宮廳衙署則集中在宮城以南的皇城，皇城以南被稱為坊（里）的區域，是老百姓們生活起居的地方。如果用城郭一詞來說明，宮城和皇城是「城」（內城），圍繞著宮城與皇城的整個長安城是「郭」（外郭、外城）。把皇帝（天子）的居所安排在最北位置的傳統，便是始於這個時候，這應該是「聖人（天子）南面聽天下」這個古典理念的具體化。不過，在《周禮》等文獻中，宮城（內城）通常位於王城的中央位置。所以，在討論天子所居的位置與古典理念的這個問題時，必須先說明，其實北魏的洛陽城或東魏、北齊的鄴城（今河北省內），內城（宮殿區）都建於城內偏北的位置上。

關於把皇帝（天子）的居所安置在最北的這個問題，其實，在長安城的宮城以北、靠近渭水的地方，還有一片寬闊的、被城牆環繞起來的禁苑（御苑）。禁苑內草木茂盛，也有水池，還放養著各種珍奇的動物。這裡是皇帝的獵場，有守衛宮城北門的北衙禁軍兵營，高宗建造的新宮城——大明宮，也在這裡。後來，這裡也設置了教習音樂的梨園和打馬球用的球場（競技場）。如果把這麼大的禁苑也算在長安城中，那麼，皇帝所居住的地方，其實也位在整個長安城的中央。洛陽也和長安一樣，緊鄰內城、從西往北的地方，是一大片的禁苑。隋唐的都城就像這樣，除了有內城外，也包括了禁苑，這是以前的都城所沒有的特色。

隋唐的都城還有一個很大的特徵，那就是東西對稱的構造。從宮城的北門玄武門到皇城的南門朱雀門，再往南延伸到通往朱雀門街的明德門，是一條南北走向的中軸線，建築物便以這條中軸線為中心，呈現東西對稱的整齊排列。商業場所的排列也如此，有東市、西市之分。這條中軸線的起點是南邊通往終南山的石　谷口，從谷口朝著正北延伸的線，就是中軸線。長安城就在這條南北方向的軸線上，從秦嶺往北流的河川之外的平地部分，以左右對稱的建築模式，打造出城市的規模。

唐長安城含光門遺址模型　含光門是皇城南面的西側門。

再說隋唐時代的洛陽城，受限於地形的關係，無法規劃成長安城那樣。但是，若以宮城、皇城為中心來看，還是有著南北向的中心軸，並形成東西對稱的規劃模式。中心軸往前延伸，夾著伊水水流兩岸的，一邊是有著龍門石窟的西山，一邊是與之相對的東山，和以此二山當做門（門闕），名為「伊闕」的地方。

隋唐時代的長安城，就是在背負著傳統的理念與形態下，創造出獨特性的人工城市。這塊土地沒有繼承過去遺留下來的建築，最後卻被打造成帝都，成為萬方矚目的地方。在帝都就是宇宙中心的論調擴散下，長安城理所當然被設定為得到天命、成為地上統治者——天子統理天下之都。位於長安南郊的天壇，與北邊禁苑的方壇，都是祭天、舉行儀式的設施；擴充這些設施，當然是在呼應上述的論調。

不過，關於圍繞著長安城的各種觀點論調，還有一個問題值得一談：長安城始於隋朝的大興城，而隋朝時就有那樣的理念了嗎？其實，隨著時代不同的狀況，付加在長安城上的理念、想法，也會不斷增加，而儀禮、理念與實際狀況之間的關係，又是如何呢？這有討論的餘地。此外，也不能忽視北方民族的色彩，只以中國的理念來說明長安城的存在，恐怕是很難的吧？總之，在強烈地意識到這個都城的精神與理念時，我們相信這個城市裡一定蘊藏著唐朝這個時代的特質。

坊的構造及其特色——百姓日常生活的地方

除了宮城與皇城外，長安城中有十一條南北走向的街道，十四條東西走向的街道（包含沿著城牆的），形成棋盤狀的街道風景。其中最寬敞的街道，是位於皇城南門（正門），連接朱雀門與南邊明德門的朱雀門街，寬約一百五十公尺，兩側有步道與水路，沿路種植成排的柳樹。以朱雀門街為界線，以西（街西）是長安縣，以東（街東）是萬年縣。

長安城還有一條主要街道，在皇城前、東西走向，連接東邊春明門和西邊金光門，寬一百二十公尺的街道。這條皇城前大街，人與物資往來頻繁，是長安城內最熱鬧的地方；政治、行政部門的出入口朱雀門、商業中心的東西兩市，和前一章提到的花街歡場平康坊，都面向著這條大街。

而老百姓居住、生活的坊（里），則填補了棋盤狀街道所形成的格子。坊以三公尺高的土牆圍起來，大的坊有四個門，小的坊有兩個門，從門進入坊內的街巷，可以走到各家各戶。坊正是保管坊門鑰匙的坊管理者，坊門於每天日出之前的四點開門，於黃昏日落時關門，因此，住在坊裡的人必須在天黑前回家，天亮以前不能離開居住的坊內。不過，有勢力的人家和大寺院被允許可以另外開設大門，直接通往大街。

長安城內的街西與街東各有五十四個坊，再加上東西兩市，合起來共有一百一十個坊。其中，大坊的周長四公里，正好相當於被日本京都御所的道路圍繞起來的御苑地區。小坊的周長為二・一公里，大約是大坊的一半。棋盤狀的街道劃分下，填補在棋盤格子裡、獨立又封閉的坊，是人工都市長安的另一個大特徵。洛陽也有同樣的特徵。換個角度來說的話，隋唐時代的長安（洛陽），是

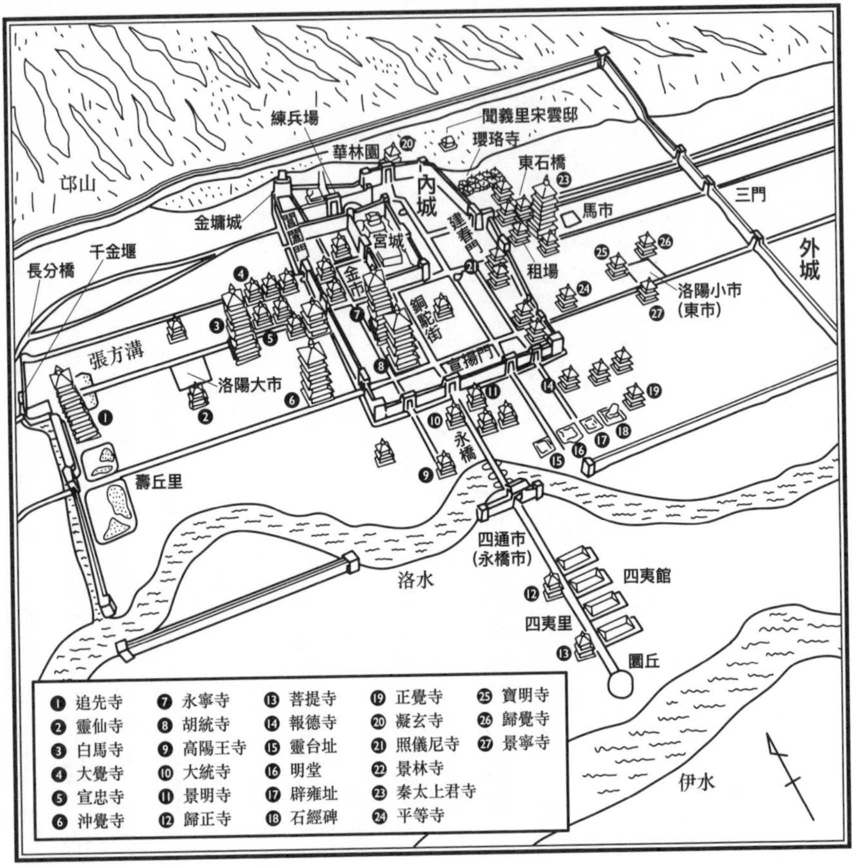

北魏洛陽城

一個四方街區的集合體，或者也可以說是聚集了很多細胞的組織體。

那麼，長安城為何會採取這樣的形態來建城呢？一直以來的看法認為，漢朝時，里是指聚居了一百戶左右農民的聚落單位，而聚集複數的里可以成為城郭。里與城郭的關係經過長年的演變，最後發展為都城。不過，坊所容納的居民是以萬為單位，從規模與機能上來說，隋唐長安城的坊與漢時的坊是完全不同的。

再來看看北魏洛陽城與北齊鄴城的里。里也可以直接用坊來解釋。根據文獻，北魏時的里是每邊一里（約四百五十公尺）的正方形聚落，並且有四個里門。里的管理者叫做里正，里與里的排列也採棋盤式，其規模接近小坊，因此，隋唐長安城的原點，很有可能就在這裡。

還不清楚北魏的里有多少系統性與實效性，也不清楚里與里之間的相互關係為何。但仔細思考之後就會察覺，不管是北魏還是隋唐的主流，都與北方民族的鮮卑系有淵源，如果認為棋盤狀的里制或坊里的原點，是來自北方遊牧民族的構思，其實並不奇怪。說到這裡，就會讓人想起構成遊牧世界根本的部族或部落。部族（部落）原本就是以族長為首，生活（生產）與軍事上的共同體，在擁有其獨立性之下，首領就是部族的王（後來的皇帝）。觀察坊（里）具有的特性或實行的背景，就能在遊牧的部落中發現坊（里）的原形。

構思出隋唐長安城的當權者，除了意識到中國傳統的里組織形態，也同時重視自己出身遊牧世界，並且將兩者融合起來。「坊」的形式確實很獨特，它的形成恐怕不是完全來自中國本身。隋唐的長安和洛陽具有濃厚的北方色彩，這一點也意外的讓我們發現「坊」本身的非中國性元素。

從人口動向看長安的風景

長安城內百姓居住場所叫做「坊」，而以「坊」為中心的人們的生活，是什麼樣子的呢？在天黑之後，住在坊內的人們，又是如何度過漫漫長夜的呢？

在日本小說家芥川龍之介廣為人知的小說《杜子春傳》中[1]，話說落魄的杜子春第一次遇到老人的時間與地點，便是日落之後，長安東市的西門前。那時他已無家可歸，也沒

都市名（國名）	人口
長安（中國）	800,000
巴格達（阿拉伯） （西元 765 年時的人口為 480000）	700,000
君士坦丁堡（拜占庭）	300,000
京都（日本）	200,000
亞歷山大（埃及）	200,000
科爾瓦多（西班牙）	160,000
埃洛拉（印度）	90,000
羅馬（義大利）	50,000
巴黎（法國）	25,000
科隆（德國）	15,000

西元八〇〇年世界主要都市人口表　（採自T. CHANDLER. G. FOX, Three Thousand Years of Urban Growth）

有東西可以吃，那模樣很容易讓人想到天黑後在坊外漫無目標地移動著腳步，或茫然佇立在街頭的流浪漢。不過，那時的坊門是否真的在天黑以後就嚴格關閉？而天黑後的坊外也果真是一片寂靜、空無一人呢？

生活在長安城裡的人，上自天子，下至流浪漢，可以說各個階層都有。至於長安城的人口，依據歷來的說法，大約是將近一百萬人；不過，也有一百五十萬人的說法，近年來還有一個廣為眾人所接受的說法，主張當時長安城的人口應該更少，在七十萬到五十萬之間。在衡量長安這個城市的性格時，人口問題應該是一個重要的參考元素。關於這一點，我想在此稍微陳述一下個人的看法。

以唐朝盛世的玄宗開元、天寶期間為基準，如前所述，長安在行政上分為萬年縣與長安縣，兩個縣的管轄範圍除了城內的部分區域外，也包含周邊的城外地區。兩縣城內、外合起來的戶數約七・五萬至八萬，如果一戶以五口人計算的話，那麼兩縣加起來的人口應該是四十萬人左右。這些人口就是登錄在戶籍上的居民（編戶）。因為以前的研究通常只分析出城內的人口，所以導出人口三十幾萬的數字，與全體編戶人口差了將近十萬，就是因為沒有加入城外的農民。

這裡想提醒大家注意的一點，就是農民的存在。從規模上來說，長安城內的坊其實是相當大的聚落，一坊就相當於一個地方縣城的等級。地方縣城的農民也住在縣城裡，但白天出去田裡工作。住在長安的居民裡，沒有人是農民。據說城內的南部也有田地，可是住在坊內的人到城外從事農耕活動，事實上是困難的。

那麼，要將生活在城外的農民排除在都市人口之外嗎？提供糧食的生產、危險時接受都市的保護，日常生活與都市息息相關，也是公家勞役的一員，他們與城內關係密切，緊緊相連。從這個意義上來說，他們也是長安的居民。萬年與長安兩縣的管轄區域包含了鄰近城的城外地區，理由就在於此，所以我不贊成把住在城外的人排除於長安居民人口之外的說法。

另外，再來看看與朝廷有關的人口，朝廷的中央官僚約有二千六百人，階級低的小官或有職務的公務人員（內職掌人）約是三萬五千人；把官僚、小官、公務人員，及他們的家人加起來，合計將近二十萬人。因為官僚一般列入士籍，下級的職務者則被列為樂戶等戶籍中，不被認為是編戶之民。其他住在城內的人還有皇族（家族合起來數千人？）與後宮的女性（四萬人）、宦官（三千）、官奴（一萬人以上？）等等。除此之外，還有佛、道教的僧尼二至三萬人，赴長安參加科考的考生與他們的侍從約一萬數千人，以及至少超過一萬以上的外國人。從皇族以下的總人數大概是十萬左右，他們也不在編戶的人口中，加上近二十萬的官僚關係人口，非編戶的人口總計就有三十萬左右。

此處還得加上一個問題，就是防衛首都的士兵人數，種類分為南衙系統的府兵與北衙系統的皇帝禁軍。唐朝前半期時，以南衙系統為中心，但隨著府兵制的衰退，北衙系統的勢力增長，到了玄宗時期，雙方的勢力逆轉，北衙系統占了優勢。

在府兵制機能尚存的時期，一般認為有八萬到十萬的府兵（衛士）在首都執行輪班防衛的勤務，可是真的需要那麼多人員嗎？首先，事實上並沒有那麼多需要警備防衛的工作；其次，要滿足那麼多士兵的糧食，可不是一件容易的事情。我個人認為當時的府兵頂多就是五至六萬人，而且其中有三分之一左右的士兵，應屬首都內的居民（編戶），關於這一點，將會於下一章再做詳細的說明。

相對於此，北衙系統則是專業的士兵，隸屬軍籍，家族住在長安市內或長安郊外。玄宗時代以前，北衙兵大約是兩萬名，後來或許增加到四萬名左右。不清楚他們是否都擁有家人，但若把所有與北衙兵有關的親屬全加進來，人數應當在十萬人左右，這些人當然不在編戶之內。

另外還有一件事情不容忽略，那就是長安城內當然也有包含遊民在內、沒有登記戶籍的人，前文提過的杜子春應該就屬於這一類。很難算出人數，不過有一種說法認為約在十餘萬左右。到了唐朝的後半期，從地方來到首都的遊民增加了，推測無戶籍者的人數也會因此大增。

把以上各種人的人數加起來，編戶有四十萬，朝廷及其相關人員有三十萬，士兵與其親屬們的人數在十到十三萬之間，沒有戶籍登記者約十幾萬，合計起來就是一百萬上下。所以說當時長安有百萬的人口，也算是合理而恰當的。當然，在當時全世界的都市中，只有長安的人口數量如此之多。就這一點來說，唐朝確實有資格說是世界的帝國。只是從人口的組成來看，大多是非生產性的人口，所以可以說這是一座頭重腳輕、基礎並不穩固的城市。要了解長安，就不能不時時注意到這一點。

工商業的發展與商人、工匠們

說到隋唐時代的商業，首先要說的就是長安的東、西兩市，及洛陽的南、北兩市與西市（統稱三市）。按照規定，這些市和坊一樣，都有早開晚關的門，開市的時間以正午的鼓聲為信號，開始進行交易，直到日落天黑，就必須結束交易，一天的交易時間大約是五個小時，並不是全天候都可以進行交易的。

國營市場及其管理體制

首先就從市的構造，來了解長安的市。規模大小與前面提到的「大坊」相同，是周長四公里的正方形場地，周圍同樣環繞著堅固的圍牆。但也有與坊不同之處，街道不是十字型的規劃，而是井字型，而且每面牆開兩道門。「市井」一詞的由來，就是井字型的道路規劃。

在這樣的道路規劃下，位於中心的就是隸屬於中央官廳太府寺的兩個衙門——市署與平準署。市署負責管理商業交易的種種問題，平準署則是透過市署，釋出國家不需要的東西，和買進國家必需品。隨著時間的經過，長安的街東變成高級階層區，街西演變成庶民階級區，這種變化也反映在市的上面，平準署會配合這樣的變化來買賣貨品。

對唐代的商業活動影響最大的單位是市署，不只長安和洛陽有市署的設置，從地方的州到縣的

商人遇盜圖　出自敦煌第四十五窟壁畫，是「觀音經普門品」變相圖的一部分。圖中手持長矛著漢服者為強盜，戴胡人帽者為商人。本圖反映了唐代與西域通商路上的艱難險阻。

衙門機關，都有市署。換句話說，除了有市署的地方外，其餘地方都不能進行商業交易。以長安的市來說，市門的鑰匙由市署管理，嚴格管控市門的開關。市署同時也負責監督管理商品的質量、物價、與交易是否正常。另外，為了保証使用秤重的公正性，市署在每年八月也會對所有秤進行檢查。

在市裡面營業的商人與工匠，也在市署的管理與監督下，他們的戶籍應該是登錄在市籍中。因為經營工、商業者沒有參加科考的資格，所以市籍與一般的戶籍（編戶）很可能是分開的。如果市籍確實不屬於編戶中的戶籍，那麼前面所說的人口數量，就要重新計算並有所增加。這些人的資產也會被登錄下來，並且依照登錄的資產來納稅與服役。

在市裡面做生意的，除了登錄在市籍的在地商人「坐商」（坐賈）外，還有很多從別的地方帶商品來做生意的客商（行商）。這些客商必須帶著由官廳發行、上面記載著本人名字、隨行者名字及商品項目，被稱為「過所」（公驗）的身份證明書，才能旅行行商。抵達市裡面的坊之後，在排列於坊圍牆內側的旅館卸下行李，那些旅館稱作邸店。邸店是兼具旅館與倉庫功能的地方，也在市署的管轄下。客商除了可以透過坐商賣商品外，也可以把自己的商品陳列在邸店的倉庫前面，自己販賣商品。

肆或舖，是商店的名稱，可是商人並不能隨意在坊內開店，必須依據商品的種類，在規劃的區域內集中開店，並加入名為「行」的組織。以長安來說，據說盛唐的時候，東、西市各有二百二十行（也有說是一百二十行），每家商店都要掛上所屬行的標識，透過行的負責人行頭（也稱為行首、行老）與市署連繫。行是同業組合，類似於歐洲中世紀都市的GUILD（同業公會）。不過，歐洲的GUILD是自治且獨立的團體，但「行」在中國是被國家管理的單位。

隋唐都市與工商業者

從上述的情形看來，唐朝對工商業的管理，給人一種控制且壓制的印象，坊制與市制就是這一點的象徵性表現。從這裡就可以看出為何和後來的宋代相比時，唐朝的都市被批評為落後，工商業活動被批評為不成熟的原因了。但儘管如此，以長安為首的唐朝都市文化，仍然是繁華、璀燦，這是大家都承認的事實。莫非都市的文化與都市的封閉性、落後性，是沒有關聯的嗎？

要了解都市工商業的活動情形，就要稍微了解一下同業組合——「行」。從文獻中可確認的，在長安可以看到的「行」有：肉行、藥行、絹行、筆行、秤行、鐵行等等；此外也可以看到米肆、麵肆（製粉）、餅肆（糕餅食品）、金銀肆（金銀工藝）、珠玉肆（珠寶工藝）、樂器肆等等店鋪的名稱，可以推測這些店鋪的周圍就有「行」的存在。這麼多的店鋪與「行」的背後，一定有很多與生產商品相關的專業工匠和勞動者，其中有在官營的工坊替朝廷（皇帝）製造御用品的人，包含從醬油、醋等食物調味料，到金銀珠寶等飾物，也涵蓋了宮廷用的儀禮器具、武器防具等等器物。

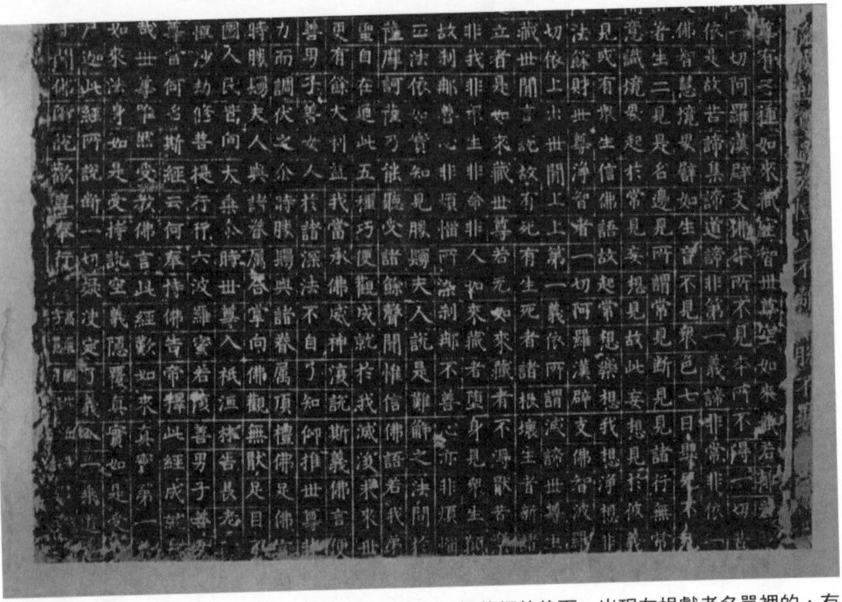

房山石經拓片　除了經文之外，在房山雲居寺的大般若經的後面，出現在捐獻者名單裡的，有肉行、絹行、綿行等等行名。這是可以了解唐代工商業情況的重要史料。

此外，民間的工坊裡或私人的宅院裡，也有可以生產相關物品的工匠。

舉例來說，唐朝後半期的會昌三年（八四三）六月，長安東市西半邊發生火災，當時正好滯留在長安的日本僧人圓仁，便寫下了東市西半邊「十二行四千餘家」大火的記載。按照圓仁的記載，可以推測一個「行」平均將近四百戶，但是很難想像一個「行」會有那麼多同業商店，所以其中可能包含了與「行」相關的工匠的家。當時不可能只有十二個「行」，由此可知民間的工匠人數一定更多。

「行」的大量出現，應該是始於玄宗時期。房山雲居寺的石經，可以做為這一點的佐證。從房山雲居寺的捐獻石經上，人們發現了許多種「行」的存在（參閱第八章的「房山的刻經事業與會昌廢佛」一節）。那些都是成立於當時地方城市幽州（現在的北京）的

「行」，而首次被雕刻到石經上的時間，是玄宗天寶初年。行名除了長安能見到的肉行、絹行等等之外，還有大絹行、綿行、大米行、屠行、生鐵行、幞頭行等等，有很多是以前沒有見過的行名。一個地方城市就有這麼多「行」，可見商業行為相當活躍。由此推測，恐怕當時中國全土的主要都市裡應該和幽州一樣，存在著各式各樣的「行」。

這麼多「行」的活躍出現，實在很難認為這是在國家刻意的控制、管理下形成的。而且，幽州的「行」除了進行商業行為外，也自行負擔費用舉行宗教活動，擁有相當的自主性。老實說，國家要追上如此活躍的工商業活動，已經忙不過來，哪還有餘力去控制、管理呢？如果這個觀點是成立的，那麼一直以來認為，在唐朝時，國家是工商活動的管理者的這個觀點，就有必要重新檢視了。

活躍的都市住民

與此相關，把視線的焦點轉移到長安居民的生活動態時，就會發現處處都可以看到人們踏出坊制與市制框架的舉止。有一個故事是這樣的，天寶九載（七五〇）時，一位叫鄭六的人與姓韋的朋友一起去新昌坊的飯館飲酒，鄭六因為有事前往昇平坊，但他在途中遇到了一位非常貌美的女子，便和那個女子共渡了一晚，並且在天亮前離開了那女子的家，來到坊門前。那時坊門還沒有開，在坊門旁邊賣胡餅的胡人的攤子還點著燈。鄭六於是走到攤子前，和那胡人打聽昨夜那位美女，才知那美女竟是狐狸變的。

這是小說《任氏傳》裡的故事，但從中可以看到當時長安的某個面貌：當時位於長安城東南邊

交子　銅錢攜帶不易，又容易發生危險，所以開始了飛錢（票據）的系統，更發展出交子（紙幣）的使用。

的新昌坊有飯館、昇平坊有胡人開的餅店，並且營業到半夜、凌晨。另外，以飯館為始的各種店家，不僅東、西市有，也分佈到各個地方；還有，坊內也有「夜店」。

從這個例子還可以看出，在安史之亂後，商店理所當然地擴散到城內的各個地方，有些店家甚至不惜破壞坊的圍牆，把房子往外擴張（這叫侵街），不再嚴守坊門開與關的規定，於是出現了早市與晚市。到了咸通十四年（八七三），法門寺舉辦了三十年一次的佛舍利開龕儀式，長安城內舉辦了各種慶典活動，入夜以後更是處處燈火輝煌，人們連著幾天幾夜享受慶典帶來的歡樂。在這種時候，不管是坊制還是市制，都形同虛設。

前面敘述了在坊制、市制的約束下，唐代的長安或各城市的樣貌。但是，隨著都市居民的增加，工商業活動的擴大，在政權不穩的情況下，人們還會默默地遵守歷經三百年不變的規定嗎？坊與市的規定在國家與居民的相互拉扯中，不斷地鬆動、瓦解，我們可以從這段過程中看到都市的潛在能量與可能性。

地方都市的發展與定期市集的擴展

首都長安與其工商業的發展，牽動著地方各都市的發展，從前一節提到在幽州出現了大量的「行」，就可以知道這一點。首都與地方都市的牽動關係，不外乎是大範圍的物資流動與大規模的交易，及支援物資流動與交易而產生的各種產業。而唐朝中期以後，為了交易的順暢與安全，相當於匯款清單（匯票）的飛錢（便換、便錢）逐漸成形了。當時的基本貨幣是銅錢，但是銅錢不方便攜帶，還很容易在途中發生危險，因此，交易時會支付商品等值的飛錢，然後到另一個地方後再用飛錢換現金，這樣的系統被廣泛地使用，後來還發展出宋代的交子，和元代的交鈔等大家熟知的紙幣。

揚州（江蘇省）與益州（今成都，四川省）因為大範圍商業圈的成立，而成為發達城市的代表，當時還用了「揚益」或「揚一益二」的說法，以顯示這兩個城市的發達。這兩座城市分別位於長江下游和上游。不過，若從全中國的角度來看，相對於中國北方，揚州與益州是中國南方的代表城市。

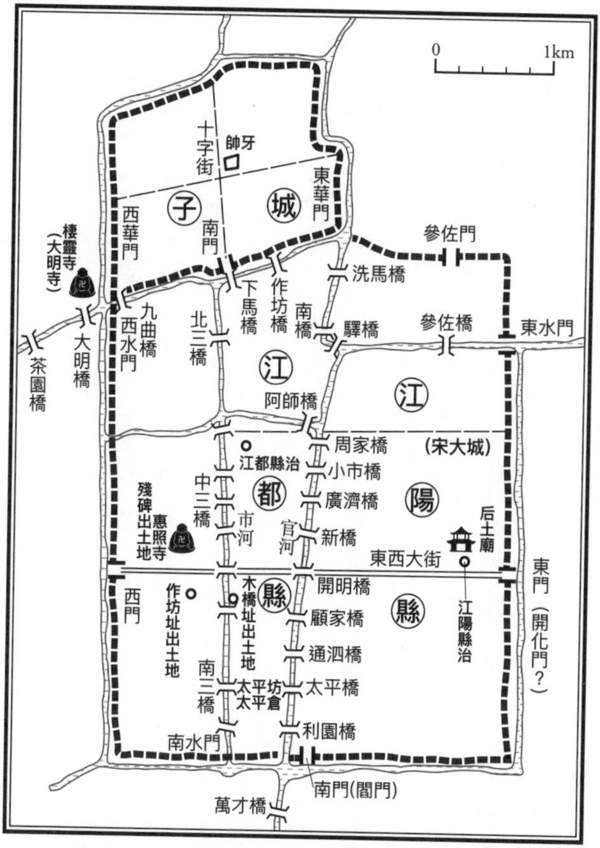

揚州城復原圖　到了唐代，運河成為溝通南北的動脈後，揚州便發展成江南、長江流域的物資集散地。住在揚州的波斯、阿拉伯、新羅、日本等地的外國商人，多達數千人。

隋文帝開皇九年（五八九），隋朝平定了陳朝，揚州也在此時取代了建康（南京）的地位，成為經營江南的中心。接著，因為煬帝要開鑿大運河，揚州又成為江南、長江流域物資流通的必經之地，是一個新興的都市。而揚州的真正發展，要從運河成為溝通南北動脈的唐代開始。七世紀末，揚州因為聚集了許多大商人，而變成一座商業城市，再加上到了玄宗的時候，不止國內、從外國來的商船也會直接在揚州下錨。外國商船遠自波斯、阿拉伯，近的來自新羅、日本，跟著商船一起到來，並且在揚州住下來的外國人，多達數千人。

揚州城全盛時期的規模有半個長安大，人口也有五、六十萬人。沿著流經揚州城內的運河（官河）兩旁，「市」紛紛形成了，在這些市交易的商品除了米、鹽外，還有金銀器、絹織物、木材、茶、酒等等。揚州如此活潑的商業活動，更顯現出長安城的坊制、市制，在揚州是有名無實的制度。首先，市制的框架便處理不了揚州城的商品數量，與來自四面八方的外國商船。揚州城內「侵街」的情況嚴重，到了晚上，商家根本就是燈火通明；在唐朝的後半期時，揚州已成「夜市」。另外，大商人門下也聚集許多文人，展現出文化都市的面貌，也是揚州的特色。

另一方面，做為四川中心的益州（成都），也發展起來了，不過原因可能與益州隔絕於其他地區的地利有關。隋末到唐初時，中原和長江下游流域苦於動蕩的戰亂之中，僅有此處始終安穩無虞，這便是益州得以在唐代發展起來的基礎，再加上四川氣候溫暖，物產豐富，水運也通過此地。

善用這樣的自然環境所產生的代表產物，便是養蠶與絹織物，質地優良的蜀絹因此廣為人知。每年到了春天時，成都城內處處可以看到交易養蠶器具的「蠶市」市集，聚集了來自各個地方的商人。蠶市除了表現出養蠶、絹織業的發達外，也讓人們得以一窺當時定期市場的發達與商業的活絡景象。

和揚州比起來，成都的城內比較小，一般公認「成都有十萬戶」。如果一戶以五口人計，那麼成都就是一個人口數足以匹敵揚州的城市。可是，成都的繁榮不僅是都市本身，周遭的區域受到帶動，出現了很多「草市」。草市位於都市的近郊，不受城內的制約，是因為位於水陸交通的要衝而自然形成的市集。當這樣的市集逐漸吸引民眾來集居，蓋起了房子、築起城牆，最後就發展成新的縣城。

草市開始在中國各地普遍化的時間，是唐代中葉以後的事，其中心區域在淮水到長江，深受水運之惠的地帶。繳納現金為原則的兩稅法實施、茶與絹等商品作物的普及化，使得農村也無可避免地被捲入貨幣經濟之中，其結果就是位於都市與都市間的草市的形成，農民帶著農產品與都市的製品前往並進行交易。逐漸穩定成形的草市，是活潑的唐代經濟活動的代表，同時也是農村變貌、都市擴大影響範圍的先驅。

往來於隋唐世界的西域人

長安的異國文化與外國人

我在今年（西元二〇〇四年）的酷暑中整理本章。說到酷暑，地處內陸盆地的西安，夏天真的非常、非常炎熱。從前住在長安城裡的人，一定也對這樣的酷暑難以招架吧！在此且舉一個故事來說明當時酷暑的情形。

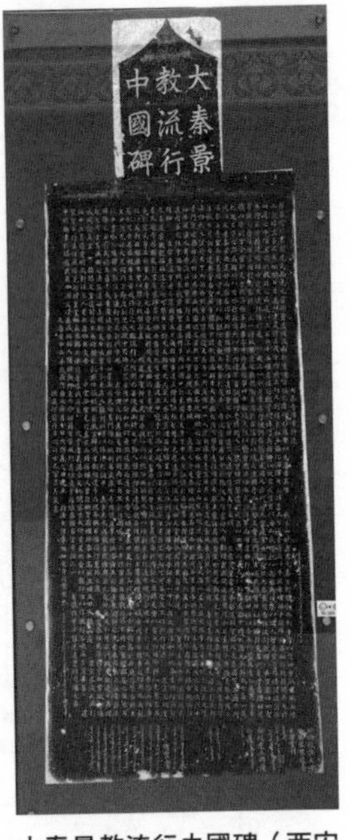

大秦景教流行中國碑（西安碑林博物館藏）　波斯寺（大秦寺）建於西元七八一年。下段刻有敘利亞文字，記錄著景教傳入中國的經緯。

在一個酷暑的日子，玄宗正在涼殿裡納涼時，諫臣陳知節來晉見。陳知節想對玄宗說：皇上身為人主，為何獨自一人在涼殿內納涼？涼殿的四方形屋簷有水流往下流淌，形成水簾，可以阻擋室外的暑氣，讓室內保持清涼。玄宗把陳知節叫進涼殿，賜座涼爽的石椅，還賜了刨冰。陳知節立即背脊發涼，肚子咕嚕咕嚕叫，好不容易得到退下的允許，模樣十分狼狽。但怕熱的玄宗雖然身在涼殿中，仍然對著用水流來轉動的風扇機，還一邊不停地擦汗。

提出這個故事的本意，除了要說明長安的炎熱和玄宗怕熱外，同時也介紹了玄宗的時代就有讓水流從屋頂（或天花板）流淌下來、並且擁有噴水功能，還可以利用風扇的轉動來增加冷氣效果的特別建築物。除了皇宮內有涼殿這樣的建築物外，高官們的宅邸內也有和涼殿相同效果、稱為「白雨亭子」的建築物。向達先生認為那是來自拂菻國（東羅馬）的技術。以這項冷氣效果的技術做為代表，可以看出當時已有很多西方的技術與文化傳入長安了。

在唐代，瑣羅亞斯德教（祆教。西元五世紀傳入中國，唐初傳入長安）、天主教異端聶斯托利教派（景教。六三五年傳入）、摩尼教（六九四年傳入）等三教，於西方傳入長安後，波斯胡寺、胡祆祠、大秦寺等寺院，在胡人的活動下紛紛在西市建立起來了。這三個宗教被合稱為三夷教。前面提到的拂菻國，曾經在玄宗的時候派遣高僧做為使者前來，所以說正統的天主教也已經踏足中國了。另外，伊斯蘭教（回教）也在八世紀以後，也很可能以某種方式，透過從海路來到中國的大食商人帶入長安。長安當然也有佛教和道教。以佛教來說，當時在印度剛剛興起的佛教密宗，也經由海路、陸路傳入中國；日本的空海和尚所造訪的長安青龍寺，就是佛教密宗的代表性寺院。在西元八四〇年代唐武宗壓制宗教之前，長安城內各種宗教並存，信奉各種不同宗教的人都可以生活於此。

自古以來，包括西域系的外國人在內，最多外國人居住的城市，是北魏的洛陽與唐朝的長安。據說住在洛陽的外國人曾經有一萬戶以上，不過，其中有一大半是西域系的外國人。另外，唐朝在唐初貞觀四年（六三〇），平定了長期處於對立的東突厥，並讓將近萬戶的投降突厥人住在長安。當時中國境內尚未完全平定，太宗卻毅然做了如此帶有危險性的決定。十年後的貞觀十四年，太宗又接受了來自朝鮮、高昌、吐蕃等國家的一、兩千名留學生。

青龍寺空海紀念塔　位於陝西省西安市東側的鐵爐廟村北高地的青龍寺遺址上。

到了八世紀後半的唐德宗年間，登錄在鴻臚寺（相當於外交部）、光是生活受到唐朝保障的胡人，就超過了四千人。他們原是以外國使者或人質的身份來到中國，但之後便繼續留在中國。由此可以推測，不屬於上述那些人的西域系商人和宗教人士的人數，應該有數倍之多。此外，藉著幫忙平定安史之亂的機會，而留在長安生活的回鶻族（回紇）人，據說不在千人之下。就這樣，唐朝的長安因為有大量的外國人生活在其中，讓此地變成一座充滿國際色彩的都市。

隋唐王朝與西域政策

那麼，到底是什麼因素，讓那麼多來自不同國家的人能共同生活在長安城內呢？第一個可以想到的理由就是，不管是隋的王室還是唐的王室，都與鮮卑系或與之相近的混血系有關，可說不是純粹的漢人國家。由於當政者並不執著於根深蒂固的傳統漢文化與儒家精神的立場，所以對不同的民族或文化，也採取比較寬容的態度。外國人與漢人是一樣的，這是隋唐王室的共同立場，沒有排除外國人的理由，北魏的國際性也是基於一樣的道理。

不過，隋朝的前半期因為國家體制還在形成中，又和突厥對立，所以直到進入煬帝的治世時期後才真正地對外採取開放的態度。當時的西域系商人也因為害怕隋朝國內的混亂，所以在張掖（今甘肅省內）進行交易。裴矩在聽取了當地西域系商人的心聲後，整理了西域諸國的國情與道路狀況，完成了附上地圖的三卷《西域圖記》呈獻給煬帝。以此為機緣，西域商人開始正式進入洛陽，隋朝與西域之間的往來變得熱絡。

到了唐代，太宗解決了對突厥問題的懸案後，對外開放的路線便定調了。太宗是中國境內的皇帝，同時也樂見西域系諸國對他奉上的天可汗稱號。在中國歷代王朝中，唐朝是少見的對長城防衛不關心的王朝，但這一政策是太宗時代就已經確定的國策方向，這可能是對唐朝本身的力量深具信

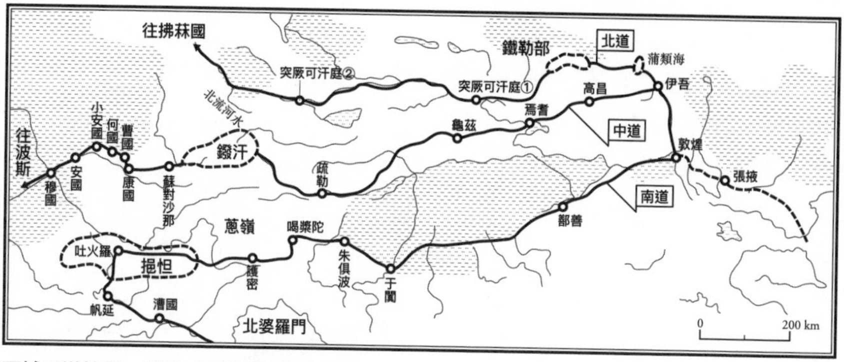

西域三道地圖 根據《西域圖記》復原。

心。而且，唐朝也一直很在意從西域諸國傳入的文明，也一直很想和西方的國家保持直接的關係。

貞觀十四年（六四〇）八月，太宗派遣軍隊長驅平定新疆吐魯番的麴氏高昌國之事，就可以證明這一點。唐與高昌國原本並無嚴重的對立，太宗卻動用武力去征服，還壓下了大臣們間接統治的提議，於高昌國設置西州，直屬中央的管轄。唐朝對周邊民族採取的政策，基本上一向是「承認一定程度自治，間接統治」的羈縻政策[2]。不過，唐對於絲路的經營是無論付出多大的代價，都要直接管理。

其背後的因素恐怕是要牽制當時殘存在天山北側的西突厥系民族，與在青海、西藏興起的吐谷渾、吐蕃民族；此時還得注意的是一定要確實對應的嚴峻國際情勢，如位於帕米爾高原的西亞波斯與大食的抗爭，及印度的動靜等等問題。絲路不僅是物資或文明的交流通道，也是重要的國際資訊傳送路線。長安對西域胡人的開放，或許就是為了能夠直接觀察西方世界的動向，或直接與西方世界接觸。

粟特人的活躍

如前文所述，唐朝對外國人大開門戶，積極地參與西域的經營，結果就是有更多來自西方的民眾，遷移到唐朝的領域居住。沿著橫越塔克拉瑪干沙漠（塔里木盆地）之南的南道，或北側中道（天山南路）的各個城市，向來是伊朗系民族居住的地方，但是，從南北朝後期起，出現了取道此處往東移動的人群。從人種上來說，這群人是同屬伊朗系的粟特人。到了七世紀的後半以後，因為伊斯蘭國家的出現，被趕出原生土地的波斯系人，便往東遷移了。

粟特人的出身地在帕米爾高原的西側，位於今日烏茲別克的撒馬爾罕一帶的粟特地區。據說住在那裡的人「眼深高鼻、多鬚髯、善商賈」。另有一種說法是，粟特人原本住在中國甘肅省祈連山北部到敦煌一帶，是遭匈奴驅趕的月氏後裔。粟特地區的王族原本都姓昭武，後來分枝為昭武九姓，有撒馬爾罕的康國（康居）、塔什幹的石國、布哈拉的安國，其他還有米國、史國、曹國、何國等等。

他們是天生的生意人，哪裡有好處就去哪裡，非常會做生意。此外，他們也會成為遷徙之地的官吏或傭兵、武將，也會是農人。他們有文書處理的經理能力，也具備捍衛權利與利益的武力和機智，並且知道交易要長久，就要在地深耕的道理。他們在東突厥裡，以官吏的立場去影響政治的動向；在中國則以商人的身份活躍於生意的場合，並且聚居在一起，形成聚落且廣人所知。例如七世紀前半期時，康國出身的康艷典就領著一群粟特人，移居到舊樓蘭領域的羅布泊西南，該地後來被稱為石城鎮。敦煌的一角還有一個叫做從化鄉的粟特人聚落，他們在這裡被稱為「興胡」，經營農業與商業。

此外，自從北朝末期的西魏（北周）以來，粟特人系的史氏一族在中國的原州（今寧夏回族自治區）深具影響力，其証據近年來已經明朗化。他們深具影響力的原因，來自粟特人的團結的力量為後盾，就有能力在軍事、政治上影響當政者的決定。史氏與北周—隋—唐的府兵制武官關係深厚，並且在唐朝成立時，很早就把自己的兵力加入唐軍中，在太宗的玄武門之變時支持太宗，穩固了自己的立場。

透過上述的事例，我們可以知道，有超乎我們想像數量的粟特人生活在唐朝統治下的中國領土上，他們的居住範圍很廣，不只是從事商業活動，是商人也是軍人，並且以在地勢力之姿，參與國家、社會的種種活動。他們在自己居住的聚落興建摩尼教和瑣羅亞斯德教的胡祠（寺院），而夷教也經由他們傳入並散佈到中國境內。

大家都知道，以粟特人為代表的西域系胡人，帶入中國所沒有的生活習慣與文化風格，豐富了人們的日常生活。例如食物方面，有麵食、葡萄酒；在服裝方面有胡服、胡帽；還有來自西域的音樂、樂器、繪畫技術，娛樂方面有胡旋舞、馬毬等等活動，多到數不完。他們多以本人及父祖輩的出身地（出身國）為姓，從而讓我們知道他們的出身。例如前面提到的史氏的出身是史國，而安祿山原本姓康，是康國系的胡人。

粟特人往東發展的原因，當然是因為中國的物產更豐富，文化水準更高，再加上唐朝對外國人的態度寬容，有樂於接納的度量。從商人到軍人，從藝術、文化人到農人，這些人才在唐朝的各領域裡從事各種活動的意義，不應該只從粟特人的角度，也有必要從接受方唐朝的角度來思考。

唐招提寺的開山始祖鑑真大師為了前往日本宣傳戒律，曾經六度冒險嘗試渡海。天寶七載（七四八），鑑真大師第二次渡海時，從揚州出發後，船飄流往南到了廣州（廣東境內），看到了以下的光景。「江中有婆羅門（印度）、波斯、崑崙（南海諸國）等舶，不知其數。並載香藥珍寶，積載如山。舶深六七丈，師子國（斯里蘭卡）、大石國、骨唐國、白蠻、赤蠻（東南亞諸國）等往來居住。種類極多。」

經由海上絲路來的人們

從那時起經過了一個世紀、再加三十年，時間來到唐末的乾符六年（八七九），黃巢包圍了廣州、攻陷廣州城後，殺死了許多長期抵抗的居民（參閱第三章「黃巢之亂」一節），其中包含了十二萬在廣州經商的伊斯蘭教徒、猶太教徒、天主教徒、瑣羅亞斯德教徒。這是記於阿布．賽義德的《中國印度見聞錄》中，他是一位生活在當代同一時期的阿拉伯人，是可信度相當高的記載。如果說伊斯蘭教徒是阿拉伯系、瑣羅亞斯德教徒是伊朗、中亞系的人，那麼他們就是從西方以海路的方式到訪中國的胡人。

我們就採信這個十二萬的數字，那麼沒有被殺死的人數，應該也很多。由此可以想像當時生活在廣州的外國人，應該遠遠地超過這個數字，是一座彌漫著異國風情的國際港灣都市。他們生活在有別於漢人的蠻坊裡，透過負責人接受唐朝的管理的同時，仍然被允許可以保有固有的信仰與風俗習慣。但在廣州落地生根的他們，在對抗黃巢的軍隊時，為了守護廣州而站在第一線，結果慘遭大量屠殺。

不管怎麼說，以前從沒有那麼多西方系胡人在中國的土地上生活，就連往來於唐朝長安的西域系胡人人數，也遠遠不如這個數字。當時的中國船隻很少能夠越過馬來半島到印度洋，與西亞方面的交易，大都掌握在阿拉伯人的手中，這一點也展現出唐朝的財力之豐厚與包容力之大。阿拉伯商人用商船帶來了犀齒象牙、玳瑁，和沈香、龍腦等等香料，還有珠寶類的珍品；也用商船帶走以絹製品為首的唐朝商品，包括陶器與茶葉等等。從這點來看，用海上絲路來形容這條海路運輸，是完全無誤的。

為了向聚集在廣州的外國人徵稅，唐朝玄宗開元初年（七一三至七一四）設立了市舶司，做為稅關，市舶司的負責人叫市舶使，負責處理從這個時候開始活絡起來的南海交易問題。胡人們的船隻一到港口，就必須接受市舶司的貨品檢查，市舶司會先從這些貨品中買走國家的必需品，留下其餘商品賣給一般人。因為關稅的徵收與最初的獨占式採購帶來莫大利潤，所以宦官們最愛這個職務。此外，管轄商人的廣州長官[3]們也熱衷這個職務。南海貿易就在權與利的追逐中消長，卻在達到高峰時被黃巢摧毀，結束了在唐朝時代的發展。

從八世紀中葉起，廣州確實地繁榮起來，極端一點地說，這是宣告陸路的駱駝隊將被取代、海路的大量輸送時代來臨的訊息。貿易從陸地的絲路時代轉進到海上的絲路時代。長安與廣州的地理位置，可以說是處於中國世界的兩極，位於西北、聯繫陸地絲路的長安沒落之時，正好是位於東南、開啟南海貿易的廣州興起之際，中國歷史的天秤也在此時從西北大大地傾斜向東南。從這個面向上，也決定了以長安為基地的唐朝歷史使命就此結束。

註釋

1 中國版的《杜子春》（出自唐人傳奇）原作裡，杜子春是北周到隋朝年間的人，背景舞台是唐朝的長安。芥川將背景改為洛陽。

2 【譯註】唐朝少數民族的方針，承認當地的土著貴族，封以王侯，納入朝廷的管轄。宋元明清稱為「土司制度」。

3 唐的前半期叫做都督，後半期叫做節度使。

第七章　隋唐國家的軍事與兵制

府兵制及其發展——府兵兵士的世界

軍事兵制在中國史中的意義

中國歷代王朝向來給人們一個印象，那就是每個王朝都以強大的軍事力量為後盾，然後單方面地對廣大民眾進行強迫式的壓榨與控制。而一般人認為中國社會長期停滯不進步的原因，便是來自皇帝專制統治的這個印象。然而我們深入地思考一下，一個只是單方面地以民眾為壓榨對象的權力，或許能存在於一時，畢竟不可能長久地存在。

而人們對於當權者的要求是什麼呢？無非是保障生活穩定，與可以安全地進行生產事業。如果當權者達不到這樣的要求，那麼，平常默然無怨的民眾，就會展開抗爭行動。抗爭的火苗一旦被點燃，民眾的叛亂會帶來多可怕的結果，這是每個當政者都知道的事。皇帝的權力藉由整合遼闊的領土與社會，顯現出其存在的正當性，並且讓老百姓乖乖地服從他的統治。一旦做不到這一點時，我們所看到的，就絕非一個停滯社會的樣貌了。

話題回到隋唐，這個時代的前半期，王朝龐大的軍力是由府兵制組織起來的，可以說府兵制就是支持王朝的武力裝置。但是，從另一方面來看，府兵制也背負著連結權力（王朝）與民眾世界的機能。（府兵制的）士兵來源便是一般民眾，當民眾成為士兵時，就是國家的手與腳，站在統治者這一邊；但是，他們同時也扮演著拉近自己所屬社會與國家距離的角色。掌權者當然也看得到這一點，了解府兵在制度應用上的情形。

在中國的歷史社會上，軍事、兵制及支持這個制度的士兵，都有著非常重大的意義。但是，從正面去看這個問題，並且進行研究的成果卻不多。有句俗語說「好鐵不打釘，好男不當兵」，或許是受到這種說法的影響，以對等的觀點開放地研究兵制與士兵的討論並不多。

如果理由真是如此，那麼是否能以新的形式來探討隋唐時代的兵制與士兵的問題呢？這是我一直很關心的問題。不只要從統治者手段，及制度上來探討問題，也要從基層民眾的角度，或者從支撐這個制度的士兵角度來探討。本章以下所探討的，關於隋唐兵制與士兵的問題背後，便隱藏著我對這個問題所付出的關心。

何謂府兵制？——尋求新理解的線索

如果要簡單說明隋唐時代的軍事力量，前半期以府兵制的兵力為主，後半期則是以神策軍為中心的北衙中央軍與藩鎮地方軍為主。本節首先要探討的，是前半期的府兵制。

關於府兵制，可以簡單地做以下的解釋。也就是說，府兵制始於六世紀中葉、北朝後期的西魏，完成於隋唐時代的兵制，是要求靠均田制得到農地的農民（均田農民），以當兵的方式回饋國家的徵兵制。農民直接置於國家的支配之下，除了不可以任意遷居移住外，還必須向國家繳納租庸調稅（再加雜徭的勞役），或以成為府兵制的士兵來代替稅金。如此一來，均田制、租庸調制、府兵制這三個制度，就牢牢地被綁在一起，若其中有一制度瓦解，另外兩個制度也會隨之潰散。

不過，為了讓這個說法成立，就必須先跨越幾個障礙。其中之一就是，如果說府兵是取代租庸調負擔的一種方式，那麼，由府兵所組成的正規軍，也就是國軍，會成為什麼樣的軍隊？而且，如何保証這種軍隊的專門性與積極性，及國家軍隊應有的持續性與有效性？

根據法令，二十歲左右獲得府兵身份的人，在六十歲以前都不能「除役」。從兵力方面來說，在二、三十歲的青壯年期執行府兵的勤務，當年紀漸大，體力逐漸衰退，便回歸農民工作，這樣的結構應該是合理的。但是事實上府兵與農民之間的身份，並不能隨意變換。

再舉一個例子來看，府兵制的最大特色，就是在全國各地設置「府」（軍府）的單位（軍團），以府為中心徵召士兵組成軍團。以這種集結兵力的方法，始於三國分裂時代中的魏，為了鞏固地方的軍事，於是在各地設置都督府。以此為開端，後來全國各地便都設立擁有兵力的軍府，再加上當時前進華北地區的北方民族軍團，兩者融合在一起後，發展出隋唐的府兵制。由此可知，士兵（府兵）的立場本來就與一般農民不一樣，而府兵制成立的背景，也與關係到農民利益的租庸調制、均田制沒有直接的關係。所以說，三個制度看起來好像綁在一起，關係密切，但實際的情況與理論，其實是有差異的。

不管怎麼說，以前被大多數人認同的說法是：府兵的工作是農民必須負擔的役務中的一種，所以府兵與農民兵是同性質的。農民兵確實服從性高，很好使喚，但是農民兵執行得了正規軍的任務嗎？

更需要注意的是，府兵有農民的身份，處於與國家權力末端相連接的位置上，府兵制對國家而言是軍事支柱的同時，也是國家與民眾世界連結的重要管道。為了理解府兵制所肩負的各種任務，必須先擺脫一直以來「府兵等於農民」的舊觀念，以更開放的想法重新探討府兵制的制度本身與實際狀況。

隋唐府兵制的成立及其發展

如前文所述，府兵制的特徵就是在中心設置府（軍府），讓士兵（府兵）隸屬於府，國家可以因為戰爭或治安的需要而隨時動員府兵。從狹義的角度來說，一般我們都認為府兵制開始於六世紀中葉的西魏到八世紀中葉為止，約有兩個世紀的歷史。然而，府兵制並不是突然就出現的，而是從三國時代起，就已經發展出來的一種軍事制度。也就是說，在國家分裂的時代裡，北方民族的入侵加上國家提高了對正規軍的要求，是導致府兵制出現的原因。

我們所認為的府兵制兩百年歷史，是以隋的開皇十年（五九〇）為界線，前期府兵制在這一年邁入了後期府兵制。關於這一點，我們已經在前面的第一章第二節（關中本位政策）討論過了。不過，說得明白一點，在此之前，士兵與農民的戶籍不同，一個屬於兵籍，一個屬於民籍。也就是說，以前兵、民的戶籍是分離的，但在開皇十年廢除兵籍，府兵家於是被納入民籍，讓士兵和農民在戶籍上一致。不過，我們也不能因為這樣，就簡單地認為士兵和農民是相同的。

觀察開皇十年以後的歷史時，首先要注意觀察的就是煬帝的時代。煬帝致力於府兵制的擴充，他把原先以關中為中心所設置的軍府，推廣到全國各地，增設了多處的軍府，並且將軍府改名為鷹揚府，而鷹揚府的命令系統由上而下，依序是「鷹揚郎將→鷹揚副郎將（鷹擊郎將）→校尉……府兵」。郎將就是將校之意，他的責任便是傳達皇帝下達的旨意。將軍為軍府責任者的這個職務，在此階段劃上了句點，確立了上意下達的新指揮系統。

煬帝以建立起來的龐大府兵兵力為後盾，於大業八年（六一二）越過遼水，準備平定高句麗，然而這次行動卻以失敗告終。原因有很多，但是最大的原因之一，便是府兵兵力未能有效地發揮機能。因為統治者強制性地徵召而來的府兵們戰鬥意識不高，缺乏為了保護國家而與高句麗為敵的意志。

煬帝蓄意栽培的府兵兵力就這樣瓦解了。於是煬帝召募新的部隊——「驍果」，做為軍隊的核心。而驍果的成員來自過去體制下的漏網之魚，他們大多是在地的有能力之人，或城市裡的混混、地頭蛇；他們因為成為驍果而得到提高身份的機會，家庭也因此可以免除繳納租稅，還能因戰功獲得特別的賞賜。

唐太宗重建府兵制時，便以隋朝府兵制的挫折為借鏡，首先將百分之四十的軍府集中到長安一帶，其餘則分佈在洛陽、太原的周邊。這是反省煬帝的兵力擴散政策之後所做的改變，回歸到隋文

唐折衝府分佈圖　唐太宗在軍事方面從隋煬帝的失敗中學到經驗，把折衝府集中到長安與洛陽一帶，確立了新的軍制。

帝時代的關中本位政策。此外，還把軍府改稱為折衝府。太宗基本上接收了煬帝整頓的鷹揚府制，並且汲取了驍果制的優點。就這樣，到了貞觀十年（六三六）時，唐朝確立了在軍事方面的體制。

軍府與府兵

唐朝府兵制的

支柱是軍府（折衝府），按照規定的人數，軍府分為上中下三個等級，規定的人數原本是一千、八百、六百，之後每個等級都追加兩百人。軍府的數量總計在六百個以上，由此可以推算出唐朝最初的常備軍應在四十八萬人，後來增加到六十萬人左右。

軍府的組織以折衝都尉（相當於隋的鷹揚郎將）為負責人，採取以下的形式：

折衝都尉→果毅都尉→（別將、長史）→校尉→旅帥→隊正、副隊正（隊）→火長（火）→衛士（府兵）

從折衝都尉（上府是正四品上）到隊正、副隊正，都是有官品的官職，並由中央任命。軍府的工作首先就是從周圍的居民（農民）中，選拔出可以成為府兵的人，把這些人登錄在名簿上，讓他們進行戰技訓練。他們被賦予都城的警備工作與邊境的防衛工作；在戰爭時上戰場，在平常時維護地方的治安。

如同前述，居民一旦登錄為士兵，那麼在六十歲以前不能改變士兵的身份。所以可以把登錄了他們的名簿，想成是具有兵籍成份的記錄。也就是說，這是從開皇十年開始、兵民一體戶籍制中的「兵籍」。

「府兵」是一種通稱，正式的稱謂是「衛士」或「侍官」。中央有十六個衛（禁衛），其中十二個衛有直屬的軍府。從軍府的角度來說，各個軍府分別隸屬於中央的某一個衛，然後根據與京城的距離輪番換防。例如：離京城五百里的話，就要把士兵分為五番（五班），各番每個月（三十天）換防，稱為「番上」。衛士是指隸屬於中央的衛的武士，侍官是指天子的侍衛武官。日本「侍」這個字或許就來自於此吧？不管是衛士還是侍官，都是直接連結皇帝或中央的榮譽稱號，明顯地與府兵與農民不同。

開皇十二（十四）衛府	大業十六衛府	唐十六衛
左右衛（領軍府）	左右翊衛（驍騎）	左右衛（驍騎）
左右武衛（領軍府）	左右武衛（熊渠）	左右武衛（熊渠）
左右武候府（領軍府）	左右候衛（佽飛）	左右金吾衛（佽飛）
左右領左右府	左右備身府（原本的驍果）	左右千牛衛
左右監門府	左右監門府	左右監門衛
左右領軍府（領軍府）	左右屯衛（羽林）	左右威衛（羽林）
	左歷禦衛（射聲）	左右領軍衛（射聲）
左右備身府（領軍府）開皇18年追加	左右驍衛（豹騎）	左右驍衛（豹騎）

隋唐衛府表　衛府的（　）內為各所屬府兵（衛士）的名稱。

因為軍府直屬於中央的衛，所以不管在多遠的地方，也必須「番上」。這是原則的問題。據規定，就算在超過兩千里（約一千一百公里）的遠方，要把府中的士兵分為十二番（十二班），每番執行勤務一個月（參見《新唐書・兵志》）。若分為九番的話，就每番輪流，各執勤兩個月（參見《唐六典》）。但是，輪流上京執勤時，光是往返所在地與京城，就要耗費許多時日，負擔過於沈重。而且，對靠近國境的軍府來說，防守邊界的工作，實在比上京執勤更為重要。事實上，遠在邊界西州（吐魯番）的四個軍府，雖然士兵也有衛士之名，但他們專心防衛當地城內的鎮戍（前線的軍事基地）、烽堠（瞭望台、瞭望塔、望樓），並不須上京番上（參閱下圖）。

顧慮到上述的狀況，實際上，位於地方要衝的都督府或國境附近的軍事據點，也可能採取從鄰近的軍府番上的方法。如果是這樣的話，那麼離京城較遠的軍府，實際番上的範圍平均約在五百里（約二百八十公里）以內，一個月換一番執行勤務的話，所謂的番上應是五番（五班）制。

不過，他們的衛士（侍官）稱呼不變。讓士兵擁有中央正

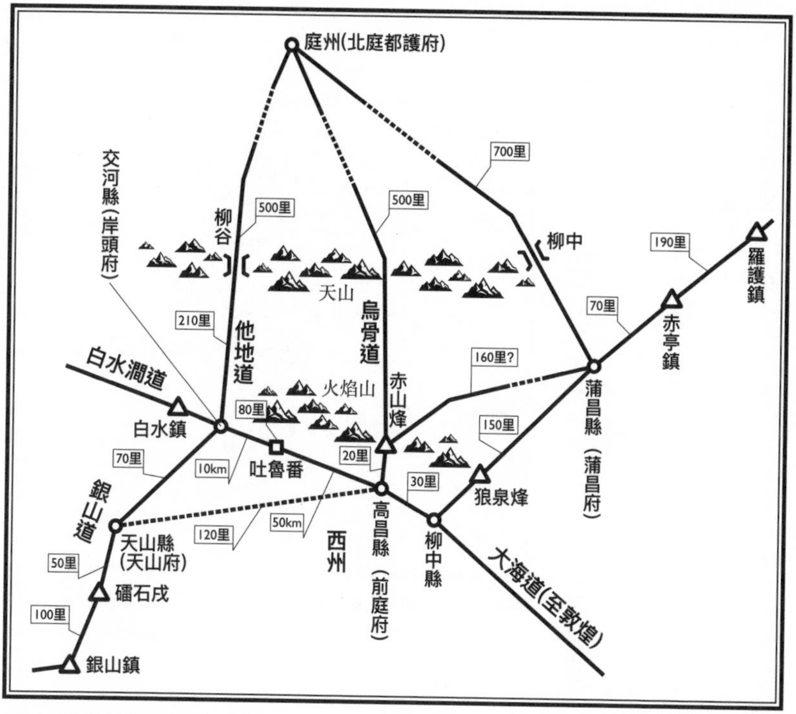

西州一帶軍府關係圖（○是縣城，△是前線軍事據點） 西州四軍府所屬的士兵不須輪流番上，只在西州管轄區五百里內執勤。

規兵的榮譽稱謂，是在保障士兵們在地方社會的優越性，同時也提高他們對中央的歸屬意識。分散於四處的軍府，其實帶有向心力的效果，這是有政策性考量的一個制度。

府兵士兵（衛兵）的生態

我們再來稍微看看府兵士兵的地位。

根據過往的解釋，由於府兵的負擔比一般農民較重，在此前提之下，府兵大多來自能夠接受高額負擔的高戶多丁戶（戶等高、成年男子多的家族）。另一方面，只要能支付「納資」，也可以免除服兵役。不過，不論是府兵的情況，還是制度的規定上，都無法從實際的史料中確認關於

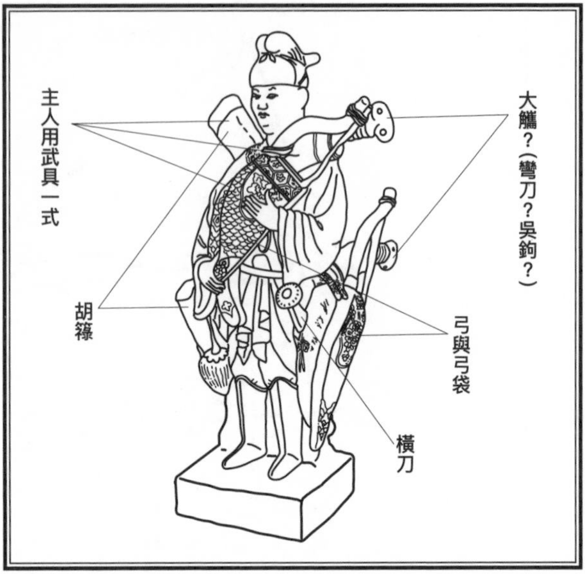

唐代武士石俑的武裝　士兵（府兵）出外或番上時，必須佩戴弓箭、橫刀等武器，以此顯示自己與不能佩戴武器的一般民眾不同，具有身份地位。

「納資制」的說法。

經常被提及到府兵的沈重負擔，便是他們必須自備糧食與武器，而且十二月的農閒時，還必須參加軍事演習（冬季習戰）。不過，糧食是府兵本人在軍府中消耗的物品，赴京執勤或前往邊境戍守時，中央會另外給付。至於冬季的習戰，看起來似乎並不是非常大的負擔。

說到府兵個人必須準備的武器類物品，則是「弓一張、箭矢三十支、胡簶（箭筒）、橫刀、礪石（磨刀石）、大觿（大型刀）、氈帽（毛織帽）、氈裝（毛織軍裝）、行縢（綁腿或軍靴）各一」。這些雖然都是尋常的武器裝備，但一般民眾禁止持有。要準備這麼多的武器類物品，確實是一個大負擔。但是，對一般民眾來說，持有這些東西是地位高人一等的象徵。日本武士或西方的騎士，不也都是自備武器嗎？

當兵是賭上生命的工作，但只要建立了功勳或表現良好，就可以獲得勳官的頭銜並受到褒獎。對士兵來說，有了勳官的頭銜，在地域社會裡就可以享有特別的待遇及榮耀。此外，這也與晉升為軍府軍官（將校），成為國家中央一員的機會息息相關，是非常重要的事情。

最基層單位的府兵是「伙」，由十個人組成。不過，出外執行任務的時候，則以二百人的團或五十人的隊為主體，他們所屬的團名以校尉個人的名字命名。此外，校尉（從七品下）以下到副隊正（從九品下）等的職位（品官），依據工作表現，所有府兵都有機會獲得。

府兵選自沒有其他勞役的二十歲以上成年男子，農民當然是被選的主體。一旦被登錄為府兵，原則上府兵的家庭就可以免除租庸調稅。當府兵沒有出外執行勤務時，日常時務農，有時還要接受軍府的訓練，然後約五個月進京番上一次，有時也會被派去執行防人的任務。所謂防人的任務是指前往北方邊境的鎮、要塞或都護府，執行警備的工作。不過，關於防人的實際規定到底如何？又是怎麼運作的？並沒有很明確的記載。一般對防人的理解，便是府兵在職中要執行的勤務，一任的時間是三年，但也存在原則上任期是一年的可能性。

如此看來，衛士（府兵）的根本雖然與農民連結在一起，但是本質上卻與一輩子與土地綁在一起的農民不一樣。一直以來，一般都認為府兵所承受的負擔，比農民沈重許多，但是進一步思考的話，就會發現府兵在制度上的條件比農民更輕鬆。而且，府兵前往外地執行勤務的時候，就有機會接觸到外地的環境與資訊，還能得到一些回報，或得到滿足自己向上發展的機會；府兵是國家的士兵，得到這些是理所當然的。如此一來，才能確保做為國家正規軍的專門性與積極性。府兵制原本就有連結百姓世界與唐朝的功能，敘述至此，這一點應該很明確了。

府兵制的變質到崩潰

從太宗確定府兵制後，大約過了半個世紀，稱得上是唐朝柱石、能夠發揮出功能的府兵制，開始出現破綻了。

七世紀末的武則天治世來臨，人們的關注焦點轉移到內政，中央也減弱了對邊境的控制。遷移到內蒙古陰山山脈附近，原本已經臣服於唐的突厥（東突厥）趁隙於永淳元年（六八二）返回北方故地，開始與唐對立。東北的營州（遼寧省內）一帶因為這個刺激而不穩定了。萬歲通天元年（六九六）契丹造反，高句麗的大祚榮趁機擺脫唐朝的統治，建立渤海國。此外，西邊的吐蕃則開始頻頻侵擾唐朝的邊境。

為了處理邊境諸民族的問題，唐朝在他們的領域內設置都護府，對他們進行軍事上的威嚇。不過，另一方面唐朝也賜給邊境諸民族的首領唐朝的官職，並且允許他們部族自治，稱為羈縻政策。在這項政策可以收到實際效果的階段裡，唐朝不需派遣太多的兵力去防衛邊界。然而，自西元六八〇年代之後，過去的系統已不足以應付邊境諸民族的動向了。中央、地方和邊境，這三方面陸續出現管理上的破綻。

首先是邊境。為了對抗步步進逼的諸民族，唐朝除了逐漸縮小遼闊的邊境線外，還設置了軍、城、守捉、鎮等防衛據點，以此取代原來的鎮戍制，並派遣了數千到上萬的士兵和戰馬防衛。之後，軍與城的數量增加了，到了開元快結束的時候，已增加到四十餘軍、四城、十守捉和四鎮。而為了管理這樣快速成長的防衛據點所設置的管轄機關，便是節度使。景雲二年（七一一），甘肅的涼州都督改為河西節度使，以此為開端，約在十年間，唐朝在邊境地帶的各個地方，設置了十個節

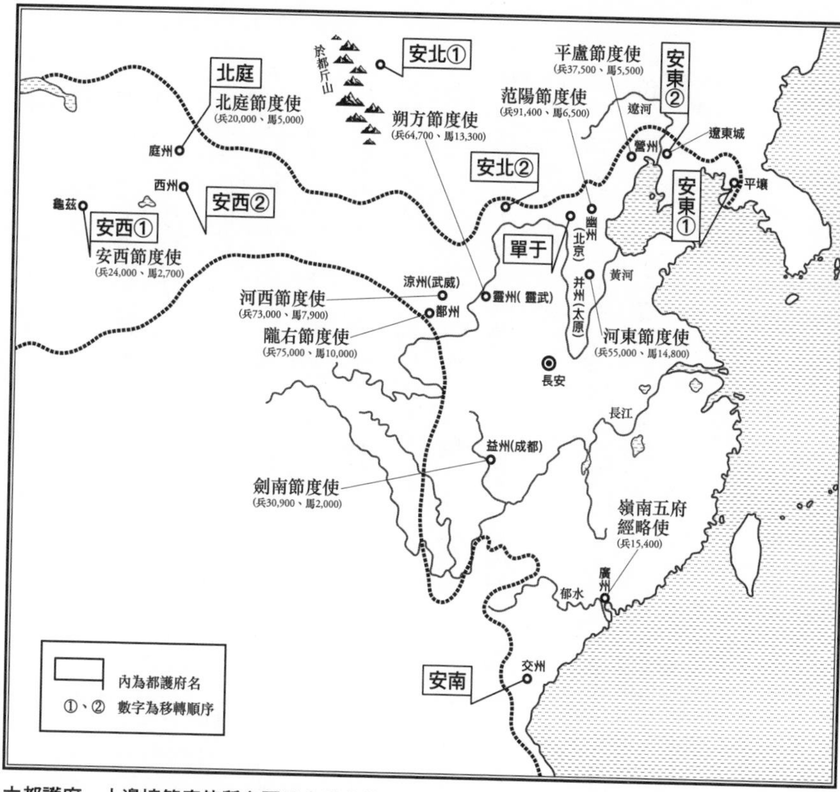

六都護府、十邊境節度使所在圖及士兵人數

度使，士兵總數高達五十萬，戰馬將近七萬匹。

必須戍守在此的士兵，是以防人與募兵的方式被派遣來的。長期駐守的士兵被稱為健兒，後來被稱為長征健兒，他們得到土地做為回報，家人也得到安置，除了可以免稅外，吃、穿也有保障。

另外，西元六九六年興兵造反的契丹突破了中國的防線，開始勢如破竹地大舉南下；而突厥則趁此機會侵攻河北，對華北東部一帶造成衝擊。當時是武周政權的時期，因為這個區域的軍府數量原本就不多，而且，既有的軍府也始終兵員不足，所以朝廷緊急召募農民，給予一定的報酬，讓他們加入地域防衛軍。這些人被稱為「武騎團」或「團結兵」，幸虧有他們，唐朝的政權度過了危機。

一般有力的論點是認為，不論是邊境的長征健兒，還是華北東部的武騎團，他們的本質都是與府兵制不同的新兵制（新兵種），是以後傭兵制（募兵制）的濫觴。而這也可以視為府兵制轉為傭兵制的轉換點。的確，健兒與武騎團的兵力，基本上都紮根於本土，他們不需像府兵那樣地赴京番上，對所屬的部隊將領的依賴度也較高。

如果再分析一下武騎團，就會知道這是因為軍府數量不足與機能下降、為了完備府兵制的不足才得已建立的。至於健兒（長征健兒），雖然他們也是衝鋒陷陣的戰士，但他們是輪班執行任務的軍人，沒有輪到班的時候，只是一介農民，一般給人的印象就是被僱的傭兵，但他們其實是和土地無法切割的士兵，同時別忘了他們也是與府兵制有著關連的士兵。唐後半期的節度使（藩鎮）配下的士兵，就類似健兒。

就這樣，新的兵制逐漸走向傭兵制的方向，但也還在府兵制的延長線上。那麼，到底該如何看待中央兵制出現問題時的兵制變化呢？

北衙禁軍的成立與發展

說到唐代的禁軍（近衛軍）時，一般會用北衙與南衙來稱呼。「衙」是指皇帝的居所，或是官廳的所在地。從皇帝南面（面向南方）治理天下的立場來看，正式的行政機關與官廳理所當然會設置在南側，所以南衙便是這些行政機關與官廳的總稱，意味著南側是正式的公共行政區域之意。

北衙與南衙——中央禁衛組織

相對於南側，北側是皇帝的私人領域。南是對外的表，北是對內的裏，兩者是這樣的關係。而位於北門的玄武門，則是皇帝私人的、非公開行程時使用的門，原則上，皇帝公開行程所走的門，必須是南邊的正門，也就是從承天門到朱雀門。

如此，南衙原本是官廳的代名詞，但是到了唐代以後，也成為禁軍的代名詞。會出現這種變化的理由之一，便是皇帝的私人軍隊（親軍）的存在感越來越明顯，有必要做區別。也就是說，當國家的正規軍變成南衙管轄的中央軍開始，南衙就變成他們的稱呼了。相對的，皇帝的親軍也因此被稱為北衙。誠如北衙的字面意思，北衙保護宮城的北門，軍營就設在位於宮城北邊的禁苑（北禁苑）。

南衙禁軍是指中央的十六衛兵力。如上一節討論過的，十六衛中的十二衛的府兵，根據自己所屬的軍府（折衝府）執行番上的勤務。其餘的四衛中，左右監門衛負責宮城門的警備及相關事務，

儀仗隊兵士圖

左右千牛衛相當於親衛隊與儀仗隊，成員從府兵中選拔、補充。

再來看看隋朝時南衙與北衙的關係。隋文帝曾經嘗試處理南北衙的雙重性問題。隋朝把禁軍整頓為十二衛府，也就是把到北周為止、直屬皇帝的近衛軍與地方府兵的兩個系統合而為一。而唐的時候，監門衛與千牛衛屬於近衛軍的系統，其餘屬於府兵系統。基本上，煬帝的時候還守著文帝的基本方針，但到了隋末，煬帝創建了驍果制與名為「給使」的親衛隊，眼看二元化的兵制開始萌芽，但隋朝卻在這個時候滅亡了。

基本上隋朝的兵制是一元性的，而唐朝則是一開始就有了南衙與北衙的雙重兵制構造。隋唐兵制的不同，或許可以說是唐朝擷取了隋朝滅亡的教訓而做了改變。做為統一政策的一環，隋朝致力於兵制的一元化，但此舉卻造成兵力運用的僵化，與皇帝親軍的弱化，而無法處理現實的狀況。唐朝以這個現象為前車之鑑，所以將中央的兵力系統一分為二，建立起兩系統互補的關係。說南衙與北衙的關係是唐朝立國三百年的命脈之鑰，一點也不為過。

從父子軍到北衙四軍

唐朝的李淵舉兵之初，他的兵力是從當地的人民徵召來的，再加上隋朝遠征高句麗的逃兵，人數三萬左右。這樣的兵力與當時各地的反隋群雄比起來，可以說一點也不引人注意。然而，李淵舉兵半年後，在他帶領軍隊進入長安時，兵力已達二十萬之多。這是他在進擊的途中，吸收了各地叛亂集團與攻陷之地的士兵的結果。李淵就靠著這些士兵，花了十年的時間統一全國，開創唐朝大業。

既然全國已經統一，沒有戰事了，那麼接下來的問題是如何安置士兵們。唐朝首先讓一半的士兵們回歸務農，讓他們成為支持府兵制的中心；然後留下三萬士兵在京城，他們便是貼身保護皇帝的親衛部隊。三萬這個數字與李淵在太原舉兵之初的兵力相同，這支部隊或許就是以太原舉兵的部隊為母體。他們是與唐室共生死的一群人，以忠誠之心堅定地團結在一起。唐室將渭水以北、可以一日往返都城的肥沃農田分配給他們，並把駐防的營區設在禁苑內，方便他們番上警衛皇宮。江戶幕府的三河旗本[1]，就類似這種情形。

起先他們被稱為元從禁軍，但隨著時間的經過，元從禁軍退休後，職務便由兒子繼承，所以後來也稱為父子軍，他們就是皇帝個人的親軍——北衙禁軍的基礎。之後，太宗從他們之中選出百名騎射優秀的士兵，做為天子外出時的護衛；這百名士兵被稱為「飛騎」，也稱為「百騎」。到了武后的時代，百騎隊增加人數到了千騎，睿宗的時代更擴增到萬騎。玄宗開元二十六年（七三八）左右，這支部隊被正式命名為「左右龍武軍」。因為他們處在最接近皇帝的地方，所以很自然地負起防護北門的任務，在終結武后政權等、唐朝前半期的幾次軍事政變中，都扮演著重要的角色。

此外，從元從禁軍（父子軍）的主體系統中，成立了北衙七營，接著以左右屯營的形式進行整合。被挑選進入北衙七營的士兵，都是身強力壯的人，但因為需求的人數眾多，供不應求，所以自高宗龍朔二年（六六二）起，也從府兵中挑選擅長騎射的優秀士兵進入這個體系。從這個時候開始，左右屯營的士兵更名為左右羽林軍，成為北衙的中心兵力。

就這樣，到了玄宗時，左右龍武軍與左右羽林軍等所謂的北門（北衙）四軍，取代了逐漸衰退的府兵制，成為正規軍的中心。當時一個軍的編制人數是一萬五千名，四個軍合起來約六萬名。這六萬名兵士以六番制輪流守衛，是皇帝都城的警備主體。

南衙禁軍的變質與解體

如同前一節所述，從七世紀末府兵制開始露出破綻之後，邊境的防衛方面出現了長征健兒與節度使，內地方面則出現了團結兵或武騎團的編制，府兵制的變質、衰退已經攤在陽光下了。中央雖然慢了一步，但也受到邊境與地方上兵制變化的影響。開元年間，府兵負責番上宿衛的中央十二衛必須補充兵源，於是中央的狀況和邊境一樣，從府兵中募集長期執勤者，稱之為長從宿衛。這是開元十一年（七二三）的事。

不久後，長從宿衛改名為「彍騎」，共有十二萬人，分屬於十二衛，每衛各有一萬人，以六番制輪流執行勤務，而提供彍騎兵源的州，則是以都城為中心的特定州。番上宿衛的制度由五番制改成六番制，彍騎的兵源也來自特定的州，這是為了減輕負擔與確保可以如常地提供兵源之故。不過要長期維持這樣的狀況也不容易。看似繁華的玄宗治世背後，其實社會底層的階級一直在持續分化中，農民逃離本籍或流離失所的情況也不斷地擴散，所以已經不可能維持彍騎與府兵制了。

軍府就在這樣的情勢下空洞化，無法實行原本的功能，終於在天寶八載（七四九）的五月，朝廷停止了軍府（折衝府）募集士兵的權力。始於西魏的狹義府兵制的功能，就此畫下句點。不過，有一點必須說明，軍府募集士兵的權力雖然被廢除了，但是軍府並沒有馬上消失，原有的軍府官與府兵，也被保留了下來，而且，即使到了唐朝的後半期時，軍府與折衝府的名字仍然不時出現，以擁有某種功能的形式，出現在歷史中。這一點讓我們不得不認為，折衝府是地域社會的一個中心，其存在是根深蒂固的。

唐長安城中的士兵們

前面我們討論過唐時期的長安人口，一直以來都認為推算一百萬的這個數字有其正當性。那時我們也談到了府兵制時期的番上士兵（衛士）的人數問題，認為有必要修正前人所認定的數字。

也就是說，軍府（折衝府）的數量如果是六百，而每個軍府編制的人員是一千人的話，那麼，可以假設唐朝的常備軍是六十萬人。他們是衛士，有上京番上的義務，若以標準的五番制來說，每一番的人數是十二萬人。不過，因為並不是所有的衛士都在五番制的框架內，或許把一番設定為十萬人比較恰當，這也符合一般的認定。另外，還要考慮到的一點，便是一直被強調府兵以「納資」（以繳納金錢來免除兵役）的方式來迴避勤務的情形。

關於這一點，我認為府兵裡並沒有納資的制度，而被稱為衛士的人，也未必每個人都需要番上宿衛，離都城較遠的府兵衛士，或許只需到附近的都督府執勤，無需到都城去吧？這樣想的話，其實他們所處的條件，和離都城五百里內執行五番制的府兵衛士是一樣的。

那麼，前往京都執行番上宿衛者的數目，應該如何計算呢？關於這一點，我們且回想一下前面提過的，集中在長安與其周邊關中一帶的軍府，占全部的四成以上，這些五百里內的軍府，人數約為二十五萬，最多可以認為是三十萬。如果把這些人視為必須進京番上的衛士，那一次番上的人數就應為五至六萬人。這個數目與前面所說的數目相比的話，是相當少的。

不過，到了後來玄宗時期，為了彌補崩壞的府兵番上制而建置的彍騎部隊，則是以總數十二萬人的衛士，執行六番制的番上勤務，也就是說，一番的執勤人數是兩萬人。另外，建置彍騎時期的北衙兵力已增加到六萬人左右，他們也執行六番制，以一番一萬人的方式來輪流執勤，加上繼續番上的府兵，合計可以認為是五至六萬。如此看來，即使到了玄宗時期，士兵的人數並沒有太大的變化。這樣可以歸納出守衛長安的適當兵力，應該就是這個數字。

至於上京番上的士兵（南衙）所負責的工作，就是不分晝夜地守衛宮城與皇城，或者說是全體長安城的安危。具體地說，他們的工作就是守衛各個城門與官廳，和城內與皇族們有關的宅第，此外，在設置於各個街角的鋪（士兵崗站）進行監視的勤務，也是他們的工作。還有，朝中進行大朝會的時候，他們則必須穿著正式服裝，守衛宮中的殿堂與通道，並伴隨皇帝前往郊外舉行祭儀。

另外，在不執行勤務時，番上的士兵除了必需在城內的固定場所進行射擊與武術的訓練，也必需參加組成隊伍的步行訓練。這些士兵當中資質特別好，並且武功高強的人，會被選為皇帝身邊的千牛衛士，或成為北衙的士兵。有一點千萬別忘了，那就是士兵番上的時候所進行的種種訓練，就是他們未來成長為正規軍的重要訓練。

神策軍與藩鎮兵——唐朝後半期的兵力

天寶十四載（七五五）的年末，號稱有二十萬大軍（其實只有十五萬）的安祿山舉兵叛亂時，負責防衛首都的就是北門四軍與彍騎部隊，合計五至六萬兵力。

安史之後的中央軍

然而，北門四軍的士兵來自元從禁軍，他們都是高官與權勢人家的子弟，在戰場上不管是體力或志氣都矮人一截。於是朝廷緊急募兵來防衛洛陽與潼關，然而，臨時湊合的兵力就算人數足夠，也難擋安祿山的軍隊。果然半年後的六月時，潼關被破，長安幾乎在沒有抵抗的情況下就淪陷了。當時跟著玄宗一起逃往四川的只有一千三百名衛士，而逃往靈武（今寧夏銀川市）的皇太子（後來的肅宗），身邊衛士更是少到不滿百人。

唐的中央軍就這樣瓦解了。後來以半政變的方式，從玄宗手中奪走帝位的肅宗即位後，首先就是創建自己的親衛軍隊。肅宗挑選身邊心腹臣下的子弟，組織名為神武天騎的軍隊，回到長安後擴充編制更名為左右神武軍，與只剩下形式的北門四軍合併，成立為北衙六軍。

後續的代宗時代，皇帝的親軍是左右神策軍，接下來的德宗新設了左右神威軍，北衙十軍的體制至此成立了。由於玄宗之後每個皇帝都建立了屬於自己的親衛隊，所以唐代的北衙禁軍膨脹到十軍之多，這也是導致南衙系衰退的一大原因。不過，這種質的變化，也反映出原本受到律令制束縛的皇權變高的現象。

如前所述，這個時期正好是義父子與恩寵等私人關係表面化的時期，北衙的擴大應該也與私人關係表面化有著根本上的關係。在中央的權力與權威弱化之中，只有皇權被強化了，這絕對是一種扭曲的現象。

德宗貞元年間的北衙十軍中，成立於玄宗朝以前的北門四軍（左右龍武軍、左右羽林軍）其實是有名無實的部隊，剩下的六軍是安史之亂後成立的，是中央軍的主軸。不過，六軍中能夠一直維持到最後，成為中央軍中心的，就只有神策軍了。為什麼會這樣呢？

神策軍的擴大與皇權

關於神策軍的由來，雖然已經在前面的第三章介紹過了，但我想在這裡稍微再回顧一下。神策軍原本是對吐蕃的前線邊境防衛軍，安史之亂爆發時，在朝廷的動員令下，對吐蕃的邊境防衛軍在河北的安陽（今河南省內）與叛軍作戰，卻因為敗北而撤退到陝州（今河南省內），並且在此遇到了同樣在安陽戰役中敗北而逃到陝州的魚朝恩。魚朝恩是一名有實力的宦官，對吐蕃的邊境防衛軍在魚朝恩的指揮下，決定了這支軍隊後來的命運。廣德元年（七六三）十月，吐蕃攻打長安城，代宗逃到陝州避難，這給魚朝恩及神策軍莫大的機會。魚朝恩擁護代宗，指揮神策軍保護代宗，成功地讓代宗回到都城。從此以後，神策軍成為代宗親軍的地位穩固了。

代宗之後的德宗即位後，就以培養自己的軍隊為目標，他創建了左右神威軍，並以此壓抑神策軍的力量。但是，德宗的這個目標在不久之後就被全面性地改變了。建中四年（七八三）發生朱泚之亂，德宗被趕出都城，此時前來救援，並且盡力幫助德宗復位的，卻是神策軍。

神策軍不同於其他禁軍，他們原本就是邊境防衛軍，早就鍛鍊出百折不撓的戰鬥精神，再加上被拉拔為國家軍隊的中心後，對皇帝的感恩之心與對國家忠義的念頭，讓他們比其他部隊更效忠於皇帝與朝廷。而且，對於被宦官指揮之事，他們也不覺得有特別的違和感。神策軍因為有這樣的特質，理所當然地最後一定會成為國軍的中心。

從此以後，神策軍在宦官的統率與保護下，勢力不斷地擴充，到了九世紀前半期的憲宗治世時，神策軍吸收了左右神武軍與左右神威軍，禁軍各軍統合為一，就是神策軍了。守護邊境或地方的諸軍也趕上此一情勢，紛紛請求加入神策軍，最後，他們以神策軍的外軍——神策行營的模式，成為中央軍的一員。神策行營這邊藉此得到親軍的地位，待遇也獲得了改善；而中央軍這邊則是獲得了大量可以直接動員的兵力。在這情況下，神策軍的兵力總數增加到十五萬人。

這個事實讓以前只在都城與皇帝身邊活動的北衙禁軍勢力向外擴張，成為全國性軍事部隊，這樣的改變可以說是歷史性的一大轉變。而支撐這龐大軍隊的經費，便是來自已經穩定的兩稅法的收入，與地方官進貢給皇帝個人的「羨餘」。憲宗有了強化後的神策軍和穩定的財政後，便以此為後台，開始壓制藩鎮的勢力，於是除了河朔三鎮，其餘的藩鎮幾乎都在憲宗的壓制下順地化。關於這一點，前面也已經敘述過了。

到了唐代後半期時，唐的國家光彩已經逐漸褪色，皇帝的權威減弱，國力也大不如前。然而，集中在皇帝個人之下的財力與兵力的規模，卻大大的膨脹，這種現象強化了皇帝的獨裁。皇帝握有大權的方式，或許可以視為宋代君主獨裁制的先驅。如果這種說法成立，那麼，神策軍不僅存在於中央，也開始往地方擴展勢力的憲宗時期，也可以視為傭兵時代的正式來臨吧！

藩鎮的軍事力

安祿山舉兵叛亂時，號稱擁有十五萬的兵力，核心是名為「家僮」或「部曲」、擅長弓箭的數百名護衛，和降伏於安祿山的同羅、奚、契丹、室韋等北方系民族的士兵八千人。同羅等北方民族的士兵被稱為「曳落河」（胡語的健兒、壯士之意），他們是與安祿山結為義父子關係的親衛軍。在這個兵力中心外圍的，是安祿山多年來歷經平盧、范陽（幽州）、河東等三節度使時，所培養出來的直轄士兵，這些在他擔任節度使時期就跟隨他的士兵稱為「官健」。

安史之亂結束後，以河朔三鎮為首的各地節度使（藩鎮）林立，反唐的氣氛高漲，那些節度使的兵力，其基本結構都可以從安祿山之軍看到。舉代表河朔三鎮的魏博節度使田承嗣為例，他曾是安祿山的部下，也擁有長期親自培養的子弟兵，到了魏博之後，更是掌握戶口，將當地的成年男子編入軍隊之中，經過幾年後，他的兵力就增加到十萬之眾。田承嗣從這十萬兵力中，挑選出一萬名身強體壯者，做為自己的親衛隊，並把這一萬親衛隊稱為衙兵（牙兵）。衙兵是特別選拔出來的親衛部隊，但是大部分的衙兵還是屬於官健。

以田承嗣的衙兵為開端，各節度使紛紛組建自己的核心親兵，稱為牙中軍或中軍，也稱為牙內軍。這些親衛軍對節度使(藩帥)的忠誠度高,而且與節度使有著結義父子的關係,而藩帥也給他們特別的待遇。衙兵們在這一過程中,建立了穩固的基礎與團結心,並且會在藩帥更迭或廢立之際,排斥、脅迫不合己意的藩帥,衙兵因此有驕兵之稱,在唐朝後半期的藩鎮中經常可見。

為了應付驕兵,繼任的節度使除了一方面要攏絡衙軍外,一方面還要組建一支可以保護自己的軍隊,讓自己免受衙軍的排斥與威脅。那樣的軍隊被稱為家僮或家兵,所以與藩帥的關係非常密切,而且,為了強化彼此的關係,藩帥經常以一人對多人的家兵結義,組成集團形式的義父子關係。這樣的藩鎮內部軍事結構,從大的方向來看,可以分為家兵與官健的雙重結構;但局部細分的話,官健還可以分為衙兵與一般的官健,可以區分為三重的關係。

那麼,應該如何去理解這些兵力的屬性呢?一般的看法是:官健是魏博節度使以老方法徵召管轄內的農民兵與下一代傭兵混合而形成的。而家兵(家僮)是節度使的私人兵,是類似於家中奴隸般的人物,沒有下一代積極參與的地位。

但是,如同前面所述,就像防衛邊境的健兒(長征健兒)大抵上還在府兵制的框架內一樣,不可否認的,成為藩鎮內部官健中心的衙兵,也有與府兵制相連的性格。他們都是由農民組織起來的,雖然一腳踏在農民的世界,同時以專門兵的身份活動。相對於此,家兵與節度使的結義父子關係,我認為可以視為大變化時代來臨的先兆。當舊的律令制要邁向新階段時,家兵一定會是權力體(藩鎮)所需要的兵力,他們的存在與皇帝的神策軍有著相似的一面。

註釋

1 【譯註】旗本是日本武士的一種身份。三河旗本是指從三河地區發跡的江戶幕府德川家的武士家臣。

第八章　圓仁的入唐求法之旅——唐後半期的社會一瞥

圓仁的旅程與目的

隋唐時代，很多倭（日本）人被當時中國的高度化文明吸引而遠渡重洋，踏上中國的土地。他們搭上遣隋使或遣唐使的船，又或是搭乘新羅、渤海的商船來到中國，帶回了先進的文物，為古代日本的建國貢獻了「近代化」的元素。

入唐八家與圓仁

那些前往中國大陸訪問的人中，佛教人士占了很大的比例。根據史料的記述，大業三年（日本推古十五年，西元六〇七年），數十名沙門（僧侶）跟隨以小野妹子為使節的遣隋使到中土。到了唐代，之前前往中國的僧旻、南淵請安等人回到日本，三論宗的道慈、法相宗的玄昉等人取代他們前往中國，在唐學習佛教，為日本奈良佛教的興盛，做出了很大的貢獻。

進入平安時代後，日本人對密宗的關注提高，為了尋求正統的密宗（純密），前往唐的人變多了，其中的代表性人物便是最澄、空海、圓行、常曉、圓仁、惠運、圓珍、宗叡等八人，他們就是

慈覺大師圓仁像

遣唐使船　鎌倉時代的畫作《鑑真和尚東征繪傳》，描繪前往中國大陸的遣唐使行人逆浪航行、遠渡重洋的模樣。

入唐八家。關於密宗容後再做討論，現在就先來看看入唐八家中的圓仁。

圓仁出生於日本延曆十三年（七九四）的關東下野（栃木）都賀郡，拜比叡山的最澄為師。日本承和五年（八三八）六月，四十五歲的圓仁搭乘遣唐使的船，從日本博多出發，前往唐土。以當時來說，四十五歲已經是可以退休的年齡了，所以他是以請益僧的身份隨行，必須在短暫的停留後，與使節一行人回到日本的，圓仁的師父最澄當年也是那樣。然而，圓仁再度回到博多時，卻是九年後的承和十四年（八四七）九月。這時的圓仁已經五十四歲了。

圓仁踏上唐土之時，正逢唐朝政治上、社會上發生巨大變動；他在此因緣際會下，經歷諸多一言難盡的艱苦事件後，用筆記錄了那個時代的種種面貌，並在回到日本後整理他的遊記，完成《入唐求法巡禮行記》，這是了解當時情形的一級史料。本章就透過一位日本僧人的眼睛，來看九世紀中葉的唐代社會諸相。

就在筆者執筆書寫與遣唐使有關的文章時（西元二〇〇四年十月），傳來了一篇報導，內容是在西安（以前的長安）發現了曾經加入日本遣唐使團的留學生墓誌。墓誌是邊長接近四十公分的正方形石板，上面有覆斗形、像屋頂一樣的蓋子。蓋子上有十二個篆書文字，墓誌石板上面有一百七十一個楷書文字，合起來總共是一八三個字。

發現遣唐使留學生「井真成墓誌」

墓誌的主人姓井，字真成。墓誌文中最引人注意的是，在敘述井真成的出身時，有「國號日本」的文字。根據墓誌文，我們可以知道井真成在唐的開元二十二年（西元七三四年）正月時，死於長安的官舍，隔年二月四日葬於長安東郊，得年三十六歲。根據一般的說法，「日本」這個國名的訂定，來自日本大寶元年（七〇一）制定的大寶律令，隔年（唐的長安二年），日本派遣了以粟田真人為首的遣唐使赴唐，得到了武周（武后）對「日本」這個國號的認可。但是，在這個墓誌被發現前，上述的說法一直缺少實物上的証明，如今墓誌上的「日本」終於可以証明上述的說法無誤。[1]

但這個墓誌在証實了上述的說法之外，也帶來諸多疑問。首先讓人覺得奇怪的，便是墓誌的內容完全沒有提到井真成這個人生前的官歷，但是他死的時候卻得到「皇上」、也就是當時的皇帝玄宗，賜予尚衣奉御的官職。尚衣奉御是從五品上的官階，也是處理皇帝身邊事務、殿中省尚衣局此一官廳的負責人。如果井真成生前就有此一官職，那麼勢必是一位地位相當高，也握有相當權柄的人；就算他是死後才獲得此一官階的，能得到這麼高的官階，背後一定有著什麼因素吧！

此外，若井真成這個人真如墓誌所載是日本人，那麼他的本籍在什麼地方呢？日本方面對於這一點的看法，有人認為他來自以日本河內國志紀郡井於鄉為根據地的井上忌寸氏一脈，或河內國志紀郡長野鄉的葛井氏一脈，這兩者都在今日的大阪府藤井寺市。還有前面提到的，圓仁參與的遣唐使團的隨行員中，有一位叫做井俅替的人，這個人或許與井真成有什麼關連吧？

從井真成死亡的年齡倒退算，他出生於西元六九九年（日本文武天皇三年），在十九歲的時候，也就是西元七一七年（日本養老元年，唐開元五年），搭上遣唐使的船來到長安，在唐的第十八年因病死於異鄉。在這艘西元七一七年的遣唐使船的船上，同時還搭載著後來終身在唐為官的阿倍仲麻呂，以及從唐返回日本後，活躍於奈良朝政界的吉備真備與僧人玄昉。他們的年紀要比真備長了幾歲，這群同世代的日本人，長年住在異鄉唐土，可以想像他們在長安街頭相互支援、鼓勵彼此的情景。

說起來，這塊墓誌的製作相當粗糙，規格屬於小型，誌面後段有四分之一的空白處，沒有文字，所以整個誌面上的文字並不多。不過，做為墓誌該有的體裁，這塊墓誌倒是都具備了。當時製作墓誌是有某種政治性、社會性制約，相當複雜，不是誰都可以任意有墓誌的。在那樣的情況下，一個無名的異鄉人，職位也不是很明確的井真成，卻有了墓誌。他的墓誌不僅在文句手法上合乎常規，也充滿了對死者的哀悼之情。從這兩片石板，可以看到阿倍仲麻呂等人失去同伴的哀悼之情，也可以察覺出他們對當時的局勢進行活動的痕跡。

圓仁入唐求法的願望與偷渡入境

接著，現在來看看圓仁與他的《入唐求法巡禮行記》。

圓仁入唐有兩大目的。一個是前往師父最澄大師造訪的天台宗發祥勝地——天台山參拜，並且到國清寺請教天台宗教學上的疑義。另一個目的，便是前往長安學習正統密宗的體系與修法，並將所學帶回日本。

日本的天台宗是今日與真言宗並駕齊驅的密宗主流，始於最澄大師與空海大師之時，他們於西元八〇四年（日本延曆二十三年）搭乘遣唐使船前往中國，空海大師去了長安的青龍寺，拜惠果大師為師，學習胎藏界與金剛界的密宗奧義。最澄大師則從天台山前往江南南部，在越州（今浙江省）的龍興寺，向順曉法師學習胎藏界系統的密宗。不過，在接受包括金剛界在內的正統密宗這點上，天台宗的起步確實比較晚。因此，最澄在有生之年，對於天台宗落後於真言宗感到愧疚，而要如何彌補，便落在最澄的大弟子圓仁身上，成為他最大的課題。

現在的國清寺　天台山國清寺是天台宗的發祥聖地。西元八〇四年入唐的日本僧人最澄曾經至此參訪。

然而圓仁的願望卻在入唐不久，就被打碎了。圓仁抵達揚州（今江蘇省）後，卻不被允許離開，如此一來，他想前往天台山參拜的願望便落空了。圓仁被限制待在揚州，等待前往長安的使節一行從長安回來，然後和使節們一起搭船回去日本，這將使得他所期待的目標一件也無法完成。圓仁被限制的原因，在於他是只能做短期停留的請益僧，而不是可以長期停留的留學僧。可是，圓仁實在不甘空手而回。

於是他只好使出最後手段，以今日我們所說的非法入境的方式，非法居留在唐朝境內。開成四年（八三九），他被迫搭上回日本的船，雖一度失敗，但六個月後，他在山東半島前端的登州文登縣赤山浦一地登陸，藏匿在當地的赤山法華院（寺院）中。藏身八個月後，圓仁終於開始行動了。他首先前往青州，好不容易才拿了公驗（旅行通行証）。有了公驗後，他立刻往北走，先巡禮五台山（山西省內）的靈地，接著前往太原，如願進入唐朝的首都長安。進入長安的那一天，是開成五年（八四〇）八月二十二日。

圓仁原先只計畫在長安停留一年左右，沒想到他卻一直待在長安直到會昌五年（八四五）五月，前後達六年之久。因為他停留在長安的期間，遭遇到了歷史上有名的「會昌廢佛」事件。在離開長安，回到日本前，圓仁還遭遇到了很多事情，他在被捲入發生重大變化的中國社會激流的同時，也用自己的腳與信仰，成為歷史的証人。

圓仁之旅的全部行程

圓仁以一介日本僧人的身份，赤手空拳地闖入九世紀中葉的唐朝社會，並且留下了自己的足跡紀錄。二十世紀的美國歷史學家和外交家埃德溫·賴肖爾（Edwin Oldfather Reischauer，又譯作賴世和）閱讀了圓仁的旅行紀錄後，大力推薦「圓仁的日記」給世人，他認為：以旅行紀錄來說，對其造訪地的描述細膩生動，更勝於玄奘的《大唐西域記》；若從深入中國社會的內部，並加以詳細描述該社會的狀況這點來說，也強過馬可波羅的《馬可波羅遊記》[2]。長久以來只被部分日本學者所知，內含四卷七萬字的《入唐求法巡禮行記》，終於以世界史上的代表性旅行記之姿問世，並且被認同了。就這點來看，若說圍繞著本書的研究，是二十世紀後半新興的學問領域，應該不為過。

以下列出圓仁在唐時的行程概略。

西元八三八年（日本承和五年，唐開成三年）六月十三日在日本的博多上船，三天後啟航。七月二日，在揚州海陵縣白潮鎮桑田鄉東梁豐村登陸。七月二十五日，進入揚州城。直到隔年的二月二十一日，一直都待在揚州（停留期間約八個月）。

西元八三九年（唐開成四年）二月二十一日，從揚州出發，前往楚州。四月五日，在海州東海縣下船，停留在宿城村的新羅人家中，但被官方抓到。四月十日，再登上返回日本的船隻。

六月七日，船停泊在山東文登縣清寧鄉赤山村（赤山浦），八日下船，受到法華院（新羅院）的照顧（七月十五日，同乘來此的遣唐使船離開；七月二十二日，後來抵達的遣唐使船也離開了）。圓仁一直藏身於此，直到翌年的二月十八日（藏身赤山約八個月）。

西元八四〇年（唐開成五年）二月十九日，離開赤山法華院，前往文登縣、登州，三月二十一日抵達青州，四月一日拿到公驗（旅行通行証）。

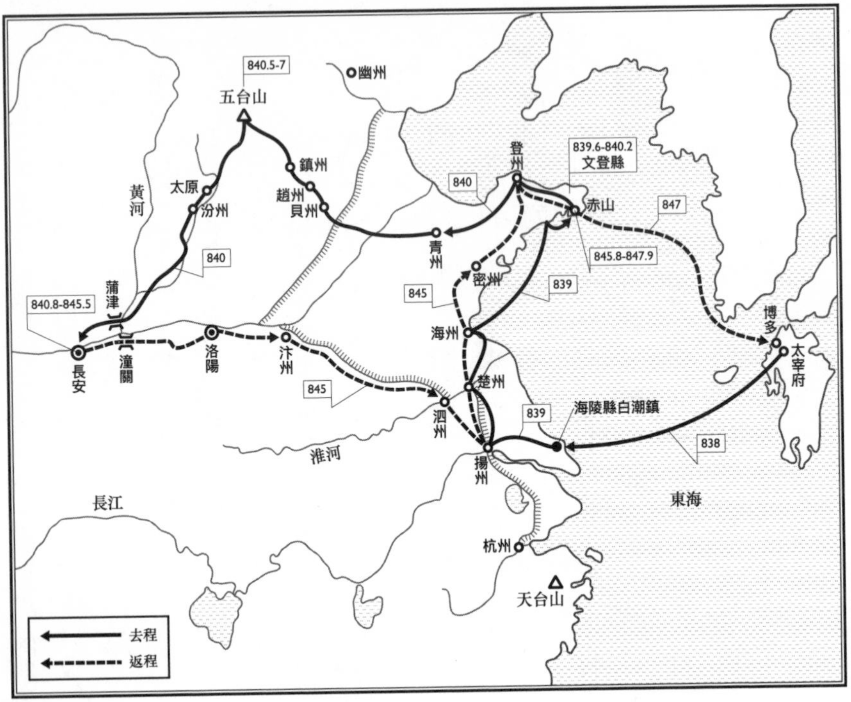

圓仁行程圖

四月三日，從青州出發。

五月一日，入五台山（竹林寺），五月十六日移往大華嚴寺（五月二十至二十三日在五台山各處巡禮），七月一日離開大華嚴寺（在五台山停留了約兩個月）。

七月十三日，抵達太原（北京），接著前往汾州、晉州，在河中府（蒲州）通過黃河上的蒲津關及渭水上的東渭橋。八月二十二日入長安城，在大興善寺卸下行李，從八月二十五日起，在資聖寺住下。不久後，發生會昌廢佛事件，圓仁被強迫還俗。會昌五年（八四五）五月十五日圓仁被趕出長安（在長安停留了將近五年的時間）。

西元八四五年（會昌五年）五月十五日，離開長安，六月九日到達鄭州，接著前往汴州、泗州，六月二十八日來到了揚州。之後，經過楚州、海州、密州，八月十六日抵達登州，八月二十四日到文登縣，回到了旅程的出發點。

在西元八四七年（大中元年）九月二日離開赤山浦之前，圓仁為了尋求回到日本的船班，一直在山東、江蘇一帶徘徊。

圓仁在這次求法之旅到底走了多少的距離呢？他在山東赤山浦登陸後，從青州到五台山巡禮，然後轉往長安，再從長安到揚州，最後回到赤山浦搭上新羅的船回日本，途中雖然也有使用驢馬行動，或搭乘船隻行走運河或海岸，但大部分的時間，都是靠自己的雙腳行走。粗估下來，圓仁走過的距離少說也有五千公里。雖然比不上玄奘和馬可波羅，但也是非常不得了的距離。圓仁在這個漫漫的長距離旅程裡，他以和一般人相同的視線，觀察了當時的社會現象。我們就透過他的書，略窺當時的社會樣貌。

新羅人社會與山東、華北的農村

自從計畫偷渡入唐之後，圓仁認識了很多新羅系的居民，並且得到了他們的幫助。可以說正因為有這些人，才讓圓仁看來欠缺思考的魯莽行動，最後得以實現。

圓仁與山東新羅人的邂逅

圓仁與新羅人的正式接觸，始於開成四年（八三九）三月。那時日本的遣唐使在楚州僱用了九艘新羅船，及六十餘名新羅船員分乘各船。楚州有新羅人聚居的部落（新羅坊）。圓仁與三名隨從在海州（今江蘇省連雲港市）悄悄下船時，邂逅了從山東運送木炭來到楚州的新羅系船老大們，然後被他們帶到那附近的新羅人聚落，受到新羅人村長的詢問。圓仁一行假冒是新羅的求法僧，結果被看穿了，所以被送回遣唐使船。從圓仁敘述這一段過程的文字裡，我們可以知道楚州到海州一帶，住著很多新羅人，而且他們之中有不少是以販賣木炭為業的商人。

不只這裡有新羅系的居民。後來圓仁所搭乘的遣唐使船乘著順風經過山東半島的南岸往東北前進，途中所停泊的各個海口港灣，都可以看到新羅人的身影。圓仁等人在赤山浦上陸時所看到的，是位於高台上的新羅寺院（赤山法華院），及位於寺院下方的新羅人聚落。寺中有超過三十名的僧侶，法華院下方的新羅人聚落，住著數百位的新羅平民，過著樸實而安定的日常生活。

赤山法華院是新羅人張寶高（唐名：張保皐，朝鮮名：弓福）所建，並且靠著張寶高每年捐贈的五百石米糧來維持寺院的運作。一石約六十公升，若當時一人一年吃五石的米糧來計算，五百石米糧一年可以養活一百人。張寶高靠經營日本、唐、新羅三地間的貿易致富，並以清海鎮（朝鮮半島南端的莞島）為討伐海盜的據點而有名，此時已是新羅政界有影響力的人物了。張寶高在唐的據點便是赤山，推測新羅系的居民便是從這一帶往南擴張的。

而將這些新羅系的人往國外推的背景，則是因為八世紀後半開始的新羅國內出現了權力之爭，導致社會動蕩不安以及飢荒的問題。至於中國為何能接納這些新羅系的居民，推測應是安史之亂後，唐朝中央對地方的統治變鬆懈了，而且治理山東的平盧節度使李正己是朝鮮系的人；與此同時，新羅商人在東亞海域的影響力，也不容忽視。在國內動蕩不安的情況下，新羅人只好積極向外尋求可以安定生活的場所，於是走向海上與別的國家。當時的新羅人最國際化，圓仁便是借用他們的網絡，才得以實現夢想，並且平安地回到日本。

新羅人的生活及其歲時活動

開成四年（八三九）六月初，圓仁從遣唐使船下來後，就一直住在赤山法華院的一角，直到八個月後的開成五年二月才離開赤山法華院。在這段期間，圓仁常常參與赤山法華院寺中的活動，並且記錄下活動的內容。相關的行事活動如下：

八月十五日　新羅節（中秋節，準備餺飥、餅食，含有新羅戰勝渤海國〈高句麗？〉的勝利紀念日之意）

十月十五日　月蝕（寺院中的僧人一起高聲吶喊，並且敲打木板）

十一月九日　冬至節（僧人相互行禮致意及禮佛）

十一（十二？）月十六日　法華會（從清晨到半夜舉辦講解法華經的活動及禮拜諸佛的活動。從這一天到正月十五日，住在附近的新羅人，不分僧侶百姓都會來寺院聚會）

十二月二十九日　除夕夜（新羅院的佛堂與藏經樓都會點燈，各房點燃灶火，徹夜禮佛）

正月初一　開年（早上禮佛完畢，各自回房吃粥後，再到佛堂進行禮拜、供養諸佛，然後僧侶和百姓相互拜年再散會）

正月十五　法華會的最終日（參加者前一天為兩百五十名，當天有兩百名，會後參加者受菩薩戒，散會）

除了上述的活動之外，寺院還有其他大型的活動。相對於冬季的法華會，夏季也有法會（夏安居，《金光明經》八卷的講經活動）。不過，圓仁並沒有參加夏季的法會活動。無論如何，從上述提到的歲時活動，圍繞著赤山院（新羅院）生活的人們過著樸實的生活，及赤山院在那一帶的新羅人社會紮根，成為當地新羅人精神支柱的印象，已經進入我們的腦海中了。圓仁後來在遺言中提到，想在比叡山的山麓興建赤山禪院之事，應是基於對山東赤山院的感念吧！

對圓仁而言，在赤山一帶的生活應該是單調而無趣的。來到赤山的前一年，他生活在當時最繁華的城市——揚州。置身於揚州的開元寺與龍興寺那樣的大寺院，每天可以與諸多僧侶往來，寺院還經常舉辦活動與大型齋會，在揚州的圓仁可以說生活得多采多姿。

揚州的冬至也和正月一樣，人們熱鬧慶祝三天，而圓仁也親身感受了這熱鬧的景象。從年底到正月初三，人們開心地燒紙錢、燃放鞭炮、敲響除夕鐘聲、相互拜年，街頭上也排列著各種年節的食品。然後就是從正月十五開始的三天，人們在三天裡舉辦賞燈會，慶祝元宵節，不僅街上燈火通明，寺院裡的佛像前也燃起燈火，讓男女老幼來參拜禮佛，品味著夜晚的解放感覺。

領取「公驗」

圓仁抵達中國後，在剛開始的一年半中，停留在兩處具有對照性的城市：揚州與山東赤山浦。和揚州比起來，赤山是鄉土氣息非常重的鄉下地方，而且還是新羅人的社會，那裡的歲時活動也與揚州相當不同。但是，在赤山的前後九個月，卻是圓仁接下來要往外飛翔的重要時刻。

圓仁在赤山認識了一位給他很大幫助的地方官員——張詠，他是從文登縣派駐到赤山，負責管理赤山一帶新羅人的「勾當新羅押衙」。張詠應該是漢人，他處在赤山院的圓仁與文登縣的立場之間，積極地幫助圓仁達成求法的夢想，並且設法為圓仁取得「公驗」（旅行通行証）。不僅如此，後來圓仁落魄地回到赤山浦時，張詠也還在該地，看到圓仁平安歸來，打從內心感到喜悅，還安慰圓仁，讓他安心住在赤山浦。唐大中元年（八四七）九月，圓仁要搭新羅商船離開赤山浦的時候，張詠還設宴為圓仁餞行惜別。

多虧有這樣的地方官員願意為圓仁活動，才讓偷渡到唐的圓仁日後可以公然活動。但是，張詠為什麼會如此為圓仁盡力呢？原因在於他受到圓仁求法熱忱的感動，與佩服圓仁的人品，再加上當時新羅社會對圓仁的支持。事實上張寶高也從側面幫了圓仁的忙，讓山東的新羅社會成為圓仁的保証人。如果是在揚州的話，沒有背景的圓仁想找人幫忙，可以說是難上加難。

就這樣，圓仁與隨從共四人，離開了赤山院。他們在文登縣取得前往青州的公驗，動身前往青州。管轄山東一帶的平盧節度使的官廳在青州，在青州拿到的公驗，是全國通用的通行文件。圓仁一行人在三月二十一日抵達青州，僅僅十天——四月一日，就取得青州發給的公驗。辛苦了這麼久之後，終於可以放鬆了，這恐怕也是張詠背後運作的結果吧！圓仁得到了官廳給予的糧食與其他物資的援助後，將那些糧食與物資裝載在途中人們捐獻的驢馬上，邁開大步北上，朝五台山前進。

圓仁要從赤山浦出發前，寺院裡的僧人與村人紛紛給他忠告。他們告訴圓仁，青州那邊蝗蟲肆虐，穀物受損情況十分嚴重，人們因為沒有食物而淪為盜賊，如果非去青州不可的話，最好等到秋收時再去比較好。而且，就算是秋天去，也最好避走山東的路。

凋敝的山東、華北農村

圓仁等人正式出發後，沿途所見的蝗災，比他們想像中的更加嚴重。蝗災的發生與旱象有關，從幾年前起，以山東為首的華北東部地區，就深受蝗災之苦。圓仁用筆記錄下蝗災慘烈的模樣，「比年（連年）蟲災，百姓飢窮，吃橡為飯」（開成五年），又有「黃蟲滿路，及城內人家，無地下腳。……蝗蟲滿路，吃粟穀盡。百姓憂愁」（同年八月十日）等等。

擁有土地的人們生活都如此之苦了，更何況是旅行者，生活更是艱困。一路上的吃喝與住宿完全靠佈施的圓仁一行人，經常在求宿時遭到冷淡的拒絕，甚至無情的訓斥，總是很不容易才能借宿到一個晚上，更體驗到了「一撮鹽、一匙醬酢，非錢不與」、「乞醬酢鹽菜，專無一色。湯飯吃不得」的艱辛。此外，圓仁也見到了地方上的寺院被毀，佛殿被破壞，僧房變成供給一般百姓住宿的宿坊或旅店的情形，原本有的寺院活動也無影無蹤。現實世界與在赤山法華院及其周圍平穩而寧靜的世界，可以說是截然不同。

但是，儘管現實的環境艱苦，所幸圓仁一行人最後並沒有遭到出發前所擔心的盜賊問題，他們平安地渡過一天又一天，一邊接受人們的佈施，一邊繼續既定的行程。圓仁並沒有在他的的日記裡留下路邊有乞食者或餓死者的紀錄，更沒有寫下人吃人那樣悲慘的事跡。

圓仁常用「道心」這個詞語，來判斷他所遇到的人們。「道心」的原意是皈依佛道之心，但對圓仁來說，能施捨給在異國旅途中的僧人一碗粥的本性裡，包含著心的善念與慈悲，他從那樣的本性裡看到了道心。若以此為基準，「道心」在他的日記裡出現的次數，可以說是不勝枚舉。身為佛教徒的圓仁，在因蝗害與旱災而疲憊不堪的人們的本性裡看到了道心，真切地感受到佛教教義的偉大與深入人心的力量。

唐代的旅行、道路與旅途中的人們——五台山之旅

前往五台山的沿途風光

開成五年（八四〇）四月三日早晨，取得公驗的圓仁一行四人出發前往青州。八天後，他們來到了藥家口的黃河渡口。對岸看起來非常遙遠，眼前所見的是滾滾黃河的滔滔濁浪。一個人渡河的船資是五錢（文？），一頭驢馬是十五文。對他們來說要渡過這樣的黃河到對岸，是有生以來的第一次經驗，應該覺得很緊張吧？渡河到了北岸後，飢腸轆轆的他們各自吃了四碗粉粥（把麥或黍磨成粉狀煮成的粥），讓佈施者大為吃驚。

渡過黃河的北岸，就是河朔三鎮之一的魏博節度使的領內。圓仁一行四人經過魏博節度使領內的貝州，往成德軍節度使的趙州前進，再北上通過鎮州（恆州）。過了鎮州以後往左行，就會進入太行山脈的山中。入山走了約十天後，於五月一日終於來到聖地五台山區域內的大寺——竹林寺。

五台山南禪寺大殿　圓仁造訪的當時，是五台山信仰最興盛的時候，各地有權有勢者與一般庶民的捐獻絡繹不絕，因此巡禮之路的沿途設有許多「普通院」，供參拜者住宿與飲食。

從青州到五台山的距離大約是六百公里，圓仁他們用不到一個月的時間，完成了這個行程。

當時的幹線道路以三十里（約十七公里）設一個驛站為基準，站內有負責幫忙旅客的驛長或驛家，還配置了馬和驢。另外，驛站內也有可供住宿的房舍。不過，原則上這些設備都是提供給行使公務的人員使用，不是一般民眾能夠利用的。進入唐的後半期後，由於來往於地方與中央之間的使者越來越多，軍事上的訊息傳達益發頻繁，負責照顧驛站與馬匹通行的驛家大增，原有的驛傳制逐漸瓦解。圓仁的日記裡幾乎沒有提到與驛傳有關的事情，或許與上述的因素有關。

不過，圓仁的行程在離開幹線大道，轉入接近山側的路後，日記裡便開始出現以前所不知道的設施，那就是冠上地名的普通院。根據圓仁的日記，他的五台山巡禮之旅以河北曲陽縣八會寺寺院所設的上房普通院為首，沿途總共投宿過二十一個普通院。在佛教的用語中，「普通」一詞有不分僧俗之意；例如死於寺院的僧侶或旅途中倒下的旅行者，在火葬之後，不分僧俗、可以收納他們骨灰的石塔叫做普通塔。圓仁對普通院還做了以下的說明：「不論僧俗，來人集便，有飯即與，無飯不與。不妨僧俗赴宿，故曰普通院。」

話雖如此，普通院並非中國各地都可以見到，而是集中在五台山這個範圍內的設施。沿著五台山巡禮的道路上，大約相當於半天路程的每隔十公里到十五公里，便設有一個普通院，而各院駐有僧侶，有院主管理院內事務與接待旅人，基本上普通院內的食宿都是免費的。而為了支持普通院的營運，有專門勸人捐獻、供養的職業勸進主，他們向生活在各地的有能力者與一般庶民勸募資源，被稱為送供人或供養主。

圓仁投宿在名為「解脫普通院」時，就與某一位送供人與送供人所率領的僧尼、女子百餘人同宿於院中。送供人能夠募集眾多信徒來朝山禮佛，可以說是五台山信仰的散播者。從這個例子可以推測，夏天時來五台山參拜的庶民團體或像圓仁那樣的巡禮小團體一定非常多，五台山信仰的盛況，勢必讓人留下深刻的印象。

五台山的信仰與圓仁

圓仁入唐時的願望，是前往師父最澄大師造訪過的天台山，但是在赤山法華院停留了一段時間後，他改變了方向，決定前往五台山巡禮。從山東到五台山比到天台山近，而且有人告訴圓仁，天台宗的高僧志遠和尚當時在五台山，這讓圓仁決定前往五台山。若非這個決定，來到中國的圓仁，可能也無法得知五台山信仰在中國興盛的模樣。他越是接近五台山，越能感受到巡禮團與參拜人群對五台山信仰的熱忱。

五台山位於山西省的東北部，自古以來便是佛教聖地。五台山有五個主峰，峰頂沒有樹木，而是地勢並不險峻的平緩狀台地。這樣的地形，正是五台山名稱的由來。其中位於北側的是海拔高達三千公尺級的四峰（西台、中台、北台、東台），這四峰相連，與偏南的南台之間形成山谷。唐代有超過百座以上的寺院就座落在這個山谷裡。

關於佛教是從什麼時候進入五台山的，有諸多說法，其中有一說是始於北魏的孝文帝年間。北魏的後半期時，五台山被認為是執掌智慧的文殊菩薩（文殊師利）的聖地。根據華嚴經內容，文殊菩薩住在東北方的清涼山，而華嚴經內容所敘述的清涼山，與五台山的景觀與神祕性，有著非常相似之處。

文殊變（安西榆林窟第二十五窟西壁門北）
從北魏時期開始，五台山就是文殊信仰的聖地。玄宗時期，文殊信仰結合了密宗，讓文殊信仰的信徒更多，五台山於是成為東亞的佛教聖地。

五台山的文殊菩薩信仰，搭上隋唐時期佛教興盛的腳步，而廣被接受，尤其到了玄宗的時候，佛教界的重要人物——密宗的領導者不空（不空三藏）在五台山建立金閣寺，把文殊信仰與密宗結合在一起，使得五台山的文殊信仰發展得更為蓬勃，據說金閣寺是耗費了十分龐大的經費才建成的。不空利用五台山信仰強化了自己的權威，而文殊信仰也透過在各地的主要寺院興建文殊閣（文殊師利菩薩院）之舉，讓文殊信仰普及到全中國。

而五台山成為文殊信仰的聖地，其盛名甚至遠傳到遙遠印度。有個故事是這樣的，一位印度的密宗僧侶佛陀波利，在儀鳳元年（六七六），為了參拜文殊而上五台山，他在上山的途中遇到了文殊菩薩化身的老者，請佛陀波利將可以救人濟世的《陀羅尼經》從印度帶到中土。七年後，佛陀波利果然從印度帶來《陀羅尼經》的原本，並且將陀羅尼經譯為漢文的《佛頂尊勝陀羅尼經》，便帶著原本進入五台山的金剛窟，在窟中坐化，離開人世。

還有，西藏的吐蕃王也曾為了求五台山繪圖而造訪五台山，活躍於長安的日本留學僧靈仙的後半生，幾乎是在五台山渡過的。此時的五台山已經成為東亞的佛教聖地。圓仁的日記裡也提到了靈仙，說靈仙曾經剝下自己手上長四寸、寬三寸的皮膚，並在上面畫下佛像，以此供佛、表明自己對佛信仰的真誠。

圓仁從五月一日起在竹林寺停留十五天，洗去了旅途的疲憊後，十六日移住到志遠禪師所在的大華嚴寺，在此住了一個半月，直到六月底，過著接受志遠禪師的指導，與在書房裡抄寫經書的日子。在五台山的日子裡，圓仁除了深深感動於五台山的自然與文殊信仰所帶來的靈感外，他也得到了學習天台宗教義的機會。此外，他還在五月二十日到二十三日這四天裡，遊歷了除南台以外的其他四峰。

圓仁就這樣完成了自己對五台山所預期的目標。好像知道秋天即將來到般，七月一日這天，圓仁離開了大華嚴寺，前往不空所創建的金閣寺，又越過了之前沒有造訪過的南台後，終於踏上前往長安之路。

公驗與過所——五台山信仰的背後

圓仁的日記裡雖然沒有特別提到關卡的事，但當時不管是交通上還是軍事上的要衝，都設有關卡，並且配有令、丞以下的公務人員，檢查過路的人與物。在陸地上的關所叫做「關」，在河川的橋樑上或船上的叫做「津」，唐代的關津總數超過一百六十處（包括被廢除的關津）。其中具代表性的，並且位於圓仁的旅程中的關所，首先就是從五台山下來後，要往太原途中、擁有堅固城牆的石嶺關，及八月十三日從蒲州（河中府，今山西省內）渡黃河時的蒲津關。蒲津關的兩岸設有鐵牛與鐵柱，拉出鐵鍊後，把河上的數艘船連結、排列在一起，上面鋪木板，就是可以渡河的浮橋，而兩岸都有負責監視、檢驗的官員。

圓仁的日記上關於通過這些關所的記載非常簡單，大概因為是平常的日子，關所的檢查也很單純，所以輕易地就通過了關所。不過，這也因為圓仁有可以讓自己輕易過關的身份証明書的關係。幸虧他在青州拿到了平盧節度使發給的公驗，一行人才能夠在旅行中順利地通過一個個關所。

公驗既是身份証明書，也是旅行的通行証。但是，除了公驗外，當時還有一種與公驗差不多性質的証明書，那就是「過所」。公務人員要出遠門執行公務時，國家會發給叫做「傳符」或「敕符」的証明文件，而公驗或過所，是給民間一般老百姓用的，非公家的旅行通行文件。原則上，公驗是由地方的州或縣的官廳發給，是可以在州或縣管轄的區域內自由行動的証明文件；而過所是可以從一州到另一州，進行大範圍移動的通行文件，由中央的刑部（相當於日本的法務省）或地方的州級官廳發給。

至於公驗與過所兩者間差別，早期的旅行通行證就是過所，公驗是後來才有的。說到過所的起源，可以追溯到漢代的通行証「棨」，到了魏晉時期，通行証開始有了「過所」之說法，這種說法一直延用到隋唐時代。相對於過所最早出現於魏晉時期，公驗是唐代才出現的名詞。在安史之亂後，因為藩鎮割據，各個地方出現決策自主的階段，公驗也就被正式利用了。為了應對民眾移動頻

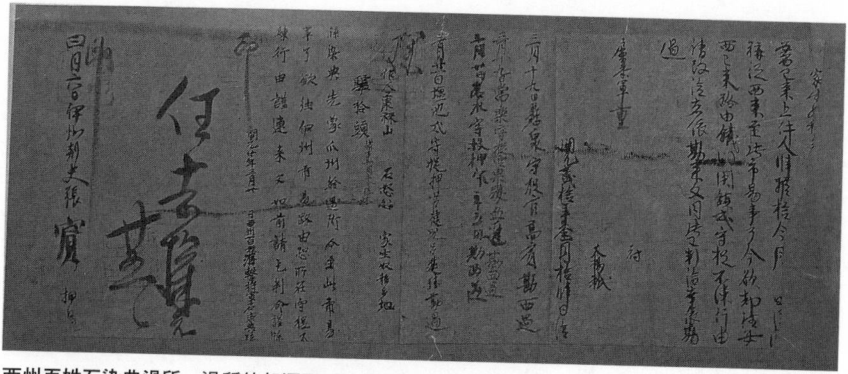

西州百姓石染典過所　過所的起源可以追溯到漢代的通行証。

繁化的趨勢，必須向旅行者徵收通行稅，藩鎮開始柔性地發給公驗，漸漸地公驗變得具有和過所有相同功用的文件。圓仁所取得的公驗，就是這樣的通行文件。

過所與公驗就這樣並存於唐的後半期，但到了唐之後的五代時期，過所這個名字消失了，公驗成為通行証的統一名稱。不過，到了宋代，公驗又被公憑這個名字所取代。過所與公驗交替所象徵的意義，即是國家利用過所將人民約束在土地上，進行一元化管理的時代結束，人民與物資開始大量移動，國家對地方的管理進入鬆動的新時代來臨了。

從這個意義來說，過所可以說是魏晉連接到隋唐的時代產物。換個角度來說，前往五台山參拜的潮流興起的這個現象，其實也是公驗取代過所所帶來的發展，兩者互相有所關聯之下的結果。

會昌廢佛與其背景

在長安時期的圓仁

圓仁一行人於開成五年（八四〇）八月十三日，經過蒲津關，終於踏上念念已久的關中之地。九天後的八月二十二日，他們從長安東邊的春明門進入長安城內，在位於城中心的大興善寺卸下行李。翌日，一行人來到長安左街的功德巡院報到，申告了每個人的姓名及來長安的目的，請求配給停留在長安期間的暫時住所。結果他們分配到了崇仁坊資聖寺的宿舍。圓仁一行人在離開長安前，便一直住在這裡。

左街是指長安城內的中心軸、朱雀門的東側，朱雀門的西側是右街。如前面曾經提到的（參閱第六章的「坊的構造及其特色——人們日常生活的場所」），首都的行政範圍包括長安城內與其周邊區域，東邊稱為萬年縣，西邊是長安縣。不過，安史之亂以後，首都的行政體系在瓦解中，於是在上述的兩個縣外，增設了功德巡院，負責城內的所有行政事務，而負責功德巡院的功德使，是宦官的最高領導人。宦官有了功德使的權限，再加上擁有神策軍的權限，在八世紀末之前，可以說是光從軍事與民政兩方面，就完全把首都掌控在掌心之中。

後來，功德使也把宗教面納入自己的勢力範圍，插手宗教方面的人事問題。所以圓仁等人才會一到長安，第二天馬上就去功德巡院報到。圓仁等人剛入長安卸下行李的地方，是左街的大興善寺，而他們又是從東方來的，所以申請住處時，也以東側的左街為目標，並且如願地得到位於左街的資聖寺的宿舍。當時的左街功德使，便是在甘露之變中嶄露頭角的宦官領導人仇士良，諷刺的是，他是一位熱心的佛教保護者。當仇士良一死之後的會昌三年（西元八四三年）六月，武宗才開始正式的廢佛行動。

到達長安後，圓仁意氣風發地開始行動了。圓仁來到長安的首要目的，當然是為了修習正統的密宗，同時備齊與密宗有關的曼荼羅圖像與修法道具，及整理佛教經典。他在大興善寺跟元政大師學習金剛界法，在空海和尚也曾學習過的青龍寺，跟隨義真大師學習胎藏界法與蘇悉地法，也在玄法寺向法全大師學習胎藏界法。圓仁也完成了曼荼羅圖，更學習了為了修法、說教所必學的悉曇（梵字）學。圓仁原本要提出在一年後的八月回國的申請，誰知回國的日子一延再延，竟然等了四年才終於讓他等到。

所謂的密宗，就是密宗佛教，傳播佛教的祕密教義。始於印度的佛教與民間的供養法和咒文（陀羅尼）結合，而廣為流傳，並且被佛典所接受。這樣的密宗佛教被稱為「雜密」（雜部密宗）。相對於雜密，印度在西元七〇〇年起的半個世紀左右，受到印度教發展的影響，佛教中的密宗要素，在大日如來說教的體系下，迅速擴展，傳播到了東亞，成為深入人心的密宗，這一派的密宗被稱為純密（純粹密宗）。這與以釋迦教義為基本的大乘、小乘佛教有著本質上的不同，屬於新興的佛教。

不空法師像　來自北印度的不空在八世紀中葉的唐朝翻譯了《金剛頂經》，推動了密宗的盛況。不空死後諡號三藏。

代表密宗佛教的經典有二，一是解說胎藏界的《大日經》，二是解說金剛界的《金剛頂經》。前者是中印度的善無畏自陸路訪唐時，與弟子一行人所譯；後者是來自南印度的金剛智和他的印度（也有人說是斯里蘭卡）弟子不空（不空三藏），經由海路來唐時翻譯的。用圖來表現胎藏界與金剛界的佛世界，就是曼荼羅。新興密宗於玄宗朝的早期左右傳入中國，不空歷經玄宗、肅宗、代宗三朝，深得皇帝的信任，為密宗佛教帶來黃金時代。日本的空海、最澄，甚至圓仁等僧人入唐的目的，就是學習及了解黃金時代的密宗佛教。

就近看會昌廢佛

佛教傳到中國後，屢屢受到鎮壓。其中除了像三階教一般整個宗派完全瓦解的例子外（參閱第一章的「開皇二十年的政變背景」），讓整個佛教立於危急存亡之中的鎮壓行動，總共有四次。第一次廢佛發生於北魏太武帝時（四四六），第二次發生於北周武帝時（五七四至五七七年），最後一次則發生於後周世宗的時代（九五五年），而第三次就是圓仁也被捲入的唐武宗會昌廢佛。將這些鎮壓佛教的皇帝名字合起來，總稱為「三武一宗的法難」。

根據正史《舊唐書》與《資治通鑑》的記載，會昌廢佛發生於武宗會昌五年（八四五）的四月到八月。這次的廢佛行動，造成全國四千六百所寺院、四萬所蘭若（小寺）被毀，二十六萬零五百位僧尼被迫還俗，原屬於寺院財產的肥田數千頃（一頃相當於五・八公頃）、奴僕十五萬人均被國家沒收。在廢佛的期間裡，佛教以外的外來宗教，例如摩尼教、瑣羅亞斯德教，也被視為邪教遭到催毀，廢佛毀釋的狂潮襲捲了這個時期的中國全土。

不過，這個狂潮並非突然而起。會昌廢佛爆發之前，反佛教運動的氣勢，早已在官民之間悄悄蘊釀了，等時機一到，廢佛的狂潮就一發不可收拾了。圓仁在感覺到那股氣勢越來越高漲的時候，仍然默默地在一旁觀察局勢的演變，根據他的紀錄，廢佛的第一步是會昌二年（八四二）三月時，宰相李德裕奏請皇帝應該嚴格管理僧尼；同年十月朝廷下詔曾有逃兵、犯罪、娶妻經歷的僧人必須還俗，並且嚴禁僧尼走出寺院之門。在這個命令下，長安城內約有三千五百名僧人還俗。

隔年會昌三年，朝廷對外國僧侶加強監視，外國僧侶有義務提報自己的姓名及停留在大唐境內的理由。那個時間點裡還停留在長安左街的外國僧侶有天竺（印度）僧、獅子國（斯里蘭卡）僧、新羅僧、龜茲僧，和圓仁等日本僧共二十一人。當時的外國僧侶大概都很明白自己身處危險之中，所以大部分都已經撤離長安。圓仁一行人因為在山東拿到的公驗在進入首都長安後已經失效，還沒有拿到新的過所或公驗，所以動彈不得，無法離開長安。

會昌四年（八四四），朝廷以道教取代佛教的傾向越來越明顯。武宗在宮中建造九天道場，祭祀道教眾神；並在七月的佛教盂蘭盆節時，在道教的興唐觀祭拜天尊（道教的神）。還為了與天神溝通而煉製吃了之後能夠成為仙人的仙藥，及在宮中築起望仙台。這個望仙台高一百五十尺（約四十五公尺），從市街的方向看過去，宮中的望仙台就像一座小山。推動這一連串排斥佛教、崇尚道教的行動的中心人物，就是道士趙歸真，李德裕則從旁支持。圓仁的日記裡有以下的這段記述，當趙歸真被問說：「望仙台落成後，就可以成仙嗎？」時，他卻低頭不語。

會昌廢佛是留名歷史的大規模鎮壓佛教事件。深入唐代的社會，建構強大宗教團體的佛教界，因為會昌廢佛事件，而走向潰散之路。根據正史所載，這個廢佛事件爆發的時間只有數月，然而，圓仁的日記告訴我們，造成這個事

會昌廢佛的背景與意義

件的蛛絲馬跡，早在事件正式爆發的前幾年，就已經暴露出來了。如果不是受到禁足令限制的關係，圓仁一定會發揮他的好奇心，把廢佛的情形更清楚地留在他的日記裡。

如果認為廢佛這件事，完全是因為傾向道教的武宗與趙歸真等道士們所策畫出來的行動，未免太過輕率。李德裕並非反佛教主義者，也加入了這次行動。李德裕是牛李黨爭中的中心人物之一，也是一個熱衷於改革現狀的人物，因為被賦予重建國家財政的期許，而於開成五年（八四〇）九月再度回到宰相的職位。李德裕在當地方官時，親眼目睹了佛教界的腐敗，所以很自然地把目標放在隱藏在寺院裡的人與財產上。佛教界本身確實也存在著招來麻煩的問題。

除了上述的問題外，武宗即位後，唐的周邊發生了大事件。首先是北方的回鶻（回紇）在西元八四〇年的時候發生了內亂與天災，在遭受黠戛斯人的突擊下分裂了。到了會昌二年（八四二）年底，分裂的回鶻勢力也被完全地鎮壓下來。幾乎就在同一個時期，另一個重大的訊息傳來，那就是西藏吐蕃王達瑪王去逝了。達瑪王鎮壓佛教的結果，就是導致他被反抗的僧侶暗殺，這樣的結果讓吐蕃陷入了內亂。就這樣，長期處於兩個外國勢力重壓中的唐朝，一下子就獲得了解脫。

會昌三年（八四三）三月，當年因為和蕃而嫁給回鶻可汗的太和公主（憲宗的女兒，武宗的姑母）回到長安。唐朝迎回了公主後，同年四月起開始打壓回鶻人的信仰——摩尼教，破壞摩尼教的

寺院、強行沒收摩尼教寺院的資產、殺害摩尼教的僧侶。根據圓仁的記述，被殺害的摩尼教僧侶的身上穿著佛教的袈裟，並且被剃去頭髮，以佛教僧侶的模樣被處死。

摩尼教起源於波斯，在七世紀末的時候傳入唐朝。安史之亂後，摩尼教又被帶到回鶻社會，成為回鶻的國教。從此以後，摩尼教與在唐朝聲名狼藉的回鶻人被視為一體，成為唐朝人們厭惡的對象，而在回鶻國的瓦解後，摩尼教無可避免地成為回鶻的代罪羔羊。在圓仁的記述裡說，摩尼教的僧侶被裝扮成佛教僧侶，並且遭到殺害。如果這樣的記述是事實，那麼這種情形似乎也預告了同為外來宗教的佛教，也會遭受到與摩尼教相同的命運。我們應該可以將之理解為，打壓摩尼教是鎮壓佛教的前哨戰，或者是點燃唐朝排外行動的狼煙。

武宗是支持道教的強硬派反佛教主義者，而當時佛教界的腐敗、過度膨脹、造成唐朝國家財政的惡化等等，也都是事實。但是，只是上述的事實，基本上還無法點燃廢佛之火，因為當時佛教已經廣泛地深入民間社會，更何況宮中還有信奉佛教的有力人士——仇士良。把廢佛之事強力推上歷史舞台的，其實是回鶻與吐蕃的瓦解，這兩個地方的潰散，成為提高唐朝國內排外情緒的動力，一口氣推進廢佛的行動。會昌廢佛在某種程度上，就是一場民族主義的行動，是唐代與宋代連結的第一步。

唐武宗端陵全景　發生在中國的大規模鎮壓佛教事件共有四次。其中的第三次便是唐武宗的「會昌廢佛」事件。

圓仁雖然因此嚐遍了廢佛時期的艱苦與心酸，但從另一方面來說，他能夠站在中國史或者說是東亞史的關鍵點上，見證了此一歷史性的事件，這未嘗不是一個寶貴而幸運的經驗。包括密宗和五台山信仰，在唐朝時代興盛的佛教以會昌廢佛事件為界線，從極度的興盛快速地走向衰微。圓仁以一介佛教徒的身份，生活在廢佛前佛教散發出最後光彩的時期，又親眼目睹了佛教從光彩中急轉直下、崩潰瓦解的情景。圓仁以歷史活生生的見證人之姿，為後人留下的《入唐求法巡禮行記》，確實值得我們珍視。

廢佛風潮中的寺院——以法門寺、雲居寺為例

對在廢佛行動檯面化之前進入長安的圓仁來說，最吸引他目光的寺院活動之一，便是「供養佛牙」。所謂的佛牙，就是被認為是釋迦遺骨的佛舍利。根據圓仁在會昌元年（八四一）二月八日的記述，長安城內擁有佛牙的四寺為大莊嚴寺（永陽坊）、薦福寺（開化坊）、興福寺（修德坊）、崇聖寺（崇德坊）等，其中薦福寺的佛牙被收藏在佛牙樓中，三月八日這一天的佛牙開龕儀式中，會有很多僧俗來觀禮，是一場非常盛大的供養活動。

法門寺與舍利供養

圓仁的日記裡，還記載了一段關於佛牙的貴重記述。廢佛態勢已經很明確的會昌四年（八四四）三月，朝廷禁止供養佛牙的活動，也嚴禁了五台山與法門寺等，擁有佛指（舍利）的四聖地之巡禮供養活動。由此可以看出當時人們對舍利信仰的狂熱，及舍利信仰對五台山巡禮的影響，後世

也藉此看到了唐代佛教信仰的形態。此外，這裡也提到了法門寺，接著就來介紹與法門寺相關的事情吧！

時間來到二十世紀的後半，西元一九八七年的春天，西安以西一百二十公里的鄉下地區——陝西省扶風縣法門鎮，正在進行法門寺塔的遺跡挖掘調查，結果在已經毀壞的塔下發現位於塔基部分的地下室——地宮。調查人員一打開地宮的門，發現門內堆滿了金銀器與陶器等寶物，而被放置在這些寶物中心的，是收納著四根指骨形狀佛舍利的舍利函。另外，還發現了兩塊石碑文。這兩塊石碑中的一塊是「真身誌文」碑，上面刻著埋藏這些寶物的經過；一塊是「衣物帳」碑，上面刻了所埋藏寶物的目錄。

透過這兩塊石碑，除了可以確認這個挖掘調查的地點確實是唐朝時的法門寺外，還讓我們明白了幾件事。首先是咸通十四年（八七三）時，法門寺的舍利曾經被運送到長安供養。其次就是那時的皇帝懿宗以下的相關人士所捐獻的物品，就是地宮中的那些寶物。而那些寶物最後被埋藏在這個地宮的時間，是隔年的咸通十五年正月四日。所以說，自從西元八七四年寶物被封存於法門寺的地宮後，在西元一九八七年的春天以前，那些寶物一直沒有被人發現，保持封存當時的狀態。經過一件件地檢查後，確知那些寶物中的金銀器，

鎏金鴛鴦團花紋四花形雙耳盆　盆為銀質，澆鑄成型。通體鏨飾花紋並塗金。盆壁自口沿至盆底豎鑿四個凸棱，將整個盆壁分成四個區間，每區間內圖案相同，盆底則錘打鏨刻出一對嬉戲的鴛鴦。此盆口徑46公分，高14.5公分，重6265公克，應為四月八日浴佛節的儀式時所使用的物品。（法門寺博物館藏）

半毀狀態的法門寺塔（陝西省扶風縣法門鎮） 塔被破壞後，塔基部分的地下室現身了。從這個地下室出土了很多金銀器的寶物。

都是當時宮中的工坊所做的最高級器物；而且，寶物當中還有當時開始流行的一整組茶道具。從這一點看來，若說法門寺的這個地宮，是「中國的正倉院」，這個評價實在是非常恰當的。

法門寺的歷史始於西魏末期的西元五五五年左右，逐漸發展起來而為人所知，則是唐朝以後的事。從那個時候起，法門寺就靠兩件事物，成為信徒們朝聖的重鎮。一是保存於寺內的舍利為真身，是釋迦的真正遺骨；另一個就是每三十年從地宮裡請出舍利一次，開龕供養，讓信徒膜拜；而能在這種時候膜拜到舍利的人，將會得到龐大的好處。法門寺堅守三十年開龕一次的原則，並且接受歷代皇帝們的禮拜與歸依，也因此成為唐代舍利信仰的代表性寺院，倍受推崇。上述的法門寺舍利供養過程，出現在圓仁於會昌四年（八四四）所寫的日記裡。但恐怕就在這一年，或者隔年，法門寺的塔與地宮就徹底遭受摧殘，真身舍利當然也有可能因此受到破壞。

只是，法門寺方面並不承認真身舍利受到破壞，並且宣稱已從毀壞的地宮地底下尋獲真身舍利，於咸通十四年（八七三），再次舉行了舍利供養的佛事。從法門寺被破壞到重啟舍利供養的佛事，中間正好相隔了三十年。法門寺為了要和皇帝保持關係，免不了有時也會被捲入政治的漩渦中。元和十四（八一九）舉行舍利供養時，韓愈提出了《諫迎佛骨表》，認為法門寺舍利供養之舉，等於崇拜夷狄的佛骨，是無意義的事情。但韓愈的理論大大觸怒了憲宗，憲宗把將韓愈貶官，左遷到南方。這是很有名的故事。圓仁的立場與韓愈不同，他的紀錄只著重於舍利被安置的情況。

地方的廢佛與房山雲居寺的石經

以法門寺為首的關中諸寺院無不受到武宗廢佛的影響，蒙受相當大的破壞。法門寺在廢佛風暴過去三十年後，才又舉辦了三十年一次的舍利供養活動，其間經歷了不少波折，好不容易走上復興之途。但法門寺是例外中的例外，其他寺院幾乎復興無望，只能繼續處於被破壞殆盡的廢墟狀態。

西元一九八五年，西安東邊臨潼縣的唐朝大寺——舊慶山寺的基地內，挖掘出裡面藏有大量金銀的精緻舍利函與財寶的地宮遺蹟。這也是因為會昌廢佛，遭破壞後的大寺因為無力復興而逐漸成為被遺忘的廢墟。

至於關中以外的地方，曾經因為五台山信仰，信徒絡繹不絕的五台山諸寺院，在會昌廢佛事件之後，全都衰敗得不見昔日光彩，正可以做為大寺變成廢墟的代表例子。因此，今日的五台山幾乎看不到從前留下來的建築遺物。在朝廷的廢佛行動如火如荼時，僧侶們為了避難，以逃亡到鄰近的幽州（現在的北京）為目標，但是幽州的關所緊閉，不接受逃難而來的僧侶。說起幽州，就是在唐朝的統治下處於半獨立狀態的河朔三鎮之一

盛放銅浮屠、銀棺、佛指舍利的阿育王塔　一九八七年的挖掘調查所出土的舍利與舍利容器。這是西元八七四年被封之後，經過了一千一百多年重現世人面前的法門室地宮祕寶。

的幽州節度使。幽州因為處於半獨立狀態，感覺應該與朝廷的廢佛行動保持著某種距離，其實卻不然。

就來看看與此有所關聯、位於幽州節度使管轄內的某一座寺院。位於北京西南，直線距離約六十公里左右的山中，有一座名為房山雲居寺的寺院，比起來是離五台山較近。在前面第六章的「隋唐都市與工商業者」這一節中，我們曾經提到過房山雲居寺因為刻經事業而聞名。

隋代時，幽州智泉寺的僧人靜琬於七世紀初帶著弟子與信徒，進入這座山中。他們在山上鑿洞，並且著手將佛典刻在石片上，展開了房山雲居寺的歷史。他們在這裡鑿了九個洞窟，以第五個洞窟為中心，並在這個通稱為雷音洞的前面留下碑文。靜琬在碑文上表示：末法之世久矣，人們失去宛如明燈的佛法，只能在黑暗中煎熬度日。靜琬以讓未來的人們可以重拾明燈為使命，於是在末法的劫火無法燃燒的石片上留下佛法經文。

靜琬的弟子們繼承了靜琬護法的決心，於靜琬死後仍然繼續在石片上刻經，在唐代，總共刻出了四千二百片左右的經文（此外還有七百八十片左右的殘石）。而這些石經的壓卷之作，就是三藏法師玄奘經過漫長的旅途，從印度經過西域回來後，首次翻譯出來的最大佛典《大般若波羅密多經》六百卷，石經在唐代就已經大致完成（最後的一部分完成於遼代）。當這部石經刻成時，離玄奘法師完成《大般若波羅密多經》的翻譯，還不到一個世紀。

每片石經都是高約兩公尺，寬約六十公分的石板（石碑），正反兩面都密密麻麻地刻滿經文。在石碑上刻經，始於玄宗的開元末年左右，到了天寶年間（七四二至七五六）進入正式化。從此以後，即使是在安史之亂中最混亂的時期裡，刻經事業也沒有停止下來過，一直持續到唐的後半期。在這段時間裡完成的石經合計一千一百一十七片，單純計算的話，平均一年完成七片。

房山的刻經事業與會昌廢佛

協助《大般若經》石經化這個大工程的，是在幽州節度使管轄下、有著驚人發展的幽州（范陽郡）商人們。他們以同業組合的方式，組織了很多「行」，並且又在「行」裡結成有共同信仰的「社」，以「社」為單位募集金錢物資，捐獻給雲居寺。收到捐獻的雲居寺，便把捐獻者的單位名稱，題在《大般若經》石板的預留空白處，於是這些捐獻者的「行」、「社」或負責人的名字，也隨著石經被收入山中的洞窟內。

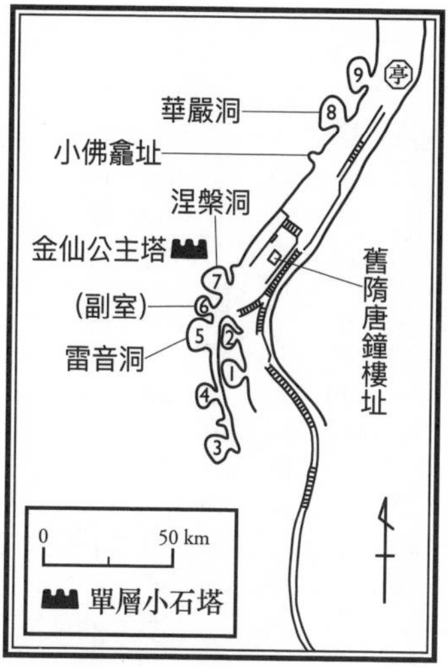

石經山藏經洞配置圖

寺院方面為了讓刻經的漫長事業延續下去，很早就把注意力放在新興的商人階層上，這個方向是正確的。大約從六世紀中葉起，以河北與山東為首的華北各地刻經事業開始發展起來了。不過，除了雲居寺外，其他地區的刻經事業的發展都是短暫的，很快就結束了。相對於此，雲居寺自靜琬以來，就非常重視與在地社會的連結，所以能夠開啟持續性的刻經事業。把商人階層也拉入刻經事業中，也是雲居寺的刻經事業能夠持續下去的原因吧！就這樣，寺院方面確保了刻經事業可以持續下去的資金，商人們也透過石經上的留名，得到自己信仰的認証，後世也因為石經的存在，而能夠了解當時信仰的普遍與商業活動的實態。

不過，會昌年間時，刻經的大事業也因為廢佛事件而停止，雲居寺在這個轉折點上走向衰亡之途。當雲居寺再度受到世人注意時，時代已經進入遼朝的十一世紀，是雲居寺被編入燕雲十六州後的事。而且，在遼朝的統治下，雲居寺的刻經事業因為得到國家的支援，而有更大的進展。不過，當時刻的經典底本，是遼時編纂的《契丹大藏經》，完成之後的數量太過龐大，已經超過山中的九個洞窟可以容納的範圍。於是雲居寺便在寺院的境內建造地下室，收藏這批石經。今日我們能確認在遼代與遼之後的金代所完成的石經，合起來的數量高達一萬零八十二片。

再回頭說關於會昌年間的石經停刻，無疑是受到了朝廷中央發起的武宗廢佛的影響。如同五台山信仰一樣，信仰的問題超越了政治性的領域，有著相互的作用。再說將近九世紀中葉的時候，河朔三鎮雖然是處於半獨立的狀態，但與唐中央的關係卻是越來越緊密。對幽州而言，會昌廢佛並非完全是隔岸觀火。

法門寺與雲居寺極具對照性，兩所寺院膜拜的對象與支持者，基本上是不一樣的；而且一個靠近朝廷中央所在的關中，一個位於華北的東端，可以說一個在西一個在東，地理位置也不相同。然而，他們卻都開始於隋朝，興盛於唐朝的時代，並且同時在會昌廢佛事件後走向衰微。就這一點來說，這兩所寺院的信仰形態，都是隋唐這個時代所規定下的產物。所謂的隋唐佛教，是一種多樣化的獨特信仰，這是我們必須留意到的事情。

註釋

1 【編註】關於井真成的墓誌，可參閱本系列第十二冊《日本人眼中的中國》，「第五章　中國史中的日本」。

2 【編註】日文書名為「東方見聞錄」。

第九章　東亞諸國的動向

隋唐王朝與東亞諸國

歐洲受到「匈人」西進的刺激，日耳曼民族開始了民族大移動。幾乎與此相同的時期裡，東亞也處於不亞於上述的民族遷徙行動中。大家對這一件事，了解多少呢？

東亞民族遷徙的結果

今日人們對「匈人」的源流，已有某一基本的看法，認為匈人與最早出現在北亞的遊牧民族匈奴有關；匈奴於一世紀中葉左右分裂為南北匈奴，其中的北匈奴與匈人有所關連。而南匈奴便是四世紀初正式揭開五胡亂華序幕，最先入侵華北的匈奴族。受到胡人入侵的影響，華北的漢民族大規模地往長江的方向移居，而原本住在江南的越系及其他更早住在江南的民族，則被迫遷移到更南的地方與山中。

民族遷徙的浪潮從北方擴展到東方。五世紀初，原本活動於東邊大興安嶺北方的柔然（蠕蠕、茹茹）人，入侵匈奴族離開後的北亞草原地帶，並且控制了那個區域（參閱下頁圖），這是蒙古族

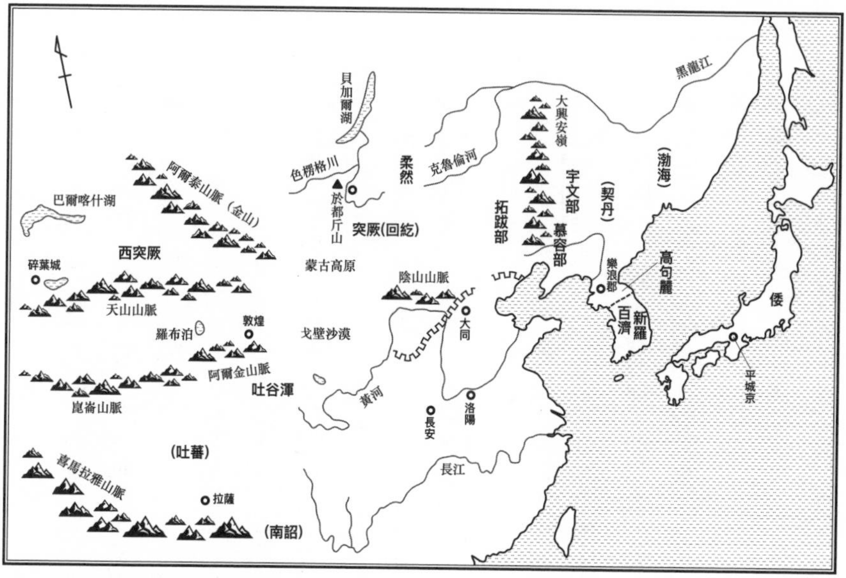

隋成立前後時期的東亞民族地圖

正式躍上中國歷史舞台的開始。到了六世紀的中葉，活動於西方阿爾泰山脈西南山麓的突厥族崛起，取代柔然人，成為北亞的統治者。後來往歐亞大陸中部擴展的土耳其系民族的起源，可以追溯到突厥從柔然系統中獨立的時期。總之，發生在北亞的這一連串形勢變化，都與匈奴消失後的諸民族整合，有著無法切割的關連。

再從東北往東看吧！五胡造成中國國內的分裂，中國的力量從樂浪郡與帶方郡退出，五胡政權之一的後燕趁機入侵東北。受到這些形勢變化的影響，原本在東北部（舊滿州）的高句麗逐漸南下，勢力伸展到半島的北部。與北部抗衡的南部韓族也很活躍，出現了百濟與新羅的政治體系，朝鮮半島形成三國鼎立的局勢。受到這些連動的影響，日本列島也因大陸、朝鮮半島人與文化的流入，從彌生時代邁向古墳時代，奠定了後來的國家（王權）基礎。

又，由匈奴揭開序幕的大規模民族遷徙正式展開，最後跳出來成為主角的，是位於大興安嶺南部的鮮卑系統諸部族。最早有行動的是慕容部與宇文部，最後則是拓跋部入侵華北農耕地帶，建立北魏，再經過與漢民族的融合後，開拓了之後隋唐王朝出現的大道。另外，還有一部分的鮮卑族往西移動，慕容部中的支族在隴西（甘肅省）、青海（青海省）統治了當地的西藏系統土著居民，建立了吐谷渾國，這也是民族遷徙下的產物。

經過五胡時代以來數個世紀的民族遷徙後，在隋朝實現了統一中國全土的大業後，其周圍各民族與各國家的情勢也趨於穩定，各自定位了。先確定以隋為中心軸，再確定其周邊各國的這種構圖，清楚地建立起以唐成為未來東亞世界中心的形勢。了解了隋唐國家是在這種民族遷徙的流動下形成的，就能明白為何唐朝是那麼富有國際性氣息的國家。

羈縻與冊封

自漢代以來，中國的王朝為了安定其統治範圍，及形成國際秩序，便與統治範圍內的各民族及外圍的國家，廣結羈縻與冊封的關係，而這樣的關係（政策）在隋唐的時候尤其發揮了非常大的效果。但在唐朝滅亡後，隨著民族意識的高漲，那樣的關係逐漸失去其政治性與國際性的效果。就這一點來看，可以說羈縻與冊封的關係，只適用於隋唐及其之前時代的系統。

羈縻的本意是指拴在馬或牛鼻子上的繩索，而人則可以靠著這條繩索來控制牛或馬。這個意思就是說：被繩索控制的牛馬（異民族），可以在控制者（中國王朝）允許的範圍內自由活動，卻不能超越那個範圍。唐朝確實地利用了羈縻政策，承認各部族首長與其管轄內的部族民眾的統屬關係，而該部族的首長則被唐朝廷任命為都督、刺史或縣令。編入唐朝體制下的地方部族，其固有的地方習俗與自治得以存在，但同時也安置了所謂的都護府，以這樣的機關進行軍事上的監督，做為間接統治的方式。唐朝在直接統治的領域周圍，最後總共設置了六個都護府，設置情況與時期各有不同。

根據史料上的記載，唐朝共有八百五十六個羈縻州，而一般的州卻只有三百五十八個，足見當時羈縻州的數量是相當多的，這不只顯示了唐朝處理異民族的細膩用心，同時也顯露出對異民族實施分化統治，阻擋異民族合而為一的企圖。那樣的狀態下，異民族就不容易出現能與唐朝對抗的強力的領導者。今日中國的自治區、自治州等對少數民族的政策淵源，其實就是來自這個傳統的手法。

再來說什麼是冊封。冊封原本的意思，是指以「冊書」任命王位或高官之事。不過，這裡所說的冊封，是指中國皇帝藉由封給王號的手段，來承認周邊諸國的君長與其領地的關係，然後承認該君長對其所擁有的領地有獨立的統治權；此外還會授予諸國君長中國王朝的爵制（公侯伯子男的爵位）位階，以此來與諸國的君長建立君臣的關係。以隋唐時代的中國為中心的東亞國際關係，正是以這種冊封的秩序原理所形成的，這是日本的西嶋定生先生提出的理論。西嶋先生特別注意隋唐王朝與朝鮮三國之間的冊封、朝貢關係，在提及倭（日本）處於隋唐與朝鮮形成的圈子外圍時，檢討了冊封體制論與東亞世界論，並提出日本史研究者也應研究此一課題。

那麼，冊封與羈縻之間，又有什麼關係呢？有一種看法認為冊封以農耕、定居型的社會為對象，而羈縻以遊牧型的社會為對象。然而隋唐卻冊封了遊牧民族系的突厥與吐蕃，也在高句麗滅亡後的朝鮮設立了羈縻州，所以，冊封與羈縻並沒有一個絕對的基準。其實，如果從離隋唐王朝的距離，與對隋唐王朝的服從度來看的話，倒是可以看出隋唐王朝對於距離近、服從度高的地方實施羈縻的手段，對距離遠，服從度較低的地方，則以冊封的方式來維持彼此的關係。也就是說，中國的領域十分遼闊，於是對領域內的眾多異民族以羈縻的政策來進行間接性的統治，對不包含在領域內的異民族地區，則以冊封的形式來維繫關係。以中國的立場來說，中國所追求的是與異民族的羈縻關係，冊封關係是無法實行羈縻關係下的替代品。

東亞的指標——宗教與文字

西嶋定生先生以冊封體制來說明貫穿東亞世界的原理時，也把發源於中國的漢字、儒教、律令制、漢譯佛教（中國化的佛教）等四種事物，做為東亞的共通指標。而所謂的東亞是指中國、朝鮮、日本等地，有時也包含南方的越南等地方，基本上不包括上述地點以外的區域。不過，隋唐的時代，周邊的北方與西方有更多的國家，隋唐與他們之間存在更多樣的關係。在那種情況下，與日本和朝鮮的關係在其中反而屬於少數派了。

當我們把周邊的國家都納入視野，進行全盤思考時就會發現，事實上不僅共通的事物，連非共通的事物，事實上也是構成這個世界的重要指標。隋唐是一個擁有較高的國力與文化，及深不可測的包容力的權力體，與它為鄰的諸民族除了必須有不會被完全捲入其中的抵抗力外，還必須有意識地和它維持密切的關係。

例如漢字。北方突厥的朝廷裡也有很多漢人，所以可以在突厥的領域裡看到以漢字書寫的碑文。不過，在突厥國度裡的正式文字，卻是來自粟特文的突厥文字，後來更演化為回鶻（回紇）文字。此外，吐蕃很早就開始與中國接觸，派遣了很多留學生到唐學習，接受了很多唐代文物與文化。不過，統一吐蕃的初代國王松贊干布（棄宗弄贊）也曾經派遣部下到印度，並以印度文為母體，創建了西藏文字。不管是突厥還是吐蕃，他們都知道漢字的存在，但是卻沒有採用漢字做為自己的文字。

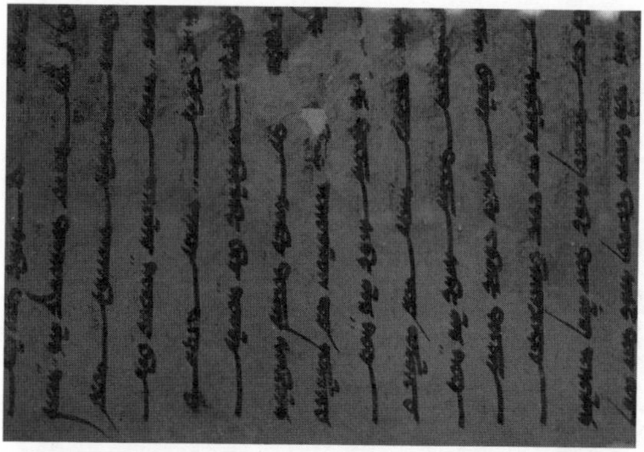

回鶻文摩尼教說話殘闕　回鶻文字是以粟特文字為基礎而創的文字，是以表音的方式書寫出來的文字。上圖寫的是與摩尼教內容有關的文字。

突厥與吐蕃之所以選擇那樣做，理由之一在於他們是遊牧系民族，而漢字是表意文字、也是定居型的農耕系民族的文字，需要花更長的時間來學習；據說表音的粟特文字比較容易學習。而且，對於獨自的文化根基不夠豐厚的他們來說，很容易被漢字擁有的文化吞噬，這是他們覺得危險與擔心的一點。為了在文化圈中擁有自己的立足之地，他們不得不那麼做。

在宗教方面也一樣。突厥人原本信仰薩滿教，但是北齊的佛教僧惠琳傳入佛教後，道教也跟著傳入，不過，這兩種宗教並沒有深入突厥人的社會。繼突厥而起的回鶻（回紇）就像前面說過的那樣，接受了八世紀後半時由唐朝傳入的摩尼教，並且奉摩尼教為國教，迅速在領域內擴散，其普遍的程度非佛教或道教所能及。至於在吐蕃，吐蕃人原本信奉的是薩滿教系統下的苯教，而佛教很早就隨著唐文化傳入吐蕃地區。不過，吐蕃人也引進印度佛教，所以印度佛教與中國佛教並存於吐蕃地區。到了八世紀末期，中、印兩派的佛教在當時的吐蕃王赤松德贊面前公開辯論，結果中國佛教敗北，印度佛教獲得了相當於吐蕃國教的地位，打開了西藏佛教（喇嘛教）的發展之道。

回鶻選擇了摩尼教，吐蕃選擇了印度佛教，這個現象所表達的，無非是回鶻與吐蕃表現出不希望宗教領域（也就是精神的領域）也被中國侵吞的強烈意志。這是對於文化與渲染力都遠高於自己的中國，所能做到的最大反抗。一邊是試圖想與唐擁有共通指標的朝鮮與日本等國，另一邊是無論如何都想與唐保持一定距離的國家們，這兩者都是與唐有著密切關係的國家，但態度卻是大不同。因此，我認為應該以廣大的東亞文化圈為範圍，在這個大框架裡來理解以唐朝為中心所成立的世界。

和蕃政策的意義

在隋唐周圍的遊牧系國家雖然拒絕在文化與精神面上被隋唐同化，但又熱衷於與隋唐王朝保持密切的關係。和中國取得密切的關係，就可以得到更多的財富，這是普遍存在於遊牧民族社會的想法。而在與中國取得密切關係中擔任重要關鍵人物的，便是從中國迎娶來的公主（皇帝的女兒）。在那樣的情況下成立的姻親關係，在暗地裡實際地影響了東亞的國際社會。

從中國下嫁到外國的公主，被稱為「和蕃公主」，而和蕃公主存在的意義，就是與蕃族和親。中國與蕃族和親的歷史始於西元前二〇〇年。當年漢高祖劉邦在平城（今山西省大同）的白登山被匈奴包圍，於是獲勝的匈奴便以漢朝將宗室的女子送到匈奴當閼氏（單于的妻子），做為和議的條件。西漢時期為了牽制匈奴，曾經兩度把公主下嫁到烏孫；西漢後期嫁給匈奴呼韓邪單于的元帝後宮女子王昭君，也是和蕃公主中的一人。漢代之後，尤其是北朝以後的隋唐朝代，把宗室的女子下嫁到外族，便是中國對付周邊民族的一大策略。

先來看隋代的時候，光化公主下嫁到當時從西方崛起的吐谷渾；另外，對於北方的東突厥，讓隋朝苦於應對的沙缽略可汗，則是將北周時期就下嫁給他為妻的千金公主，改封為隋朝大義公主，改善雙方的關係。之後，隋朝又把安義公主下嫁給關係更為接近的啟民可汗，在安義公主死後則又將義成公主下嫁，加強彼此的關係。另外，隋朝以把公主下嫁為條件，策反西突厥的處羅可汗（曷薩那可汗），讓他依附之後，才將信義公主下嫁。還有，隋也把華容公主嫁給當時還保持獨立的高昌國國王麴伯雅。從種種情形看來，隋朝在經營絲路與對西突厥的對策上，可以說一點也不怠慢。隋朝積極地利用公主和蕃的政策，與北邊、西邊的諸強國維繫關係，建築起自己的優勢。

唐太宗也是非常重視公主和蕃政策好處的帝王，在他即位

王昭君　嫁給匈奴呼韓邪單于的王昭君，有許多傳說與故事。

不久後，突厥（東突厥）便瓦解了，他將趁著隋末的混亂而勢力大提升的吐谷渾內栽培為親唐派，於貞觀十三年（六三九）把弘化公主嫁給諾曷鉢可汗，這也是為了計畫隔年平定高昌國所下的一著棋。從此以後吐谷渾的勢力逐漸衰微，還被新興的吐蕃驅往青海，直到逃到唐的領域內，才好不容易留下命脈。

吐蕃自從太宗時期與唐接觸之後，就一直請求唐朝公主的下嫁，貞觀十五年（六四一）終於有文成公主下嫁吐蕃王松贊干布（棄宗弄贊），接著唐中宗景龍四年（七一〇），金城公主嫁給了赤德祖贊[1]。之後，突厥（突厥第二帝國）復活，勢力再起，再度困擾唐朝，睿宗於是決定把金山公主嫁給默啜可汗，但後來因為睿宗退位，這件婚事也就作罷。此外，在玄宗時期時，東北的契丹與奚開始蠢蠢欲動，想擺脫與唐的羈縻關係，於是唐便以與皇室有親戚、血緣關係的他姓女子，用公主的身份嫁給契丹與奚的族長，這一做法也可以算入和蕃公主的政策內。

隋唐王朝與周邊國家、民族的關係，有冊封與被冊封、君與臣的關係，還有中間夾著和蕃公主的翁婿關係，呈現出來的是一幅複雜的關係圖。這麼複雜的關係圖，就是中國自古以來到隋唐為止，與周邊國家、民族關係的特徵，而和蕃公主的存在意義，尤其值得關注。

和蕃公主的出身

從隋到唐中葉，和蕃公主的共通點就是她們並非皇帝的親生女兒。但是來到唐的後半期後，幾乎只有回鶻（回紇）能得到和蕃公主，而且，嫁到回紇的和蕃公主都是皇帝的親生女兒。例如嫁給第二代葛勒可汗的寧國公主是肅宗之女，嫁給第四代天親可汗的咸安公主是德宗之女，嫁給第九代崇德可汗的太和公主是憲宗之女。和蕃公主從名義上的公主，變成真正的公主，這樣的轉變是因何而起的呢？根據日本學者日野開三郎先生的看法，因為下嫁到異族的和蕃公主，都會帶去豐厚的物資做為陪嫁的嫁妝，如果和蕃公主是皇帝親生女兒，那麼一定會為女兒準備更豐富的嫁妝。回紇的真正目的當然就是為了豐富的嫁妝。而且，回紇以絹馬貿易的形式，向唐要求穩定供應絹帛，從這點來看，要求真正的公主下嫁，確實有其意義。

名義上的公主下嫁階段時，是以隋唐國家的權威為前提，重點在於藉由公主的存在所表現出的國際關係。但是，當回紇對公主的出身所有要求時，推測他們已經不再顧慮國際關係和唐朝國家的權威。唐朝到了後半期，國力已經很明顯地開始衰退，之前不斷向唐朝請求公主下嫁的吐蕃，也已經不再提出那樣的要求。因民族自覺的高漲與唐朝權威的衰退，利用聯姻所獲得國際關係上的好處，已經逐漸消失。到了唐之後的五代、宋朝時，和蕃公主在歷史舞台上完全消失。或許我們可以說，真正的公主們代表了任務告終的「和蕃公主」最後的謊花[2]。

但是，當和蕃公主有實質作用時，為何出嫁和蕃的都是名義上的公主，而不是真正的皇帝之女呢？一直以來的看法，除了與女兒出嫁的嫁妝有關外，還有就是皇帝基於親情的不捨，不願意讓親生女兒遠嫁蕃邦，以及因此產生的蕃夷對等想法，同時也擔心女兒有一天會成為蕃邦的人質，所以多以名義上的公主做為和蕃公主。不過，我個人認為關於這一點有再深入探討的必要。

原本和蕃公主被賦予的責任，就是與異國、異族建立關係，嫁娶這件事的本身並不是重點。體察本國的用意，了解對方國家的國情，掌握成為夫婿的國王或可汗的心，再用文化與習俗來感化對

文成公主像　據傳文成公主是體態豐腴的唐風美人，她把中國的制度與文物帶到西藏，致力於唐與吐蕃的和平工作。

方，這就是和蕃公主的使命。另外，因為局勢的演變，和蕃公主必須有隨時可能被本國拋棄的心理準備。

像這樣的任務，對於生長在深閨裡，養尊處優的皇帝女兒是難以勝任的，所以便在皇族中選擇能夠勝任並且容貌姣好的女性，出任和蕃公主。而必須選擇來自皇族成員的理由，當然是因為必須有公主的名號，而且，為了避免她嫁到異地後背叛本國，父母的出身門第也必須純正優良。所以和蕃公主的挑選是相當謹慎的。

和蕃公主都是優秀的人才，例如下嫁到吐蕃的文成公主與金城公主。文成公主把中國的制度、文物帶到吐蕃，讓吐蕃人放棄紅土塗面的習俗，又安排吐蕃有地位的人物的子弟到長安遊學，與唐進行交流，消除兩國之間的戰爭。據說文成公主體態豐滿，是唐代型的美人。至於金城公主，她在玄宗時期處於唐與吐蕃之間，也很努力地促進兩國的和平，傳播唐朝的文化。

另外，在隋朝時下嫁到突厥的義成公主，也有令人矚目的表現。史料上只記載義成公主是「宗女」（來自皇室的女子），於開皇十九年（五九九）下嫁啟民可汗後，隨即成為隋與突厥的連繫管道，讓啟民可汗臣屬於隋，兩次安排煬帝到突厥訪問。啟民可汗過世後，依照突厥的習俗，她又成為啟民的兒子——始畢可汗、處羅可汗、頡利可汗等三個兄弟的妻子。在此期間裡，大業十一年（六一五）時，她還救了被始畢可汗包圍於雁門（今山西省境內）的煬帝、隋末動亂時還保護了煬帝的蕭皇后，可以說為隋盡忠盡義，最後於貞觀四年（六三〇）被唐軍所殺。義成公主在突厥紮根，並且為本國盡其所能的貢獻，可以說是和蕃公主的最佳典範。

突厥系的遊牧民族國家、突厥與回鶻

中亞的阿爾泰山山脈就是中國文獻裡的金山，自古以來就是人們熟知的金銀與銅鐵等礦物資源的產地。一直在金山西南側山麓一帶從事鐵生產事業的阿史那部族，在西元五五二年時打敗統治他們的柔然民族，獨立了，這就是由突厥系民族建立起來的第一個正式國家——突厥。

突厥第一帝國與隋唐王朝

突厥在第一代伊利可汗時（在位時間西元五五二至五五三年），將根據地遷移到位於蒙古高原中心、被視為是遊牧民族聖山的烏德鞬山一帶，並且占領了整個蒙古高原。第三代可汗木杅可汗（在位時間西元五五三至五七二年）時期，突厥人進入中亞的粟特地區，國境與波斯的薩珊王朝接壤。突厥的勢力能夠如此迅速擴張的原因，與他們以優良冶鐵技術所製造的鐵製武器有關。

突厥早在被柔然人統治的時代，就參與東西之間的貿易，獨立之後便馬上向西方擴張勢力，直接把中國的絹帛運到東羅馬帝國，獨占了這方面的利益。當然，這樣的商業活動只靠突厥人是無法完成的，他們廣為接納擅長商業活動的粟特人，這也是突厥勢力擴大的要素之一。

突厥勢力的快速擴大，是因為他們以可汗來源的阿史那氏部族和可敦（可汗之妻）來源的阿史

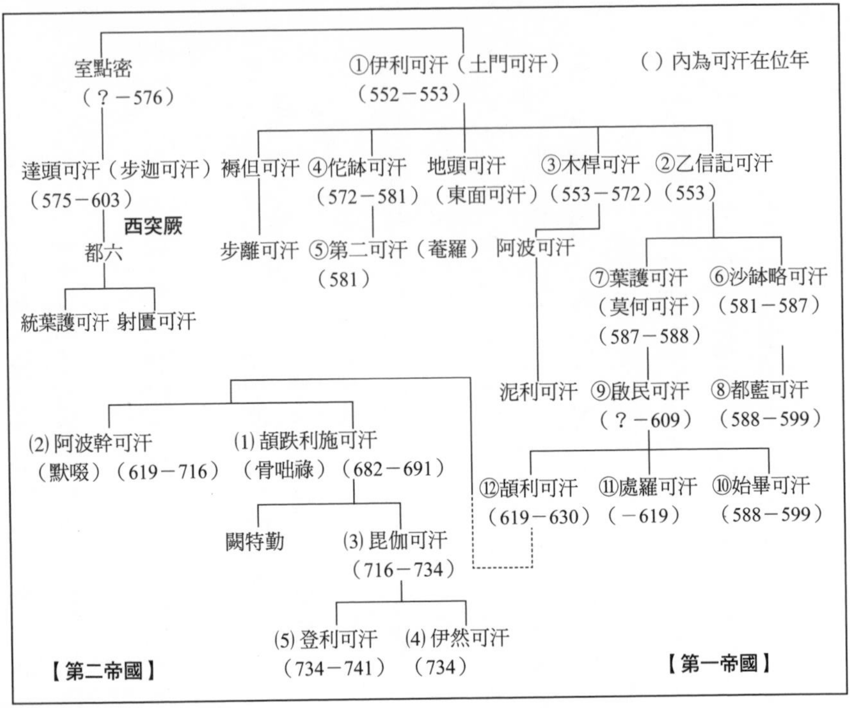

突厥帝國譜系圖

德氏部族為核心，然後再吸收突厥系中的其他部族與非突厥系的部族，組成聯合部族。但是突厥的國家管理方式，並非由中央可汗（大可汗）進行統治的一元化管理方式，而是派遣阿史那氏出身的可汗（小可汗）、像封建領主般到各個部族進行管理。這些小可汗中，以領有天山北側，管理著絲路到粟特地區的西面可汗勢力最為強大。終於在隋的開皇三年（五八三）時，伊利可汗的侄子達頭可汗獨立了。突厥在獨立三十年後，正式分裂為東西突厥。

隋朝也正好在這個時候取代北周，取得了政權。而為了完成統一中國的大業，隋朝把弱化突厥視為最大的課題。文帝看出突厥內部有不能團結的問題，在對沙缽略可汗（在位時間西元五八一至五八七年）進行軍事打擊的同時，離間小可汗之間的感情，讓他們產生對立，導致突厥分裂為東西，這是隋朝在政策上對突厥的一大勝利。這個勝利讓隋朝占了優勢，突利可汗投降時，隋朝同意讓公主下嫁，還賜給啟民可汗稱號，讓他成為突厥的大可汗。這都是開皇十九年的事。另外，因為前述的安義公主去逝了，所以後來下嫁的是義成公主。

啟民可汗以大利城（位於內蒙古的呼和浩特以南，在和林格爾附近）為根據地，在得到隋朝的支援下，整合了突厥各部。煬帝的時代，終於迎來了北方邊境的和平，煬帝才能開始傾全力於大運河的開鑿。不過，征服突厥後氣勢如日中天的隋朝，卻因為遠征高句麗失敗，氣勢開始急轉直下。繼承啟民可汗的始畢可汗在大業十一年（六一五），突襲來到雁門（今山西省內）的煬帝，並且從此擺脫隋朝的控制，而隋也陷入內部的分裂。突厥的勢力再度強大，與隋的強弱立場在這個時刻互換了。

突厥石人　新疆維吾爾自治區突厥墓前的石像。上面刻有突厥文字。

已經取得優勢的突厥，也成為隋末割據華北的群雄之一，參與群雄的鬥爭。太原（今山西省）的李淵要起兵反隋時，不僅事先告知突厥，還接受了突厥帶有監視味道的軍事支援。總之，發生在隋末唐初長期動亂、以及巨大的反抗能量爆發的背後，都可以看到突厥的影子，這一點千萬不能忘了。

不過，突厥的優勢隨著唐朝在國內的戰爭中取得勝利而宣告結束。李世民（唐太宗）發動玄武門之變不久，頡利可汗帶領大軍來到渭水一帶，想打擊根基尚未穩固的太宗新體制，沒想到此舉反而穩定了太宗的基礎（參閱第二章太宗被推舉為天可汗一節）。之後，太宗介入頡利可汗與始畢可汗之子突利可汗的對立中，又與活躍於蒙古高原的鐵勒諸族聯手壓迫頡利可汗。太宗即位四年後，也就是貞觀四年（六三〇），頡利可汗被虜，突厥第一帝國就此結束。

突厥第二帝國

突厥第一帝國結束後，投降於唐的突厥諸部族遷徙到黃河以北的內蒙古一帶，透過雲中都護府（後來的單于都護府），接受唐朝的羈縻統治。另外，唐朝原先讓以薛延陀部為盟主的鐵勒諸部統治蒙古高原，但唐龍朔三年（六六三）時，朝廷把瀚海都護府（後來的安北都護府）移到烏德韃山附近，便將鐵勒諸部納入羈縻管轄。而所謂的鐵勒，是活動於貝加爾湖南邊到阿爾泰山一帶的突厥系部族的總稱，阿史那氏突厥就是其中一支氏族。後來勢力崛起的回鶻（回紇），就是鐵勒部族中的一支。

被遺留在蒙古草原上的闕特勤碑文（西面） 位於蒙古鄂爾渾河上游。立於唐開元二十年（七三二）。碑高三公尺多，除了西面的文字是漢文外，其他面是突厥文。西元一八八九年發現。

突厥第一帝國滅亡，經過半個世紀後，永淳元年（六八二），阿史那氏系統的骨篤祿

（骨咄祿）脫離單于都護府的統治，興起於陰山附近。靠著有名參謀之稱的阿史德氏暾欲谷的謀略，骨篤祿收復了北邊的烏德鞬山故土，自稱為頡跌利施可汗（在位時間西元六八二至六九一年）。這是突厥第二帝國的開始。他們的興起，讓長期被唐朝壓抑的民族意識在武則天上台、羈縻統治式微之下，爆發性地高漲。

頡跌利施可汗去逝後，他的弟弟默啜握有大權，自稱阿波幹可汗（在位時間西元六九一至七一六年）。在取代唐朝的武后時代，默啜除了趁著契丹侵犯中原之際，趁機頻頻攻打武周外，還入侵由西突厥氏族之一的突騎施族所統治的西突厥，企圖收復曾經擁有的領土，但是長年的征戰引發部族的背叛而無法如願。

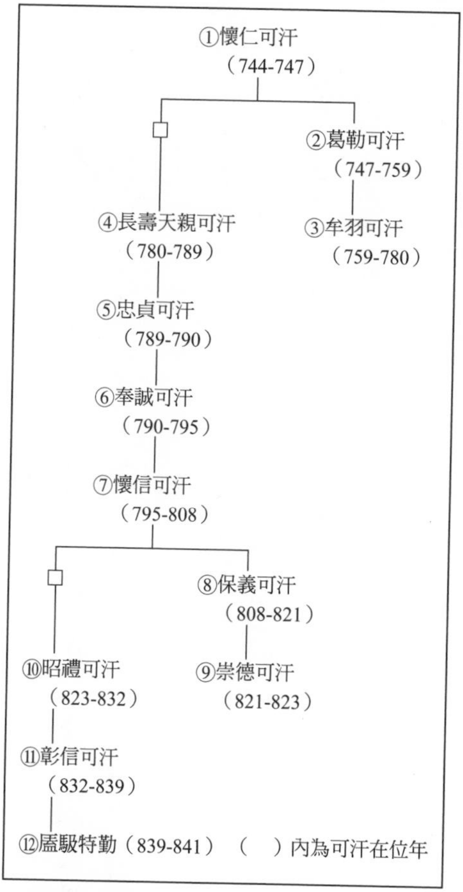

回鶻帝國世系圖

阿波幹可汗（默啜）死後，頡跌利施可汗的兒子毘伽可汗，在弟弟闕特勤及暾欲谷的幫助下，繼承了可汗之位（在位時間西元七一六至七三四年）。暾欲谷等人努力與唐修好的同時，鎮壓了國內其他部族的叛亂行為，開創了突厥的盛世。後人可以從被總稱為「雅德林采夫碑文」的闕特勤碑文（七三二年建立）、毗伽可汗碑文（七三五年建立），和被稱為「巴顏．楚克圖碑文」的暾欲谷碑文（七一六年建立）等突厥文字的碑文，來了解當時的情形。[3]

上述的碑文都是以從粟特文字發展而來的突厥文字（古代土耳其文）書寫的，這些碑文的由來，應該都是出自暾欲谷的主意。在被唐的羈縻統治經過半個世紀後，突厥社會已經深深受到唐的影響。暾欲谷看清這樣的事實，所以要立下碑文，希望突厥的後人勿忘遊牧民族的驕傲，要在精神與文化上有獨立自主的一面。

然而，統一了突厥的毗伽可汗卻在開元二十二年（七三四）被大臣所殺。此時闕特勤與暾欲谷都已經不在人世了。突厥失去強大的領導者後，在內部紛亂的情況下，天寶三載（七四四），其勢力被回鶻所取代，阿史那氏的突厥從歷史的舞台上消失了。

回鶻帝國的興亡

鐵勒部族之一的回鶻（回紇）族在懷仁可汗的領導下，統合了鐵勒諸部（九姓鐵勒），控制了整個蒙古高原。不久之後，唐朝發生了安史之亂，被趕出首都而走投無路的肅宗，向新興的回鶻部族請求支援。於是回鶻的二代頭目葛勒可汗，派遣了四千精兵到唐朝，並由太子領軍作戰，把唐朝由艱苦的困境中解救出來。為了報答回鶻這次的支援，唐朝答應每年送給回鶻兩萬匹絹[4]。

為了鎮壓安史之亂而把回鶻部隊引入國內，必須付出很大的代價。除了供給絹帛給回鶻外，還允許超過一千名以上的回鶻士兵或商人住在長安，並由鴻臚寺提供衣食，但這些人在市場和街頭肆意橫行，回鶻人也常常侵犯北邊。此外，回鶻送來本國的馬，強行要求交換絹帛。當時馬與絹的交換價（馬價絹），大約是一匹馬相當於三、四十匹絹。有一次回鶻自行送來兩萬匹馬，然後要求唐朝付給五十萬匹絹。但這個數量實在太大了，唐朝付不出來，經過與回鶻的反覆交涉後，最後才以半數成交。

回鶻為了穩定與唐的絹馬貿易，建立與唐穩定而對等的關係，要求唐朝以公主下嫁回鶻。這就是前述唐朝的實質公主（皇帝的親生女兒）成為和蕃公主的背景。還一件有意思的事，便是安史之亂結束，回鶻人要回國，唐的摩尼教高僧隨同去了回鶻，從此以後摩尼教在回鶻實在地發展起來，後來還和回鶻商人反傳回唐朝，在長安與一些地方性的都市建立摩尼教寺院（大雲光明寺）。

唐與回鶻的關係，就在這樣的情況下逐漸穩定下來，回鶻並在第七世的懷信可汗（在位期間西元七九五至八〇八年）與第八世的保義可汗（在位期間西元八〇八至八二一年）時期，進入了國家的最強盛時期。當時回鶻的國都稱為窩魯朵八里，就是今日鄂爾渾河上游的哈喇巴喇哈遜（黑虎城）廢墟。國都四周有城牆圍繞，城內有宮殿及人民定居的聚落與摩尼教的寺院；這裡也誕生了國際色彩豐富的遊牧都市文化。從遺留在廢墟中的壁畫，可以看出當時回鶻王族們過著豪華生活的日常模樣。

遊牧到定居——世界史上稀有的民族

突厥為了保護固有的民族性，執著於遊牧生活，費盡心思要與中國文明劃清界線。反觀回鶻，則是一心急於投入唐朝的懷抱，不管在物質面還是文化面都想要吸收，選擇建立獨自的遊牧商業國家之路。回鶻成長的模式，成為後來遼、金、元等征服王朝的先驅，是遊牧國家通往商業國家的過渡階段。

不過，回鶻為何需要那麼多絹帛呢？他們真正用掉的絹帛只是其中的一部分，大部分都透過回鶻粟特商人流入西方。然而，如果只用在製作衣物上，這些絹帛的數量還是太多了。其實，絹另一個作用，就是錢幣。絹帛等同於貨幣，這一點是非常值得注意的。

在中亞的交易中，原本最常被使用的，是薩珊王朝的波斯銀幣。但是當唐朝人也進入中亞地區後，銅錢也成為這個區域的交易貨幣。剛開始的時候，銅錢只被當成輔助性的貨幣，但到了八世紀後，銅錢便取代了銀幣，成為主要的通貨。不過，銅錢的使用不利於遠距離交易與高額交易，於是中國生產的絹便被重用了。絹的價格昂貴質量卻輕，而且囤積的話就會受損，適合拿來充當流通用的貨幣。回鶻從唐那裡得到的絹，除了是交易的物資外，也是高價的通貨，這為回鶻帶來了巨額的財富。

原本是遊牧社會的回鶻就這樣有了巨大的改變。這個改變的結果，削弱了回鶻剽悍的騎馬民族相貌，他們漸漸習慣遊牧都市的生活，也有很多人變成商人或固定居住在一個地方。開成五年（八四〇）黠戛斯趁回鶻內亂時突襲，攻破回鶻國都，消滅了回鶻。失去國土的大多數回鶻人並沒有選擇回到遊牧世界的生活，而是大致上分散往三個方向。一部分的部族南下，成為中國農耕世界的一員，一部分的部族進入河西地方（甘肅省），成為甘州（張掖）回鶻與沙州（敦煌）回鶻。而回鶻的主力部族則往西進入天山（新疆維吾爾自治區），從北庭（別失八里）到高昌（吐魯番）、龜茲（庫車）。這一群主力部族被稱為西回鶻，也被稱為天山回鶻。天山一帶回鶻化的同時，越過帕米爾高原往西進的突厥民族也建立起了自己的立足點。

僅僅一百年的時間，回鶻從遊牧騎馬民族改變成商人、定居性民族，是世界史上罕見的民族。但回鶻能有如此變化的背景，就在於後來雖然式微、卻擁有高度文化與物力的唐朝存在。就這一點來說，回鶻的歷史可以說是安史之亂的產物，這讓我們再一次體認到安史之亂給整個東亞帶來多大的影響。

古代西藏王國吐蕃的興盛與挫折

吐谷渾的歷史

四世紀後半，鮮卑族慕容部的一個支部進入青海（青海省），征服了西藏系統的原住民，建立了征服者的王朝，這就是吐谷渾的開始。南北朝的時代，從青海經過柴達木盆地，連接西域南道，就是所謂的暗道絲路。吐谷渾控制了這一帶，從這裡往東可以通到北朝；往西南走的話，經過四川可以與南朝連接，吐谷渾便靠著這個地區的轉手貿易獲得龐大利益而繁榮起來。不僅如此，在南朝攜手柔然對抗北朝（北魏）時，吐谷渾更扮演了政治中間人的角色，顯示其存在的重要性。

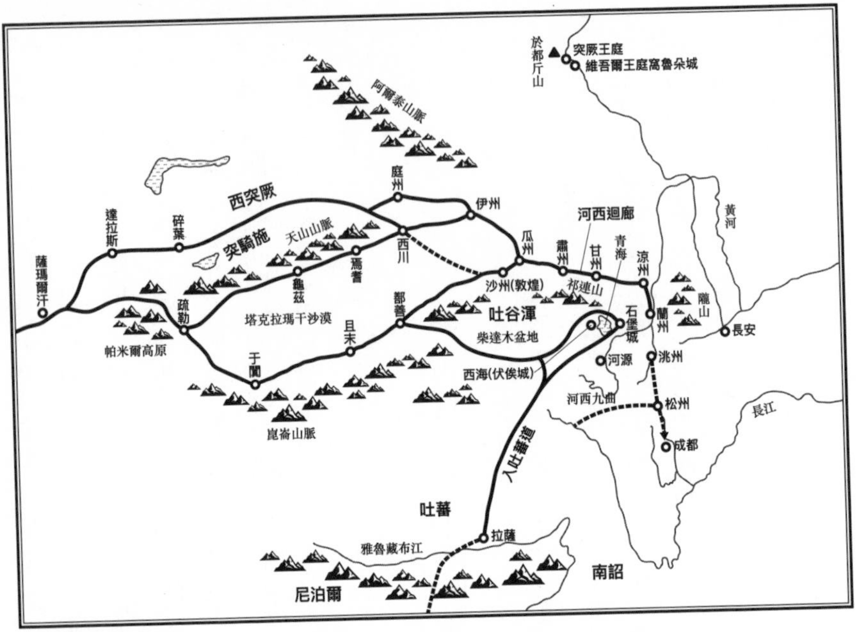

吐谷渾、吐蕃地圖

後來北魏統一了華北，並逐步往西方擴大勢力，吐谷渾也受到北魏壓力的影響。但是，隨著北魏勢力的衰退，吐谷渾再度強大，直到隋代。隋朝初年時，忙著削弱突厥的勢力，無暇處理吐谷渾。但是煬帝即位時突厥的問題已經解決了，於是在大業五年（六〇九）舉兵攻打吐谷渾的根據地伏俟城（位於青海省內），在吐谷渾統治的領土內設置鄯善、且末、西海、河源四郡。煬帝本想趁此機會展開對西域的經營，可惜在遠征高句麗時吃了敗仗，經營西域之事也因此遭受挫折。

因為隋朝的攻擊行動而逃往西方的吐谷渾王（可汗）伏允（在位期間西元五九六至六三五年），後來趁著隋的動亂而回到故土，恢復勢力。對於吐谷渾，唐朝的方式也與隋朝一樣，在俘虜了頡利可汗、解決了突厥的問題後（六三〇），便以李靖為統帥討伐吐谷渾，在貞觀九年（六三五）攻破伏俟城，伏允在被唐軍追趕之際，死於途中，兒子慕容順投降於唐，在唐的羈縻政策下成立傀儡國家。

對吐谷渾而言，從青海經過柴達木盆地，連接西域南道的東西交易路線，是國家的命脈。可是，這條路線上山巒起伏，海拔又高，氣候也很寒冷，每到冬天更是窒礙難行，再加上也沒有整治出可以銜接各路段的城鎮體制，其條件比起河西走廊明顯處於劣勢。當中國國內國情穩定，準備全心經營西域時，河西走廊理所當然地成為前往西域的首先通道。想要阻撓這種情形的吐谷渾，就變成唐朝想要除去的對象。再加上吐谷渾本是征服者王朝，在失去向心力的情況下，其統治下的西藏系統原住民自然紛紛舉兵反抗。最後，新興起的吐蕃抓到吐谷渾弱點，於西元六六三年（唐龍朔三年）滅了吐谷渾。

吐谷渾竄起於中國分裂，以及北亞與中國世界對立的時代縫隙中，在青海地區獨立了三百年之久，最後在唐與吐蕃的狹縫間被撕裂，在歷史上消失了。不過，為何能在那樣的地區延續了三百年的歷史呢？關於吐谷渾的歷史，至今還沒有更充份地研究與理解。

吐蕃與唐

西藏的海拔高度平均為四千公尺，有世界屋頂之稱。活動於這個高原南部雅隆地方的吐蕃興起，七世紀初時，吐蕃在松贊干布（在位期間西元五九三至六四〇年）的領導下統一了西藏，建都於拉薩，建立了西藏最早的王國。這個時間也相當於唐朝建立的時間。松贊為了與吐谷渾對抗，並且讓周圍國家承認吐蕃這個新王朝的存在，在貞觀八年（六

步輦圖　太宗謁見吐蕃使者。右邊被女官包圍坐著的人正是太宗，左邊深目濃鬍者則是吐蕃使者祿東贊。

三四）時做好準備，派遣使者到唐朝，請求唐朝公主的下嫁。唐朝擔心西南邊的安寧，為了收攏這個蠻荒之國，便在貞觀十五年（六四一）同意吐蕃的要求，將文成公主下嫁到吐蕃。

西藏人原本也過著遊牧的生活，沒有定居定住的習慣，但為了迎接唐朝公主，便建造了一座城，還準備了建築物房舍。於是吐蕃的統治階層開始流行起定居定住的生活形態，權貴子弟前往唐朝留學，正式將唐的文化帶回吐蕃。不過，松贊同時也迎娶了尼泊爾的公主，還引進了印度的文化與文字，不忘與雙方採取平衡的關係。吐蕃王朝的體制與軍制，也在這個時期確立，可以說松贊是吐蕃的創業英主。

吐蕃最強盛的時期，是八世紀的赤德祖贊（在位期間西元七〇四至七五四年）與赤松德贊（在位期間西元七五四至七九七年）在位的兩代治世。這個時期從唐朝的金城公主下嫁赤德祖贊開始，時間是唐的中宗景龍四年（七一〇）。這個時期的唐朝也希望能與吐蕃和平相處，把原本是金城公主嫁妝、肥沃的河西九曲（鄯州，青海省西寧市南方的黃河南岸一帶），割讓給吐蕃。這塊土地的所有權是唐朝的，唐朝原意把土地的每年賦稅收入給公主當嫁妝，是相當豐厚的嫁妝，但在吐蕃的請求下，這塊土地後來割讓給了吐蕃。

但這塊土地的割讓，造成什麼樣的結果呢？吐蕃竟以這塊土地做為依據，開始侵犯唐朝，成為唐朝的煩惱來源。不過，唐朝當時正是玄宗的盛世，是國力強盛之時，所以與吐蕃形成一進一退的狀態，吐蕃一敗，便透過金城公主向唐請求議和。夾在唐與吐蕃之間的金城公主，真的是相當辛苦；從這一點來看，或許是和蕃政策中的失敗例子。

安史之亂爆發時，剛剛繼承父親贊普之位的赤松德贊沒有錯過此一機會，趁著唐朝縮減以神策軍為首、對吐蕃前線軍的佈署之際，奪回了河西九曲與石堡城（今青海省內），甚至攻陷了鄯州及洮州（今甘肅省內），乘勢於廣德元年（七六三）十月攻占長安。吐蕃占領長安的時間雖然很短，卻將隴右、河西的甘肅地方納入領土中，國勢來到了鼎盛期。

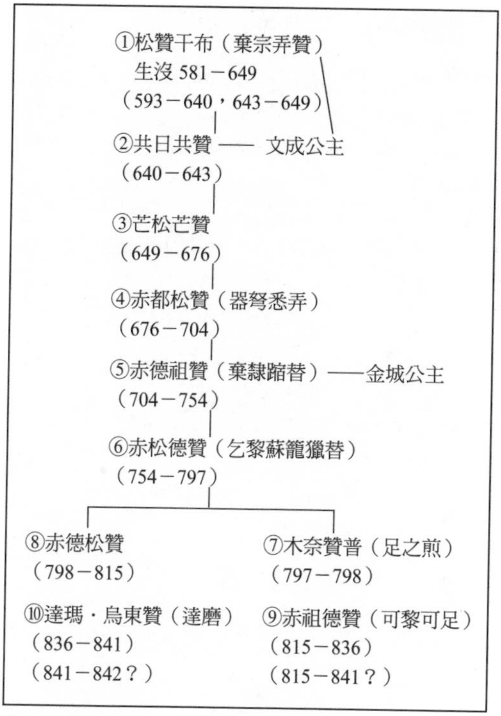

吐蕃王朝世代譜　（ ）內為在位年

吐蕃王朝的滅亡

赤松德贊在吐蕃的國勢達到鼎盛期時，試圖全面性地普及佛教。西藏原本就有以薩滿教為本的土著宗教——苯教，後來與佛教交融，發展出喇嘛教，也就是西藏佛教。但這個時期的苯教還帶有很強烈的反佛教色彩，與有權勢的諸侯關係密切，是吐蕃政界內亂的火種。在這種時候，吐蕃國王赤松德贊決

唐蕃會盟碑部分的拓片　八世紀中葉曾經占領長安，國勢盛極一時的吐蕃，從與唐激烈對立到逐漸平緩，最後在九世紀的穆宗時代與唐進行了和平會盟，並且立碑紀念。

定讓佛教國教化，透過佛教來統合國內與強化王權，於是從中國、印度與尼泊爾迎入僧侶，並建立寺廟。

但在這個過程中，吐蕃直接面臨到一個無法避免的問題，那就是中國佛教與印度佛教兩者之中，應該以何者為軸心呢？當時由於從敦煌迎接來摩訶衍[5]，所以禪宗的信徒大增。印度佛教主張「漸悟」，認為要達到最終的「悟境」，必須經過辛苦的修行；而禪宗所代表的中國佛教卻力推不需要經過堅苦的修行，便可以達到「悟境」的「頓悟」。赤松德贊於是請來印度高僧噶瑪拉希拉[6]，要他與摩訶衍在御前辯論，這是西元七九二年到西元七九四年的事。前後長達三年的辯論，最後以印度佛教獲勝做終結，也讓吐蕃的佛教走向密宗與曼荼羅相關連的藏傳佛教之途。不過，這個結論卻不被中國文化圈所接受，認為雙方的辯論應該是受到政治性考量的影響。

到了赤松德贊治世的後半期，在唐朝郭子儀等武將的防衛下，吐蕃對唐的侵擾越來越占不到便宜，而其統治下的雲南南詔也開始出現了反叛的現象。在這種情況下，唐與吐蕃都有意維持和平的局面，德宗建中四年（七八三），雙方在清水縣（今甘肅省內）締結盟約，以六盤山（隴山）為線，劃清兩國的國界，史稱建中會盟。當然，雙方的對立情況並沒有因此就消失，不過吐蕃之後的舉動，確實沒有以前那麼激烈了。

唐與吐蕃兩國後來還於穆宗長慶元年（八二一）在長安、隔年在拉薩，進行了最後的會盟，稱為長慶會盟，而且還立下了以漢文和西藏文書寫的紀念碑，稱為唐蕃會盟碑，今日我們仍然可以在拉薩的市區看到此一紀念碑。

以長慶會盟為界，此後兩國再無戰事。長慶會盟時的吐蕃王是赤祖德贊（在位期間西元八一五至八三六年），他的信仰傾向佛教，赤祖德贊死後，繼承者達瑪王（在位期間西元八三六至八四一年）卻鎮壓佛教，結果在混亂中被暗殺。整合了西藏、並與唐朝有著激烈競爭的吐蕃王朝，在達瑪王被暗殺後，王朝的命脈也就此畫下句點。就在達瑪王鎮壓佛教的時候，唐朝的武宗也發動了會昌廢佛的行動，時代氛圍有了很大的變化。

吐蕃入侵西域與統治敦煌

觀看吐蕃兩百餘年的歷史，首先感受到的，便是這個國家的立國基礎與建國方向相當不明確。吐蕃自建國以來，幾乎與唐脫離不了關係，而雙方的關係除了短暫的和平交流外，大部分的時間都處於攻防的戰爭之中。初時，吐蕃向唐請求公主降嫁，於是唐朝送去了文成公主與金城公主。照理說兩國自然形成翁婿的姻親關係，遇到事情時總會相互克制一下，避免發生衝突。但這個道理在吐蕃幾乎行不通。典型的例子便是金城公主下嫁後，反而給吐蕃更多侵擾唐朝邊境的機會。

吐蕃活動於中國甘肅省南部到四川西部一帶，除了會正面與唐起衝突外，還北上消滅了吐谷渾，進入西域南道。但吐蕃的行動沒有就此停息，接著攻陷了于闐（和田）到疏勒（喀什），與天山北側的西突厥聯手，向東進軍天山南路，於咸亨元年（六七〇）四月占領了龜茲（庫車）。唐朝在太宗的時候，於龜茲設置安西都護府，以確保絲路的安全，致力於直接與西方世界接觸。但是吐蕃的出現，則讓唐朝在這方面的努力受挫，而唐朝所設的安西四鎮（龜茲、于闐、疏勒、焉耆）因此被廢。

之後，唐為了恢復原有設置的路線，頻頻派遣大軍征討，直到長壽元年（六九二）終於成功地恢復了安西都護府。可是吐蕃又與取代了西突厥勢力的突騎施聯手侵擾唐朝的領土，讓唐朝煩不勝煩。吐蕃對西域地方如此執著的原因，首先當然是和吐谷渾一樣，為了爭奪東西交易的主導權，但是吐蕃執著的方式卻異於尋常，讓人覺得吐蕃是想獨占東西交易，而不僅是主導權。

也就是說，自安史之亂後，吐蕃就占領了安西都護府與西州（吐魯番）等沿著天山南路的要地，已經達到長久以來的目的，但是又從涼州北上，攻陷了河西諸城市，最後還占領了敦煌（沙州）。關於吐蕃占領敦煌的時間說法不一，但應該是在上述的建中會盟（七八三）之後的貞元二年（七八六）左右。從這個時候到西元八四八年（唐大中二年）為止的六十餘年間，敦煌被吐蕃所統治。

吐蕃從朝廷中央派遣大臣來敦煌，主導議會，對這座居住著漢民族，居民從事商業交易與農業的城市，進行監督與管理。另外，大臣也負責徵稅及其他行政業務，及指揮與軍方有關係的人組建軍團（千戶軍），後來也設置了漢人軍。吐蕃的統治期是軍政期，但並沒有獨厚藏人，漢人也可以當軍人或是擔任中下級的行政官員，協助吐蕃大臣管理敦煌。在吐蕃統治下的敦煌，佛教被保護，僧侶也倍受禮遇；雖然在經濟方面沒有貨幣流通，但實物交易經濟非常暢通。此外，藏語是官方語言，藏文也是行政文書所使用的文字，所以住在敦煌的漢人也必須努力學習藏語。

吐蕃的這種統治，說明了什麼呢？首先就是證明了吐蕃當時已有足夠的力量，得以統治農耕系統的漢民族，其次便是不能再視吐蕃為居住在西藏地區，文明度低的未開化野蠻族群。他們受到唐朝強盛國力的吸引，卻不願臣服於唐的國力下，堅持與唐對抗到底。吐蕃固執地阻擾唐朝與西域的交通，恐怕就是基於上述的心理。再加上他們對統治農耕社會也抱著極大的興趣。吐蕃也和回鶻一樣，可以被視為征服王朝的先驅。

朝鮮三國的分立與隋唐的東亞政策

隋的興起與朝鮮三國

開皇元年（五八一）隋朝建國，此時的朝鮮北有高句麗，南有百濟與新羅，是三國鼎立的局面。三國中的百濟於同年十月率先派遣使者向隋表達祝賀之意，同年十二月，高句麗也派遣使者向隋祝賀，而新羅的第一次向隋朝貢，卻遲到開皇十四年（五九四）。然而，到了八十年後的七世紀後半時，還存活在朝鮮半島歷史上的，卻只剩下新羅，百濟與高句麗均已消失了。

從隋初到唐朝初年的時期，朝鮮三國中最強盛的應屬高句麗，當時的領域從朝鮮半島的北半部到舊滿州（中國東北）的南半部，西邊隔著遼水與隋唐相對，就算擁有這麼大的領域，卻遭到滅亡的命運。高句麗招致滅亡的最大原因，便是與隋唐的長期激烈抗爭，最後失敗了。那麼，隋唐為什麼要長期與高句麗兵戎相見？又為什麼要為了鎮壓高句麗而不惜付出龐大的代價？為了了解隋唐與朝鮮之間的糾葛，有必要先整理一下這個問題。

在觀察高句麗與隋唐王朝之間的關係時，經常遇到很多無法理解之處。隋朝建國之初，接受朝貢時，曾贈高句麗王高陽（平原王）為「高麗王」，承認高句麗是擁有獨立領土的國家，同時還授與「大將軍（散官）遼東郡公（爵位）」之位。相對於此，比高句麗早一步來朝貢的百濟王扶餘昌（威德王），則獲得「百濟王上開府儀同三司帶方郡公」的封號，晚很久才對隋朝貢的新羅王金真平（真平王），則是獲得「新羅王上開府（上開府儀同三司）樂浪郡公」的封號。朝鮮三國分別得到了同等的王號與爵位，只有在散官的地方是不同的。大將軍是正三品，上開府儀同三司是從三品。也就是說，在隋朝的體制裡，高句麗的階級在另外兩國之上。

因此，高句麗應該就那樣維持與隋的良好關係，但卻在和隋處於半斷絕關係的開皇五年（五八五），向南朝的陳朝貢。這個時期正值陳朝最後一位皇帝——平庸的陳叔寶（陳後主）治世，已是日薄西山，可預見早晚要被隋朝滅亡之勢，高句麗卻在此時背道而行，因此直到隋朝併吞陳朝兩年後，開皇十一年（五九一）正月，高句麗遣使到隋朝貢，才修復了雙方的關係。

此後雙方的關係看似已經穩定了，但是開皇十八年（五九八）年初，高句麗卻率領其北方的靺鞨部族侵犯遼水以西的中國領土。高句麗的侵犯之舉似乎很快就被平定了，卻觸怒了文帝，他立刻命兒子——漢王楊諒為統帥，帶領三十萬水陸大軍征討高句麗。然而卻以慘敗而歸，陸上部隊遇到大水、瘟疫與糧食不足的問題，水軍也遭遇暴風雨，最後能夠回到故里的，竟然只剩下原有人馬的一、兩成，這是隋唐後來數次征討高句麗的濫觴。

遠征高句麗的背後

第一次遠征高句麗有很多象徵性的意義，首先要了解的是，高句麗為何要在那個時候與靺鞨侵犯中土。靺鞨是當時實力堅強的通古斯系種族，分為粟末、伯咄、安車骨、拂捏、號室、黑水、白山等七部，其中的粟末和白山與高句麗接壤，採取與高句麗一致的行動。而位於靺鞨東北的西側勢力，是與靺鞨的各個層面皆有關係的突厥（東突厥）。這時的突厥在隋朝的巧妙離間運作下，實力減弱了，再加上隋的安義公主下嫁給突厥的突利可汗（啟民可汗）後，突利可汗以隋朝為後盾自稱大可汗，並且確定了統合突厥各部族的路線，時為開皇十七年（五九七）的事。而高句麗在翌年與靺鞨興兵侵犯隋朝，或許可以理解為是為了阻擾突厥與隋的合作。

至於隋這邊，似乎已讀出高句麗的動向，早做了對策。一般的情況下，兩國會先派遣使者進行溝通、詢問對方，必要時再採取實際的軍事行動。但隋朝此時卻沒有那麼做，而是以沒有帶兵經驗的漢王楊諒為統帥，以宰相高熲輔佐，帶領三十萬大軍遠征；其實，高熲並不贊成這次的出兵遠征。如此看來，隋朝這一次可以說是缺少計畫性，並且太輕視對手的率性行動。

隋朝把這一次遠征高句麗失敗的責任，推到了高熲的頭上，日後還用這件事讓高熲失勢下台。高熲的失勢，代表隋朝政策路線的轉換，關於這點已經在第一章介紹過了。也就是說，隋朝從重視內政的關中本位主義政策，轉換到以成為東亞盟主為目標的對外擴張政策。煬帝後來的一連串政策，就是對外擴張政策的延長，唐朝反覆遠征高句麗，也與這一政策路線有關。總之，開皇十八年的出兵高句麗，可以說是這一政策路線的第一步。

之後到底又對高句麗出兵了幾次呢？煬帝時對高句麗出兵了三次，唐太宗時也有三次，而進入唐高宗時期時後，顯慶五年（六六〇），唐與新羅聯手滅了百濟。唐以此為開端，幾乎年年對高句麗發動戰事，終於在總章元年（六六八）九月，李勣所率領的唐朝軍隊攻下平壤，結束了與高句麗的長年戰爭。另外，在百濟被滅的三年後，也就是龍朔三年（六六三），唐軍也在白江（白村江）打敗了倭國（日本）出動的百濟救援軍，完全摧毀了百濟的復興之苗。如此算來，隋唐時對高句麗的征討活動，最後應該有超過十次吧！

隋唐方面對朝鮮的基本政策，在隋朝前期時，首先是以維持高麗王（高句麗王）、百濟王、新羅王的三國鼎立為原則，所以分別承認他們的獨立統治權，還贈予隋唐的封號爵位及散官的稱號，將他們編入統治的框架內。一般稱這種情況為冊封關係。只是，爵位與散官的授予，與隋唐的官僚體系相關，所以對朝鮮三國王的冊封，讓人感覺這是羈縻性的統治。因此，唐滅了百濟後，任命百濟的王族扶餘隆為熊津都督，並在其下設置州縣；除了在平壤設安東都護府外，在高句麗的舊領地設置了九都督府、四十二州及一百個縣，採取任用舊高句麗系統的人為官的形式，實施羈縻性的管理。

朝鮮半島被三國鼎立的框架框住，接受中國冊封性的羈縻管理，而在這種形式下損失最大的，便是高句麗，其南下政策因此受阻。由於百濟與新羅受到隋唐的保護，使得高句麗的南部擺脫不了不安定的情勢，再加上國土與隋唐接壤，所以高句麗很容易便嗅出藏在隋唐東亞政策下的羈縻統治氣氛。高句麗摸索著與隋唐和平相處的方法之餘，深知如果只是止步於此，早晚會面臨本國的存亡危機。所以早期高句麗對隋唐王朝一邊遣使朝貢，有時又突然停止朝貢，強化本國的防衛能力，終於走上與隋唐對立的局面。從上述的種種情況看來，高句麗走上這條路確實並非難以理解之事。

新羅與渤海

自隋代以來，高句麗因為不斷被隋唐王朝出兵征討，最後終於力盡而滅亡。但是，當時能這樣長時間與隋唐進行對抗的國家，除了高句麗外，沒有別的國家了。高句麗滅亡後，朝鮮半島上最後向隋遣使朝貢的新羅，因為採取親唐的政策而存活了下來。但是，新的嚴峻課題還在前面等著新羅去面對。新羅的課題便是如何擺脫唐的羈縻管理，與如何收回舊百濟與高句麗的領土。於是新羅以舊高句麗王室後裔的安勝（安舜）為高句麗王，以此與唐的都護府對抗；此外還趁隙攻打舊百濟的領地，於咸亨元年（六七〇）奪下八十二城，隔年又攻陷了百濟的舊都泗沘城。

新羅的這些舉動當然觸怒了唐朝。咸亨五年（六七四），唐朝以曾經征討過百濟的劉仁軌為統帥，出兵征討新羅。唐朝利用靺鞨，並且藉著水軍對新羅形成前後夾擊的攻勢。面臨危機的新羅文武王法敏於是派遣使者，前往唐朝請罪，而唐朝也很乾脆地原諒了新羅，撤回已經派出去的軍隊。對唐來說，遠征確實非常辛苦，而且在武后的時代，朝廷政策已經偏向內政；或許是這樣的緣故，唐朝才從新羅退兵。

渤海東京城的石燈籠

透過上述的過程，可以看出唐有意避免重蹈之前遠征高句麗的覆轍。而新羅想要擴張、收復領土的決心，卻是十分堅定的。上元三年（六七六）二月，唐把安東都護府從平壤遷移到遼東城（今遼寧省遼市）；又把設置在舊百濟領域中心的熊津都督府，退到建安城（今遼寧省蓋州市），以此顯示退出對朝鮮半島的統治，把朝鮮半島委給新羅管理。只是，以統治朝鮮、高句麗為目的的安東都護府，之後還是繼續存在，西元六七六年在遼東城，西元六七七年移至新城（但西元六九八至七〇四年曾暫時廢置），西元七〇四年又移至幽州，西元七一四年移至平州，西元七一九年移至營州，西元七二三年移至燕郡，西元七四三年移至遼西城，並在西元七五八年至七六一年左右廢除。從安東都護府四處遷移的情形看來，唐朝還想保有統治朝鮮名義的意圖，應該是很明顯的。

無論如何，高句麗還是從歷史的舞台消失了，而被留在新羅領土內的傀儡高句麗王不久之後也被廢除。不過，新羅的領土卻不是原本朝鮮半島上三個國家領土的總和，而是少掉了舊高句麗的北半部，也就是舊滿州的南部。唐朝開始在這一帶建立新的據點，雖然如此，但也只能進行據點上的管理與統治，而非全面性的。當時這片遼闊的土地上，並不存在能夠統治的勢力，而渤海國就在這個情況下興起了。

與渤海建國有關連的最初事件，是萬歲通天元年（六九六）時，被強制移居到營州（今遼寧省內）附近的高句麗遺民與靺鞨人，趁著營州附近的契丹族人李盡忠與孫萬榮的叛亂時，在（推測為）粟末靺鞨人的乞乞仲象與乞四比羽二人的帶領下，以故里之東為目標，逃出了營州。他們回到東方後，計畫在長白山（太白山）東北與高句麗系、靺鞨系的勢力結合，但這個計畫很快就因為唐軍的攻擊而破滅。不過，仲象的兒子大祚榮與高句麗遺民再次結合之後，打敗了唐軍，並且遷徒到東牟山（今吉林省內），以此為根據地，建立了「震國」。這是西元六九八年的事。

震國成立後，大祚榮認真整頓國家基礎，結合了高句麗系、靺鞨系的民眾力量，讓周圍的國家接受震國的存在。此外，大祚榮把握唐朝邀請的機會，於玄宗先天二年（七一三），將兒子送往長安當作人質，而這個兒子後來被唐冊封為渤海郡王。表面上是震國成為唐朝冊封體制下的一國，但實質上是震國讓唐朝承認了其在東北的統治權，而渤海國也從這個時候開始了。

就這樣，新羅成為朝鮮半島的統治者，而東北成為渤海國的領土。這兩國雖然後來也有與唐短暫對立的時候，但自八世紀中葉以後，新羅和渤海與唐朝的關係便相當穩定了。不僅如此，後來還有很多新羅系的人移居到唐的山東地方，因此到了唐朝的末期時，彼此的關係便更加密切，從這裡可以看出唐朝東方政策的穩定。

註釋

1 【編註】在漢文的文獻《舊唐書・吐蕃傳》、《冊府元龜》、《新唐書・吐蕃傳》及《資治通鑑》中，皆記為棄隸蹜贊，也譯為尺帶珠丹。

2 【編註】日文原文為「あだ花」，意思是「不會結果實的花」，例如南瓜和西瓜的雄花，中文為「謊花」；另一層意思是比喻「外表華麗但內在並非如此」，就像一開始下嫁的公主們，表面上是有華麗的公主稱號，但實際上多為皇室宗親的女性；雖然後來下嫁的公主真的是皇帝之女，但大唐國勢開始衰微，公主下嫁也不如表面看起來風光了。

3 【編註】雅德林采夫（Khöshöö Tsaidam）是首次發現闕特勤碑文和毗伽可汗碑文的俄羅斯籍考古學家；巴顏・楚克圖則是發現暾欲谷碑的地點。

4 一匹絹的寬是一尺八寸，長約四丈，即四十尺；而一尺的長約三十公分，所以一匹絹的寬約五十四公分，長約十二公尺。

5 【編註】在梵語中的意思是佛教兩大傳統教派之一的大乘佛教。此處指的是和尚摩訶衍。

6 【編註】噶瑪拉希拉是音譯，普遍為人所知的中譯是蓮華戒。

第十章　隋唐文化諸相

唐詩的風景

隋唐時代的文化面與政治、社會面一樣，都站在中國歷史的頂點。例如在詩方面的王維、杜甫，與李白、白居易；書法方面的顏真卿，繪畫方面的吳道玄，文章方面的韓愈、柳宗元等等，都是我們非常熟悉的名字，而這些名字的主人都是唐代人。北宋的代表性文人蘇軾曾說：「故詩至於杜子美（杜甫），文至於韓退之（韓愈），書至於顏魯公（顏真卿），畫至於吳道子（吳道玄），而古今之變（而自古以來的變化），天下之能事畢矣（天下最優秀的才華莫過於此了）。」這話說得再確切不過了。

隋唐文化與唐詩

唐代的文化水準特別高，例如文字、思想、宗教、繪畫、書法、雕刻、或音樂等等，各種領域都有很高的表現。不過，說到最能代表這個時代的文化領域，應該是以詩為中心的文學領域了。「漢賦、唐詩、宋詞、元曲」這句話，用來形容中國各個時代的文學特色，由此便可以看出以詩為中心是隋唐的文化特色。

在中國史上概觀中國文學的發展，可以劃分為三個階段。第一個階段是春秋、戰國時代到秦漢時代，也是文學還未臻成熟的階段。經過後漢到了魏晉以後，中國文學的範疇底定，藉著駢儷體這種注重對仗、華麗而工整的文章與五言七言的定型詩，開啟了人們有自覺性的創作活動。詩也在這個時代裡占據了文壇的中心位置，後來的唐詩就是這個時代詩創作的延伸，所以說，經過後漢過渡時期、從魏晉到唐代，是中國文學的第二個階段。從宋代開始，用口語體完成的戲曲與小說廣被社會上的多數庶民接受，成為文學的中心，中國文學的第三個階段來臨了。中國文學史的階段區分，與中國史的時代區分幾乎是重疊的，而第二階段的頂點，便是唐代文學。

接著我們來看看唐詩。之前的隋詩沒有什麼獨特之處，或許可以視為是唐初作品的開啟點。一般認為唐詩可以分為四期，並且各具特色。此四期的區分如以下所述，並列舉了各期的代表詩人以供參考。

初唐——武德元年（六一八）至太極元年（七一二）。魏徵、上官儀、王績、王勃、楊炯、盧照鄰、駱賓王、宋之問、陳子昂。

盛唐——開元元年（七一三）至永泰元年（七五六）。王維、孟浩然、岑參、高適、王昌齡、王之渙、李白、杜甫。

中唐——大曆元年（七六六）至大和九年（八三五）。韋應物、韓愈、白居易、張籍、元稹、柳宗元、李賀、薛濤。

晚唐——開成元年（八三六）至天祐四年（九〇七）。杜牧、李商隱、溫庭筠、皮日休、韋莊、魚玄機。

所謂的唐詩四期，換言之就是唐詩的形成期、興盛期、展開期與衰退期，但若要做更大的劃分時，可以安史之亂來做區劃，分為前後，前期是初唐與盛唐期，後期是中唐與晚唐期。

初唐、盛唐時的唐詩

其中，把隋代也包含在內的初唐期唐詩，由於受到南北朝時期南朝文風的影響，及對之產生的抗拒，出現了與當時的古體詩相對的近體詩，確立了律詩（五言、七言）的形式，這是決定唐詩及後世中國詩方向的時期。這個時期的代表詩人中，王勃、楊炯、盧照鄰、駱賓王等四人在武后時期有四傑之稱。這四位詩人都有優秀的文才，卻不得意於政壇，便將滿懷的不滿訴諸於詩文之中。例如曾經參與反對武后而興兵的李敬業之亂的駱賓王（約六四〇至六八四年），就在征討武后的檄文中寫下「一抔之土未乾，六尺之孤何託？」（意指：高宗逝世墳墓未乾，但高宗的繼承人何在呢？）的句子，以此指責武后。

詩的盛唐時期正好遇上了玄宗的治世。在這個華麗輝煌的時代裡，出現了很多性格獨特的詩人，他們將初唐的詩推向了新的高度。日本的唐詩專家小川環樹先生對盛唐時期的詩，做了以下的敘述。他說：「初唐時期的詩人們開啟的新文學形式，在這個時期開出璀燦的花朵，優秀的詩人輩出。」這個時期的詩人們走出宮廷，將庶民生活或異國情緒、邊塞風土或山川風情等、以前不被重視的題材寫入詩中，完成了更美好的詩篇。而被認為是這個時期詩壇中心人物的詩人，不用說，當

杜甫

李白

然是杜甫（七一二至七七〇年）與李白（七〇一至七六二年）。

李白與杜甫表現出來宛如對照般的詩風與生活方式，比杜甫年長十歲左右的李白喜愛喝酒，過著豪爽奔放的生活，從他的詩裡可以看到盛唐時代的繁華，而杜甫的詩卻多描述嚴酷的現實環境與民眾困苦。造成他們兩人有如此不同表現的原因，或許是李白出生在經營西域貿易的大商人之家，生活中沒有經濟的壓力，但杜甫來自中下級的官僚家庭，再加上因為科舉考試不如意而四處流浪，生活陷入窮苦的困境之中吧？不過，從另一個角度看時，就會發現他們二人也有共通之處，那就是他們都是官場的失意者，也同樣因為安史之亂而人生大變。杜甫非常有名的詩「春望」，「國破山河在，城春草木深……」所描述的，便是被安祿山占領的長安城。

杜甫被稱為「詩聖」，李白被稱為「詩仙」，相對於他們二人，傾心於佛教，開啟了獨特詩境的王維（七〇一至七六一年），則有「詩佛」之稱。王維與李白、杜甫不同，出身自太原王氏，加上通過了科舉考試，順利地踏入官場，雖然也有被貶而流放到外地的經歷，但最後還是做了相當接近於宰相官位的尚書右丞。王維在經歷官場浮沉的過程中，遠離了政治及黨派的鬥爭，清高地以詩歌頌山川自然，表現了盛唐詩的另一個面貌；王維也是阿倍仲麻呂[1]的好朋友。

另外，王維在繪畫上也有很高的成就，他以位於長安東南邊、終南山麓的別墅「輞川莊」為題材的《輞川圖》，就是一個了不起的傑作。王維還被推崇為將詩情融入畫中的文人畫——南畫（南宗畫）始祖。但名作《輞川圖》在會昌廢佛時被毀，原作現在已經不存在了。

與王維同一個時代的李思訓（六五一至七一八年）也是一位了不起的畫家，他憑著細膩的山川著色，將山水畫帶到了圓熟的階段，與兒子李昭道合稱為北畫（北宗畫）之祖。再說前面提到的吳道玄（六八五至七五八年），他是深受玄宗欣賞的畫家，擅長人物畫、山水畫、佛教畫，留下了不少充滿生動感與藝術感的名作，被後世稱為「畫聖」。吳道玄曾向狂草的書法家張旭學習，並將書法的技巧用在繪畫上。盛唐時代不僅唐詩的表現達到了詩的高峰，繪畫方面的表現也一樣令人感到震撼，詩人、畫家、書法家之間互相交流切磋，確實是一個具有高度藝術性的時代。

中唐時期的唐詩與古文復興運動

絢爛華麗的盛唐隨著安史之亂而枯萎，詩的發展也進入了中唐期。說到中唐期的詩人，首先要提到的便是白居易（七七二至八四六年）。白居易出身代代為中堅官僚的世家，又通過了科舉考試，是一位銳意革新的官僚，得到憲宗的賞識而受重用。然而，在宦官專權與牛李黨爭的惡鬥下，他被貶官，離開了京城。經過這個教訓，政治上的白居易變得謹言慎行，他把大部分的精力投注在詩歌的創作上。白居易詩的特色便是平易近人而且簡單明快，歌詠玄宗與楊貴妃愛情的《長恨歌》更是廣為人知。此外，白居易還承襲了杜甫的詩風，留下了不少描寫社會底層的作品，

白居易的詩平易近人又感情豐富，擁有許多讀者。根據紀錄，據說西元八〇〇年前後，就有民間的人將他的詩作刻印成書出售。這是中國木版印刷史上的劃時代事情。收集了白居易生前的作品

集結而成的《白氏文集》，就曾被日本的遣唐使帶到日本的平安朝，也在更早的時候傳到新羅。白居易的詩也深深影響了日本。在日本，中唐期的唐詩比盛唐期個性豐富的詩更受歡迎。

除了白居易外，中唐時期的詩人中，還有一個非提不可的便是韓愈（七六八至八二四年）。韓愈的詩風與白居易明顯不同，以豪放而難解的詩聞名，門下也出了許多詩人，但他留傳到後世的詩作並不多，較為人熟知的是他的文章。韓愈批評六朝以來流行的四六駢儷文（要求四字、六字的對句，講求平仄的聲調，並注重典故的引用所寫出來的文章）太過注重技巧與形式，讓文章陷於疲軟之風，因此主張文章應該回到六朝以前自由而健全的文體。韓愈在其所寫的〈原道〉等文章中，極力強調應該排除佛教、道教，以儒學為原點，回到中國原有的時代。

對韓愈的古文復興運動產生共鳴的人，便是柳宗元（七七三至八一九年），兩人並稱為「韓柳」。不過，柳詩的風格承襲王維，是自然派的詩人。柳宗元後來被貶官到永州（今湖南省內），並在這個地方城市渡過了人生的後半段。這是因為在貞元二十一年（八〇五），柳宗元參與了順宗時期的政治改革，也就是所謂的永貞革新，但以失敗告終，柳宗元因此被貶到永州，而此時的韓愈則屬於壓制改革的一方。

換一個角度來看韓愈的古文運動，這個站在儒教立場的復古主義，其實是反貴族的民族主義運動。貴族們運用四六駢儷文來誇示自己的高學養，利用文學與佛教來拉開與儒教的距離。在唐代，佛教是國際性的化身，而絢爛華麗的唐朝特色，便是貴族性與國際性，韓愈對此正面地提出質疑。韓愈的質疑是起點，間接促成了後來的會昌廢佛，到了宋代，韓愈所提出來的問題，終於得到了具體的實現。[2]中唐期的文化方面值得注意的，則是唐朝之前的積弊被重新檢視，並為接下來的改變做準備的階段。

唐詩與科舉

唐詩是唐代文化的中心，但是，為什麼唐代人對詩特別關心，使得詩壇特別活絡呢？從歷史發展的潮流來看的話，可以看出六朝以來，文學水平已經累積到一個高度，而唐代新生的詩形（近體詩），則可以說是給唐詩帶來強烈的刺激。隋煬帝與唐太宗也經常作詩，皇帝的行為會影響到下面階層的人，這是理所當然的事。另外，還一件不能遺漏的重點，那就是詩與科舉考試的關係。

出現於隋代，並在唐代發展起來的科舉考試，其概要已經在前面的第四章提過了，而科舉考試中最受重視的一科，便是進士科，競爭率竟然達到數十倍甚至百倍。當時有句俗話是「三十老明經，五十少進士」，[3]這樣的表現方式雖然有點誇張，但確實地凸顯了進士科考試的困難。進士科與為了選出在特定領域裡的優秀人才的明經科、明法科、明算科不同，進士科要選取的是學識淵博，能夠成為未來領導者的幹部候選人，這也是進士科成為科考中最受歡迎的科目的原因。另外，因為進士科並不考特定的專業技能，所以任何人皆可報考，這也是進士科的考生特別多的原因。想考進士科的人，只要懂得作詩就行了。

唐代的科舉制度，在武后時期以後就大致固定成型了，並以從地方趕赴京城參加考試的人（鄉貢），與通過朝廷中央的學校考試（監試）合格者為考試的對象。以上述兩者為對象的中央考試

（省試、禮部試），通常於每年的正月左右舉行，進行三天的考試。這三天裡，進士科要考的是「帖經、雜文、時務策」等三個項目。「帖經」是填空題模式的考試，考題的內容來自儒教的經典；「時務策」考的是對時事、政策提出看法與對策；「雜文」則考寫詩（唐詩）與寫賦（韻文、四六駢儷文）。唐詩就這樣成為科舉考試的正式科目，所以想進入官場的考生們莫不摩拳擦掌地充份準備，已經位居高位的官員們，也必須能做詩。

還有，參與進士科考試的考生中，很多人並不是出身貴族世家的子弟。從隋代到唐代的前半期，關隴系的貴族世家掌握了政權，山東系的貴族世家雖然勢力已經式微，但仍然誇耀著自己的出身。在這個時期裡，舊貴族們也開始試圖藉由科舉進入仕途，但是，靠著恩蔭的特權成為大官的方式，依然官場的常態。才華過人，而且有強盛政治企圖心的人，除了努力地參加科舉考試外，還必須進行一些交際活動，例如拜訪達官顯貴，奉上自己的作品；或參加一些文學交流活動、自我宣傳。像王維就經常出入玄宗的弟弟岐王所舉辦的交流活動，終於進士及第，走上仕途，相對於此，杜甫雖也勤跑活動，結局卻名落孫山。

詩之所以能在唐代廣受注重，與科舉考試、尤其是進士科的考試，有著莫大的關係。作詩並不是詩人才做的事，而是具有現實意義的事情，也是統治階層者的共同教養。再說，詩人們為了療癒自己在官場上受到的挫折，或為了磨練對詩的感性，經常到處遊歷，去投靠或拜訪地方上有力人士或大商人，這確實提高了廣大民眾對詩作的關心，不僅普及了詩的創作，也將唐詩推向更高的位置，這是非常值得注意的事。還有，在唐代，包括詩在內的文學，是最高教養的表示，也是成為為政者的最重要條件，這一點是大家的共識。進一步探討的話，貫穿唐朝這個時代的貴族性問題，確實也在這裡浮現出來了。

唐代文化與金銀器

前一節裡，我們透過唐詩，介紹了唐代文化的某一個層面；這一節，我們要從物質文化來看唐代文化，尤其要以人們高度關注的金銀器為中心，來探討唐朝的文化。

何家村的地窖

中國在文化大革命中飄搖的一九七〇年十月初，位於西安南郊的何家村建築工地裡，陸續發現了兩個同型的甕（高六十五公分，腹徑六十公分），和一個銀罐（高三十公分，腹徑二十五公分）。令人驚訝的是，這兩個甕裡面裝著可說是財寶之類的物品。全部加起來超過一千件的物品中，有兩百七十件金銀器，板狀銀塊類九十件，還有許多硬幣與藥用礦物、瑪瑙、與玻璃器物、寶石等等。後來聞名於世的何家村寶藏，就這樣現身於世了。

然而，這些物品為何會被埋在這裡？是什麼原因被埋在這裡？老實說，目前還缺少這方面的文字資料，這些物品唯一透露出來的線索，就是板狀的銀塊上刻有「開元十年（七二二）」、「開元十九年（七三一）」的銀餅，和五枚印著「和同開珎」字樣的硬幣。和同開珎是日本最早的貨幣，被製成銀錢使用的時期是元明天皇的和銅元年（七〇八）五月到翌年，使用時間只有短短一年多。

項目	全數量	金類	銀類	金銀類計
食器	118	8	115	118
飲器	22	5	12	17
藥具	51	3	46	49
盥洗器	14	2	12	14
日用品	32		32	32
裝身具	233	25	15	40
小計	470 件	38 件	232 件	270 件
藥物	13（＋12,225g）	（787g）		（787g）
板狀銀塊類	90		90	90
貨幣	478	31	427	458
其他	4（＋4,514g）	（4,514g）		（4,514g）
合計	1055 件（＋17,379g）	69 件（＋5,301g）	749 件	818 件（＋5,301g）

何家村出土文物一覽表　括弧內方數目是清點時已變成粉碎狀，無法計件的物品重量。

能夠帶著如此珍貴物品到唐朝的人，想必只有遣唐使這種正式的使節吧！如果和同開珎幣確實是遣唐使帶到唐朝的，時間應該是第九次遣唐使的開元五年（七一七），或第十次的開元二十二年（七三四）。

那麼，這些寶物最晚是在什麼時候被藏入地窖中的呢？換言之，就是什麼時候被埋入地下的呢？如果明白了這一點，那麼應該就可以推理出被埋藏的理由了。但是，要確定這一點是很困難的。何家村的地點位於唐朝時候長安城內興化坊的西南側，根據紀錄，當時這一帶是玄宗皇帝的堂兄弟——邠王李守禮的大府邸與官廳。

若從這一點看來，理所當然的推論就是何家村的寶物原屬於邠王府，天寶十五載（七五六）六月時，在安祿山的軍隊攻破潼關，進入長安之前，邠王家人在慌亂之際，把府內的寶物埋藏起來了。

和同開珎（西安南郊何家村出土）　日本最古老的貨幣為何會出現在中國的何家村呢？是遣唐使中的哪一位帶去的嗎？

銀餅

但是，再仔細看看，發現寶物的地點與邠王府的基地，其實還是有些許的偏差。而且，那些寶物之中還摻雜著可能是安史之亂後才製作出來的金銀器。因此有人認為這批寶物也有可能是為了避開唐德宗建中四年（七八三）的朱泚之亂（請參閱第三章中「亂局之後的餘燼與影響」一節），而被埋藏入土的。

關於這批寶物被埋藏的經過與原因，目前還沒有明確的答案。但很明確的一點便是，這些寶物中的金銀器製作技術非常高超，每個細微之處都精心處理，而其製作的年代，應該是以玄宗期為中心，自七世紀後半開始，約一個世紀左右的時間內。也就是說，這些金銀寶物，是唐朝國力壯盛的盛唐時候製作完成的。另外，就算這些寶物不是來自邠王府，也應來自與邠王差不多等級的達官顯貴之家。為什麼會這麼推測呢？那是因為出土的銀餅上刻有「（廣州）德集縣庸調」的字樣，所以銀餅應是租庸調稅中的庸調稅金，製作成銀餅的樣子後上繳國庫，而某些銀餅又被皇帝拿來賞賜給臣下。從金銀器的製作技術高度來推測，那些金銀器應該是中央少府監的工房（金銀作坊院）所製做的。能夠擁有那些金銀器的人，想必與中樞的關係相當接近。

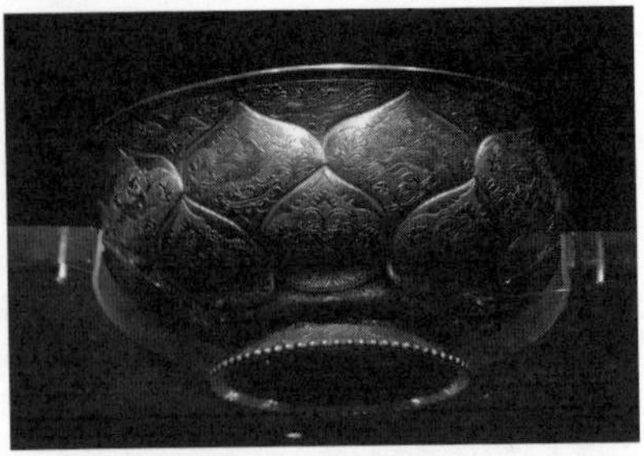

鳥獸紋蓮瓣金碗　（西安南郊何家村窖藏出土）做工非凡的純金製碗的表面上，有小米般的顆粒凸起魚鱗紋花樣，及錘打出的蓮瓣花紋，碗內則雕刻著鴛鴦、鴨、鹿、狐等鳥獸圖案。金碗的口徑為13.7公分，高5.5公分。（陝西歷史博物館藏）

何家村寶物與唐代的物質文化

一般認為何家村的財寶，是唐代某位有權勢的人在八世紀後期時，因為周遭發生了緊急變故，便將平日珍惜的物品與貴重的寶物收集起來，藏在兩隻大甕之中。因為甕容量的限制，所以填裝到甕裡的物件大半是小型的物品，而這一點卻正好可以讓後世的我們，得以窺見盛唐時物質生活與文化的一角。

就從前面提到的「和同開珎」銀幣來看，這位擁有五枚銀幣的人物，應該與遣唐使或長期居住在唐的日本留學生，有著相當親近的關係，而且，這個人還擁有西方東羅馬帝國的金幣與薩珊王朝的波斯銀幣各一枚。除了上面提到的貨幣外，這個人還有以春秋時代的「即墨法貨」（山東齊國的貨幣）為首的歷代錢幣，和一般不流通的唐開元通寶金幣與銀幣，共四百五十一枚。很明顯的，這位人物是一個錢幣收藏者，而沒有想到的是，做為縱軸的中國文明，與橫軸的東西文化，竟在這個人的收藏裡如此華麗地交織在一起了。

這個人還藉由裝在金、銀盒子裡的礦物，及金粉、紫砂、丹砂、石英、珊瑚、琥珀等，數量及種類眾多的寶物，傳達了一個訊息給我們，讓人聯想到長生不老。丹砂就是硫化汞的天然礦石，是製做長生不老的仙丹（金丹）的主要材料。一般是把鍋子置於爐火上，然後在鍋內加入丹砂及上述的其他礦物攪拌混合，再加入金、銀繼續加熱，據說最後就可煉成長生不老藥，這就是所謂的煉丹

瑪瑙牛首形杯　西安市南郊何家村出土。杯口以黃金鑲嵌的西域系統華麗瑪瑙杯。

薩珊王朝的波斯霍斯勞二世銀幣　西安市南郊何家村出土。唐朝首都長安是來自西邊的波斯、羅馬人、物的集散地，是當時的國際性都市。

術。由此可知出土的銀製鍋應該是煉丹用的道具。

唐代有不少皇帝服用這樣的丹藥，原本是為了祈願長生而煉製的，但是吃多了以後，身體卻變糟了，喜怒也變得強烈起來，最後還縮短了性命。太宗晚年就是因為服用丹藥而失去了正常的判斷能力，身體被丹藥侵蝕到連醫生都無藥可施的地步。憲宗也因為丹藥而性情大變，結果被身邊充滿危機意識的宦官所殺。在上位者沉迷於丹藥的功效，當然就會影響到下面的人。會準備煉製丹藥的材料與器材的人，無非就是煉製與服用的人。煉丹與道教的關係密切，所以這個人或許是忠誠的道教信徒。

此外，何家村的寶物中，還讓人印象深刻的就是來自西方的影響。除了前面的西方錢幣外，還有琉璃碗、瑪瑙杯（牛首形杯）、水晶杯等等屬於西域方面的物品。再看寶物中的金銀器，這些金銀器幾乎可以說全部都是中國國內的製品。但是，從器物上的唐草紋、連珠紋，到緩慢伸展的動植物圖案，或器物的外形，都可以感覺出受到西方影響，這一點也明白地彰顯了當時唐人的開放性與感性。不過，做為珍寶來說，傳統上一向受到重視的璧類等玉器物品，卻沒有出現在何家村的寶物之中（但有做為腰帶上佩飾之類的玉片），直到漢代為止，玉璧還一直是珍

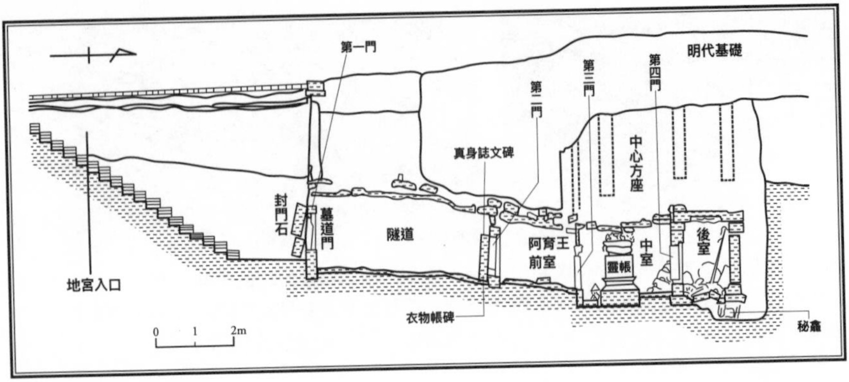

法門寺塔基地窖剖面圖

寶的首選。從何家村的寶物中，可以發現濃縮了唐朝的新價值觀。

然而，唐代重視金銀的文化為何會如此普及呢？理由除了唐代人認為用金銀器來用餐可以長壽，煉丹藥也需要金銀外，個人認為也受到經由絲路傳來的西方金銀文化的影響，看到了金銀所展現出來的華貴與持久性。

唐代的金銀文化與貴族的興趣

金銀量的大增，是促成金銀文化盛行的必要條件。也就是說，隋唐時期，其周邊國家仰慕隋唐的高度文化，於是大批金銀流入隋唐的領域。例如前面說到的，圓仁等人前來中國求法時所需要的旅費，就是從日本帶來的金沙，遣唐使也是帶著金沙來購物。另外，吐蕃等國來朝貢時，也獻上不少金銀器物。此外，唐代的金銀生產量大幅增加，這一點也是非常重要的。根據地理文獻的記載，唐代有七十個（州）黃金產地，六十七個（州）銀產地，而其中的饒州樂平縣（今江西省內）年產「銀十餘萬兩」（一兩約四十公克，十餘萬兩相當於四噸以上）。

大量生產金銀，再加上外圍國家的金銀器的流入，唐朝的經濟活動變得熱絡。開元年間以後，原本以繳納實物當作稅的地方稅金，可能變成以銀餅或銀鋌的形式來繳稅。而節度使獻給中央的「羨餘」，也是銀餅或銀鋌（詳見第三章）。出現在何家村的銀餅，正是屬於此類。金銀的產量大增之後，一部分的金銀必然會流為製做金銀器的原料，而金銀器也會變成流行的商品，在各個階層廣為流行，這又使得中央與民間的金銀器製作技巧提高，在這種相乘作用下，出現了高度精緻的金銀文化。何家村的寶物，正是位於這個金銀文化的頂點。

一般說到金銀器物，難免讓人聯想到低俗的暴發戶品味，但是，何家村所代表的唐朝金銀器物，卻沒有這種感覺，散發著穩重的品味。關於這一點，乃是因為接受金銀文化的主體，是屬於感性與知識性的上層階級，不是暴發戶或一般階層的庶民。換言之，那些金銀器物是為了迎合上層階級的貴族品味而製做出來的。即使是唐代物質文化精華的金銀器，也擺脫不了貴族性的問題。

中國的正倉院、法門寺的寶物們

日本的正倉院寶物，是從奈良時代以來持續保存到今日的日本聖武天皇的器物。相對於此，中國皇帝的器物卻因為王朝交替時，總會經歷激烈的戰爭，前朝的建築物往往會毀於戰火之中，寶物也會在戰爭中遭到掠奪而失散。中國歷史的變動與日本不同，朝代的更迭因為嚴酷的戰爭，所以很難像正倉院那樣，在跨越時代的情況下，仍然能夠持續完整地保存歷史文物。不過，中國有別的方法可以將歷史文物傳到後世，那就是利用地底下、地底裡的世界。

說到地下世界，首先讓人想到的便是墳墓。對中國人而言，墓中的世界是現世的延長，與日本人死後只是埋入土中或火化下葬的情況不同，中國的墓中世界比日本豐富得多。陪伴著死者（墓主）一起埋入地下的，不僅有豐厚的陪葬物品，還有敘述墓主一生的墓誌、畫在墓室內牆壁與天花板的壁畫，有時還會有墓主生前的書籍或文書資料等等。一旦發現沒有被盜掘破壞或被歲月侵蝕的古墓，就能從墓中尋找到難以估計的珍貴歷史資料。除了墓中的寶藏外，還有像敦煌的藏經洞那樣，保存了數量龐大的文書與經典的例子，這也算是地中的寶藏。

接下來要談的法門寺塔地窖，是一個讓人印象深刻的地底世界。法門寺位於西安以西約一百二十公里的地方，西元一九八七年，人們在那裡的寺塔（真身寶塔）地下，發現了大量的寶物。我們已在第八章裡大致敘述過了，那些寶物是唐代文物，於咸通十五年（八七四）正月四日被收藏，而且是唐朝皇帝懿宗與其子僖宗捐贈給法門寺的物品，都是當時最好的物品。法門寺的寶物也是以金銀器為中心，比前述的何家村寶物埋藏時間晚了一百年，兩者進行比較，應該可以比對出盛唐期與晚唐期的文化差異與各自的鮮明特質。

法門寺寶物與何家村寶物的第一個不同之處，就是在收藏時會將每件捐獻的寶物，一一記載在通稱為「衣物帳」的石碑上。因為所有的寶物幾乎都沒有受損，與當初收藏時的狀態一模一樣，所以能從衣物帳上清楚地知道每件寶物的名稱與功能，而且金銀器上也都刻有製造工匠或負責人及捐獻者的名字，還有物品的重量與製造日期。而何家村的寶物上完全沒有文字，這是很大的不同。我們可以從這些文字知道，宮中製造金銀器的工房叫做文思院，負責文思院的文思使一職，是由宦官擔任的，在盛唐時期並沒有這個機關。

第二個不同之處非常明確，何家村的寶物屬於私人的收藏品，法門寺的寶物是基於當時的舍利信仰，是以皇帝為首、眾人的捐獻物品，所以很難上面看出個人的特性，傳達出的則是當時人們對佛教的熱忱信仰。捐獻者把法門寺舍利視為釋迦佛的真身，把舍利當做釋迦佛本人，所以奉獻的供品多為金銀製的錫杖、香爐、與舉行儀式有關的缽或盆等等。

另一方面，因為舍利也包含了某種人格象徵，所以信徒們也捐獻了人類使用的銀製茶器、琉璃茶杯與茶托，還有袈裟或衣服、雙六[4]或飾物、生活用品等等。法門寺的珍寶中，還發現了直到宋代才正式出現的青磁前身——「祕色青磁」，這種多樣性是何家村所沒有的。

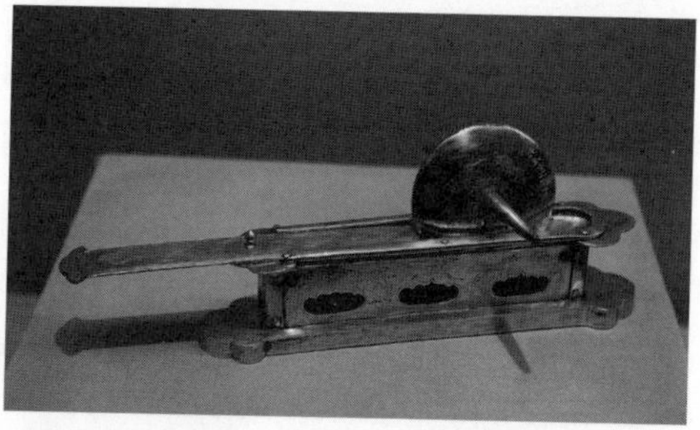

銀製茶碾與茶碾軸　法門寺塔基地的地窖出土，用茶碾將茶葉碾成粉末後飲用。從法門寺塔基地的地窖發現了各種銀製茶器，顯示飲茶的風氣已經成為宮中的固定生活習慣。

說到茶，八世紀後半民間流行喝茶，陸羽整理了茶具與飲茶法、茶的產地歷史，完成《茶經》。透過法門寺出土的寶物可以知道，從那時開始的一個世紀後，飲茶之風傳播得更廣，喝茶已成為宮內的習慣。從法門寺出土的寶物質量非常豐富，說法門寺的地下世界是「中國的正倉院」，似乎也無不妥。

法門寺的金銀器與時代性

做了以上的對比後，接著再從金銀器來探討何家村與法門寺各自代表的盛唐期與晚唐期的物質文化特質。法門寺出土的金銀器合計有九十六件，遠不如何家村的二百七十件，但大多是體積比較大的

進奉的主體	總數	金銀件數	金重量	銀重量
A 法門寺的供養品	7 件			
B 懿宗皇帝的恩賜品	122 件	64 件	71 兩 1 錢	941 兩 6 錢餘
C 僖宗皇帝的恩賜品	754 件	14 件		333 兩
D 皇后妃嬪進奉品	7 件			
E 宦官・僧尼進奉品	9 件	7 件		252 兩 4 錢
F 合　計	899 件	85 件	71 兩 1 錢	1527 兩餘
H 大興善寺智慧輸喜捨	11 件	11 件	28 兩	155 兩

「衣物帳」碑所戴的寶物件數與金銀重量統計表 A～F、H 是「衣物帳」碑上的分類記號。

器物，根據「衣物帳」上所顯示的重量，總重達到一千七百八十一餘兩（一兩約四十公克），所以法門寺的金銀器總重量超過七十公斤。雖然不清楚何家村的金銀器總重，但是一般認為應該不亞於法門寺的金銀器重量。

不過，若個別去看每個器物時，會發現法門寺的金銀器上，看不到何家村金銀器的端正嚴謹之美，其細膩度也不如何家村的金銀器。法門寺的金銀器雖然工藝技巧依舊高超，但無可否認的，整體總讓人覺得好像稍有所不足。法門寺塔基地的地窖最後封閉的時間是咸通十五年（八七四），那時山東地區爆發了王仙芝之亂，後來黃巢加入後，更激化為黃巢之亂。唐朝的氣勢便以這一年為界線，從此走上下坡路。法門寺的金銀器，可以說是唐朝最後的一抹輝煌，而這些金銀器具，似乎也訴說了那個時代的整體狀況。

且不論法門寺金銀器的製作技巧如何，會讓人有這種感覺，最直接的原因可能來自於唐朝的金銀量減少了。除了是金銀以餅或鋌的形狀，被納入國庫外，唐末時外國來的進貢變少，和戰爭開銷支出的變多。唐代金銀的產地八成以上在南方，廣東、廣西又占了其中的一半以上，一旦這些地方出現難以上交金銀到中央的情況，製造金銀器用的原料自然會受到約制。所以法門寺的金銀器厚度變薄了，和金銀量還很充裕的何家村金銀器形成了決定性的差異。

但是，在法門寺出土的金銀器中，有幾件金銀器與其他金銀器明顯不同，好像被放錯了地方似的。「衣物帳」裡有一條目錄，寫著「銀金花盆一口，重一百五十五兩」，這是一個大型的盆器。這個盆器的大小高十四・五公分，口徑四十六公分，重六千二百六十五公克，銀質鍍金，外型十分華麗耀眼，側面以鉚釘固定獸面鋪首，鋪首銜環，做為提起用的把手，能為搬動之用，而且是純銀打造。但這口盆最讓人驚艷的，除了外型柔和美好外，不管是盆內還是盆外，都細膩地雕刻著漂亮的鴛鴦與花卉的圖案。這麼精心而且出色的花盆，真的是晚唐時期的作品嗎？我忍不住會暗暗地想，這樣的作品應該出現在盛唐時期的何家村寶物之中才對呀！

為什麼這個大型的銀製盆會出現在法門寺的地窖中呢？其實這個盆不是宮中的製品，因為盆底的圈足內側有很明顯的「浙西」黑色文字。「浙西」是指浙西（浙江西道）觀察使，行政中心的治所在潤州（今江蘇省鎮江）。長慶四年至五年（八二四至五）時，浙西觀察使李德裕將當地製作的不少金銀器進奉到中央。在當時的浙西觀察使治下，以南方的金銀製作金銀器的工場因技術高超而聞名。前面說的大型金銀花盆應該就是這個工場的傑作之一，後來被李德裕或者李德裕之後的觀察使帶到都城，獻給了皇帝。

唐的後期，尤其是晚期時，江南方面開始發揮凌駕於中央的能力。江南的能力不僅表現在生產與經濟，也表現在文化水平上，和能夠牽動外圍國家的影響力。這個大型的盆，明顯地體現了江南的實力。法門寺的金銀器告訴我們晚唐時期中央的文化水平，同時也讓我們明白了代表江南的地方物質文明程度提高，並暗示唐朝之後的發展方向。

隋唐精神文化的一面——歷史的編纂與其認識

為了讓讀者們了解隋唐時代的文化特質，所以先舉了唐詩及其周圍的文學文化活動為例後，再以出土的金銀器，探討隋唐時代的物質文化，接下來看看隋唐時代的精神文化面。在此，我想從稍微不一樣的觀點，以隋唐時代的歷史認知或史學狀況為切入點。大家都知道，隋唐時代是中國史學上的一個劃時代時期，但是為何會有這種說法呢？當時的歷史認知有何種特徵？又與當時的時代特質有什麼重疊之處呢？

唐初成立史部及史部的意義

自古以來，沒有一個國家像中國那樣留下那麼多文字紀錄；更沒有一個國家像中國那樣熱心於記錄歷史。對中國人而言，歷史不單單是過去發生過的事情，也是讓自己投入其中，成為生命中可以倚靠的一個對象。當然，對於歷史的看法或與歷史牽連的方法，會因時代的變遷而有不同，並不是千篇一律的。透過時代變遷的痕跡，可以窺視到一個時代的樣貌及其特質，而中國史學史上一個值得特別注意的時代，便是隋唐時期。

我們都知道，中國史上歷史書的原點是《春秋》，繼《春秋》之後的，便是漢代司馬遷的《史記》，與班固的《漢書》。不過，直到漢代為止，歷史都還不是一個獨立的領域。隨著時代的前進，歷史迎來了隋唐統一中國的時代，中國史學出現了一個極大的變化，這個變化中最具象徵性的事件，便是出現在唐初編纂的《隋書》中的「經籍志」裡，編入了當時的圖書目錄。這個目錄又分為經部（儒教）、史部（歷史）、子部（諸子）、集部（文集及其他），「史」在此自成一部了。

隋朝建國後，不以賞金而以賞絹的模式收集天下的異書孤本，結果共得圖書三萬卷。煬帝將這些圖書移到東都洛陽，並將這三萬卷藏書分為甲乙丙丁四類後，進行保存。這與前一段說的「經史子集」相關。隋朝滅亡後，唐朝試圖將這批圖書用船運的方式全部運送到長安，但沒有想到中途發生船難，十之八、九的圖書被黃河的激流吞沒了。儘管如此，仍然有一萬五千部、約九萬卷的圖書被保存下來。由此可見隋朝收藏、累積了很多典籍。唐朝從這些典籍中，選出占約半數的重要典籍，依種類分為四部，這就是《隋書・經籍志》，是今日用來整理漢籍的四部分類的起點。

史學得以獨立成為一部，是因為魏晉以後人們對史學越來越關心的結果。在這個時代裡，從漢朝的禮教（儒教）主義束縛中掙脫出來的人們，在審視自身的思索過程中，把目光投向了歷史，許多歷史著作因此誕生了。那些歷史性的著作包括自傳、家訓，還有地方史、地誌等等。此外，對以前的史籍或史實文書加注或加以評論史注和史評大為盛行。為陳壽的《三國志》加注的裴松之注，可以說是這個時期的史注代表。另外，被稱為類書的百科辭典或各種博物誌也在此時紛紛出現，討論史實與古代傳說逸聞之事，也與史學的發展息息相關。而負責研究這種學問與著述的是貴族們，唐朝史學的發達，可說是他們所促成的。

附帶一提，魏晉以後的人能夠積極地寫書，並留下紀錄的原因之一，與紙張的普及有關（請參閱第四章的「戶籍與家族」）。紙雖然非常貴重，但是紙做的書非常簡便，又很容易被保存，所以從四世紀以後，紙做的書便取代了竹木簡與絹帛書，成為圖書的主角。不過，當時紙做的書是卷子書，一本一本的線裝書還沒有問世。

唐初的正史編纂與成立史館

經過魏晉南北朝累積起來的史書，到了唐初時，其份量已經足以獨立形成「史部」了。包括成立「史部」在內，讓「史」的高度具體化的關鍵人物，便是唐太宗。

魏晉南北朝時代有多個王朝更迭興亡，唐朝建國之時，晉朝以後的各朝代的正統歷史、也就是所謂的正史，都還沒有被編纂整理出來，於是太宗便下令編纂晉及晉以後各朝代的正史，就是所謂「奉敕撰」。太宗的時代，除了完成《晉書》外，也完成了《北齊書》、《周書》、《梁書》、《陳書》，而《隋書》事實上也是在同一個時期（最終完成於高宗顯慶元年——西元六五六年）完成。

太宗在編纂正史這件事上，確立了一個獨立的機關體制。由宰相或相當於宰相的人擔任監修國史機關的總負責人，但實際的執筆者，則是被授予「史館修撰」頭銜、被召集來的著名文人。晉及晉以後的各朝正史，便是由那些文人們分工編纂而成的。眾所周知，不管是《史記》、《漢書》或是《三國志》，以前的史書是史官一人或其一家的工作，編纂完成並被認可後，就成為正史，是做為「家學」的正史。到了魏晉南北朝時，情況還是如此，仍然有人以個人的立場來嘗試完成那個時代的各個王朝史，但是個人的能力有限，編纂出來的東西大多難以達到正史所要求的水準。形成這種情況的原因不只是因為史官的人材難覓，也是因為魏晉以後，隨著時代的演進，與歷史有關的材料與著作大增，正史已經不是憑個人之力可以完成的工作了。太宗明確地觀察到這一點，所以以史館來代替史官，進行史書的編纂工作。

唐初所實行的史書新編纂方法，被認為是剝奪了史家個性，讓史書變得缺少個性。但是，這樣的批評或許言過其實了，因為還是可以從新編纂出來的史書裡，感覺到各部分執筆官的個性。例如太宗本人也參與了《晉書》的一部分執筆，加入了他個人的想法。此外，史學家李大師、李延壽父子經手匯整編纂而成，被視為正史的南朝史《南史》與北朝史《北史》（皆完成於高宗顯慶四年——西元六五九年），雖然是新編纂，但仍然不失家學的傳統。正史全都採取紀傳體（以皇帝編年記的「本紀」、個人傳記的「列傳」，與制度文化的「志」為軸所構成的敘述形式）的方式來進行敘述，但在編纂方針上，卻沒有對各個王朝有明確制定。太宗時期一次性地編纂完成前面各朝代的正史後，一個王朝、一部正史，並且由下一個王朝來完成前一個王朝的正史的模式，從此就固定了下來。

關於史館的任務，除了編纂史書外，有系統性地收集與保存史料，也是史館的重要工作。以前，在皇帝身邊有隨時記錄皇帝言行的「起居注」官（起居郎、起居舍人），唐朝的秘書省內還設立著作局，專門處理史料的收集與編纂，但是，這些與著述史書相關的人等，地位並不高，他們做為書記，不能參與重要的場合，也不被賦予有系統性地收集紀錄的權限。史館就是為了克服上述的限制而成立的，各種場合的重要紀錄與任務結束後的公文，按照規定都必須送到史館集中保存。在史館之下，以皇帝紀（實錄）與國史（正史）為王朝史中心材料的編纂體制形成，這個體制一直被沿用到宋代以後。

從正史的編纂與史館的成立之事，可以看出太宗對於歷史的用心，而太宗如此用心的原因，並不是因為關心個人在玄武門之變或與隋朝煬帝做比較的歷史評價，他更關心的是帶著濃厚鮮卑北族色彩的李氏唐朝，在中國史上站在何種位置。

從太宗的歷史認識到劉知幾的《史通》

太宗對《晉書》的編纂尤其用心，其原因之一是太宗明白晉朝皇族間鬥爭引起的八王之亂，是導致晉朝（西晉）走向衰敗、分裂的主因，而發生在晉朝的事例，或許能成為唐朝的教訓。此外，以異民族（五胡）為出發點的李氏唐朝，是繼晉朝之後成為統一中國的朝代，所以太宗認為整理前朝時代的歷史，是現在統治者的工作。於是，五胡的歷史得以用「載記」的形式，在《晉書》中與漢族的歷史並列，而不至於被埋沒。

總結太宗的目的，其實就是要在歷史上確立唐朝存在的正統性，及表達以史館的形式記述歷史的重要性。從太宗的做法裡，不難看出他想藉著魏晉以來興盛的史學狀況，從歷史角度去期待現實與未來的樂觀想法。而與太宗的立場和基礎一脈相連的工作，終於在半個世紀後出現了。那就是從理論面討論史學、史書，在史學史上有著非凡成就、值得大書特書的劉知幾的《史通》。

劉知幾（字子玄，六六一至七二一）本籍徐州彭城（今江蘇省內），據說是西漢王朝劉氏的後人，並不屬於山東系統或關中系統的一流貴族，而是接近名門的文人世家。劉知幾二十歲就通過進士考試，進入官場。但是那時正好是武后要成為女皇帝的時期，劉知幾因為沒有參與官場的主流，所以從年輕時就避開儒學，專心於史學的研究，花了三十年的時間，專心於國史與「起居注」的編纂。在那段時間裡累積起來的研究著作，成就了他畢生的事業，也就是完成了《史通》一書。時間是中宗景龍四年（七一〇），劉知幾五十歲的時候。

《史通》全書包括「內篇」十卷三十九篇（其中三篇已經佚失），「外篇」十卷十三篇，內、外篇加起來共二十卷五十二篇。「內篇」的討論從史書的文體（史體）、史書的形式，到史料的採集、史料証實法與表現法等，應該如何書寫史書的各種問題。「外篇」討論史官的變遷、歷代的正史與古典史書的概要，是最早的正式史學史、史學概論，並且毫不留情地指出了前人所犯的錯誤與矛盾。

《史通》的內容涉及多個層面，無法做簡單的說明，但其中心內容應該還是歷史（記述）的目的、重視史實、記述的方法，及與上述相關的史官（史家）的立場吧？根據《史通》的內容，歷史以人為對象，是能把過去的事實傳達到現在的東西。因為歷史的基準在於懲惡勸善，分辨選擇史料，不受權力與私人的感情影響，直接地寫出事實真相，是最重要的事情。因此首要問題就是史學家的資質，劉知幾將其條件概括為重道義、不阿諛權勢，又具有通古知今的學識，能夠精細地解讀歷史事實，並且明確地表達出來。

從魏晉到隋唐的時代裡，累積了各種歷史著述與紀錄，數量非常多。於是出現了將之集中起來、加以歸納整理，並且以史學的方式來呈現的聲浪。劉知幾所做的事情，便是對上述這個呼籲的回應。劉知幾尊重事實的態度，即使在講求實證主義歷史學的今日，也經得起考驗，完全符合做為一個史學家的條件。《史通》一書之所以具有前瞻性與合理性，正因為只有在唐朝那樣的時代氛圍下，才可能出現那樣的書。劉知幾為了說明事實的重要性，不僅是正史，連《春秋》、《尚書》等先哲的經典，也成為他批評的對象。但要做到這一點，就一定要先從儒教與體制的束縛中，取得一定程度的自由。所以才會說正因為是唐朝，才可能出現這樣的成果。

杜佑的《通典》與歷史意識

代表唐代史學成果的書籍，除了《史通》外，還有杜佑的《通典》。如果說《史通》是總匯史學的理論書，那麼《通典》就是呈現了新型式，可以做為後世範本的歷史著作。

關於杜佑（七三五至八一二），本書前面已經提到過，他是唐代後半期的代表性經濟官僚（參閱第三章的「藩鎮體制的體質與歷史性」），本籍是京兆萬年（長安），也是西晉政治家，同時也是曾為《左氏春秋傳》做注而聞名於世的杜預的直系子孫，屬於關中系統的貴族，因為恩蔭而進入官場。杜佑協助楊炎實施兩稅法，從德宗時期到憲宗時期，曾任淮南（今江蘇省）節度使與中央的宰相，對安定唐代後半期的國家財政，有不小的貢獻。在處理繁忙的政務之餘，他還花了三十五年的時間，於德宗貞元十七年（八〇一）完成《通典》二百卷。

《通典》是記述從上古到安史之亂前的唐朝天寶年間，中國制度與文化變遷的通史，相當於正史中「志」（在《史記》裡是「書」）的部分，是一部不限於王朝的書。在杜佑之前的開元末期時，劉知幾的兒子劉秩完成了《政典》三十五卷，並且獲得好評，但仍有許多不足之處，所以杜佑便以《政典》為基礎，將全書分為食貨（十二卷）、選舉（六卷）、職官（二十二卷）、禮（一百卷）、樂（七卷）、兵（十五卷）、刑（八卷）、州郡（十四卷）、邊防（十六卷）等九個部門，分別論述。劉秩受到父親（劉知幾）的影響，而杜佑的《通典》則是透過劉秩，與劉知幾做了銜接。

在《通典》的九個部門裡，還列有與唐的政治、制度直接連結的小項目，這些小項目的歷史沿革，《通典》也分別做了說明，從這一點看來，《通典》也可以被視為類書（百科辭典），當做政書（現實政治的行政手冊）來使用。因為《通典》的內容加入了大量的唐代新生的資料，所以對唐代人來說，《通典》是一本近現代史。在此之前，沒有人嘗試從正史的「志」部去通觀歷史。以《通典》為契機，宋代以後以同樣方式編纂的歷史書還有南宋鄭樵的《通志》與元初馬端臨的《文獻通考》，而上述的三本書，後世合稱為「三通」。

但是，這樣的書籍為什麼會在唐的後半期出現呢？關於這一點，首先要注意的，便是食貨這個部門被放在《通典》的開篇之處。所謂的食貨，指的就是與經濟、財政有關的事情。雖然食貨是成立一個王朝的最重要柱石，但因為食貨與金錢、算賬等事情有關，所以在一直以來的想法裡，都不會把食貨擺在開篇的位置上。可是，唐朝進入後半期後，重建財政之事變成當務之急，食貨被擺在《通典》的開篇之處，可以說是杜佑的時代感反應了當時時代需求的表現。從這件事可以明白，《通典》的目標可以說是藉著整合過去的歷史，找出面對新時代的方法。

關於這一點，日本歷史學家兼漢學者內藤湖南（虎次郎）曾指出，《通典》認為的史觀是自上古以來，時代越新文明度就越高，對於以上古為理想社會的當時一般認知來說，實在是破天荒的嶄新見解。《通典》所表現的進步史觀，確實讓人注目，但別忘了，不管是批評前人、嘗試歷史書新方向的劉知幾，還是認真看待歷史記述的現代意義的唐太宗，也有與《通典》相通之處，都是歷史的樂觀論者。由此看來，我認為可以把杜佑的進步史觀，視為唐代人對歷史認知的一個特質。

另外，《通典》的九個部門中，「禮」占全體一半的一百卷，這樣的分配並不平衡。在這一百卷的「禮」中，有三十五卷是開元二十年（七三二）完成的「開元禮」，其餘的六十五卷則敘述了禮的沿革。從「禮」占了一半卷數的份量看來，杜佑顯然對「禮」的部分下了特別多的功夫。但為什麼這麼在乎「禮」呢？「禮」是禮儀，規定了國家的權威與秩序，具體的說，就是國家的精神依據，唐朝特別重視「禮」的秩序。但是，杜佑卻親眼目睹了國家的祭典與儀式上不可或缺的禮，在安史之亂後，開始崩潰瓦解的現象。杜佑想改正現狀，恢復原有的體制，所以把這樣的願望放進他正在編纂的《通典》中吧！

杜佑表現出來的進步史觀與對禮的秩序的想法，來自於唐朝這個時代的時代性與他的個人出身，可以說是貴族式感性的表現。杜佑之後，韓愈與柳宗元鼓吹的古文復興運動氣勢日漸高漲，恢復漢代以前的文體與思想，變成重要的主張。但這樣的主張與到杜佑為止的歷史認知，可以說是一百八十度的大轉變。《通典》是深具唐代風格的著作，也是總結魏晉南北朝思想與文化的歷史著作。這是我對《通典》下的定論。

註釋

1 【編註】阿倍仲麻呂是一位日本奈良時代的遣唐留學生之一，漢名朝衡；開元年間參加科舉考試高中進士，在唐朝擔任多項重要職位，因文采出眾，很受玄宗賞識。最後長眠長安，沒有再返回日本。

2 【編註】關於宋朝儒學新興的過程與理學思想，請見本系列《中國思想與宗教的奔流：宋朝》。

3 意思是三十歲才通過明經的考試，算是老了；但五十歲通過進士考試，則還可以說是年輕的。

4 【編註】或為「雙陸」，是一種傳統的雙人桌遊，在唐朝時傳入日本和朝鮮，風靡一時。

終章　對唐宋變革的理解

理解隋唐史之鑰

將中國歷史上有「絢爛世界帝國」之稱的隋唐王朝，當做一個歷史展開的連結，並敘述其各個階段所顯現出來的表情與姿態，這樣的工作對我來說雖然是第一次，也是非常寶貴的一次經驗。在進行這個工作的日子裡，每一天都有未知的情況在等待著我。

本書的立場

從西元五八一年隋朝建立開始，到西元九〇七年唐朝滅亡，總共三百二十七年的時間裡，有隋末動亂與安史之亂的兩大國家動亂期，其間還有武后奪權稱帝的大事件，這三百二十七年的歷史過程，可以說是波濤洶湧，一點也不平靜。當然，唐初的玄武門之變，唐朝後期的宦官專權與牛李黨爭等等，也是讓這段歷史顯得波濤洶湧的因素。可是，上述的那些動亂或事件，到底改變了多少隋唐的國家本質，及隋唐的時代本質呢？

在隋末的動亂期裡，接連出現了史無前例的大範圍叛變，與隋本質相同的唐朝在那樣的動亂下興起，隋王朝也隨之結束了。後來的武周革命，只能說是武后在唐朝鋪好的路線上，上演了一場短暫的主權轉移戲碼。不過，安史之亂卻確實地動搖了唐朝的樑柱，支撐皇權的基礎因此產生變化，出現了以前所不曾有的藩鎮割據地方的局面。不過，唐朝並沒有因此便快速走向滅亡的道路，而是發揮了堅韌的生命力，命脈又延續了一百五十年。而那個時代也還需要唐朝的存在。

從另一個方向來看的話，武周革命或安史之亂等大事件，其實原本就是存在於隋唐體質之內的事件。下層民眾的集結造反，才是不屬於隋唐體質內的事件，例如引發殘酷的殺戮、破壞與大規模遷移的唐末黃巢之亂。若能從這樣的事件去做思考，就能理解為何要把隋唐朝視為一體，才具有積極的意義。本書正是在此種認知下進行論述的。

在追溯隋唐時代史的時候，我盡量集中自己的意識去感受那個時代的空氣氛圍。帥氣一點的說法便是，我想聽聽「絢爛的世界帝國」的心跳聲。近年來，利用電腦累積歷史資料與訊息，藉此整理、了解歷史的方式越來越流行，因此，我上述的想法或許有點落伍。可是，研究歷史的目的，難道不就是從那個時代的內部，深刻地了解當時的情形與氛圍，再把它如實地呈現出來嗎？我認為歷史的趣味就在於此。

律令制與貴族制

思考隋唐時代的氣氛與特質時，就會覺得隋唐時代的體制與宋代嚴謹的官僚體制截然不同，相較之下給人鬆散、粗糙與柔軟的印象。以統治體制來說，唐朝允許武后奪權，也容許玄宗朝讓私人的恩寵關係變成歷史用語，甚至讓宦官有機會獨攬大權，這些都是唐朝體制特質的結果。說得難聽點，這樣的體制實在粗糙而且落後。

但就另一方面而言，隋唐的體制之所以受到人們如此大的關注，乃是因為隋唐時期有律令制、也就是律令統治體制。律令制是「律」與「令」雙頭並進的法體系，近年來加上了儀禮性的秩序觀點，此舉補充了人們對律令制度的理解。於是，一個有著某種完整性的官僚制存在於隋唐國家的想法被推理出來了；隋唐國家是立基於這種官僚制，然後建立了一個牢固體制的印象，植入了人們的思想裡。這與上一段認為隋唐體制是鬆散、粗糙的印象，正好完全相反。

之前在說明魏晉南北朝到隋唐時代的特質時，經常使用到貴族制這個說詞。但是，到了隋唐的時候，由於人們的關心點轉向律令制度下的官僚統治系統，貴族的存在就變得不那麼被重視了。而且，貴族被認為是附屬於皇權的寄生性官僚，已經不再是影響時代的主要族群了。不過，我在整理這本書的過程中，卻很驚訝地發現，在隋唐期的政治與制度、社會與文化的種種範圍裡，還是帶著濃厚的貴族制特質。因此，我認為有必要重新思考貴族制這個概念的有效性。

隋唐國家與貴族制

這點讓我反省到一件事，那就是不管是律令制還是貴族制，甚至再加上官僚制，我們以前是不是太過於從對立的角度，去看待它們之間的關係了呢？所謂的貴族制，是指站在門閥、家世主義的立場，認同有門第、家世的人可以在政治與經濟、文化方面擁有特權與地位，而且那樣的特權與地位可以世襲，同時也被社會接受的制度。南北朝時代的貴族影響力，甚至高於皇帝的權力，這是經常被拿來說明貴族制的代表性例子。不過，即使是貴族，那也要與官場有緊密的關係，才能維持貴族的家世與影響力，我們能很容易地從這一點去想像貴族制與官僚制的表裡關係。

從隋朝到了唐朝後，貴族們的影響力逐漸消褪。造成這種消褪現象的開端，是隋文帝的一連串中央集權化政策，使得貴族們被排除到政治之外。文帝首先開創了科舉制，開始了不是依靠家世，而是憑藉個人資質的錄用人材之道。到了武后時代，武后為了鞏固自己的政權基礎，更是大力推動科舉。但是，在推動科舉制度的過程中，門閥主義是否因此崩潰了？指導者階層的出身與觀念是否就此改變了呢？答案卻是否定的。

太宗命人編纂士族序列表，因為把山東貴族博陵崔氏排在第一位，唐室的李氏（隴西李氏）只列在第三位，這讓太宗非常不滿，便下令重修編纂，這就是著名的《貞觀氏族志》的由來。這個件事裡有三個重點。一是唐初的皇帝仍然受制於家世的觀念。二是山東貴族雖然已經脫離了政治的主流，卻還是有相當高的地位。三是靠著當權者的力量，可以改變門第高低的排行。這件事情暗示著即使到了唐代，貴族的影響力仍然不是簡單就可以消除掉的。

科舉制也一樣，雖說科舉制給人一種可以改變官場成員的印象，然而事實卻非如此。在科舉考試的項目裡，進士科要考的是文學的才能，但是就算通過了正式的禮部考試，還要再通過吏部的身言書判（指身體、語言、書法、文章等四個項目）的考核。吏部的考核內容其實就是貴族的素養。因為靠著恩蔭的形式進入官場的路徑並不寬敞，所以有貴族門第的人便紛紛轉向考核內容有利於貴族的科舉考試。說得明白點，隋唐時代的科舉與宋朝及之後時代的科舉，事實上本質並不一樣。隋唐時代的科舉制還帶著濃厚的門閥主義氣息，是符合那個時代的人才錄用制度。

從隋朝到唐朝，舊貴族系統確實走向式微之路，然而新成為政權掌握者的關隴系，在歲月的過程中，卻也逐步走向門閥化、貴族化。他們站在與唐室命運共同體的立場上，為了維持體制而發揮經世之才。推行括戶政策的宇文融與實施兩稅法的楊炎等人，都是出自關隴系的人才。由於他們致力於經世之學，在文學的素養上難免較弱，所以在選擇進入官場的途徑時，棄科舉而選恩蔭。其實，不管選擇進官場的途徑是恩蔭還是科舉，都無法與唐朝這塊共同的土壤做切割。

唐宋變革論

話題回到前面。縱觀隋唐史，可以得到一個結果，那就是在隋唐的時代裡，貴族制——或者說是貴族性特質的樣貌，是廣泛被接受的。為了從這一點來說明這個時代的整體，我覺得是不是應該更積極地去了解「貴族性」的意義？

柔性構造的貴族制

現在我們已經明白律令制與官僚制不是相互對立的關係。貴族系的人馬會利用恩蔭、科舉考試，或其他種種門路，來維持與官場之間的連繫關係。而且，為了置身於官場為官，他們也擺脫不了貴族性教養或觀念的束縛。當時站在時代領導者立場的那些人，不管是像安祿山那樣竄起的武人，還是握有大權的宦官，所有在官場和宮廷裡的人，幾乎都被包圍在貴族的氛圍之中。

前面我說過隋唐時代的體制給我的印象是「鬆散、粗糙與柔軟」，為了說明這一點，我對隋唐時代的特質做了若干解說，有些解說或許不夠詳盡，但讀者們應該能夠心領神會吧！也就是說這個時代的貴族性氛圍，就是讓權力統治無法徹底，給人曖昧印象的原因。但是，乍看之下體質虛弱的唐朝權力統治系統，卻也延續了唐朝三百年的命脈。幾次的大動亂雖然撼動了唐朝的樑柱，但唐朝並沒有因此就很快地瓦解，這是因為唐朝體制中有著柔性的構造。我的結論就是，唐朝體制中的柔軟性，難道不是來自沒有實際條文的貴族性（制）嗎？

從魏晉到隋唐這個大時代所看到的

貴族制是貫穿魏晉南北朝的時代支柱，我認為即使到了隋唐的時代，貴族制的無形存在依然不容忽視，而且還必須加以正視。不過，存在於隋唐時代的貴族制與存在於魏晉南北朝時代的貴族制，其樣貌並不相同。

若從貴族制存在的角度來做觀察，那麼，從三世紀的魏晉時代到隋唐時代的這一大段時間，可以視為一個時期。這一點自內藤湖南以來已經有過很多討論了，我也在本書第七章討論軍事與兵制中提到過，成為府兵制為中心的府（軍府），事實上並不只是與從西魏、北周到隋唐期的府兵制有關，它是魏晉到唐後半期的軍事核心，代表了大時代的特質。這樣的府兵制與貴族制是平行的，也是互補的。

黃巢之亂終結了三百多年的隋唐時代。經過五代十國的分裂後，時代進入宋朝，中國的國家構造與時代面貌，都有了很大的改變。這個改變被稱為是唐宋的變革，是今日歷史研究的新課題，受到很大的重視。唐宋變革論是既舊且新的問題，與本書前面所述的內容有所關連，我也有我自己的一些個人看法，但卻不屬於本書要討論的內容，所以就不在此多做敘述了。

歷史是人類日常行為的累積，在累積的過程中，會因時代與社會的面貌而產生變化。如此想來，歷史真是一個讓人覺得不可思議，並且充滿魅力的世界。

結語

做為世界帝國的隋唐期，是由以中國為中心的東亞世界所形成的時代。而讓這個世界帝國成形的基礎因素，則是隋唐突出的財力與軍事力，及高度的文化。和隋唐比起來，同一個時期的日本可以說是落後國家，不管是國力還是文化的厚度、廣度，都遠不如隋唐。因此當時的日本人以認真的態度面對大陸，努力攝取大陸文化，培育外交的感覺。經常有日本史的研究者認為當時的日本是古代國家，因此認為同一時期的隋唐國家也應列入相同的古代範疇之內。但是，那樣的想法很明顯的過於狹隘，忘記要去觀察其整體性。

另外，這個時期的隋唐國家在與外國接觸時，並非以威權的手法去壓制，而是以柔軟的姿態去包容對方。即使對周邊的國家或民族進行了羈縻或冊封，也是以各有獨立性與多樣性為前提所建立的雙邊關係。此外，隋唐國家也積極地提供舞台，讓來自不同地域出身的外國人才，不管是武人還是文人，均能夠得到發展的機會。處於東亞國際關係微妙的今日，我們在回顧過去中日狀況的同時，應該在互相尊重、尊敬的情況下，冷靜地確認彼此的立足點。

主要人物略傳

文帝（五四一～六〇四，在位年間五八一～六〇四）

隋朝的第一位皇帝，姓楊名堅，出身自弘農華陰（今陝西省渭南），可能是接近北方民族的漢族人，為西魏、北周十二大將軍之一的楊忠之子。楊堅是北周宣帝的外戚，握有實權，於西元五八一年建立隋朝，年號開皇，西元五八九年消滅南朝的陳國，統一天下。同時，楊堅也重用高熲等西魏、北周系統的人士，首先整頓律令（開皇律令），然後在中央到地方推動一連串的行政改革，創設科舉制。又興建新都大興城（唐的長安），採取關中本位主義，把政治、軍事的基本盤安置在新都一帶的關中。文帝初期的政治充滿朝氣，有開皇之治之稱，但文帝後期發生了皇位繼承問題，又有遠征高句麗的事件，而晚年的文帝崇尚佛教，據說最後是遭皇太子楊廣（後來的煬帝）殺害。

高熲（？～六〇七）隋朝開皇之治的名相。

字玄昭，出身於渤海郡蓨（今河北省）的高氏，父親高賓從北齊搬遷到北周，成為獨孤信的幕客。北周時期的高熲在官場並不活躍，但在楊堅掌握實權後，因楊堅妻子獨孤氏的引薦而成為楊堅的幕僚，對隋的建國有極大的貢獻。隋建國後，高熲被任命為尚書左僕射，參與了編纂開皇律令、興建大興城、平定陳朝、與突厥攻防等等工作，在隋朝統一中國的大業上扮演著關鍵角色。高熲在隋朝政壇的中樞地位將近二十年，但這二十年的後半期，因為獨孤皇后、晉王（後來的煬帝）、楊素等路線成為政策主流，西元五九九年時，高熲被拔除宰相之位，西元六〇七年時，可能因為批評了煬帝的政策，而被處死。高熲雖然信奉三階教，但也是非常虔誠的佛教徒。護送最早的遣唐使回日本的唐朝使節高表仁，便是高熲之孫。高熲幫助隋朝立基，對後世的影響難以數計，就從一點來看，高熲實在值得世人對他有更多的了解。

煬帝（五六九～六一八，在位年間六〇四～六一八）

楊廣是隋文帝的次子，是隋朝的第二代皇帝，也就是煬帝。隋成立之初，楊廣被封為晉王，在戍守北方與討伐南朝陳時立下功績。他與母親獨孤皇后，及楊素合謀，把原為太子的兄長楊勇拉下太子之位，於西元六〇〇年被立為太子，在西元六〇四年即位為隋朝的第二代皇帝。煬帝一上台，立即大興土木，除了興建東都洛陽外，更大舉展開大運河的開鑿工作，還舉辦各種活動，可以說一刻也沒有停下來。另外，煬帝自西元六一二年起，便連年遠征高句麗，卻都以失敗告終，當全土都陷入叛軍作亂的時候，他卻在江都（江蘇省揚州）過著頹廢的生活。西元六一八年，煬帝終於被宇文化及所殺，他的政治甚至被形容為暴政的代名詞。然而，以大運河為首 的多項政策，確實有其施行的必要性，所以不能單純地把暴君、暴政等字眼，用在煬帝的身上與行事上。其實，煬帝的政治想法與政治實行力，或者個人的資質，或許還在被視為名君的唐太宗之上。

竇建德（五七三～六二一）隋末動亂時期的代表性農民群雄之一

出身貝州漳南（山東省平原縣）的農民，是個非常講義氣的人，曾任里長（百戶之長）。他在參與遠征高句麗的戰爭時，被官方懷疑與盜賊（反朝廷的民變軍）有勾結，只好投奔到民變軍領袖之一的高士達旗下。竇建德為人大度又重義氣，因此受人敬重，勢力也就快速成長。西元六一七年自稱長樂王，西元六一八年以河北、山東為基地，建立夏國，在他治理下的夏國據說可以夜不閉戶，他也成為隋末群雄的中心人物。但是，竇建德在西元六二一年的虎牢關之戰被李世民（唐太宗）所俘，在長安被處死。

唐太宗（五九八～六四九，在位年間六二六～六四九）

唐太宗李世民是唐朝的第二代皇帝，也是唐高祖李淵的次子，他協助李淵舉兵反隋，無論是在攻打長安，還是平定群雄、擊退突厥時，都是一馬當先，並且戰功彪柄。唐朝建國後，李世民被封為秦王、尚書令，但因為與身為太子的兄長建成及弟弟齊王元吉對立，遂於西元六二六年發動玄武門之變，殺死了兄長建成與弟弟元吉，迫使高祖讓位，並於同年八月即帝位。即位時的李世民是二十九歲，是為唐太宗。此後，在外交上，太宗於西元六三〇年滅了東突厥，受到周邊諸部族君長的推崇，被尊稱為「天可汗」；在內政上，太宗整頓律令，致力於安定民政、認真傾聽臣下的諫言，他的治世因此被稱頌為「貞觀之治」。另外，太宗藉著《貞觀氏族志》的編纂，重新整理了家族門第的排序，並且為了獎勵儒學而編纂《五經正義》，更完成《隋書》等正史書，及成立史館，在在表現出他對歷史的高度關心。但太宗晚年時，三次遠征高句麗均以失敗做結束，及皇位繼承人的問題暴露了太宗的不足，立九子李治為太子，可以說是為後來的武后奪權之路打下基礎。

魏徵（五八〇～六四三）唐代的代表性諫官

魏徵字玄成，鉅鹿曲城（河北省邢台市）人，隋末時成為李密的書記，後來跟隨李密投降於唐，先臣屬於太子李建成，任太子洗馬之職。當太子建成與秦王李世民對立時，魏徵曾向太子建言肅清秦王，但沒有被太子採納。玄武門事變後魏徵雖然被捕，但後來也被釋放了。太宗（李世民）即位後，魏微被拔擢為諫議大夫，在他的直諫下，太宗上演了被後世稱許的貞觀之治。太宗晚年的遠征高句麗失敗與後嗣問題，皆發生於魏徵死後，凸顯了做為諫官的魏徵的重要性。

玄奘（六〇二～六六四，關於玄奘的生卒年有多種不同的說法）中國佛教史上最重要的人物。

玄奘是陳留（河南省偃師市）人，俗姓陳，稱三藏法師，被認為是佛教法相宗、俱舍宗的祖師。玄奘十三歲時入洛陽淨土寺學習經論，隋末唐初時避開戰亂，先後在長安、成都鑽研佛典。西元六二九年，玄奘為了求得佛教經典的原典而偷偷離開國境，途中從麴氏高昌國（今吐魯番）前往龜茲，再從天山北路經過中亞，花了三年的時間抵達印度，先在印度的那爛陀寺修習瑜伽唯識論後巡遊印度各地，得到了大量佛教經典。西元六四五年，玄奘回到長安，翌年完成了他取經的旅途記錄《大唐西域記》。玄奘得到唐太宗的庇護，在玉華宮從事佛典的翻譯工作，完成了以《大般若波羅密多經》六百卷為首、共七十五部一三三五卷的佛典翻譯。相對於玄奘之前的古譯、舊譯的佛典，玄奘忠實地逐句翻譯的佛典被稱為是新譯佛典。

文成公主（?～六八九）下嫁給吐蕃王的唐代和蕃公主

出身於唐朝的皇室，基於統一了西藏的吐蕃的強力要求與唐朝為了安定國境西邊的考量下，於西元六四一年下嫁給吐蕃國王松贊干布。能夠得到下嫁公主的松贊干布非常高興，不僅專門為公主建了新城，並廢除了以紅土塗臉的地方習俗。以迎娶公主為契機，吐蕃王愛上了絹織物，讓有權勢者的子弟前往長安留學，吸收中國文化。文成公主的下嫁，促成了中國與吐蕃在政治與文化上的連結，直到今日仍然受到當地人的尊敬。

武后（六二四～七〇五，在位年間六九〇～七〇五）中國史上唯一的女皇帝

武后姓武名照（則天文字做「曌」），父親武士是并州文水（山西省文水縣）人。武曌十四歲入太宗的後宮，太宗死後出家為尼，但後來又被高宗迎入後宮，並且除掉了高宗的皇后王氏與寵妃蕭氏，在西元六五五年時被高宗立為皇后，代替軟弱的高宗主持朝政，西元六六八年平定了高句麗，解決了多年來一直解決不了的高句麗問題。高宗死後，武后便以即位稱帝為目標，她設立銅匭為投書箱，鼓勵密告，並利用酷吏剷除政敵。另外，她大力推動科舉制，以科舉做為選用人材的管道，還創作了所謂的則天文字，將唐朝「道先佛後」的方針，改為「佛先道後」。經過這樣的準備後，終於在西元六九〇年奪權成功改唐為周，建立周朝。歷史上稱此事為「武周革命」。武后時期著重內政問題，東突厥、契丹、震國（渤海）等諸民族趁機興起，律令體制的本質產生了變化。西元七〇五年發生的政變逼使武曌退位，不久之後武曌在幽禁中去逝，與高宗合葬於乾陵。

唐玄宗（六八五～七六二，在位年間七一二～七五六）

玄宗名隆基，是唐朝的第六代皇帝，也是睿宗的第三個兒子。西元七一〇年，李隆基擊敗毒殺了中宗的韋后與韋后之女安樂公主，然後讓父親睿宗復位，並且立自己為太子。西元七一二年，睿宗讓位，李隆基即位，是為玄宗。西元七一三年，玄宗清除姑母太平公主的勢力，結束了「武韋之亂」的女性專權時代，開始親政。玄宗即位後，前半期以姚崇、宋璟為宰相，致力於安定國內政局，成就了被稱為「開元之治」的唐朝全盛時

期。可是，在逃戶大增、衝擊國家基礎，體制因此受到侵蝕，連宇文融的括戶政策也阻擋不了這種趨勢的情況下，玄宗的治世開始走下坡，再加上玄宗後期迷戀楊貴妃，把國政交給李林甫與楊國忠，終於在西元七五五年時引爆安祿山之亂，唐朝的繁華從此一去不返。西元七五六年六月，安祿山的軍隊突入長安，玄宗棄城逃往成都（今四川省內），讓位給兒子肅宗。

宇文融（？～七二九）括戶政策的推動者

宇文融是玄宗開元期間的政治家、財務官僚。長安萬年縣人，出身有北周宗室血緣的關隴系貴族，因父祖輩的恩蔭而進入官場，西元七二〇年官至監察御史，上奏請求加強管制激增的流民與逃戶的現象，七二三年任勾當租庸地稅兼覆田使，推動括戶政策，讓逃到大地主家的客戶以現居地登記戶籍，對他們施行課稅。但是他的政策受到大地主代言人——科舉出身的張說反對，這就是恩蔭系與科舉系黨派之爭的起源。西元七二九年宇文融官至宰相之職，但因為科舉系官僚的反對而被貶官，不久後便去世。

楊貴妃（七一九～七五六）獨占了玄宗之愛的女人

楊貴妃是唐玄宗的寵妃，楊玄璬的女兒，幼名玉環，是蒲州永業（山西省永業縣）人，出生於四川。楊玉環幼年喪父，成為叔父的養女，長大後嫁給玄宗之子壽王為妃。那時正好玄宗的愛妃武惠妃去逝，高力士便將楊玉環推薦給玄宗，靠著豐腴的體態與過人的美貌及優秀的才藝，楊玉環很快就擄獲了玄宗的心。玄宗於是先讓楊玉環進入道觀，以楊太真為名，西元七四五年再將楊玉環迎入後宮，並封為貴妃。楊玉環的三個姊姊均被封為國夫人，堂兄楊國忠也官至宰相，楊氏一門可以說是榮耀至極。而楊玉環收安祿山為義子，也是當時流傳於一時的大事。但是，後來爆發了安史之亂，楊玉環隨玄宗逃往蜀（四川）時，遭縊死於馬嵬驛（陝西省興平縣）。

李白（七〇一～七六二）立於唐詩頂峰的詩仙

李白字太白，號青蓮，是盛唐時期的詩人。據說李白出生於綿州彰明（四川省江油縣），但事實是否如此，目前尚不能證實。年輕時的李白喜歡結交遊俠與道士，好飲酒，是一位性情豪放磊落之人，也曾經數度上京試著進入官場，但都沒有成果，直到西元七四二年，才終於有機會成為翰林供奉。唐玄宗雖然賞識李白的詩才，但李白酒後得罪了高力士，做了三年官便辭官離京，四處流浪遊歷，在河南結識杜甫。安史之亂爆發時，李白因袒護肅宗之弟（永王）的謀反行動而被捕，並被判處流放之刑。所幸在流放的途中，得到故人郭子儀的幫助而被赦免，之後便投靠在當塗縣當縣令的親戚李陽冰，六十二歲那年去世。李白一生留下大量的詩作，最擅長以自然與人生為主題，充滿自由、率直的雄偉絕句，是中國史上站在詩歌頂峰之人，有詩仙的美譽。

杜甫（七一二～七七〇）立於唐詩頂峰的詩聖

杜甫字子美，號少陵，是盛唐時期的詩人，祖父杜審言是唐初的詩人。杜甫原籍襄陽（湖北省襄樊市），但出生於鞏縣（河南省鞏義市），二十三歲考進士名落孫山，便在各地流浪，結交李白、高適等人。西元七五一年杜甫獻賦給玄宗，終於得到「集賢院待制」一職，如願踏入官場。然而安史之亂一起，杜甫投奔前往靈武（寧夏回族自治區銀川市）的肅宗時，途中被叛軍虜走。「國破山河在」的詩句，就是在這個時期寫下。杜甫後來雖然在肅宗朝中被任命為左拾遺，但其認真耿直的個性讓他不為人所喜，很快就被貶為地方小官。西元七五九年起，杜甫投靠成都節度使嚴武，在此度過數年後，西元七六五年來到湖南，四處流浪。西元七七〇年，杜甫死於從岳陽出發的湘水船難。杜甫有詩聖之稱，是著眼於社會底層人民生活的社會派詩人。

郭子儀（六九七～七八一）安史之亂時期的唐朝名將

郭子儀武舉（錄用武官的科舉考試）及第，以武官的身份被派到邊境戍守邊關時，安史之亂發生了，於是被任命為朔方節度使，與河東節度使李光弼一起對戰安祿山的軍隊。潼關被攻陷後，肅宗在靈武（寧夏回族自治區）即位，郭子儀被任命為兵部尚書，向回鶻借兵，收復了長安、洛陽。之後，在宦官的讒言陷害下，郭子儀暫時失勢了，不過，代宗即位後，發生了吐蕃進犯首都與僕固懷恩之亂的危機，都是郭子儀站出來，拯救了唐朝。從玄宗到肅宗、代宗、德宗，郭子儀先後在四代唐朝皇帝之下為官，還被德宗尊稱為「尚父」。郭子儀是深具名望的武將，但他本人並不熱衷於追求權位，對與政治有關的事情秉持謹慎的態度，所以能從官場上全身而退，享壽八十五。唐朝能夠安然渡過安史之亂的危機，與郭子儀的存在不無關係。

顏真卿（七〇九～七八五）唐代的代表性書法家，也是一位耿直的政治家

顏真卿是以《顏氏家訓》聞名的顏之推的五代孫，出生於長安，本籍琅邪臨沂（今山東省內），幼年喪父，在母親殷氏的幫助下努力學習，於開元二十二年（七三四），二十六歲時通過進士科的考試，進入官場。但他不被楊國忠喜歡，所以被外放到平原（今山東省內）任太守。安史之亂時，他在河北一帶與亂軍對抗，但不敵亂軍。此時與他一起共同對抗亂軍的人，是他的伯父之子顏杲卿，也就是他的堂兄。後來顏杲卿被安祿山所殺，顏真卿逃到在鳳翔落腳的肅宗處，為復興唐朝而努力，但並沒有進入權力中心。建中四年（七八三）淮西節度使李希烈作亂，顏真卿被派去說服，因為不屈服於威脅而被殺。相對於王羲之的典雅書法，顏真卿擅長能夠表現出力量的楷書與草書，為書法史展開新的一頁。

楊炎（七二七～七八一）兩稅法的創始者

楊炎字公南，鳳翔天興（陝西省寶雞市）出身，其出身在當時被評為三代孝門，楊炎則被視為是代宗期宰相元載的後繼者。但元載失勢時，楊炎受到牽連，被貶為河南的道州司馬。西元七七九年德宗即位，楊炎立刻被拔擢為門下侍郎、同中書門下平章事，隔年年初開始施行兩稅制，代替已經失去功能的租庸調制，藉此解決中央財政的嚴重問題。但兩稅法受到藩鎮的極力反對，楊炎在處理藩鎮問題上又與德宗對立，因此被貶到海南島的崖州，而且在前往崖州的途中被殺。楊炎和宇文融一樣，也是恩蔭系的財務官僚。

杜佑（七三五～八一二）唐後半期的代表性財務官僚，《通典》的作者

杜佑字君卿，出身自京兆萬年（長安）的關中系名門杜氏，靠著恩蔭步入官場。楊炎任宰相時，杜佑從工部、金部郎中轉任為江淮水陸轉運使，負責兩稅法的實施。西元七八一年，楊炎失勢，杜佑被貶為蘇州刺史。但杜佑為人溫厚又精通財務，後來又歷任了嶺南節度使、淮南節度使等職務，在被認為是財源地帶的淮南，就做了十四年的節度使。西元八〇三年，杜佑終於回到京城，在憲宗的朝中擔任宰相。杜佑的政務已經夠繁忙了，但他還花了三十五年的歲月，在西元八〇一年時完成《通典》二百卷。《通典》是中國自上古到唐朝的制度、文化史，是中國史學史上的特別著作。

韓愈（七六八～八二四）推動古文復興運動的文人、政治家

韓愈字退之，謚文公，自稱是昌黎（河北省易縣）人，父兄皆逝，在兄嫂的照顧下孜孜勤學，西元七九二年進士及第，仕途從藩鎮幕僚開始，三十五歲時成為中央的四門博士，此後身居內外要職，但最後仍然無緣宰相之位。西元八〇三年，韓愈任監察御史，因為揭露京兆尹李實的不當事蹟而被貶；西元八一九年任刑部侍郎時，因極力諫阻憲宗奉迎法門寺的佛骨（舍利），而被貶到潮州（今廣東省內）。以上便是他沒能登上宰相之位的原因。韓愈完成了《順宗實錄》十卷，對王叔文等人的永貞革新進行了嚴厲的批評，與柳宗元的立場相左，但他們兩人都是古文復興運動的領導者，是北宋學術的先驅。韓愈也是唐宋八大家中的一人，也和李白、杜甫、白居易等人並列唐代的代表性詩人。

柳宗元（七七三～八一九）唐宋八大家之一，古文復興運動的倡導者

柳宗元字子厚，本籍河東（山西省永濟市），西元七九三年進士及第，先任校書郎，後成為監察御史。與劉禹錫、呂溫等人同是新進官僚的一員，柳宗元加入了以太子近侍王叔文、王伾等人為中心的改革派，隨著順宗即位，被任命為禮部員外郎，致力於從宦官手中奪回兵權及重建財政的事業。這就是永貞革新的主要內容。但是順宗在位才八個月，就讓位給兒子憲宗，王叔文的革新集團失勢，柳宗元也被左遷到永州（湖南省永州市）任司馬。十年後柳宗元又被派到柳州，任柳州刺史，死於任內。柳宗元也是唐宋八大家之一的大文豪，和韓愈一樣倡導寫文章應恢復到駢儷文以前的古文文風，但政治上的立場卻與韓愈相反。

白居易（七七二～八四六）唐朝後半期的代表性詩人與政治家

字樂天，號香山居士，本籍太原（今山西省內），出生於新鄭（河南省新鄭縣），西元八〇〇年進士及第，官從翰林學士升任左拾遺，但在宰相武元衡被暗殺的事件上，上書主張應該嚴格緝補凶手而招來不滿，被左遷到江州（江西省九江市）任司馬。在香爐峰（廬山）麓建草堂，便是這個時期的事。西元八二一年，白居易復歸中央為官，但是厭惡中央牛李黨爭的嚴厲氣氛，所以又去了杭州、蘇州當刺史，西元八二七年再度回到中央，七十一歲時任刑部尚書，這是他在官場的最後一個職位，隱居洛陽。白居易晚年篤信佛教，死後葬於龍門的東山香山寺。白居易的詩平易近人，很受大眾歡迎，「長恨歌」等作品膾炙人口，廣為流傳。白居易的弟弟白行簡也是一個文人，是小說《李娃傳》的作者。

魚玄機（八四四左右～八七一左右）活在激烈愛情中的女詩人

魚玄機是長安人，出身於歡場，自幼便聰慧過人，容貌姣好，詩才更受到晚唐代表性詩人溫庭筠的讚賞，得到溫庭筠的指導。魚玄機十五歲時嫁補闕李億為妾，但因李億之妻妒恨，被趕出李家，成為長安咸宜觀的女道士，以富有個性的詩作與詩人們往來，交往了很多男人，卻因為懷疑侍婢搶走自己的男人，打罵侍婢致死，最後被判處死刑。她與薛濤（七六八～八三一）都是唐朝後半期的知名女性詩人。

歷史關鍵詞解說

開皇之治

隋文帝統治的開皇年間（五八一～六〇〇），在前半期時，文帝致力於結束中國長期分裂的情況，努力實現一個統一的體制；到了開皇年間的後半期，文帝則是果斷地推出一連串對後世有很大影響的改革政策。這就是所謂的開皇之治。具體來說，開皇之治的內容上自律令的制定（開皇律令）、確定三省六部、創設科舉制，下到改革地方行政、施行基層鄉里制等等，舉凡與國家內政有關的事務幾乎無所不包。此外，還包括了建造新都大興城、整備禁軍（中央）與府兵制。中國史上，像開皇之治這樣，在短時間內，集中性地進行體制的制度改變，除了近代之外，可以說是別無他例了。而促成開皇之治的功臣，是以高熲為中心的舊北周系統的年輕官僚集團，他們的構思力與實行力令人矚目。

隋末的動亂

隋末的動亂是指煬帝治世時，以西元六一〇年正月發生的彌勒教之亂為開端，在遠征高句麗的西元六一二年開始全面化，最後導致隋朝滅亡的反隋朝叛亂狀態。尤其是西元六一三年的楊玄感之亂後，中國全土竟出現了數百個叛亂集團。從西元六一〇年到西元六一八年煬帝垮台的前後二十年裡，中國可說是處於群雄割據的局面。西元六二一年，河北的竇建德與洛陽的王世充先後敗給唐的李世民，此後局勢丕變，時代的風向傾向唐朝，西元六二三年時動亂大致平息。即使是在經常出現叛亂的中國史上，領土內同時出現那麼多叛亂集團，民眾集體爆發出巨大的不滿能量，除了隋末的動亂期外，也找不到第二個時期了。但是，正因為有隋末動亂的經驗，才會有唐朝三百年的歷史。

玄武門之變

直接的說，玄武門之變就是指西元六二六年六月，秦王李世民（唐太宗）在長安宮城的北門——也就是玄武門的外側，刺殺兄長李建成與弟弟李元吉的事件。李氏兄弟在唐朝的創建上都有建樹，但其中李淵的次子李世民在平定國內的戰事上，功勳特別卓越，這讓太子李建成倍感壓力，產生了危機感。當唐朝幾乎統一了中國全土時，帝位繼承的問題也浮上了檯面，建成的太子派與李世民的秦王派競爭日趨白熱化，雙方各自強化了自己的陣營，一邊虛虛實實地明爭暗鬥，一邊準備面對即將來到的現實。李建成的陣營以關中系統人物為主，李世民的陣營大多來自山東系的人物，所以玄武門之變不僅是繼承人之爭，也關係著唐朝未來的系統路線問題。

隋唐的遠征高句麗

隋朝於西元五八一年建國，當時高句麗很快就派遣使者來隋，並接受了高麗王的冊封，建立了良好的關係。但是，隨著西元五八九年隋朝統一中國，雙方開始陷入對立的關係，終於在文帝治世的西元五九八年，隋朝出兵高句麗。之後的七十年裡，隋煬帝從西元六一二年到西元六一四年三度出兵高句麗；唐太宗朝時，從西元六四五年到六四八年，也是三度出兵高句麗；高宗朝時，西元六六〇年首先滅了百濟，再從六六一年到六六二年開始攻打高句麗，又在六六七年時趁高句麗的內亂，攻入高句麗，於六六八年九月，終於成功地打敗高句麗。這七十年內攻打高句麗的次數前後不下十次。儘管每一次的戰爭都有其必然的理由，但是隋唐為何如此執著於非平定高句麗不可呢？主要原因當然與高句麗放棄妥協的機會，一味地頑強抵抗有關，但除此之外，是否還有其他理論及緣由呢？這個問題的答案至今還未明朗。

武韋之禍

從西元六六〇年，成為高宗皇后的武后掌握實權開始，到西元七一〇年中宗的皇后韋后與其女安樂公主被殺，及西元七一三年武后的女兒太平公主失勢的半個世紀，是女性控制政治實權，在政壇上特別活躍的時期，後世則批評此一時期女性左右政壇的現象為「武韋之禍」。這個時期的中心，便是西元六九〇年武后稱帝，到西元七〇五年因為政變而結束的武周政權期，之後的韋后期是這個時期的尾聲餘韻。至於這個時期女性在政壇上特別活躍，其背景主要是儒教式微，及受到貴族性與北方民族的影響下，誕生於隋唐時代的特質。另外，這個時期也是科舉系官僚抬頭，取代舊有貴族（關隴系、山東系）的轉換期，這一點也值得特別注意。

開元之治

指唐玄宗統治時期，開元年間（七一三～七四一）的政治狀況。玄宗一即位，立刻整頓因為「武韋之禍」而鬆散的政治，致力於安定民政。相對於貞觀之治的房杜（房玄齡與杜如晦），支撐開元之治的主要人物是科舉系的官僚姚宋（姚崇與宋璟）。但開元之治除了科舉系官僚的姚宋之外，玄宗也起用了關隴貴族系的宇文融，實施了括戶政策，進行國家財務的重整。此外，西元七三七年的律令改訂及整理禮制，也是開元年間的國政大事。在開元之治的時期裡，不僅繁榮的長安城成為令人驕傲的國際都市，還有李白與杜甫等大詩人輩出，可以說是唐代的極盛時期。但是，科舉官僚與關隴系官僚在這個時期裡的對立，造成科舉系被排擠，再加上逃戶日增，持續侵蝕了體制的基礎。在這種情況下，玄宗的年號也就從開元改為天寶。

來往於西域、印度與中國（唐）的佛僧們

因為北周武帝的廢佛（西元五七四年、五七七年）而深受打擊的佛教界，終於在隋朝時從衰微中復原起來，並且提高了人們追求佛教本義與原典的熱忱，領頭人物便是唐初的玄奘，他冒險突破國家禁令，直接前往印度取經，後來回國後還翻譯了七十五部一三三五卷、數量龐大的佛教經典。另外，在西元六七一年時，義淨大師經由海路前往印度，探訪佛蹟二十餘年，帶回許多佛典。義淨翻譯的《華嚴經》新譯，對華嚴宗的成立有很大的影響。不過，義淨回國後不久，印度佛教界的狀態發生了大變化，原本的佛教衰退，取而代之興起的是新佛教（密宗），於八世紀時傳入中國，但是，把密宗帶到中國的並不是中國人，他們是善無畏（中印度人）、金剛智（南印度人）和不空（北印度人）。密宗傳入中國，給東亞的佛教帶來極大的影響。

安史之亂（安祿山之亂）與河朔三鎮

安史之亂是由安祿山與史思明發動的叛亂事件。安

祿山與史思明都出身於營州柳城（遼寧省朝陽市），安祿山（七〇五？～七五七）的父親屬於粟特人的康氏，母親是突厥人，史思明（？～七六一）也一樣，出生自雙親是胡人與突厥人的雜胡家庭，他們二人都通六國語言，且為互市牙郎，負責買賣事務，因此有機會成為幽州節度使張守珪的部下。如此看來，他們二人不僅出身相似，連經歷都差不多。西元七五一年，安祿山一人身兼平盧、范陽、河西三個節度使，但當時的宰相李林甫一死，他與取代李林甫成為宰相的楊國忠不和，在政壇遭受孤立，於是於西元七五五年十一月，以清君側、除奸臣楊國忠的名義，和史思明一起興兵叛變。安祿山的叛軍很快就占領了洛陽，隔年的七五六年六月，長安也被攻陷。從長安淪陷一直到七六三年年初，華北一帶被捲入戰火之中，以繁榮自許的唐朝基盤因此鬆垮了。這就是史稱的安史之亂。安史之亂的最終階段，唐朝決定以安撫的手段招降叛軍中的將領，便在叛軍的根據地河北，留下魏博（田承嗣）、盧龍（李懷仙）、成德（張忠志，又名李寶臣）三個節度使。這三個節度使就是所謂的河朔三鎮，他們相互合作，堅持半獨立於唐朝，直到唐朝滅亡為止。安史之亂改變了唐朝的面貌，而安史之亂的餘孽河朔三鎮，則成為唐朝後半期的枷鎖。

牛李黨爭

玄宗朝以後，官場開始形成兩個派別，一派是因為得到門第、父祖的官位而進入官場的恩蔭（任子）系，另一派是經過考試而進入官場的科舉系。九世紀前半，這兩派人物在官場裡正面衝突、相互鬥爭，這就是所謂的牛李黨爭。而牛李黨爭的導火點，是牛僧孺（七七九～八四七）與李宗閔（？～八四六）對西元八〇八年的制舉（特別選拔考試）進行了嚴厲的批評，引起當時的宰相李吉甫極大的不滿，牛僧孺與李宗閔也因此仕途不順，被長期閒置。到了西元八二三年，牛僧孺也當上宰相後，便把李吉甫的兒子李德裕（七八七～八四九）貶調到外地。從此以後，自穆宗到武宗約三十年的時間裡，官場上約有三分之一的人捲入這兩派爭取主導權的鬥爭中。從這兩派人步上仕途的立足點看來，大致上可以分為李吉甫、李德裕的恩蔭系官僚，以及牛僧孺與李宗閔的科舉系官僚，兩派人對藩鎮、財政、周邊民族等的問題，也有不同的看法。由於當時宦官掌握了政治實權，而兩派官僚之間的看法又有衝突，經常發生政策變動的情形，朝廷的權威因此一落千丈，民力衰減，提早了唐朝滅亡的時間。

黃巢之亂

黃巢之亂是迫使唐朝滅亡的民亂，而這個民亂起源於西元八七四年年底王仙芝在滑州長垣縣（河南省長垣縣）起兵。不久之後，黃巢便加入了王仙芝的叛亂部隊。由於他們二人都與私鹽的買賣有關，而私鹽買賣的路線分佈，擴大了他們的叛亂範圍。當時的人們苦於鹽的專賣稅與各種重稅，山東一帶又發生連年的飢荒，民亂便如燎原之火般的一發不可收拾。因為民亂軍的主力是窮苦的農民，所以進行的是輾轉各地的流寇式戰爭，雖然有能力與唐正面交鋒，但是在交戰的過程中，王仙芝接受唐朝的懷柔政策，脫離民亂的部隊。黃巢則是繼續南下，於西元八七九年占領廣州後，轉而北上，在八八〇年時攻克洛陽與長安，自稱大齊皇帝。不過，從這個時候開始，黃巢的勢力開始減弱，得力的部將朱溫（朱全忠）又被朝廷策反，只好於八八三年時從長安撤退，在河南一帶與唐軍交戰。西元八八四年六月，黃巢在山東泰山東南的狼虎谷自殺，橫行了十年左右的黃巢之亂終於結束。但是，經過黃巢之亂後，唐朝的權威與基盤可以說完全崩潰了。

粟特人

指出身於粟特地區（以今日的烏茲別克斯坦的撒馬爾幹為中心的地方）的人。自漢代以來，粟特人因為東西方的交易而躍上歷史舞台，並且從南北朝時代到隋唐時代，獨占了絲路的交易。在這段期間裡，有些粟特人在北亞的突厥朝廷或回鶻朝廷為官，也有很多粟特人在六世紀以後定居於中國各地，形成粟特人的殖民聚落。粟特人的領導人被稱為「薩寶」，他們在「薩寶」的領導下信奉祆教（瑣羅亞斯德教），除了經商外，也從事農業、畜牧、手工業等行業。也有一部分的粟特人成為傭兵、府兵的士兵，其中也有人以軍人的身份介入唐朝的政界，父親是粟特人的安祿山便是其中的代表人物。居住在中國的粟特人從出身地的城市漢名，做為姓氏的由來，分別以「康」、「石」、「史」、「米」等為姓，成為組成唐代社會的重要要素之一。

過所與公驗

不管是過所還是公驗，都是發給老百姓，做為證明身份用的行旅證件。大致區分的話，過所是適用於越過州域用的行旅證件，由中央機關與地方的州衙簽發；公驗是適用於州內的行旅，由州衙或縣衙簽發。若從歷史時代的角度來區分的話，過所這個名稱出現於魏晉以後，一直到唐代還持續著；公驗則是自安史之亂以來，在地方的自立性與人口的流動中，逐漸取代過所的行旅證明文件，到了宋代，過所與公驗（公憑）便被一體化了。做為證明用的文件，過所和公驗上都會記載著簽發證明文件的單位與持證者及同行者的名字、行旅的目的地、行旅的理由等等，並在通過關津（關卡或渡口）時出示給守衛關津的人員看。來唐的日本僧人最澄或圓珍所使用過的過所或公驗，就被帶回日本流傳於世。此外，從敦煌文書與從吐魯番出土的文書中，也發現了數件過所與公驗。

義父子關係

是指隋唐五代時，基於權力的連結，而以「義父」、「義子」相稱的擬似血緣性父子關係。結成這種關係最盛行的時期有三，分別是隋末唐初、玄宗開元年間（七一二～七五六）的八世紀前半時期、唐代末期到五代。高開道在幽州（現在的北京）與數百名親兵、勇士結為義父子關係，是第一時期的代表。第二期的代表是安祿山與八千名親衛部隊所組成的義父子關係，八千「曳落河」（胡語，意指壯士）以集團的方式成為一個義父的義子，構成兵力的核心。但第三期卻是武將之間一對一的個人型義父子關係，不同於第一期、第二期的集團型義父子關係。但隋唐時期的這種義父子關係為何會突然被凸顯出來呢？一直以來，義父子關係被認為是出現在國家的力量衰退時期的私關係，也被認為是一種舊的家奴式關係。然而，從這種關係密集出現在隋唐時期的情況看來，或許可以理解為這是與下一個時代做連結的新統治方式與人際關係的先驅。

羈縻與冊封

圍繞在隋唐王朝的外圍國家，大致上可以分為兩大種類，一種是以高句麗、新羅、百濟等朝鮮三國為主的農耕系國家，另一種是以北亞或西方部族為主的遊牧系國家。隋唐王朝對農耕系國家主要採取承認其國家的自主性，並且授以其國王官爵，將其納入中國的官僚體系的冊封為主；對遊牧系國家則是採取在承認其民族、部族的集團關係與習俗下，設置以羈縻州為名的行政單位，來進行統治的羈縻管理方式。說到隋唐王朝與東亞的國際關係時，通常是以前者的冊封體制為問題來進行檢討，但是，如果要通盤來看隋唐王朝與周邊諸國的關係時，那麼主要還是要看隋唐對周邊諸國的羈縻性統治，冊封所占的比率只是有限的。唐在平定高句麗時，曾在平壤設置安東都護府，確實進行過短時間的羈縻性統治。對唐朝來說，羈縻統治是對外統治的主要方針。

參考文獻

一　隋唐史的整體

通史・概論

以隋唐時代為中心的概論最近幾年如雨後春筍般地出版，另外，以文庫本等形式再度出版也屢見不鮮。這些書都有各自的特色，可以當作了解隋唐時代的參考，筆者在此就個人了解的範圍，列舉出容易比較的文獻。

（1）石田幹之助、田中克己，《大唐の春》「大世界史」四，文藝春秋，一九六七年。

（2）山田信夫編，《ペルシアと唐》「東西文明の交流」二，平凡社，一九七一年。

（3）塚本善隆編《唐とインド》「世界の歴史」四，中央公社論，一九七四年。

（4）日比野丈夫，《華麗なる隋唐帝国》「図説中国の歴史」四，講談社，一九七七年。

（5）尾形勇，《東アジアの世界帝国》「ビジュアル版世界の歴史[redacted]八，講談社，一九八五年

（6）宮崎市定，《アジア史概説》中央公論社，一九八七年。《宮崎市定全集》一八，岩波書店，一九九三年。之後《宮崎市定全集》一八，岩波書店，一九九三年

（7）宮崎市定，《大唐帝国——中国の中世》，中央公社論，一九八八年。後收錄於《宮崎市定全集》八，岩波書店，一九九三年。

（8）陳舜臣，《中国の歴史七　隋唐の興亡》平凡社，一九八一年。

（9）藤善真澄編《アジアの歴史と文化二　中国史——中世》，同朋社出版，一九九五年。

（10）岡崎文夫，《隋唐帝国五代史》，平凡社東洋文庫，一九九五年。

（11）池田溫等編，《世界歴史大系　中国史二　三国～

唐》，山川出版社，一九九六年。
（12）布目潮渢、栗原益男，《隋唐帝国》，講談社學術文庫，一九九七年。
（13）礪波護・武田幸男，《隋唐帝国と古代朝鮮》「世界の歴史」六，中央公論社，一九九七年。
（14）尾形勇、岸本美緒編，《中国史》「新版世界各国史」三，山川出版社，一九九八年。
（15）熊本崇編，《中国史概説》白帝社，一九九八年。
（16）外山軍治，《隋唐世界帝国》「中国文明の歴史」五，中央公論新社，二〇〇〇年。
（17）堀敏一，《中国通史——問題史としてみる》講談社學術文庫，二〇〇〇年。
（18）愛宕元、谷至編，《中国の歴史》上，昭和堂，二〇〇五年。

較專門的隋唐全史

（19）《岩波講座世界歴史》古代五，岩波書店，一九七〇年。
（20）《岩波講座世界歴史》古代六，岩波書局，一九七一年。
（21）樺山紘一等編，《岩波講座世界歴史九　中華の分裂と再生　三~十三世紀》，岩波書店，一九九九年。
（22）谷川道雄編，《　後日本の中国史論　》，河合文化教育研究所，一九九三年。
（23）谷川道雄等編，《魏晋南北朝隋唐時代史の基本問題》，汲古書院，一九九七年。
（24）崔瑞德編，《隋唐史（五八九~九〇六）1》「ケンブリッジ中国史」3（英文）劍橋大學出版，一九七九年（《　橋中国隋唐史（五八九~九〇六）》（中文），中國社會科學出版社，一九九〇年）。
（25）山根幸夫編，《中国史研究入門》上・下，山川出版社，一九八三年。

二　與本書各章相關的文獻

第一章（隋代史）

（26）浜口重国，「隋の天下一統と君権の強化」「所謂，隋の郷官廃止に就いて」《秦漢隋唐史の研究》下，東京大學出版會，一九六六年。
（27）宮崎市定，《九品官人法の研究　科挙前史》，同朋舍，一九七四年。之後《宮崎市定全集》六，岩波書局，一九九二年。之後中央公社論，一九九七年。
（28）谷川道雄，《隋唐帝国形成史論》，筑摩書房，一九七一年（補增版，一九九八年）。
（29）陳寅格《唐代政治史述論稿》三聯書店出版，一九五六年（再版）。
（30）芮沃壽（Arthur F Wright）／布目潮渢、中川努譯，《隋代史》，法律文化社，一九八二年。
（31）山崎宏，《支那中世仏教の展開》清水書店，一九四二年。
（32）牧田諦亮，「宝山寺霊裕伝」《中国仏教史研究》第一，大東出版社，一九八一年。
（33）氣賀澤保規，「隋仁寿元年（六〇一）の学校削減と舎利供養」《駿台史学》一一一，二〇〇一年。
（34）西本照真，《三階教の研究》春秋社，一九九八年。
（35）藤善真澄、王永，《天台の流伝——智顗から最澄へ》，山川出版社，一九九七年。
（36）宮崎市定、《隋の煬帝》，中央公論新社，二〇〇三年。
（37）谷川道雄、森正夫編，《中国民衆叛乱史一　秦~唐》，平凡社東洋文庫，一九七八年。
（38）金子修一，《隋唐の国際秩序と東アジア》，名著刊行會，二〇〇一年。

第二章（唐前半史）

（39）布目潮渢，《隋唐史研究——唐朝政権の形成》，東洋史研究會，一九六八年。
（40）布目潮渢，《「貞觀政要」の政治学》岩波書店，一九九七年。
（41）內藤乾吉／大阪市立大學法學會編，《中国法制史考證》，有斐閣，一九六三年。
（42）築山治三郎，《唐代政治制度の研究》創元社，一九六七年。
（43）氣賀澤保規，《則天武后》，白帝社，一九九五年。

(44)礪波護，《唐の行政機構と官僚》，中央公論社，一九九八年。

(45)礪波護，《隋唐の仏教と国家》中央公論社，一九九九年。

第三章（唐後半史）

(46)外山軍治，《顔真卿——剛直の生涯》，創元社，一九六四年。

(47)藤善真澄，《安祿山——皇帝の座をうかがった男》，中央公論新社，二〇〇〇年。

(48)藤善真澄，《隋唐時代の仏教と社会——弾圧の狭間にて》，白帝社，二〇〇四年。

(49)船越泰次，《唐代両税法研究》，汲古書院，一九九五年。

(50)清木場東，《唐代財政史研究（運輸編）》，九州大學出版會，一九九六年。

(51)堀敏一，《唐末五代変革期の政治と経済》，汲古書院，二〇〇二年。

(52)藤本勝次譯注，《シナ・インド物語》，關西大學東西學術研究所，一九七六年。

第四章（律令制・生活・每年例行的活動）

(53)仁井田陞，《唐令拾遺》，東京大學出版會，一九六四年（復刻）。

(54)仁井田陞／池田溫等編，《唐令拾遺補》，東京大學出版會，一九九七年。

(55)中村裕一，《唐令逸文の研究》，汲古書院，二〇〇五年。

(56)滋賀秀三編，《中国法制史——基本資料の研究》，東京大學出版會，一九九三年。

(57)關尾史郎，《西域文書からみた中国史》，山川出版社，一九九八年。

(58)桑原隲蔵，《支那孝道殊に法律上より観たる支那の孝道》、《桑原隲蔵全集》三，岩波書店，一九六八年。

(59)池田溫，《中国古代籍帳研究——概観・録文》，東京大學東洋文化研究所，一九七九年。

(60)池田溫編，《中国礼法と日本律令制》，東方書店，一九九二年。

(61) 池田溫，《敦煌文書の世界》，名著刊行會，二〇〇三年。
(62) 榎一雄編，《敦煌の歴史》「講座敦煌」二，大東出版社，一九八〇年。
(63) 堀敏一，《均田制の研究——中国古代国家の土地政策と土地所有制》，岩波書店，一九七五年。
(64) 日野開三郎，《唐代租調庸の研究》一～三，自家出版，一九七四・七五・七七年。
(65) 唐代史研究會編，《律令制--中国朝鮮の法と国家》，汲古書院，一九八六年。
(66) 中村喬，《中国の年中行事》，平凡社選書，一九八八年。
(67) 中村喬，《中国歳時史の研究》，朋友書店，一九九三年。
(68) 李斌城等，《隋唐五代社會史》，中國社會科學出版社，一九九八年。
(69) 劉曉峰，《古代日本における中国年中行事の受容》，桂書房，二〇〇二年。

第五章（則天武后・女性）

(70) 外山軍治《則天武后——女性と権力》，中央公論社，一九六六年。
(71) 崔令欽、孫棨／齋藤茂譯註，《教坊記・北里志》，平凡社東洋文庫，一九九二年。
(72) 陳東原，《中國婦女生活史》（初版一九二八年），上海文藝出版社，一九九〇年再版。
(73) 鄧小南主編，《唐宋女性與社會》上・下，上海辭書出版社，二〇〇三年。
(74) 山崎純一，《女四書・新婦譜三部書全譯》，明治書院，二〇〇二年。
(75) 大澤正昭，《唐宋時代の家族・婚姻・女性——婦は強く》，明石書店，二〇〇五年。
(76) 井波律子，《百花繚乱・女たちの中国史》，NHK人間大學，一九九八年。
(77) 高世瑜／小林一美・任明譯，《大唐帝国の女性たち》，岩波書店，一九九九年。
(78) 原田淑人，《唐代の服飾》（財）東洋文庫，一九七〇年。
(79) 岸辺成雄，《唐代音楽の歴史的研究　楽制篇》

上・下，東京大學出版會，一九六〇、六一年。
(80) 藤茂，《妓女と中國文人》，東方書店，二〇〇〇年。
(81) 塩卓悟、河村晃太郎編，《譯注太平廣記婦人部》，汲古書院，二〇〇四年。

第六章（都市・絲綢之路）

(82) 石田幹之助，《長安の春》，平凡社東洋文庫，一九六七年（增定版）。
(83) 足利喜六，《長安史蹟の研究》，東洋書林，一九八三年（再刊）。
(84) 佐藤武敏，《長安》「世界史研究双書」八，近藤出版社，一九七一年。之後講談社學術文庫，二〇〇四年。
(85) 徐松撰／愛宕元譯注，《唐兩京城坊攷——長安と洛陽》，平凡社東洋文庫，一九九四年。
(86) 京都文化博物館編，《長安——絢爛たる唐の都》，角川書店，一九九六年。
(87) 小野勝年，《中國隋唐長安・寺院史料集成》史料篇・解説篇，法藏館，一九八九年。
(88)「花の都・長安——唐代への時間旅行」《月刊しにか》，大修館書店，一九九六年九號。
(89) 妹尾達彦，《長安の都市計画》，講談社，二〇〇一年。
(90) 渡邊信一郎，《中国古代の王権と天下秩序——日中比較史の視点から》，校倉書房，二〇〇三年。
(91) 桑原隲蔵，「隋唐時代に支那に来住した西域人」《桑原隲蔵全集》二，岩波書店，一九六八年。
(92) 向達，《唐代長安與西域文明》，三聯書局出版，一九五七年。
(93) 魏明孔，《隋唐手工業研究》，甘肅人民出版社，一九九九年。
(94) 劉玉峰，《唐代工商業型態論稿》，齊魯書社，二〇〇二年。
(95) 張澤咸，《唐代工商業》，中國社會科學出版社，一九九五年。
(96) 閻崇年，《中國都市生活史》，文津出版社，一九九七年。

（97）日野開三郎，《唐代邸店の研究》正・《日野開三郎東洋史学論集》一七・一八，三一書房，一九九二年。
（98）伊瀬仙太郎，《中国西域経営史研究》，巖南堂書店，一九六八年
（99）嶋崎昌，《隋唐時代の東トゥルキスタン研究——高昌国史研究を中心として》東京大學出版會，一九七七年。
（100）池田温編，《敦煌の社会》「講座敦煌」三，大東出版社，一九八〇年。

第七章（軍事・兵制）

（101）浜口重国，「府兵制度より新兵制へ」《秦漢隋唐史の研究》上，東京大學出版會，一九六六年。
（102）谷霽光，《府兵制度考釋》，上海人民出版社，一九六二年。
（103）何永成《唐代神策軍研究——兼論神策軍與中晚唐政局》，臺灣商務印書館，一九九〇年
（104）氣賀澤保規，《府兵制の研究——府兵兵士とその社会》，同朋舍，一九九九年。
（105）日野開三郎，《唐代藩鎮の支配体制》「日野開三郎東洋史論集」一，三一書房，一九八〇年。

第八章（円仁・旅行・佛教）

（106）杉本直治郎，《阿倍仲麻呂伝研究——朝衡伝考》，育芳社，一九四〇年。
（107）古瀬奈津子，《遣唐使の見た中国》，吉川弘文館，二〇〇三年。
（108）小野勝年，《入唐求法巡礼行記の研究》全四巻，鈴木學術財團，一九六四・六六・六七・六九年。
（109）Edwin Oldfather Reischauer／田村完誓譯，《円仁唐代中國への旅——「入唐求法巡礼行記」の研究》講談社學術文庫，一九九九年。
（110）青山定雄，《唐宋時代の交通と地誌地図の研究》，吉川弘文館，一九六三年。
（111）程喜霖，《唐代過所研究》，中華書局，二〇〇〇年。
（112）礪波護，「唐代の過所と公験」《中国中世の文

物》，京都大學人文科學研究所，一九九三年。
(113) 日比野丈夫、小野勝年，《五台山》，平凡社東洋文庫，一九九五年。
(114) 愛宕元，《唐代地域社會史研究》，同朋舍出版，一九九七年。
(115) 東野治之，《遣唐使と正倉院》，岩波書店，一九九二年。
(116) 東野治之，《遣唐使船　東アジアのなかで》朝日新聞社，一九九九年。
(117) 玄奘／水谷真成譯，《大唐西域記》「中國古典文學大系」二二，平凡社，一九七一年。
(118) 荒川正晴，《オアシス国家とキャラヴァン交易》「世界史リブレット」六二，山川出版社，二〇〇三年。
(119) 早島鏡正等《インド思想史》，東京大學出版會，一九八二年。
(120) 金岡秀友・清水乞《密教——最後の仏教》「アジア仏教史・インド編」四，佼成出版社，一九七四年。
(121) 鎌田茂雄，《新中国仏教史》，大東出版社，二〇〇一年。
(122) 塚本善隆，「石経山雲居寺と石経大蔵経」《塚本善隆著作集》五，大東出版社，一九七五年。
(123) 氣賀澤保規編，《中国仏教石経の研究——房山雲居寺石経を中心に》京都大學學術出版會，一九九六年。

第九章（東亞諸國）

(124) 護雅夫、神田信夫編，《北アジア史》「世界各国史」一二，山川出版社，一九八一年（新版）。
(125) 護雅夫，《古代トルコ民族史研究》一，山川出版社，一九六七年。
(126) 石見清裕，《唐の北方問題と国際秩序》，汲古書院，一九九八年。
(127) 森安孝夫編，《中央アジア出土文物論叢》，朋友書店，二〇〇四年。
(128) 「〝移動と交流〟二〇〇三年夏期シンポジウム特集」，《唐代史研究》七，二〇〇四年。
(129) 佐藤長，《古代チベット史研究》上・下，東洋史研究會，一九五八・五九。
（130）山口瑞鳳，《吐蕃王国成立史研究》，岩波書店，一九八三年。
（131）藤沢義美，《西南中国民族史の研究——南詔国の史的研究》大安，一九六九年。
（132）賓田耕策，《渤海国興亡史》，吉川弘文館，二〇〇〇年。
（133）武田幸男編，《朝鮮史》「世界各國史」一七，山川出版社，一九八五年。
（134）李成市・早乙女雅博編，《古代朝鮮の考古と歴史》，雄山閣，二〇〇二年。
（135）東潮・田中俊明編《高句麗の歴史と遺跡》，中央公論社，一九九五年。
（136）西嶋定生，《古代東アジア世界と日本》，岩波書店，二〇〇〇年。
（137）李成市，《東アジア文化圏の形成》「世界史リブレット」七，山川出版社，二〇〇〇年。
（138）西嶋定生，「六——八世紀の東アジア」《岩波講座日本歴史》二，岩波書店，一九六二年。
（139）堀敏一，《中国と古代東アジア世界　中華的世界と諸民族》岩波書店，一九九三年。
（140）堀敏一《東アジアのなかの古代日本》，研文出版，一九九八年。

第10章（文化）

（141）興膳宏編，《中国文学を学ぶ人のために》，世界思想社，一九九一年。
（142）小川環樹，《唐詩概説》「中國詩人選集」別巻，岩波書店，一九五八年。
（143）小川環樹，《唐代の詩人——その伝記》，大修館書店，一九七五年。
（144）高島俊男，《李白と杜甫》，講談社學術文庫，一九九七年。
（145）平岡武夫，《白居易——生涯と歳時記》，朋友書店，一九九八年。
（146）松浦友久編，《校注唐詩解釈辞典》，大修館書店，一九八七年。
（147）松浦友久編，《続　校注唐詩解釈辞典（付）歴代詩》，大修館書店，二〇〇一年。
（148）植木久行，《唐詩の風景》，講談社學術文庫，一九九九年。

（149）入谷仙介。《王維研究》，創文社，一九七六年。

（150）米澤嘉圃，《中国絵画史研究　山水画論》，東京大學東洋文化研究所，一九六一年。

（151）鈴木敬，《中国絵画史》上，吉川弘文館，一九八一年。

（152）鎮江市博物館、陝西省博物館編，《唐代金銀器》，文物出版社，一九八五年。

（153）池田溫譯，補注「西安何家村　見の唐代埋　文化財」《史學雜誌》八一——八九，一九七二年

（154）岡崎敬，《中国の考古学　隋唐篇》，同朋舍出版，一九八八年。

（155）樋口隆康編，《世界の大遺跡九　古代中国の遺産》，講談社，一九八八年。

（156）氣賀澤保規等編，《中国の正倉院法門寺地下宮殿の秘宝「唐皇帝からの贈り物展」図録》，新潟縣立近代美術館・朝日新聞社・博報堂，一九九九年。

（157）《布目潮渢中国史論集》下卷，唐代史篇二・中國茶史篇，汲古書院，二〇〇四年。

（158）藤枝晃，《文字の文化史》，講談社學術文庫，一九九九年。

（159）西脇常記譯注，《史通內篇》「東海大學古典叢書」，東海大學出版會，一九八九年。

（160）西脇常記編譯注，《史通外篇》「東海大學古典叢書」，東海大學出版會，二〇〇二年。

（161）內藤湖南，《支那史学史》《內藤湖南全集》一一，筑摩書房，一九六九年。

終章（唐宋變革・貴族制）

（162）內藤湖南《內藤湖南全集》一〇，筑摩書房，一九六九年。

本書裡收錄了「支那上古史」「支那中古の文化」「支那近世史」

「參考文獻」裡所列記的文獻，一直以來讓筆者受益良多，在彙整本書的過程中也直接參考了這些書籍，

而且多半是以近幾年出版的日文書籍為主。這也使得本來應該採用的文獻有很多被遺漏了。另外，筆者原本打算針對各文獻的研究成果與本書有關的部分，提出個人的評論，但因為過於繁瑣而作罷。本書是筆者基於個人的觀點與有興趣的部分，盡可能地呈現隋唐史的特質和時代樣貌。但礙於個人力量有限，無法確定是否能完全呈現當時的狀況。這些前輩們的研究成果對我而言是非常珍貴的指針，因此想在此特別補充說明。

年表

西元	年號	中國	日本、亞洲、世界
五八一	開皇元年	二月，楊堅即位，建立隋朝，宣佈恢復「漢魏之舊」，以高熲為尚書左僕射。十月，制定「新律」（開皇律）	
五八二	二年	七月，頒佈「開皇令」。	
五八三	三年	三月，遷都到新都大興城，收集天下的遺書孤本，確定租庸調制。十一月，廢郡（改為州、縣兩級制的地方行政）。十二月，再次修正新律，確定「開皇律」。	突厥分裂為東西突厥。
五八四	四年		與突厥的沙鉢略可汗和解，改封千金公主為大義公主。
五八五	五年	五月，設置義倉，實施貌閱。	東西突厥此時分立。
五八七	七年	一月，命令各州每年貢士三人。開始科舉制。九月併吞西梁。	
五八九	九年	一月，滅陳，統一南北。二月，制定鄉里制。	

五九〇	十年	五月，改編府兵制（發展後期府兵制），明示關中本位政策。	
五九二	十二年	頒佈均田令（平均天下之田）。	
五九三	十三年		聖德太子即位，建四天王寺。
五九四	十四年	實施新樂，以統一音樂為目標。創立三階教的信行法師過世。	
五九五	十五年	一月，文帝在泰山封禪。廢除鄉官，停止九品官人法。	
五九六	十六年	一月，設置社倉。	
五九七	十七年	七月，安義公主下嫁突利可汗，天台宗智顗大師去世。	
五九八	十八年	六月～九月，遠征高句麗失敗。七月，開始制舉。為智顗建國清寺。	
五九九	十九年	八月，高熲失勢。	四月，突厥的突利可汗與隋和解。十月，突利可汗改名為啟民可汗，迎娶義成公主。
六〇〇	二十年	十月，太子楊勇被廢。十一月，晉王楊廣被立為太子。十二月，禁止破壞佛像、神像，打壓三階教。	最早的遣隋使來訪。
六〇一	仁壽元年	一月，任命楊素為尚書左僕射。六月，廢除學校，分舍利給三十一州，建舍利塔。	

六〇二	二年	八月，獨孤皇后去逝。	
六〇三	三年		達頭可汗投降啟民可汗，東突厥再統一。
六〇四	四年	七月，文帝駕崩，煬帝即位。八月，漢王楊諒起兵叛變。十一月，煬帝遷都洛陽，洛陽成為事實上的首都。停止向婦女、部曲及奴婢課稅。	聖德太子制定十七條憲法。
六〇五	大業元年	三月，開始東都的營建（隔年正月落成），及開鑿大運河的通濟渠、邗溝。閏七月，恢復國子學等學校。八月，利用運河巡幸江都（揚州）。	
六〇六	二年	十月，設洛口倉；十二月，設回洛倉。統一音樂。	
六〇七	三年	四月，頒佈「大業律令」。四～九月，煬帝北巡，行幸啟民可汗的大帳。七月，高熲被處死。裴矩完成《西域圖記》三卷。	七月，倭國的遣隋使（小野妹子）來訪
六〇八	四年	一月，開鑿永濟渠。三～九月，煬帝巡幸長城一帶。	十月，以裴世清為答禮使，派遣到倭國。
六〇九	五年	二～十一月，巡幸西方，征討吐谷渾。前往裴蘊進行貌閱。	東突厥的啟民可汗去逝，始畢可汗繼位。
六一〇	六年	一月，洛陽爆發彌勒下生之亂。諸蕃首長聚集洛陽召開國際慶祝活動。開鑿江南河。三月，煬帝巡幸江都。	

六一一	七年	四月，煬帝移駕涿郡，準備遠征高句麗。	十二月，西突厥的處羅可汗來朝貢。
六一二	八年	一～九月，第一次遠征高句麗。	
六一三	九年	一月，施行驍果制。四～六月，第二次遠征高句麗。六月，爆發楊玄感之亂。此後，各地頻頻發生叛亂的事件。	
六一四	十年	二～八月，第三次遠征高句麗。	
六一五	十一年	八月，煬帝巡幸北邊，在雁門關被突厥包圍。	
六一六	十二年	七月，煬帝赴江都。	
六一七	十三年	七月，李淵在太原舉兵，十一月，攻打長安，擁立恭帝楊侑。	
六一八	十四年 武德元年	三月，煬帝因宇文化及之亂去世。 五月，李淵即位，是為唐高祖，唐朝建國。	
六二一	四年	李世民打敗竇建德、王世充，確定了唐的地位。	
六二二	五年		聖遷，伊斯蘭曆元年
六二三	六年	唐朝幾乎平定了群雄的勢力。	
六二四	七年	四月，制定「武德律令」、均田制、租庸調制。	
六二六	九年	六月，發生玄武門之變，高祖退位。八月，李世民即位（唐太宗）。 八月，與頡利可汗在便橋會盟。	

六二七	貞觀元年	二月，將全土分為十個道。	
六二八	二年	四月，滅梁師都，統一全國。	
六二九	三年	玄奘偷渡出境，前往印度。	
六三〇	四年	二月，頡利可汗降服於唐（突厥第一帝國滅亡）。三月，四夷君長尊太宗為「天可汗」。杜如晦去逝。	倭國派遣最初的遣唐使（犬上御田鍬）。穆罕默德控制麥加。
六三四	八年		吐蕃初次入貢。唐朝討伐吐谷渾，攻陷伏俟城。
六三五	九年	基督教聶斯托利派（景教）傳入中國。	
六三六	十年	制定府兵制，武氏（後來的武后）進入太宗的後宮。	
六三七	十一年	一月，頒佈「貞觀律令」。	
六四〇	十四年	八月，滅高昌國。九月，設置安西都護府。	
六四一	十五年	一月，文成公主下嫁吐蕃。	
六四二	十六年		泉蓋蘇文掌握高句麗政權。薩拉森帝國滅波斯薩珊王朝。
六四三	十七年	一月，魏徵去世。四月，太子承乾謀反，另立李治為太子。派王玄策等人出使印度。高士廉等人編纂《貞觀氏族志》。	

六四五	十九年	二月，遠征高句麗（唐朝的第一次）。玄奘從印度回國，翌年完成《大唐西域記》。	日本權臣蘇我入鹿被殺，翌年大化革新起。
六四六	二十年	唐打敗薛延陀，控制了蒙古高原，翌年四月設置燕然都護府。	
六四七	二十一年	三月，遠征高句麗（唐第二次）。王玄策出使印度。	北印度戒日王朝滅亡。
六四八	二十二年	唐朝第三次遠征高句麗又失敗。閏十二月討伐龜茲，將安西都護府遷移到該地。	
六四九	二十三年	二月，太宗去世，高宗即位。	
六五〇	永徽元年	九月，設置單于、瀚海二都護府。	
六五一	二年	閏九月，制定「永徽律令」。	
六五二	三年	武氏（武曌）在此時被迎入宮中。	
六五三	四年	孔穎達等人撰寫《五經正義》。十月，睦州女子陳碩真叛亂。	
六五五	六年	王皇后被廢，立武氏為后（武后）。李延壽完成《南史》、《北史》。	
六五七	顯慶二年	蘇定方滅西突厥。	
六五九	四年	六月，改《氏族志》為《姓氏錄》。長孫無忌失勢，去世。	
六六〇	五年	開始高宗、武后的「二聖」政治。八月，唐與新羅的聯合軍滅了百濟。	
六六一	龍朔元年	遠征高句麗（唐朝第四次征高句麗）。	倭馬亞王朝開始。

六六三	三年	六月，吐蕃滅吐谷渾。九月，唐與新羅的聯合軍在白村江之戰中，打敗了倭國與百濟的聯軍。	
六六四	麟德元年	十二月，武后殺上官儀，開始垂簾聽政。	
六六六	乾封元年	高宗於泰山封禪。	
六六八	總章元年	九月，唐滅高句麗，十二月在平壤設置安東都護府。	
六七〇	咸亨元年	征討吐蕃失敗。四月廢除龜茲、于闐、焉耆、疏勒等安西四鎮。	
六七二	三年	義淨從廣州出發，前往印度。開鑿龍門的奉先寺石窟。	
六七三	四年	畫家閻立本去世。	
六七四	上元元年	皇帝改稱天皇，皇后改稱為天后。	
六七五	二年	四月，太子李弘毅被殺。六月，立李賢為太子。從這個時期起，北門學士開始活動了。	
六七六	三年	唐朝從朝鮮撤退，將安東都護府從平壤遷到遼東城。	新羅統治了朝鮮半島。
六七九	調露元年	在交州（河內）設置安南都護府。	
六八〇	永隆元年	太子李賢被廢。	
六八一	開耀元年		
六八二	永淳元年		骨咄祿自立，開始突厥第二帝國（西元六八六年左右自稱頡跌利施可汗）。

六八三	弘道元年	十二月，高宗過誓，太子李顯即位（中宗）。武后以太后的身份處理政務。	
六八四	嗣聖元年	二月，武太后廢中宗，讓中宗的弟弟睿宗即位。	
	文明元年 光宅元年	九月，以洛陽為神都，實質上的遷都。李敬業等人在揚州舉兵失敗，駱賓王去逝。	
六八五	垂拱元年	三月，頒佈「垂拱律令格式」。薛懷義受到武后的寵愛。	
六八六	二年	武太后臨朝，開始藉著鼓勵告密與酷吏來清除反對派。	
六八八	四年	十二月，完成明堂。	
六八九	永昌元年 載初元年	十一月，採用周正（曆法）。	
六九〇	天授元年	一月，採用則天文字。七月新編《大雲經》，並配置到全國的大雲經寺。九月，武太后廢睿宗，自立為帝，改國號為周（武周革命）。	一月，持統天皇即位。
六九一	二年	佛教的地位被安置在道教之上（「佛先道後」）。義淨完成《南海寄歸內法傳》。	突厥阿波幹可汗即位。
六九四	長壽三年 延載元年	摩尼教傳入中國。	十二月，日本遷都至藤原京（位於今奈良縣橿原市）。

六九五	証聖元年 天冊萬歲元年	一月，明堂被燒毀。二月，薛懷義以縱火之罪被誅殺。	
六九六	萬歲登封元年 萬歲通天元年	五月，契丹的李盡忠、孫萬榮興兵作亂，入侵河北（隔年六月結束）。在山東一帶配置武騎團。	
六九七	神功元年	六月，處刑酷吏來俊臣，結束酷吏政治。十月，立狄仁傑為宰相。張易之兄弟受寵於武后。	
六九八	聖曆元年	八月，突厥侵打河北。九月，在狄仁傑的策畫下，李顯（中宗）再被立為太子。	大祚榮（渤海國開國之主）自立，建立震國。
七〇〇	久視元年	九月，狄仁傑去世。十月，回歸周正（曆）。	
七〇一	大足元年 長安元年		完成大寶律令，將國號「倭」正式改為「日本」。
七〇二	二年	一月，制定武舉（武人的科舉）。十二月，在庭州設置北庭都護府。	
七〇五	神龍元年	一月，張柬之等人發動政變，誅殺張易之兄弟。武后退位，中宗復位。二月，國號恢復為「唐」。十一月，武后去世（八十三歲）。	
七〇七	景龍元年	七月，太子李重俊興兵，殺死武三思，但隨即失敗被殺。	

七〇八	二年	韋后、安樂公主帶起墨敕斜封官之風。	八月，日本鑄造「和同開」幣。
七一〇	四年 唐隆元年 景雲元年	一月，金城公主下嫁吐蕃。六月，韋后、安樂公主毒殺中宗。 李隆基發動政變，讓睿宗復位，成為太子。 十月，設置河西節度使（節度使的開始）。劉知幾完成《史通》	三月，遷都平城京。
七一二	太極元年 延和元年 先天元年	八月，睿宗成為太上皇，李隆基即位（玄宗）。	
七一三	二年 開元元年	七月，玄宗擊敗太平公主，開始親政（開元之治的開始）。市舶司的設置始於這個時期左右。	二月，封大祚榮為渤海郡王（渤海國）
七一七	五年		阿倍仲麻呂、吉備真備等人隨遣唐使（多治比縣守）入唐。
七一八	六年		編纂養老律令。
七一九	七年	發佈「開元七年令」。	
七二一	九年	二月，任宇文融為勸農使。	
七二三	十一年	宇文融的括戶政策來到高峰。 十一月，開始長從宿營制。政事堂改稱為中書門下。	

七二四	十二年	七月，王皇后被廢。八月，宇文融被任命為御史中丞，科舉系與恩蔭系的派系鬥爭開始了。	
七二五	十三年	二月，長從宿營改稱為彍騎。十一月，玄宗在泰山封禪。	
七二七	十五年	二月，科舉系的張說與恩蔭系的宇文融被左遷。	渤海國初次派遣使者到日本。
七二九	十七年	八月，定玄宗的生日為千秋節。	
七三〇	十八年	宦官高力士約從這個時期開始受到玄宗的寵信。	
七三二	二十年	九月，《開元禮》編纂完成。	十月，爆發圖爾戰役。
七三三	二十一年	全國分為十五道，每道設置采訪使。	
七三四	二十二年	五月，張九齡任中書令	
七三六	二十四年	四月，犯了死罪的安祿山被赦，並且受到玄宗的注意。十一月，李林甫任中書令，張九齡被貶。	
七三七	二十五年	九月，頒佈「開元二十五年律令格式」。十二月，玄宗寵愛的武惠妃去世。《開元釋教錄》完成。	
七三八	二十六年	九月，封南詔王皮邏閣（蒙歸義）為雲南王。《唐六典》完成。	
七四二	天寶元年	一月，安祿山任平盧節度使。	

七四四	三年	三月，安祿山兼任范陽節度使。 玄宗與楊氏結識與此時，楊氏因此暫時入了道觀為道姑（楊太真）。	八月，回鶻消滅了突厥第二帝國，統治了北亞地區。
七四五	四年	八月，封楊太真為貴妃（楊貴妃）。	
七四六	五年	一月，王忠嗣兼任河西、隴右二節度使（同時也兼任朔方、河東節度使）。	
七四八	七年	楊釗（後來的楊國忠）一年內兼領了十五個以上的使職。	
七四九	八年	五月，廢除折衝府（軍府）的上下魚符（停止府兵制的機能）。	
七五〇	九年	高仙芝制服了西域的石國。	阿拔斯王朝成立
七五一	十年	二月，安祿山也兼任了河東節度使，共兼任了三個節度使。高仙芝在怛羅斯戰役中敗給了大食軍隊，但中國的造紙技術因此戰役而傳入西方。	法蘭克王國的卡洛林王朝開始了。
七五二	十一年	十一月，李林甫去逝，楊國忠任宰相。	四月，日本東大寺大佛舉行開眼儀式。
七五四	十三年	一月，安祿山最後一次入朝。	一月，鑑真大師將戒律傳入日本。
七五五	十四年	十一月，安祿山在范陽（幽州）舉兵，爆發安史之亂，十二月占領洛陽。	

七五六	至德元年	一月，安祿山自稱大燕皇帝。六月，玄宗一行人逃往成都，楊貴妃、楊國忠被殺。安祿山軍隊攻陷長安。七月，太子在靈武即位（肅宗），尊玄宗為太上皇。	
七五七	二年	一月，安祿山被其子安慶緒所殺。九月，唐軍與回鶻部隊匯合，收復長安，十月又收復洛陽。	
七五八	乾元元年	三月，任第五琦為鹽鐵使，實施鹽的專賣制。	
七五九	二年	三月，發生安陽之戰，叛軍獲勝。四月，史思明攻入洛陽，自稱大燕皇帝。	
七六〇	上元元年	十一月，劉展在江淮起舉兵叛亂。	
七六一	二年	史思明被兒子史朝義殺死。	
七六二	寶應元年	四月，玄宗、肅宗去世，代宗即位。李白去世。四月，唐軍收復洛陽。八月，袁晁在浙東興兵叛亂。	
七六三	廣德元年	一月，史朝義兵敗而死，安史之亂就此結束。五月，河朔三鎮（魏博、成德、盧龍）的體制形成了。十月，吐蕃占領長安。十二月，代宗與魚朝恩帶領的神策軍收復長安。	摩尼教於此時由唐傳入回鶻。
七六四	二年	八月，發生僕固懷恩之亂（翌年九月結束）。	
七六六	大曆元年	一月，劉晏與第五琦分掌全國財政。	日本道鏡以法王的身份握有實權。

七六七	二年	四月，唐朝與吐蕃會盟。	
七七〇	五年	三月，魚朝恩被殺。	阿倍仲麻呂在唐土去世。
七七一	六年		卡爾一世統一法蘭克。
七七四	九年	六月，密宗的不空去世。 十月，魏博節度使田承嗣作亂，河朔三鎮從此背離唐朝。	
七七六	十一年	八月，李靈曜在汴宋起兵反叛（同年十二月結束）。	
七七九	十四年	二月，田承嗣去世。五月，代宗去世，德宗即位。八月，楊炎任宰相。	
七八〇	建中元年	一月，在楊炎的建議下實施兩稅法。七月，與楊炎對立的劉晏被賜死。	
七八一	二年	一月，成德節度使李寶臣去逝，繼承人選成為問題，以河朔三鎮為中心的叛亂開始了。 十月，楊炎被處死。十二月，淮西節度使李希烈造反。長安立起了「大秦景教流行中國碑」。	
七八二	三年	十一月，河北三鎮、平盧節度使稱王。	
七八三	四年	一月，唐與吐蕃會盟（建中會盟）。六月，為了籌畫軍費，實施間架稅、除陌錢。十月，涇原兵擁立朱泚，占領長安（直到翌年五月）。德宗逃往長安。	

七八四	興元元年	一月，德宗下詔罪己。一月，李希烈稱帝（大楚）。五月，收復長安，七月，德宗回到長安。八月，顏真卿被李希烈殺死。	
七八六	貞元二年	吐蕃占領敦煌，由唐通往西域的路被阻斷。	
七八七	三年	渾瑊與吐蕃會盟，唐與回鶻和親。	
七九〇	六年	吐蕃占領了安西、北庭兩都護府。	
七九三	九年	一月在鹽鐵使張滂的建議下，開始徵收茶稅。	
七九四	十年	六月，封雲南的異牟尋為南詔王。	日本遷都平安京。
七九六	十二年	神策軍中設護軍中尉，任用宦官，確立了宦官的軍事權。	
八〇一	十七年	杜佑完成《通典》。	
八〇四	二十年		日本的空海、最澄、橘逸勢等入唐。
八〇五	永貞元年	一月，德宗死，順宗即位。進行永貞革新。八月，順宗因病讓位，憲宗即位。	最澄回到日本，天台宗傳入日本。
八〇六	元和元年	憲宗的對藩鎮政策正式強硬化。白居易完成《長恨歌》。	空海回到日本，真言宗傳入日本。
八〇七	二年	一月，李吉甫任宰相。十二月，李吉甫完成《元和國計簿》。	
八〇八	三年	四月，牛僧孺、李宗閔批評時政，成為牛李黨爭的遠因。	

八一二　七年　十一月，魏博節度使歸順於唐（西元八一〇年結束田氏的統治）。

八一六　十一年　成德節度使王承宗被剝奪官爵，朝廷出兵討伐王承宗，並於八二〇年制服他。

八一七　十二年　十一月，消滅淮西節度使吳元濟。

八一九　十四年　一月，韓愈因批評法門寺供養佛骨之事，而被貶官。二月，平盧節度使李師道被滅。

八二〇　十五年　一月，憲宗被宦官殺害。閏一月穆宗即位。

八二一　長慶元年　五月，太和公主下嫁回鶻。九月，唐與吐蕃在長安會盟（長慶會盟）。此一時期的河朔三鎮基本上歸順於朝廷。

八二二　二年　唐與吐蕃在拉薩會盟，建會盟碑。

八二三　三年　三月，牛僧孺任宰相，李德裕被左遷為浙西觀察使，牛李黨爭激化了。

八二四　四年　一月，穆宗去世，敬宗即位。韓愈去世。

八二六　寶曆二年　十二月，敬宗被宦官殺害，文宗即位。

八三一　大和五年　九月，牛僧孺送還投降於唐的吐蕃武將。

八三三　七年　二月，李德裕回到朝廷，任宰相。

八三五　九年　十一月，李訓圖謀誅殺全部宦官的計畫失敗了（甘露之變），宦官的勢力反而更強化了。

八三七	開成二年	鑿刻《開成石經》。	
八三八	三年		圓仁與最後的遣唐使同船入唐。
八四〇	五年	一月，文宗去世，武宗即位。李德裕再任宰相之位，李黨聲勢大盛。	回鶻因受到黠戛斯的攻擊而瓦解。
八四一	會昌元年	武宗引道士入宮中。	吐蕃的朗瑪達被殺（也有一說說朗瑪達是八四〇年被殺的，西藏走向分裂的時代）。 新羅發生張保皐之亂。
八四二	二年		日本發生承和之變。
八四三	三年	三月，太和公主由回鶻返回都城。	
八四五	五年	七月，會昌廢佛達到最高潮，各外國宗教都受到打壓。	
八四六	六年	三月，武宗去世，宣宗即位。李德裕被免除宰相之位，失勢。李宗閔去世。牛李黨爭結束。白居易去世。	
八四七	大中元年	閏三月，停止廢佛的政策，佛寺恢復活動。六月，牛僧孺去世。	
八四九	三年	李德裕去世。	

八五一	五年	一月，沙州的張議潮從吐蕃手中奪取沙州後，歸順於唐（十一月被任命為歸義軍節度使）。	
八五三	七年		圓珍入唐。
八五八	十二年	江南方面的諸藩鎮接二連三發生兵亂。七月，康全泰之亂（至十月結束）。	
八五九	十三年	八月，宣宗死，懿宗即位。十二月，浙東爆發裘甫之亂（至隔年八月結束）。	
八六四	咸通五年	三月，唐與南詔在廣西一帶爆發戰事，唐敗。	
八六八	九年	七月，龐勛在桂州舉兵叛變，十月占領徐州。唐動員沙陀兵與龐勛軍對抗。	
八六九	十年	九月，平定龐勛之亂。	
八七〇	十一年	一月，南詔軍包圍成都。	
八七三	十四年	四月，懿宗從法門寺迎佛骨到長安供養（最後一次的法門寺舍利供養）。 七月，懿宗過世，僖宗即位。	
八七四	乾符元年	王仙芝在長垣興兵作亂。	
八七五	二年	六月，黃巢加入王仙芝之亂（黃巢之亂）。	
八七八	五年	二月，王仙芝戰敗，死於湖北的黃梅。	

八七九　六年　九月，黃巢攻陷廣州。大量地殺害伊斯蘭系居民。

八八〇　廣明元年　十一月，黃巢攻陷洛陽，十二月占領長安，自稱大齊皇帝。

八八一　中和元年　一月，僖宗逃往成都。

八八二　二年　九月，黃巢軍中的大將朱溫歸順唐朝，賜名「全忠」。

八八三　三年　四月，沙陀軍李克用收復長安，黃巢從長安往河南的方向撤退。

八八四　四年　六月，黃巢在泰山東南的狼虎谷自殺。黃巢之亂結束了。

八八五　光啟元年　三月，僖宗回到長安。十二月，宦官田令孜與李克用對立，僖宗逃到鳳翔。

八八八　文德元年　二月，僖宗回長安。三月，僖宗去世，昭宗即位。

八八九　龍紀元年　四月，朱全忠受封東平郡王。五月，李克用叛變。

八九〇　大順元年　五月，朱全忠興兵討伐李克用，兵敗。後來李克用歸順於朝廷。

八九一　二年　十月，王建在成都任西川（四川）節度使。

八九四　乾寧元年　九月，菅原道真建議廢除遣唐使。

八九五　二年　五月，李茂貞等人在長安殺宦官、高官。昭宗逃往華州。

九〇〇　光化三年　十一月，宦官劉季述等囚禁昭宗，擁立德王。

九〇一　天復元年　一月，昭宗復位，封朱全忠為東平王，李茂貞為岐王。

九〇二	二年	三月，楊行密被封為吳王，建立吳國。
九〇三	三年	一月，朱全忠擊敗李茂貞，殺死七百餘名宦官。八月，王建被封為蜀王。
九〇四	天祐元年	閏四月，封錢鏐為吳王。昭宗被移往洛陽。八月，朱全忠殺昭宗，擁立哀帝。
九〇五	二年	六月，朱全忠在白馬驛殺害朝廷大官。
九〇七	四年	四月，朱全忠建國，國號為梁（後梁），唐朝滅亡。

ISBN 978-957-05-3116-9

中國・歷史的長河

06

絢爛的世界帝國

隋唐時代

初版六刷—2023年9月
定價—新台幣480元

作者 氣賀澤保規
譯者 郭清華
發行人 王春申
總編輯 張曉蕊
責任編輯 賴秉薇、王育涵
封面設計 吳郁婷
內頁編排 菩薩蠻
地圖繪製 吳郁嫻
印務 李哲文
出版發行 臺灣商務印書館股份有限公司
地址 23141 新北市新店區民權路108-3號5樓
電話 (02) 8667-3712
傳真 (02) 8667-3709
讀者服務專線 0800056196
郵撥 0000165-1
郵件信箱 ecptw@cptw.com.tw
網路書店網址 www.cptw.com.tw
臉書 facebook.com.tw/ecptw
局版北市業字第993號

絢爛的世界帝國：隋唐時代／氣賀澤保規著；郭清華譯 .-- 初版—新北市：臺灣商務，2017.12
面；14.8x21公分
ISBN 978-957-05-3116-9（平裝）

1. 隋唐史

623.8　　106019638

廣告回信
板橋郵局登記證
板橋廣字第1011號
免貼郵票

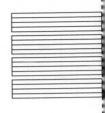

23141
新北市新店區民權路108-3號5樓
臺灣商務印書館股份有限公司　收

請對摺寄回，謝謝！

傳統現代　並翼而翔

Flying with the wings of tradtion and modernity.

讀者回函卡

感謝您對本館的支持，為加強對您的服務，請填妥此卡，免付郵資寄回，可隨時收到本館最新出版訊息，及享受各種優惠。

■ 姓名：________________ 性別：□ 男 □ 女

■ 出生日期：______年______月______日

■ 職業：□學生 □公務(含軍警) □家管 □服務 □金融 □製造
□資訊 □大眾傳播 □自由業 □農漁牧 □退休 □其他

■ 學歷：□高中以下（含高中）□大專 □研究所（含以上）

■ 地址：________________________________

____

■ 電話：(H) ______________ (O) ______________

■ E-mail：________________________________

■ 購買書名：________________________________

■ 您從何處得知本書？

□網路 □DM廣告 □報紙廣告 □報紙專欄 □傳單
□書店 □親友介紹 □電視廣播 □雜誌廣告 □其他

■ 您喜歡閱讀哪一類別的書籍？

□哲學・宗教 □藝術・心靈 □人文・科普 □商業・投資
□社會・文化 □親子・學習 □生活・休閒 □醫學・養生
□文學・小說 □歷史・傳記

■ 您對本書的意見？（A/滿意 B/尚可 C/須改進）

內容 ________ 編輯________ 校對________ 翻譯________
封面設計________ 價格________ 其他________________

■ 您的建議：________________________________

____

※ 歡迎您隨時至本館網路書店發表書評及留下任何意見

臺灣商務印書館 The Commercial Press, Ltd.

23141新北市新店區民權路108-3號5樓 電話：(02)8667-3712
讀者服務專線：0800-056196 傳真：(02)8667-3709
郵撥：0000165-1號 E-mail：ecptw@cptw.com.tw
網路書店網址：www.cptw.com.tw
臉書：facebook.com.tw/ecptw